GRAMÁTICA BÁSICA

DEL ESTUDIANTE DE ESPAÑOL

A1-B2

NUEVA EDICIÓN REVISADA

difusión

Rosario Alonso Raya
Alejandro Castañeda Castro
Pablo Martínez Gila
Lourdes Miquel López
Jenaro Ortega Olivares
José Plácido Ruiz Campillo

Autores: Rosario Alonso Raya
Alejandro Castañeda Castro
Pablo Martínez Gila
Lourdes Miquel López
Jenaro Ortega Olivares
José Plácido Ruiz Campillo

Coordinación: Sara Brock-Zucconi, Jordi Sadurní Ventura
Diseño: Laurianne Lopez, Jordi Sadurní Ventura
Maquetación: Laurianne Lopez, Aleix Tormo
Diseño de cubierta: Pablo Garrido, Laurianne Lopez
Asesor didáctico: Agustín Garmendia
Revisión y adecuación de niveles: Adolfo Sánchez Cuadrado
Corrección: Cecilia Araneda
Corrección ortotipográfica: Pablo Sánchez García
Documentación: Olga Mias

Ilustraciones: David Revilla

Fotografías e ilustraciones: cubierta samxmeg/Istockphoto. Pág. 22 ahmad badik/iStockphoto; zera93/Adobe Stock. Págs. 36, 102, 106, 116, 140, 146, 153, 217, 234, 237: autores y familiares. Pág. 44: 1: Rasmus Evensen, Didvision, 2: Alysta/ iStockphoto, 3: Franco Giovanella (franco@revistanossa.com.br), 4: San San (san@loungefrog.com). Pág. 119 Volodymyr Kotoshchuk/iStockphoto. Pág. 120 andreaskrappweis/ iStockphoto. Pág. 203 guru86/iStockphoto, Lilanakani/ iStockphoto. Pág. 225 Tartila/Adobe Stock

ISBN: 978-84-180-321-10
Impreso en la UE
Reimpresión: Febrero 2022

difusión
Centro de Investigación y Publicaciones de Idiomas, S. L.

C/ Trafalgar, 10, entlo. 1ª
08010 Barcelona
Tel. (+34) 93 268 03 00
Fax (+34) 93 310 33 40
editorial@difusion.com

www.difusion.com

Agradecimientos

Quien busca una gramática busca el mapa de un territorio desconocido. Si has llegado hasta aquí y tienes esta gramática en tus manos, te deseamos que el camino te sea propicio porque no hay nada más atrevido ni más generoso que aprender una lengua. Es una empresa infinita, abrumadora, digna de héroes. Gracias por dejarnos acompañarte.

Gracias también a nuestros alumnos del Centro de Lenguas Modernas de la Universidad de Granada, de la Escuela Oficial de Idiomas de Barcelona, del Instituto Cervantes de Estambul y Londres, y de Columbia University, porque han sido ellos los que, de verdad, nos han hecho ver dónde estaban los desiertos, los acantilados en los que nos podíamos despeñar, las junglas y los glaciares, porque son ellos los que han guiado y corregido los trazos de este mapa.

En esta edición, damos de nuevo las gracias a Agustín Garmendia, a Jordi Sadurní y a nuestro genial dibujante David Revilla. Agradecemos su gran dedicación a todo el equipo de producción de Difusión y, de modo especial, a Pablo Garrido, al equipo de maquetistas y a Sara Brock-Zucconi, que, con su meticulosidad, equilibrio, empatía y paciencia, ha sabido darle una nueva cara a la GBE y llevarnos a todos a buen puerto. Y, cómo no, nuestro enorme agradecimiento a Adolfo Sánchez Cuadrado: su certera mirada, su rigor y su sensibilidad pedagógica nos han ayudado a mejorar.

Y, por supuesto, seguimos dando las gracias a nuestras sufridas familias y a nuestros temporalmente abandonados amigos por haber soportado nuestras largas ausencias en países imaginarios. Adoración, Alicia, Ángela, Antonio, Arnau, Candela, Carlota, Carmen, Carmen, Francisca, Gloria, Guillem, Héctor, Inma, Juani, Jesús, Lucía, Lucía, Lucía, Luis, Mari, Mengjiao, Mopa, Plácido, Puchi, Rosario, Samuel, Teo, Xavier: lo vuestro no tiene precio.

Los cartógrafos

Presentación de la Nueva Edición Revisada

LA PRESENTE EDICIÓN, puesta al día temáticamente y en sintonía con la sensibilidad de una sociedad igualitaria e inclusiva propia de la época actual, es el resultado de una revisión y actualización de varios aspectos relevantes de la GBE.

Se ha realizado un **mejor ajuste de los niveles** de las actividades de acuerdo tanto con el **MCER** como con las programaciones curriculares de uso extendido (***Plan curricular del Instituto Cervantes*, currículos de escuelas oficiales de idiomas, manuales,** etc.).

Se ha analizado, a su vez, el grado de **transversalidad de algunos aspectos gramaticales** que afectan a diferentes niveles, por lo que **se introducen etiquetas dobles (A1-A2; A2-B1; B1-B2)** en aquellos temas que, si bien suelen comenzar a tratarse en el nivel de competencia más bajo, pueden ser relevantes para el nivel más alto.

Se ha incluido el **nivel B2 en una serie de temas y actividades** que, siguiendo los currículos, se ajustan perfectamente a ese nivel de competencia, respondiendo de esta manera a lo que, por otra parte, ya viene siendo el uso habitual de la GBE en niveles avanzados.

Se ha realizado una **revisión léxica completa para que las actividades estén perfectamente ajustadas al nivel más bajo al que van dirigidas**, de modo que el vocabulario no sea un obstáculo para la comprensión de las formas gramaticales.

Además de incluir **más ilustraciones**, se han modificado algunos **elementos del diseño** para hacer más amigable el acceso a los contenidos, favorecer la navegación en la página y lograr una mejor legibilidad. Todo ello garantiza una mayor facilidad en el manejo de esta obra.

Presentación de la GBE

¿QUÉ ES LA GBE?

La *Gramática Básica del Estudiante de Español* (GBE) es una gramática para estudiantes de español de **nivel inicial, intermedio y avanzado** (**A1-B2** del *Marco de Referencia Europeo*) que buscan una descripción clara, útil y operativa del funcionamiento de la lengua española. Las características esenciales de la GBE son:

- Explica el sistema gramatical español teniendo en cuenta siempre —tanto en la descripción gramatical como en las actividades— el **significado** y el **uso** real de los distintos recursos.
- Emplea de manera regular una serie de **elementos figurativos** (dibujos, colores y otras convenciones gráficas) para apoyar y facilitar la comprensión de los significados gramaticales.
- Presenta una descripción **rigurosa**, **operativa** y **fiable** de los recursos gramaticales: el estudiante podrá aplicar significativa y sistemáticamente las reglas proporcionadas, así como prevenir posibles errores.

ESTRUCTURA DE LA GBE

El libro está organizado en **siete secciones** que recogen los principales aspectos del sistema gramatical del español: SUSTANTIVOS Y ADJETIVOS; DETERMINANTES; PRONOMBRES PERSONALES; VERBOS; PREPOSICIONES; ORACIONES y ORTOGRAFÍA.

Estas secciones contienen diversos capítulos. En ellos se alternan fichas que explican un determinado recurso gramatical (acompañadas de numerosos ejemplos, códigos gráficos e ilustraciones) con actividades de aplicación inmediata (que permiten al estudiante ensayar y comprobar su asimilación de la explicación que los precede). Los diferentes capítulos se vinculan entre sí con abundantes remisiones.

La GBE cuenta, además, con una **clave de actividades**, unas tablas de **verbos conjugados** (donde se ofrecen las conjugaciones de los verbos regulares y, alfabéticamente, la de los principales verbos irregulares) y un **índice temático** que facilita el manejo y consulta de los distintos aspectos gramaticales.

INSTRUCCIONES GRAMATICALES Y MUESTRAS DE LENGUA

Las **instrucciones gramaticales** (con pocos términos técnicos y un vocabulario adecuado al nivel), los **esquemas**, las **muestras de lengua** que, a modo de ejemplo, acompañan a las explicaciones y las **ilustraciones** han sido elaborados teniendo en cuenta siempre la perspectiva del estudiante. Se ha considerado su necesidad de aprender gramática de una manera que atienda tanto al carácter sistemático de la lengua como a la rentabilidad comunicativa de los elementos tratados.

ACTIVIDADES

La GBE ofrece un amplio abanico de **actividades** de automatización, interpretación y producción, así como de corrección de los errores habituales en la interlengua de los estudiantes. Todas ellas han sido diseñadas y ordenadas de modo que el trabajo resulte **interesante**, **ameno** y **centrado en el significado**. Las actividades presentan la lengua en contextos reales y verosímiles y, así, permiten comprender mejor el funcionamiento de la gramática.

Las actividades son de respuesta cerrada para que el estudiante pueda controlar autónomamente su aprendizaje consultando la **clave de actividades** incluida al final del libro.

CONTEXTOS EDUCATIVOS

La GBE, por su facilidad de manejo y consulta, es un eficaz instrumento para el **aprendizaje autónomo** de los estudiantes de los niveles **A1-B2**. Sin embargo, la GBE también es útil para cualquier estudiante con un **dominio más avanzado** del español; y ello por el modo novedoso con el que encontrará formulados los problemas más típicos y recurrentes de la gramática española y por la fiabilidad y operatividad de las reglas proporcionadas.

Por otra parte, la GBE es de gran utilidad y **eficacia en clase** para presentar y profundizar en los distintos temas gramaticales, para ejercitarlos en el marco del aula, propiciando una reflexión colectiva que puede favorecer el procesamiento gramatical.

Organización y funcionamiento de la GBE

■ La GBE está dividida en siete secciones que recogen los principales aspectos del sistema gramatical del español. Cada una de las secciones y las **unidades** que la conforman se distingue con un color diferente:

■ Las unidades están organizadas en **apartados**. En ellos encontrarás **explicaciones** y **actividades**:

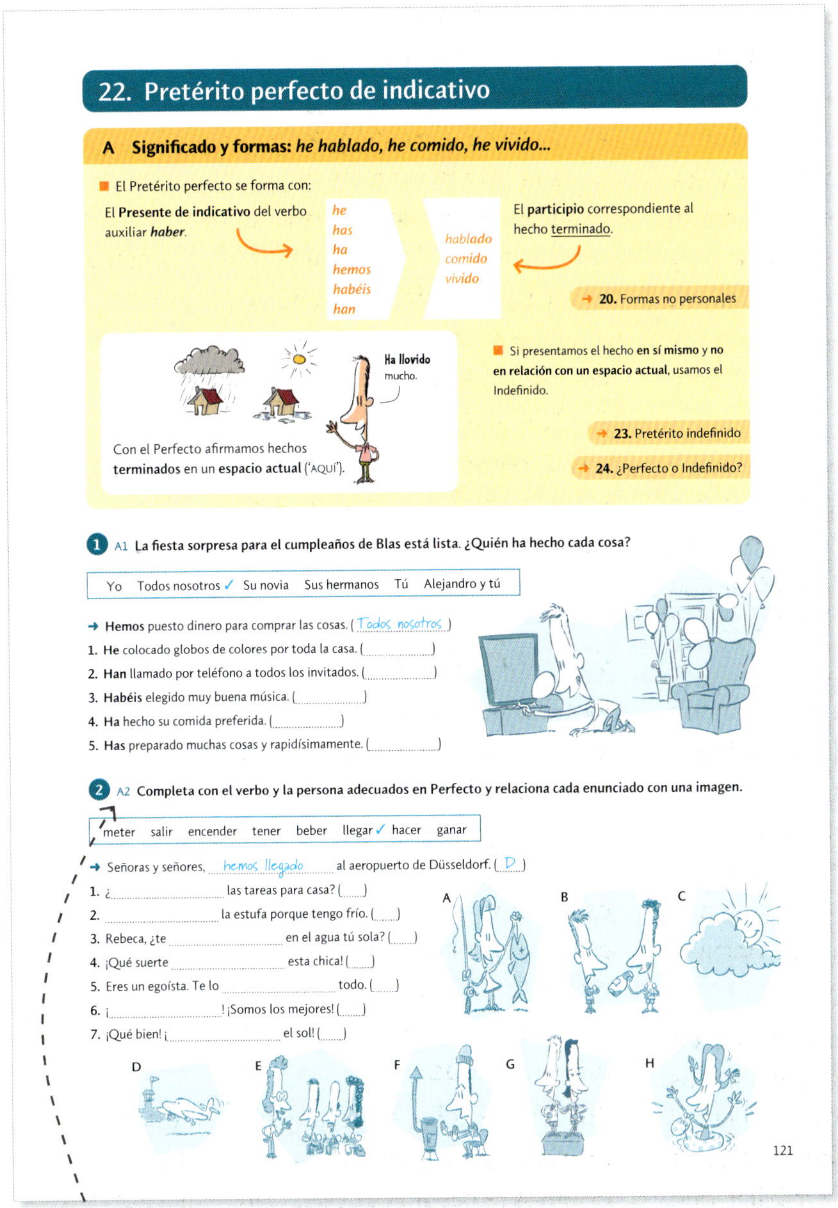

22. Pretérito perfecto de indicativo

A Significado y formas: *he hablado, he comido, he vivido...*

■ El Pretérito perfecto se forma con:

El **Presente de indicativo** del verbo auxiliar ***haber***: *he, has, ha, hemos, habéis, han*

El **participio** correspondiente al hecho terminado: *hablado, comido, vivido*

→ **20.** Formas no personales

Con el Perfecto afirmamos hechos **terminados** en un **espacio actual** ('AQUÍ').

■ Si presentamos el hecho **en sí mismo** y **no en relación con un espacio actual**, usamos el Indefinido.

→ **23.** Pretérito indefinido

→ **24.** ¿Perfecto o Indefinido?

1 A1 **La fiesta sorpresa para el cumpleaños de Blas está lista. ¿Quién ha hecho cada cosa?**

Yo Todos nosotros ✓ Su novia Sus hermanos Tú Alejandro y tú

→ **Hemos** puesto dinero para comprar las cosas. (Todos nosotros)
1. **He** colocado globos de colores por toda la casa. (..........)
2. **Han** llamado por teléfono a todos los invitados. (..........)
3. **Habéis** elegido muy buena música. (..........)
4. **Ha** hecho su comida preferida. (..........)
5. **Has** preparado muchas cosas y rapidísimamente. (..........)

2 A2 **Completa con el verbo y la persona adecuados en Perfecto y relaciona cada enunciado con una imagen.**

meter salir encender tener beber llegar ✓ hacer ganar

→ Señoras y señores, hemos llegado al aeropuerto de Düsseldorf. (D)
1. ¿.......... las tareas para casa? (....)
2. .... la estufa porque tengo frío. (....)
3. Rebeca, ¿te .... en el agua tú sola? (....)
4. ¡Qué suerte .... esta chica! (....)
5. Eres un egoísta. Te lo .... todo. (....)
6. ¡..........! ¡Somos los mejores! (....)
7. ¡Qué bien! ¡.......... el sol! (....)

A B C D E F G H

121

Número y **nombre** de la unidad. El **color** te indica la sección a la que pertenece.

Cada **apartado** está definido por una letra (**A**, **B**, **C**...) y consta de **explicaciones** con **ejemplos** y **actividades**. Los apartados aparecen recogidos en el índice.

Las **explicaciones** con **ejemplos** se presentan en un cuadro sobre un fondo de color crema.

Después de cada explicación, hay **actividades** (de automatización, comprensión y producción) para poner en práctica los contenidos que estás trabajando. Tú mismo podrás comprobar las respuestas consultando las **claves de las actividades**.

En las **actividades,** las formas lingüísticas están relacionadas con el **significado**: debes prestar siempre mucha atención a la situación y al sentido de las frases y los textos.

En cada actividad, se indica el nivel o los niveles del **Marco Común Europeo de Referencia** al que corresponde (A1, A2, B1 o B2).

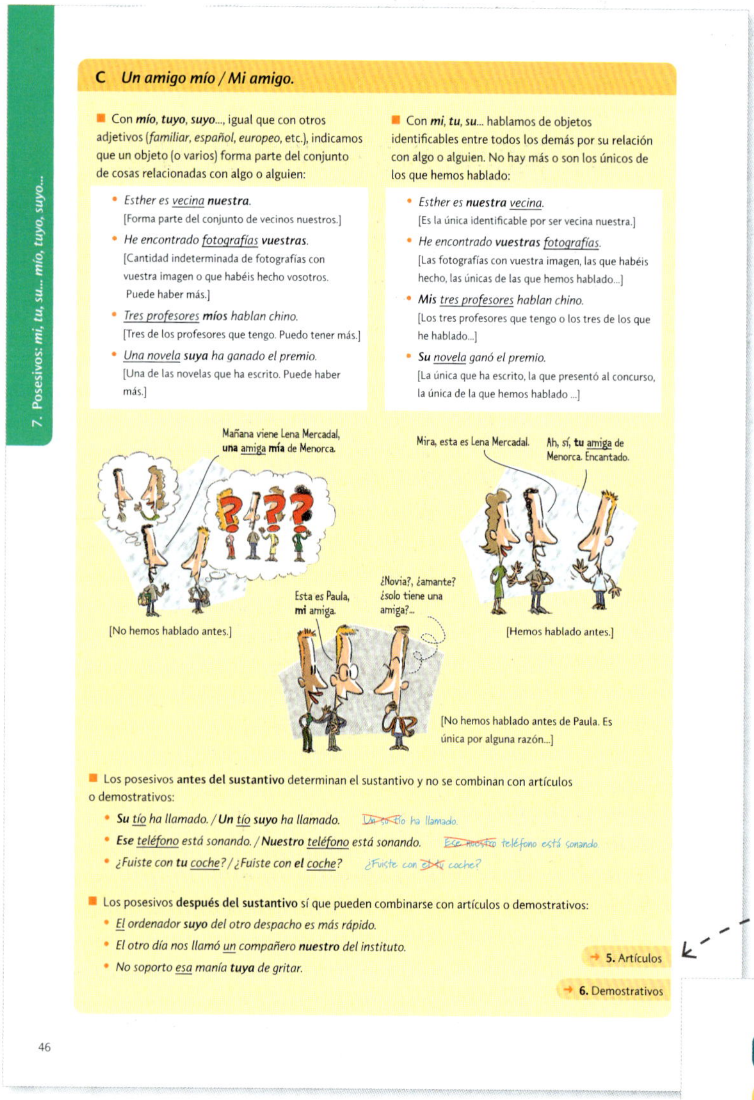

7. Posesivos: *mi, tu, su... mío, tuyo, suyo...*

C *Un amigo mío / Mi amigo.*

■ Con ***mío, tuyo, suyo***..., igual que con otros adjetivos (*familiar, español, europeo*, etc.), indicamos que un objeto (o varios) forma parte del conjunto de cosas relacionadas con algo o alguien:

- *Esther es vecina **nuestra**.*
  [Forma parte del conjunto de vecinos nuestros.]
- *He encontrado fotografías **vuestras**.*
  [Cantidad indeterminada de fotografías con vuestra imagen o que habéis hecho vosotros. Puede haber más.]
- *Tres profesores **míos** hablan chino.*
  [Tres de los profesores que tengo. Puedo tener más.]
- *Una novela **suya** ha ganado el premio.*
  [Una de las novelas que ha escrito. Puede haber más.]

■ Con ***mi, tu, su***... hablamos de objetos identificables entre todos los demás por su relación con algo o alguien. No hay más o son los únicos de los que hemos hablado:

- *Esther es **nuestra** vecina.*
  [Es la única identificable por ser vecina nuestra.]
- *He encontrado **vuestras** fotografías.*
  [Las fotografías con vuestra imagen, las que habéis hecho, las únicas de las que hemos hablado...]
- ***Mis** tres profesores hablan chino.*
  [Los tres profesores que tengo o los tres de los que he hablado...]
- ***Su** novela ganó el premio.*
  [La única que ha escrito, la que presentó al concurso, la única de la que hemos hablado ...]

■ Los posesivos **antes del sustantivo** determinan el sustantivo y no se combinan con artículos o demostrativos:

- ***Su** tío ha llamado. / **Un** tío **suyo** ha llamado.* ~~Un su~~ tío ha llamado.
- ***Ese** teléfono está sonando. / **Nuestro** teléfono está sonando.* ~~Ese nuestro~~ teléfono está sonando.
- *¿Fuiste con **tu** coche? / ¿Fuiste con **el** coche?* ¿Fuiste con ~~el tu~~ coche?

■ Los posesivos **después del sustantivo** sí que pueden combinarse con artículos o demostrativos:

- *El ordenador **suyo** del otro despacho es más rápido.*
- *El otro día nos llamó un compañero **nuestro** del instituto.*
- *No soporto esa manía **tuya** de gritar.*

→ **5.** Artículos

→ **6.** Demostrativos

46

Se ponen en **negrita** las formas que se presentan y los conceptos clave de las explicaciones.

Los subrayados destacan elementos directamente relacionados con el punto gramatical que se trata.

Entre corchetes **[...]**, hay explicaciones de los ejemplos.

El **fondo blanco** sirve para destacar información importante: paradigmas, formas, categorías, clasificaciones, etc.

Los errores que debes evitar están escritos en *azul* y ~~tachados~~ en **rojo**.

Los ejemplos están escritos en *letra cursiva* y están marcados con el símbolo •.

Encontrarás **remisiones** a otras unidades en recuadros con el número de la unidad correspondiente.

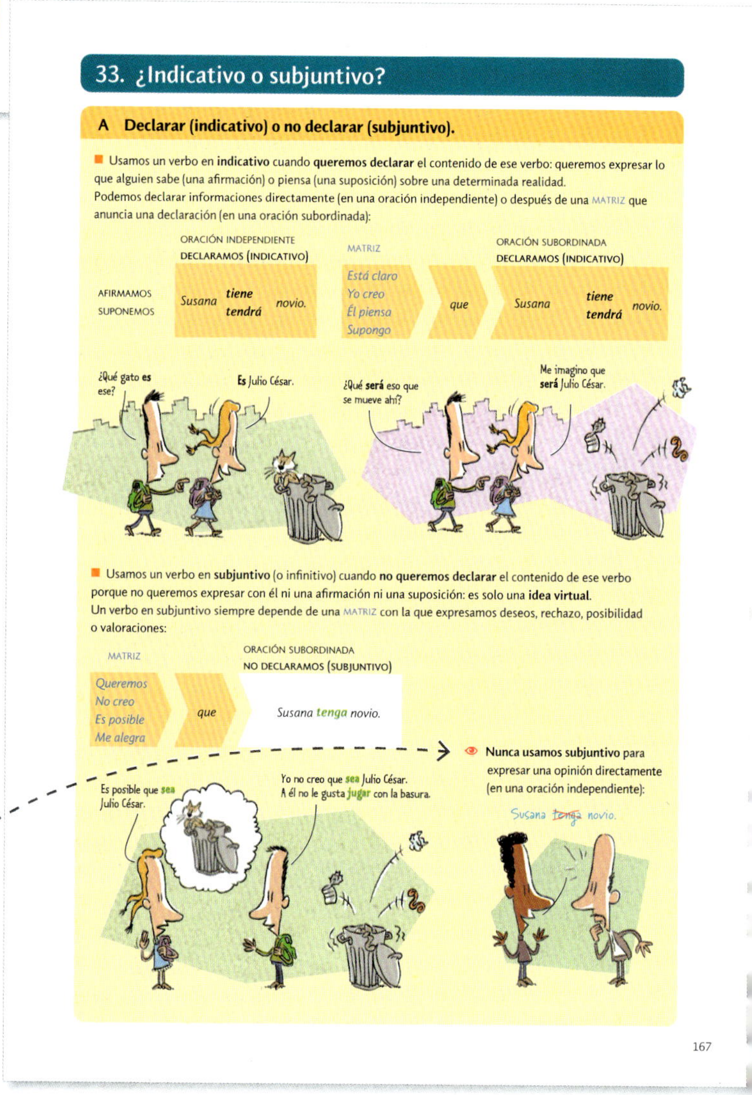

33. ¿Indicativo o subjuntivo?

A Declarar (indicativo) o no declarar (subjuntivo).

■ Usamos un verbo en **indicativo** cuando **queremos declarar** el contenido de ese verbo: queremos expresar lo que alguien sabe (una afirmación) o piensa (una suposición) sobre una determinada realidad.
Podemos declarar informaciones directamente (en una oración independiente) o después de una MATRIZ que anuncia una declaración (en una oración subordinada):

	ORACIÓN INDEPENDIENTE DECLARAMOS (INDICATIVO)	MATRIZ		ORACIÓN SUBORDINADA DECLARAMOS (INDICATIVO)
AFIRMAMOS SUPONEMOS	*Susana **tiene**/**tendrá** novio.*	*Está claro* *Yo creo* *Él piensa* *Supongo*	*que*	*Susana **tiene**/**tendrá** novio.*

■ Usamos un verbo en **subjuntivo** (o infinitivo) cuando **no queremos declarar** el contenido de ese verbo porque no queremos expresar con él ni una afirmación ni una suposición: es solo una **idea virtual**.
Un verbo en subjuntivo siempre depende de una MATRIZ con la que expresamos deseos, rechazo, posibilidad o valoraciones:

MATRIZ		ORACIÓN SUBORDINADA NO DECLARAMOS (SUBJUNTIVO)
Queremos *No creo* *Es posible* *Me alegra*	*que*	*Susana **tenga** novio.*

Nunca usamos subjuntivo para expresar una opinión directamente (en una oración independiente):

Susana ~~tenga~~ novio.

167

La información gramatical más importante está marcada con el símbolo ■.

Las **imágenes**, diseñadas didácticamente, te harán más fácil comprender cada uno de los temas que consultes.

Los colores distinguen **unas formas lingüísticas** de **otras** con el fin de facilitar la comprensión.

Los 👁 destacan cierta información a la que tienes que prestar especial atención.

■ Además de las unidades, en esta gramática dispones de las tablas de **verbos conjugados**, una **clave de las actividades** y un completo **índice temático**:

VIVIR Se conjugan como *vivir* todos los verbos regulares terminados en *-ir*.

INDICATIVO

Presente	Pretérito pluscuamp.	Futuro perfecto
Vivo	Había vivido	Habré vivido
Vives	Habías vivido	Habrás vivido
Vive	Había vivido	Habrá vivido
Vivimos	Habíamos vivido	Habremos vivido
Vivís	Habíais vivido	Habréis vivido
Viven	Habían vivido	Habrán vivido

Pretérito perfecto	Pretérito indefinido	Condicional
He vivido	Viví	Viviría
Has vivido	Viviste	Vivirías
Ha vivido	Vivió	Viviría
Hemos vivido	Vivimos	Viviríamos
Habéis vivido	Vivisteis	Viviríais
Han vivido	Vivieron	Vivirían

Pretérito imperfecto	Futuro	Cond. compuesto
Vivía	Viviré	Habría vivido
Vivías	Vivirás	Habrías vivido
Vivía	Vivirá	Habría vivido
Vivíamos	Viviremos	Habríamos vivido
Vivíais	Viviréis	Habríais vivido
Vivían	Vivirán	Habrían vivido

SUBJUNTIVO

Presente	Pretérito pluscuamp.
Viva	Hubiera (-se) vivido
Vivas	Hubieras (-ses) vivido
Viva	Hubiera (...) vivido
Vivamos	Hubiéramos vivido
Viváis	Hubierais vivido
Vivan	Hubieran vivido

Pretérito perfecto	
Haya vivido	GERUNDIO: Viviendo
Hayas vivido	
Haya vivido	PARTICIPIO: Vivido
Hayamos vivido	
Hayáis vivido	
Hayan vivido	

Pretérito imperfecto	IMPERATIVO Positivo/Negativo
Viviera (-se)	
Vivieras (-ses)	Vive / No vivas
Viviera (...)	Viva / No viva
Viviéramos	
Vivierais	Vivid / No viváis
Vivieran	Vivan / No vivan

B Verbos con dos o más irregularidades

ANDAR

INDICATIVO

Presente	Pretérito pluscuamp.	Futuro perfecto
Ando	Había andado	Habré andado
Andas	Habías andado	Habrás andado
Anda	Había andado	Habrá andado
Andamos	Habíamos andado	Habremos andado
Andáis	Habíais andado	Habréis andado
Andan	Habían andado	Habrán andado

Pretérito perfecto	Pretérito indefinido	Condicional
He andado	Anduve	Andaría
Has andado	Anduviste	Andarías
Ha andado	Anduvo	Andaría
Hemos andado	Anduvimos	Andaríamos
Habéis andado	Anduvisteis	Andaríais
Han andado	Anduvieron	Andarían

Pretérito imperfecto	Futuro	Cond. compuesto
Andaba	Andaré	Habría andado
Andabas	Andarás	Habrías andado
Andaba	Andará	Habría andado
Andábamos	Andaremos	Habríamos andado
Andabais	Andaréis	Habríais andado
Andaban	Andarán	Habrían andado

SUBJUNTIVO

Presente	Pretérito pluscuamp.
Ande	Hubiera (-se) andado
Andes	Hubieras (-ses) andado
Ande	Hubiera (...) andado
Andemos	Hubiéramos andado
Andéis	Hubierais andado
Anden	Hubieran andado

Pretérito perfecto	
Haya andado	GERUNDIO: Andando
Hayas andado	
Haya andado	PARTICIPIO: Andado
Hayamos andado	
Hayáis andado	
Hayan andado	

Pretérito imperfecto	IMPERATIVO Positivo/Negativo
Anduviera (-se)	
Anduvieras (-ses)	Anda / No andes
Anduviera (...)	Ande / No ande
Anduviéramos	
Anduvierais	Andad / No andéis
Anduvieran	Anden / No anden

Verbos conjugados

263

Las tablas de **verbos conjugados** recogen los modelos de conjugación de los verbos regulares y de los verbos irregulares más frecuentes. La sílaba acentuada está subrayada. Las irregularidades están en color naranja.

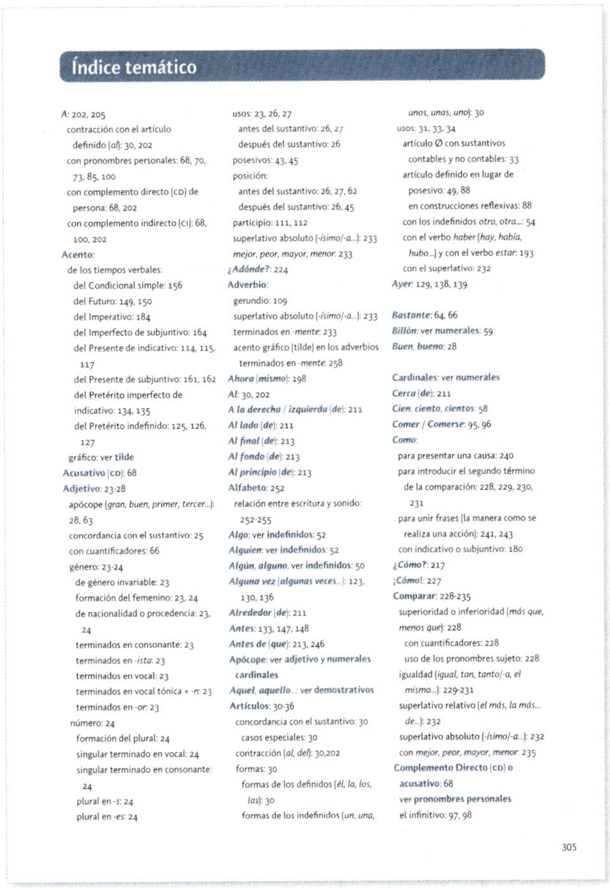

Índice temático

305

El **índice temático** te servirá para encontrar fácilmente cualquier tema tratado en esta gramática.

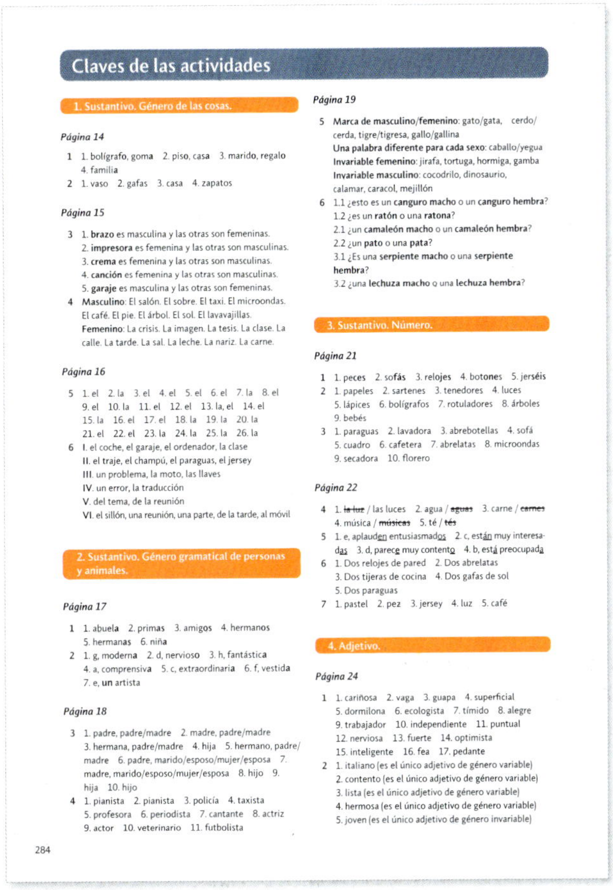

Claves de las actividades

1. Sustantivo. Género de las cosas.

Página 14

1 1. bolígrafo, goma 2. piso, casa 3. marido, regalo 4. familia
2 1. vaso 2. gafas 3. casa 4. zapatos

Página 15

3 1. **brazo** es masculina y las otras son femeninas.
2. **impresora** es femenina y las otras son masculinas.
3. **crema** es femenina y las otras son masculinas.
4. **canción** es femenina y las otras son masculinas.
5. **garaje** es masculina y las otras son femeninas.
4 **Masculino**: El salón. El sobre. El taxi. El microondas. El café. El pie. El árbol. El sol. El lavavajillas.
Femenino: La crisis. La imagen. La tesis. La clase. La calle. La tarde. La sal. La leche. La nariz. La carne.

Página 16

5 1. el 2. la 3. el 4. el 5. el 6. el 7. la 8. el 9. el 10. la 11. el 12. el 13. la, el 14. el 15. la 16. el 17. el 18. la 19. la 20. la 21. el 22. el 23. la 24. la 25. la 26. la
6 I. el coche, el garaje, el ordenador, la clase
II. el traje, el champú, el paraguas, el jersey
III. un problema, la moto, las llaves
IV. un error, la traducción
V. del tema, de la reunión
VI. el sillón, una reunión, una parte, de la tarde, al móvil

2. Sustantivo. Género gramatical de personas y animales.

Página 17

1 1. abuela 2. primas 3. amigos 4. hermanos 5. hermanas 6. niña
2 1. g, moderna 2. d, nervioso 3. h, fantástica 4. a, comprensiva 5. c, extraordinaria 6. f, vestida 7. e, **un** artista

Página 18

3 1. padre, padre/madre 2. madre, padre/madre 3. hermana, padre/madre 4. hija 5. hermano, padre/madre 6. padre, marido/esposo/mujer/esposa 7. madre, marido/esposo/mujer/esposa 8. hijo 9. hija 10. hijo
4 1. pianista 2. pianista 3. policía 4. taxista 5. profesora 6. periodista 7. cantante 8. actriz 9. actor 10. veterinario 11. futbolista

Página 19

5 **Marca de masculino/femenino**: gato/gata, cerdo/cerda, tigre/tigresa, gallo/gallina
Una palabra diferente para cada sexo: caballo/yegua
Invariable femenino: jirafa, tortuga, hormiga, gamba
Invariable masculino: cocodrilo, dinosaurio, calamar, caracol, mejillón
6 1.1 ¿esto es un **canguro macho** o un **canguro hembra**?
1.2 ¿es un **ratón** o una **ratona**?
2.1 ¿un **camaleón macho** o un **camaleón hembra**?
2.2 ¿un **pato** o una **pata**?
3.1 ¿Es una **serpiente macho** o una **serpiente hembra**?
3.2 ¿una **lechuza macho** o una **lechuza hembra**?

3. Sustantivo. Número.

Página 21

1 1. peces 2. sofás 3. relojes 4. botones 5. jerséis
2 1. papeles 2. sartenes 3. tenedores 4. luces 5. lápices 6. bolígrafos 7. rotuladores 8. árboles 9. bebés
3 1. paraguas 2. lavadora 3. abrebotellas 4. sofá 5. cuadro 6. cafetera 7. abrelatas 8. microondas 9. secadora 10. florero

Página 22

4 1. ~~la luz~~ / las luces 2. agua / ~~aguas~~ 3. carne / ~~carnes~~ 4. música / ~~músicas~~ 5. té / ~~tés~~
5 1. e, aplauden entusiasmados 2. c, están muy interesadas 3. d, parece muy contento 4. b, está preocupada
6 1. Dos relojes de pared 2. Dos abrelatas 3. Dos tijeras de cocina 4. Dos gafas de sol 5. Dos paraguas
7 1. pastel 2. pez 3. jersey 4. luz 5. café

4. Adjetivo.

Página 24

1 1. cariñosa 2. vaga 3. guapa 4. superficial 5. dormilona 6. ecologista 7. tímido 8. alegre 9. trabajador 10. independiente 11. puntual 12. nerviosa 13. fuerte 14. optimista 15. inteligente 16. fea 17. pedante
2 1. italiano (es el único adjetivo de género variable)
2. contento (es el único adjetivo de género variable)
3. lista (es el único adjetivo de género variable)
4. hermosa (es el único adjetivo de género variable)
5. joven (es el único adjetivo de género invariable)

284

Con la página, el número de la unidad y el número de la actividad podrás encontrar las respuestas en las **claves de las actividades**.

Índice

SECCIÓN 3 Pronombres personales

SECCIÓN 4 Verbos

SECCIÓN 1

Sustantivos y adjetivos

1. Sustantivo. Género gramatical de las cosas.
2. Sustantivo. Género gramatical de personas y animales.
3. Sustantivo. Número.
4. Adjetivo.

1. Sustantivo. Género gramatical de las cosas.

En español, **todos los sustantivos tienen siempre género gramatical**, que puede ser **masculino** o **femenino** (no hay sustantivos neutros). Es muy importante saber si un sustantivo es masculino o femenino, porque todos los elementos que se refieren a él (artículos, adjetivos, demostrativos...) deben tener el mismo género:

- *Este es **el** edificio más alto de esta ciudad.*
- *Usa otr**a** taza, porque es**a** está rot**a**.*

A Regla general: *el edificio, la casa...*

■ Los sustantivos que designan cosas (objetos concretos, conceptos, sentimientos, etc.) **solo tienen un género gramatical**: unos son siempre masculinos y otros son siempre femeninos. Generalmente, el masculino se corresponde con final en *-**o*** y el femenino con final en *-**a***.

MASCULINO EN *-o*:	*el bolígraf**o**, el diner**o**, el edifici**o**, el florer**o**, el pañuel**o**, el vas**o**...*
FEMENINO EN *-a*:	*la car**a**, la cas**a**, la mes**a**, la palabr**a**, la plaz**a**, la taz**a**, la ventan**a**...*

1 A1-A2 **Pon la terminación de los sustantivos. Todos estos siguen la regla general.**

→ Carmela tiene el pel*o*...... muy negro y la car*a*...... muy blanca.

1. Nunca escribo con bolígraf...... azul o negro. Escribo con un lápiz porque puedo borrar con la gom.......
2. Nuestro pis...... es bastante pequeñito, pero tenemos una cas...... en Asturias que es bastante grande y muy bonita.
3. ¿Quién es el marid...... más simpático del mundo? ¿Quién me va a hacer un regal...... precioso?
4. Los Martín son una famili...... muy numerosa. Son cinco hermanos, creo.

2 A1-A2 **Relaciona cada enunciado con el objeto al que se refiere.**

→ Tengo dos muy parecidos a estos, pero rojos. — pañuelos

1. Tienes que lavarlo, porque está un poco sucio.
2. No están mal. Son bonitas, pero me parecen un poco caras.
3. La mía es más grande que la suya.
4. Estos son muy baratos.

casa
pañuelos
gafas
vaso
zapatos

B Reglas especiales: *el problema, la mano...*

■ En contra de la regla general, hay algunos sustantivos **masculinos que terminan en *-a*** (entre ellos, la mayoría de los terminados en *-**ema***):

MASCULINO EN *-a*:	*el clim**a**, el dí**a**, el idiom**a**, el map**a**, el planet**a**, el program**a**, el sof**á**...* *el esquem**a**, el poem**a**, el problem**a**, el sistem**a**, el tem**a**...* [PERO: ***la** crema*]

■ Y también hay algunos **femeninos que terminan en *-o***:

FEMENINO EN *-o*:	*la fot**o** (fotografía), la man**o**, la mot**o** (motocicleta), la radi**o**...*

■ Son generalmente **masculinos** los sustantivos que terminan en *-aje* y *-or*:

-aje:	*el masaje, el garaje, el paisaje, el pasaje, el viaje, el traje...*	*-or*:	*el amor, el dolor, el error, el olor, el sabor, el terror...* [PERO: *la flor*]

■ Son **femeninos** los sustantivos que terminan en *-ción*, *-sión*, *-dad* y *-tad*:

-ción:	*la canción, la relación, la traducción...*	*-tad*:	*la amistad, la mitad, la libertad...*
-sión:	*la expresión, la prisión, la televisión...*	*-dad*:	*la diversidad, la ciudad, la verdad...*

■ **En el resto de los casos**, el género no se puede saber por la forma de la palabra. Recuerda, sin embargo, que el diccionario siempre indica el género de cada sustantivo:

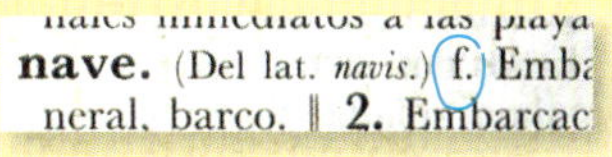
nave. (Del lat. *navis.*) f. Emba... neral, barco. ‖ **2.** Embarcac...

MASCULINOS	FEMENINOS
el café, el coche, el champú, el esquí, el puente, el jersey, el pie, el sobre, el tabú, el taxi...	*la clase, la carne, la calle, la fiebre, la frente, la gente, la llave, la leche, la muerte, la noche, la nube, la parte, la suerte, la tarde...*
el árbol, el lápiz, el lavavajillas, el metal, el móvil [teléfono móvil], el microondas [horno microondas], el país, el papel, el paraguas, el salón, el sillón, el sol...	*la cárcel, la col, la crisis, la hipótesis, la imagen, la nariz, la pared, la piel, la sal, la sed, la síntesis, la tesis...*

3 A1-B1 ¿Cuál es diferente?

→ día, pentagrama, clima, plaza, idioma (Todos son de género masculino, excepto "plaza" que es femenino.)

1. mano, foto, brazo, moto, radio
2. mapa, impresora, planeta, idioma, sofá
3. problema, esquema, poema, crema, tema
4. color, dinero, canción, sabor, paisaje
5. garaje, libertad, prisión, expresión, ciudad

4 A1-B1 ¿Masculino o femenino? Coloca estos sustantivos en el recuadro correspondiente.

noche ✓ champú ✓ salón crisis imagen sobre tesis taxi clase microondas calle café tarde sal pie leche nariz árbol carne sol lavavajillas

MASCULINO	FEMENINO
El champú,	La noche,

5 A1-B1 **El cantautor Ismael ha compuesto esta canción. Complétala con los artículos *el*/*la*.**

Vendo una canción

→ Compra el lápiz,
1. compra .... móvil,
2. compra .... crema para la piel,
3. compra .... paraguas para la lluvia.
4. Pero no puedes comprar .... poema que no tengo para ti,
5. ni .... amor que no siento por ti,
6. ni .... olor
7. de .... flor que no es para ti.
8. Compra .... champú,
9. compra .... jersey,
10. compra .... sal,
11. compra .... papel.
12. Pero no puedes comprar .... beso
13. en .... frente al empezar .... día,
14. ni .... sabor
15. de .... noche del verano que termina.
16. Compra .... café,
17. compra .... reloj,
18. compra .... leche,
19. compra .... col.
20. Pero no puedes comprar .... suerte que compartimos,
21. ni .... paisaje,
22. ni .... planeta en que tú y yo vivimos.
23. Si no amas .... libertad,
24. .... vida,
25. .... canción que te canto,
26. .... nube al pasar..., ¿qué puedes amar?

6 A2-B1 **Señala las formas adecuadas de los artículos.**

1.
Mariano:
He dejado el/la coche en el/la garaje y me he llevado el/la ordenador portátil. Llego tarde al/a la clase de las siete.
Un beso.

2.
Pepa:
Tienes el/la traje en el armario. Compra el/la champú para el perro y trae el/la paraguas, que llueve mucho. ¡Ah! Tienes que poner el/la jersey verde en la secadora.
Gracias, cariño.

3.
José:
Tenemos un/una problema con el/la moto. Y, además, no encuentro los/las llaves.

4.
Ana:
Hay un/una error en el/la traducción del señor Weiss. ¿Puedes corregirlo, por favor?

5.
Raquel:
¿Hablamos mañana del/de la tema del/de la reunión? ¿Me llamas tú?
Dime algo pronto.

6.
Jacinto:
¿Puedes ir tú a Yanokea a recoger el/la sillón? Tenemos un/una reunión que me ocupará un/una parte del/de la tarde.
Llámame al/a la móvil.

2. Sustantivo. Género gramatical de personas y animales.

A Regla general: *doctor, doctora...*

■ Los sustantivos que designan personas o animales tienen, generalmente, **dos formas**: una **masculina** y otra **femenina**. El masculino es la forma básica (es la forma que aparece en el diccionario).

■ Generalmente, si el masculino termina en vocal *-o*, el femenino se hace **cambiando** esta vocal por una *-a*; si el masculino termina en **consonante**, el femenino se hace **añadiendo** una *-a*:

MASCULINO EN **-*o***	FEMENINO EN **-*a***
*el chic**o**, un gat**o***	*la chic**a**, una gat**a***

MASCULINO EN **CONSONANTE**	FEMENINO EN **CONSONANTE** + **-*a***
*un docto**r**, un leó**n***	*una docto**ra**, una le**ona***

👁 Con algunos sustantivos terminados en *-e* el femenino se hace también cambiando esa vocal por una *-a*: *el jefe/la jefa; el nene/la nena; un presidente/una presidenta.*
[PERO: *el/la paciente, el/la teniente, el/la ayudante...*]

1 A1-B1 **Completa como en el ejemplo.**

➜ El marido de mi hermana es mi cuñado y la esposa de mi hermano es mi cuñad*a*.

1. Mi abuelo paterno se fue a Cuba con mi abuel...... . Y allí se casaron.
2. Tengo muchos primos: diez primos y siete prim...... .
3. La verdad es que tengo más amigas que amig...... .
4. Mi padre tiene dos hermanas y dos herman...... .
5. No, mi madre no tiene hermanos. Solo tiene herman...... . Tres.
6. Tengo dos hijos gemelos, un niño y una niñ...... .

2 A1-B1 **Relaciona y subraya las marcas de género que te ayudan a decidir. Observa el ejemplo.**

➜ Mi vecino — b
1. Mi peluquera...
2. Mi psicólogo...
3. Mi doctora...
4. Mi jefa...
5. Mi ayudante...
6. Mi profesora de español...
7. Mi panadero...

a. es muy comprensiva, pero habla poco con sus empleados.
b. es experto en energía solar y, por eso, tenemos energía solar en el edificio.
c. es extraordinaria. Con ella el trabajo es mucho más fácil.
d. es muy nervioso. En la terapia, él habla más que yo.
e. es un artista. Hace unos cruasanes riquísimos.
f. es muy informal. Siempre va vestida con ropa deportiva.
g. es muy moderna. Peina muy bien.
h. trata muy bien a los pacientes. Es fantástica.

B Reglas especiales para el género gramatical de las personas: *marido, mujer...*

■ En algunos casos tenemos **una palabra diferente** para cada sexo:

*un **hombre**/una **mujer*** *el **padre**/la **madre***

Hay algunas palabras con terminaciones especiales para el femenino:

*el actor/la act**riz*** *el emperador/la empera**triz*** *el alcalde/la alcalde**sa***

■ En otros casos tenemos sustantivos que tienen **una sola forma para los dos sexos** (como los terminados en *-**ante*** o *-**ista***) y las palabras que se refieren a ellos (artículos, adjetivos, etc.) se usan en masculino o femenino, dependiendo del sexo de la persona:

el/la	*am**ante**/cant**ante**/estudi**ante**...*
	*art**ista**/tur**ista**/social**ista**...*
	cónyuge/mártir/testigo...

- *Lola Flores es un**a** artista muy conocid**a**.*
- *Sí, pero Raphael también es **un** artista muy conocid**o**, ¿o no?* [Un artista]

3 A1-B1 **Completa los enunciados con las palabras del recuadro. En algunos casos tendrás que repetirlas. Puede haber varias soluciones**

persona mujer/esposa marido/esposo padre madre hermano hermana hijo hija

→ La persona con la que estoy casado/a es mi esposa/esposo/mujer/marido.

1. El .... de mi .... es mi abuelo.
2. La .... de mi .... es mi abuela.
3. La .... de mi .... es mi tía.
4. Mi .... es la nieta de mis padres.
5. El .... de mi .... es mi tío.
6. El .... de mi .... es mi suegro.
7. La .... de mi .... es mi suegra.
8. Mi .... es el nieto de mis padres.
9. Mi esposa es la madre de mi única ....
10. Mi marido es el padre de mi único ....

4 A1-B1 **Los niños de la Escuela Futurible ya saben qué quieren ser de mayores, pero no saben el nombre de la profesión. ¿Por qué no les ayudas como en el ejemplo? Ten en cuenta que hay niños y niñas.**

pintor ✓ cantante profesor periodista taxista pianista (x2) actor (x2) policía veterinario futbolista

→ Adela quiere pintar cuadros. Quiere ser pintora.

1. Pablo quiere tocar el piano y dar conciertos. Quiere ser ....
2. Irene también quiere tocar el piano y dar conciertos por todo el mundo. Quiere ser ....
3. Javier quiere meter a los ladrones en la cárcel. Quiere ser ....
4. Elvira quiere conducir coches por la ciudad. Quiere ser ....
5. Carmen quiere dar clases. Quiere ser ....
6. Miguel quiere escribir en los periódicos. Quiere ser ....
7. Arturo quiere cantar. Quiere ser ....
8. Elena quiere actuar en el teatro. Quiere ser ....
9. David quiere ser como Antonio Banderas. Quiere ser ....
10. Mateo quiere curar animales. Quiere ser ....
11. Encarnita quiere jugar al fútbol. Quiere ser ....

C Reglas especiales para el género gramatical de los animales: *toro, vaca...*

■ Igual que sucede con los sustantivos referidos a persona, también, en algunos casos, tenemos **una palabra diferente** para cada sexo:

el ***caballo****/la* ***yegua*** *el* ***toro****/la* ***vaca***

👁 Hay algunas palabras con terminaciones especiales para el femenino:

*el gall****o****/la gall****ina*** *el tigre/la tigr****esa***

■ Muchos nombres de animales tienen **una sola forma**, masculina o femenina:

el	*buitre, calamar, caracol, cocodrilo, dinosaurio, jabalí, mejillón, pulpo...*
la	*almeja, cigüeña, codorniz, gamba, hormiga, jirafa, mosca, tortuga...*

👁 ***el*** cocodrilo hembra [~~la~~ cocodrilo]
la jirafa macho [~~el~~ jirafa]

5 A2-B1 **Clasifica estos nombres de animales según su género. Busca en el diccionario los que no conoces.**

jirafa perro ✓ mosca ✓ tortuga tigre gato pulpo ✓ cerda vaca ✓ cocodrilo perra ✓ gallina cerdo toro ✓ dinosaurio caballo calamar yegua tigresa gata hormiga caracol mejillón gamba gallo

MARCA DE MASC./FEM. [-o/-a u otras terminaciones]	UNA PALABRA DIFERENTE PARA CADA SEXO	INVARIABLE FEMENINO	INVARIABLE MASCULINO
perro / perra	toro / vaca	mosca	pulpo
....	....	....	....
....	....	....	....
....	....	....	....
....	....	....	....
....	....	....	....

6 A2-B1 **En el Zoo Penco hay demasiados animales. Machos y hembras no deben estar juntos, así que dos ayudantes nuevos tienen que clasificar a los animales. Completa como en el ejemplo.**

→ ● *Ayudante 1*: ¿Esto qué es?, ¿ un oso o una osa ?
○ *Ayudante 2*: Ni idea. ¿Y esto qué es?, ¿ un pingüino macho o un pingüino hembra ?

1. ● *Ayudante 1*: ¡Qué difícil!, ¿esto es ....?
○ *Ayudante 2*: Y yo qué sé. Y esto, ¿es ....?

2. ● *Ayudante 1*: Uff, ¿y esto? ¿qué puede ser?, ¿..?
○ *Ayudante 2*: Esto parece más fácil, pero no lo sé. ¿Qué es?, ¿..?

3. ● *Ayudante 1*: Esto sí que es verdaderamente imposible. ¿Es..?
○ *Ayudante 2*: Este trabajo es una locura. ¿Qué puede ser esto?, ¿..?

3. Sustantivo. Número.

En español, además de género gramatical (masculino y femenino), los sustantivos tienen número (singular o plural). El número indica la **cantidad** de objetos a los que nos referimos con el sustantivo. El **singular** es la forma básica (es la forma que aparece en el diccionario). Por el contrario, el **plural** se marca siempre, como mínimo, con una -**s** final:

- *¿Has traído la bicicleta?*
  [Bicicleta es singular: se refiere a **un solo** objeto.]

- *¿Cuántas bicicletas tienes?*
  [Bicicletas es plural: se refiere a **varios** objetos.]

A Formación del plural: *mapa, mapas; país, países...*

■ Cuando **el singular termina en vocal**, el plural se hace añadiendo una -**s** final:

SINGULAR EN -*a*, -*e*, -*i*, -*o*, -*u*:	*mapa*	*sofá*	*clase*	*café*	*bici*	*israelí*	*moto*	*tabú*
PLURAL EN -*s*:	*mapas*	*sofás*	*clases*	*cafés*	*bicis*	*israelís*	*motos*	*tabús*

■ Cuando **el singular termina en consonante**, el plural se hace añadiendo -**es**:

SINGULAR EN -*d*, -*j*, -*l*, -*n*, -*r*, -*s*, -*z*:	*pared*	*reloj*	*árbol*	*cajón*	*botón*	*motor*	*país*	*pez*
PLURAL EN -*es*:	*paredes*	*relojes*	*árboles*	*cajones*	*botones*	*motores*	*países*	*peces*

Las palabras terminadas en -*í* y -*ú* acentuadas también pueden hacer el plural añadiendo -*es*:

israelí	→	*israelís/israelíes*
tabú	→	*tabús/tabúes*

Si el singular termina en **vocal átona** (**sin acento**) + -**s**, el plural no cambia (observa que el acento está en las vocales subrayadas):

el/los	*abrebotellas, abrelatas, cumpleaños, jueves, lavavajillas, microondas, paraguas, sacacorchos...*
la/las	*crisis, tesis...*

■ Cuando el singular termina en -*y*, el plural se hace en -**s** en las palabras de origen extranjero (la -*y* se interpreta como -*i*). En las palabras españolas terminadas en -*y* (muy pocas), el plural se hace en -*es*:

jersey	→	*jerséis*
penalti (penalty)	→	*penaltis...*

rey	→	*reyes*
ley	→	*leyes...*

1 A1-B1 **¿Cuántos hay?**

→ Tres flor*es*......

1. Dos pe..........

2. Dos so..........

3. Dos rel..........

4. Cinco bot..........

5. Dos jer..........

2 A1-B1 **Aquí tienes un fragmento del diario de una niña de seis años. Completa el plural de las palabras de este texto.**

*Mis padres no me dejan pintar las → pared*es*......, ni escribir en sus (1) papel......, ni tomar las (2) sarten......, ni los (3) tenedor......, ni apagar y encender las (4) luc...... cuando yo quiero. Además, solo puedo usar (5) lápic......: los (6) bolígrafo...... y los (7) rotulador...... están prohibidos. Tampoco me dejan subir a los (8) árbol....... ¿Cuándo comprenderán que los niños de seis años ya no somos unos (9) bebé......?*

3 A2-B1 **Bea y Miguel acaban de casarse y han recibido muchos regalos. Pero tienen algunos repetidos y han decidido dárselos a otros amigos. ¿Qué regalo le hacen a cada uno?**

→ Alejandro necesita una máquina para lavar los platos: un *lavavajillas*.

1. Rafa necesita algo para pasear cuando llueve: un ....
2. Iñaqui quiere un electrodoméstico para lavar la ropa: una ....
3. Alicia necesita algo para abrir botellas: un ....
4. Joaquín quiere un mueble para sentarse a ver la tele: un ....
5. Julia quiere alguna cosa para decorar las paredes de la casa: un ....
6. Lola necesita un aparato para preparar café: una ....
7. Lucía necesita algo para abrir las latas de comida: un ....
8. Mario quiere algo para calentar rápidamente la comida: un ....
9. Guillermo necesita secar la ropa rápidamente: una ....
10. A Silvia le gusta poner flores en toda la casa: un ....

2	lavavajillas ✓
4	abrelatas
2	lavadoras
2	sofás
6	abrebotellas
2	secadoras
3	cafeteras
6	cuadros
2	microondas
8	floreros
4	paraguas

B Usos particulares: *la gente, las gafas...*

■ Los sustantivos **no contables** (que se refieren a cosas que no se pueden contar) se usan en **singular** para hablar de la **materia en general** o de una **cantidad no determinada**. Cuando se usan en **plural** sirven para hablar de **distintos tipos** o **unidades diferentes** de la misma materia:

agua, arroz, carne, luz, madera, música, pan, papel, pescado, plástico, té, vino...

SINGULAR	• *¿Tú tomas **té** o café?*	[*Té*, clase de bebida.]
PLURAL	• *Aquí hay muchos **tés** de calidad.*	[Distintos tipos de té.]
	• *Tomo tres **tés** al día.*	[Distintas tazas de té.]

■ Algunos sustantivos en singular se refieren a conjuntos con varios elementos, pero concuerdan en singular:

***la** familia, **la** gente, **el** público...*

- *En España **la** gente come mucho, ¿no?*

[La gente come~~n~~ mucho.]

La gente está cansada cuando regresa a casa después de trabajar.

Las personas están cansadas cuando regresan a casa después de trabajar.

■ Otros sustantivos se usan normalmente en plural:

***las** gafas, **las** tijeras...*
***unos** prismáticos, **unas** pinzas,*
***unos** pantalones...*

- *Esas gafas de sol **son** nuevas, ¿verdad?*
- *¿Le gustan estos pantalones? **Son** italianos.*

4 A1-B1 **¿Singular o plural? Elige la forma más adecuada.**

→ Me gusta España porque tiene mucha luz / muchas luces. Es un país fantástico.
1. Mira la luz / las luces de ese árbol de Navidad. ¡Qué bonito!
2. Esta sopa necesita más agua / aguas. Está muy espesa.
3. Nunca más voy a comer carne / carnes. A partir de ahora soy vegetariana.
4. Este es un programa de música / músicas de los 80. Está muy bien.
5. ¿Qué tipo de té / tés compramos? ¿O prefieres café?

5 A1-B1 **Hoy se ha celebrado el concierto del año del tenor José Caminos en el Teatro Nacional. Busca la reacción de cada grupo y subraya qué te ha ayudado a encontrarla.**

→ La gente... — a. está encantada con la actuación.
1. Sus amigos...
2. Sus seguidoras...
3. El público...
4. La policía...

a. está encantada con la actuación.
b. está preocupada por la seguridad del concierto.
c. están muy interesadas.
d. parece muy contento.
e. aplauden entusiasmados cada cinco minutos.

6 A1-B1 **En los almacenes Maxitim hay una gran oferta. Regalan el doble de cada compra.**

POR LA COMPRA DE →	LE DAMOS
→ Un kilo de arroz...	Dos kilos de arroz.
1. Un reloj de pared...	....
2. Un abrelatas...	....
3. Unas tijeras de cocina...	....
4. Unas gafas de sol...	....
5. Un paraguas...	....

7 A2-B1 **Rosa estaba fatal esta mañana, todo le salía mal. Observa lo que le ha pasado y completa como en el ejemplo.**

→ El gato le ha roto dos jarrones. Solo le queda un jarrón.
1. Ha quemado dos pasteles de queso de los tres que ha hecho. Solo le queda un .... para el postre.
2. Sin darse cuenta, ha tirado la pecera con sus tres peces de colores. Solo ha sobrevivido el .... azul.
3. Ha quemado dos jerséis con la plancha. Afortunadamente tiene otro ....
4. Ha estropeado casi todas las luces de la casa. Únicamente funciona la .... del pasillo.
5. Tenía sueño y se ha tomado diez cafés. Está muy nerviosa. Mañana solo piensa tomar un ....

4. Adjetivo.

El adjetivo sirve para hablar de las **propiedades de los objetos** que nombramos con un sustantivo:

- *un chico **guapo***
- *una gata **cariñosa***
- *una casa **grande***
- *una idea **interesante***

A Género: *guapo, guapa; interesante...*

Algunos adjetivos tienen **una forma para el masculino y otra para el femenino.**
El masculino es la forma básica (es la que aparece en el diccionario).
Si el masculino termina en ***-o***, el femenino se hace **cambiando** esta *-o* por una *-a*.
Si el masculino termina en *-or*, o en ***vocal tónica*** (vocal con acento) + ***n***, se añade una *-a*:

-o		~~-o~~ -a	
guapo	*¿Verdad que mi novio es guapo?*	*guapa*	*¿Verdad que mi novia es guapa?*
italiano	*Ese señor parece italiano.*	*italiana*	*Esa señora parece italiana.*
largo	*A mí me gusta más el pañuelo largo.*	*larga*	*A mí me gusta más la chaqueta larga.*

-or		+ -a	
hablador	*Pepe no es muy hablador, ¿verdad?*	*habladora*	*Pepa no es muy habladora, ¿verdad?*
trabajador	*Pues Javier es muy trabajador.*	*trabajadora*	*Pues Lucía es muy trabajadora.*

-vocal tónica + n		+ -a	
catalán	*Josep es catalán.*	*catalana*	*Montserrat es catalana.*
charlatán	*Luis es muy charlatán. No calla.*	*charlatana*	*Ana es muy charlatana. No calla.*
llorón	*El niño no es llorón y duerme mucho.*	*llorona*	*La niña no es llorona y duerme mucho.*

Los adjetivos ***mayor***, ***menor***, ***mejor***, ***peor***, ***superior***, ***inferior***... son invariables en género:

- *Este es mi hermano **mayor** y esta es mi hermana **menor**.*
- *Mira, esa cafetería es **mejor** que aquella.*

Otros adjetivos, en cambio, ***tienen una sola forma para masculino y femenino***.
Estos adjetivos pueden terminar en:

-a, -e, -i, -u, -ista o ***consonante*** *(-l, -n, -r, -s, -z)*

belga, hipócrita, lila, malva, persa...	• *Ella es belga y él es canadiense, ¿no?* ○ *No, al revés: ella es canadiense y él es belga.*
amable, estadounidense, fuerte, pobre, verde...	• *La situación de la economía es muy preocupante, pero el paro es aún más preocupante.*
cursi, iraní, marroquí, hindú, zulú...	• *Tengo alumnos de muchos sitios. Hay una chica marroquí, otra hindú y un chico iraní.*
pacifista, progresista, socialista...	• *Raúl es un hombre muy pesimista. Su novia, sin embargo, es bastante optimista.*
azul, principal, joven, familiar, cortés, gris, feliz...	• *Siempre va vestida del mismo color. Hoy lleva una falda azul y un jersey también azul.*

Los adjetivos de **nacionalidad o procedencia que terminan en consonante** forman el femenino añadiendo una -*a* al masculino:

-*l*:	*español*	➜	*española*
-*n*:	*alemán*	➜	*alemana*
-*s*:	*francés*	➜	*francesa, inglés* ➜ *inglesa, japonés* ➜ *japonesa, portugués* ➜ *portuguesa*
-*z*:	*andaluz*	➜	*andaluza*

1 A1-A2 **Pablo, su amiga Lourdes y su primo Javier buscan un novio o una novia exactamente igual que ellos. ¿Cómo deben ser sus parejas?**

Pablo es...	Ella debe ser...	Lourdes es...	Él debe ser...	Javier es...	Ella debe ser...
➜ hablador	habladora	6. ecologista	....	12. nervioso	....
1. cariñoso	....	7. tímida	....	13. fuerte	....
2. vago	....	8. alegre	....	14. optimista	....
3. guapo	....	9. trabajadora	....	15. inteligente	....
4. superficial	....	10. independiente	....	16. feo	....
5. dormilón	....	11. puntual	....	17. pedante	....

2 A1-A2 **Piensa en la forma del género: ¿cuál es diferente?**

➜ inglés, francés, español, alemán, estadounidense (Es el único adjetivo de género invariable).

1. iraní, italiano, israelí, iraquí, marroquí
2. feliz, alegre, impaciente, contento, amable
3. optimista, pesimista, ecologista, socialista, lista
4. azul, joven, hermosa, débil, feliz
5. alemán, charlatán, llorón, joven, dormilón

B Número: *guapos, guapas; interesantes...*

Los adjetivos forman el plural siguiendo las mismas reglas que los sustantivos:

➜ 3. Sustantivo. Número.

SINGULAR TERMINADO EN ***vocal* + -*s***	*habladora*	➜	*habladoras*
	importante	➜	*importantes*
	simpático	➜	*simpáticos*
SINGULAR TERMINADO EN ***consonante* + -*es***	*azul*	➜	*azules*
	hablador	➜	*habladores*
	feliz	➜	*felices*

La -*z* se convierte en -*c*

3 A1-A2 **Mario tiene 6 años. Ha hecho un dibujo para el colegio. Compara las instrucciones con su dibujo.**

Tiene que dibujar...	En el dibujo de Mario hay...	Tiene que dibujar...	En el dibujo de Mario hay...
➜ un coche verde...	dos coches verdes	3. un lago azul...	....
1. una flor lila...	....	4. un edificio gris...	....
2. un perro feliz...	....	5. un niño mayor...	....
		6. un sol brillante...	....

C Concordancia: *Unos amigos griegos.*

El adjetivo debe tener el mismo género y número que el sustantivo al que se refiere. La forma del adjetivo puede indicar de qué sustantivo estamos hablando:

- *Mañana vienen a casa unos amigos griegos.*
- *¿Aquellos tan simpáticos de la fiesta de Inés?*

- *Esa película es muy buena, pero un poco larga.*
- *Sí, larga, lenta y pesada...*
- *Pero interesante.*

- *Bueno, mira: ahí hay chaquetas y vestidos. ¿Te gusta algo?*
- *El amarillo no está mal.*

[Sabemos que *amarillo* se refiere a un vestido (masc.) porque el adjetivo está en masculino.]

Cuando hablamos al mismo tiempo de sustantivos femeninos y masculinos, el plural se hace en masculino:

- *Mira ese jersey y esa chaqueta. Me encantan, pero son carísimos.*
- *Rafael tiene cuatro hermanos: tres chicas y un chico. Los cuatro son muy simpáticos.*

4 A1-A2 **José y Alejandro son hermanos, pero son muy diferentes. A José no le gusta gastar dinero, pero a Alejandro le gusta vivir bien. Escoge la opción más lógica.**

→ José siempre lleva ropa... (c)
1. Alejandro siempre compra ropa...

a. elegante
b. caras
c. barata
d. viejo

2. José vive en una casa...
3. Alejandro vive en una casa...

a. pequeña y ruidosa
b. amplia y luminosa
c. grande y cómodo
d. pequeñas y oscuras

4. José tiene un coche...
5. Alejandro tiene un coche...

a. grande y rápido
b. vieja y fea
c. lujosos y bonitos
d. lento y pequeño

6. Cuando viaja, José siempre va a hoteles...
7. Alejandro siempre va a hoteles...

a. impresionantes
b. económicos
c. sucia
d. estupendas

5 A1-B1 **En nuestro día a día consumimos y utilizamos productos de muchos países diferentes. ¿De dónde son estas cosas? Cuidado con el género y el número.**

alemán ✓	español	holandés	finlandés	senegalés	japonés
colombiano	argentino	chino	turco	suizo	estadounidense

→ Si tu coche es de Alemania, es alemán.
1. Si tu ordenador es de EE. UU., es ....
2. Si tu café es de Colombia, es ....
3. Si tus alfombras son de Turquía, son ....
4. Si tu mate es de Argentina, es ....
5. Si tu cámara de fotos es de Japón, es ....
6. Si tus quesos son de Holanda, son ....
7. Si tu cacao es de Senegal, es ....
8. Si tus relojes son de Suiza, son ....
9. Si tu sauna es de Finlandia, es ....
10. Si tus Chupa-Chup son de España, son ....
11. Si tu porcelana es de China, es ....

6 A1-B1 **Decide un final adecuado para cada enunciado y completa con las marcas apropiadas de género y número.**

→ El gazpacho y la ensalada de pasta... → están buenísimos. ¿Quieres un poco?
1. Mi padre y mi madre...
2. La catedral y los museos...
3. La radio y la prensa...
4. La moto y la bicicleta...
5. Cuidado, el suelo y la bañera...

son más ecológic...... Los coches contaminan mucho.
están buenísimos. ¿Quieres un poco?
están mojad...... y te puedes caer.
son medios de comunicación más objetiv...... que la televisión.
son asturian......, pero yo soy madrileño.
son maravillos...... Hay que visitarlos.

D Adjetivo después del sustantivo: *¿Vino tinto o vino blanco?*

■ En español los adjetivos pueden ponerse **antes** o **después** del sustantivo.

■ **Después** del sustantivo, los adjetivos se usan normalmente **para distinguir** el objeto del que hablamos de otros objetos:

- *Al final, ¿vas a comprarte la mesa **cuadrada** o la **redonda**?*
- *Su oficina está en un edificio **alto, vanguardista**, realmente **precioso**.*
- *Entonces, ¿qué prefiere?: ¿la casa, el apartamento **grande** o el apartamento **pequeño**?*
- *Es una chica **inteligente, comprensiva** y **educada**. No como su hermana.*

Algunas clases de adjetivos normalmente van **solo después** del sustantivo, como los que expresan:

COLOR:	• *un coche **azul** (negro, rojo, blanco, verde...)*
FORMA:	• *un objeto **cuadrado** (redondo, alargado, rectangular, ovalado...)*
ESTADO:	• *una caja **abierta** (cerrada, llena, rota, vacía...)*
TIPO, PROCEDENCIA:	• *un tema **fundamental** (familiar, internacional, político, fácil...)*

7 A1-B1 **Ordena los elementos de las siguientes frases.**

→ [un/sueco/Tengo/amigo] Tengo un amigo sueco y, por eso, este verano me voy a Estocolmo.

1. [abierta/una/Hay/ventana] .... Hace frío.
2. [siempre/Lleva/naranja/ropa] .... Es su color favorito.
3. [Hay/casa/una/vacía] .... en la calle. No vive nadie.
4. [la/sucia/Trae/ropa] .... Voy a poner una lavadora.
5. [botella/llena/Mete/la] .... en el frigorífico y saca la vacía, por favor.
6. [coche/familiar/un/Es] .... Es para ocho personas.
7. [universitaria/Vivo/una/en/residencia] ...., pero el año próximo quiero ir a un piso.
8. [vuelos/Los/internacionales] .... salen de la terminal B.
9. [un/sobre/Está/en/cerrado] .... porque es confidencial.

E Adjetivo antes del sustantivo: *Mi apartamento pequeño / Mi pequeño apartamento.*

■ **Antes** del sustantivo, los adjetivos se usan normalmente para **destacar una cualidad** del objeto, pero no para distinguirlo de otros:

Pueden usarse **antes** del sustantivo adjetivos como estos: ***largo-corto, frío-caliente, pequeño-grande, fuerte-débil, rápido-lento, ancho-estrecho, claro-oscuro, viejo-joven, alegre-triste, bonito-feo***, etc. Todos ellos tienen un significado relativo: una cosa es *grande* o *pequeña*, *rápida* o *lenta*, etc., según con qué la comparamos.

8 B1-B2 **Decide si en estas frases el adjetivo destaca una propiedad del objeto o sirve para distinguir el objeto de otros de su misma clase.**

	Distingue	Destaca (highlight)
→ La **vieja radio** todavía funciona.		✓
→ Dame las **zapatillas viejas**, por favor.	✓	
1. Mire, verá, tengo una **pequeña duda** sobre el precio del hotel.		✓
2. Pásame el **destornillador pequeño**, por favor; este no me sirve.	✓	
3. Nos ha tocado el **camarero lento** y hemos tardado tres horas.	✓	
4. Amelia dio un **lento paseo** por la ciudad y se fue al hotel.		✓
5. Desde la puerta se veía un **ancho pasillo** que llegaba a la terraza.		✓
6. Es mejor que vayas por el **camino ancho**. Es menos peligroso.	✓	
7. Llegó muy tarde a casa y un plato de **frías lentejas** le esperaba en la mesa.	~~✓~~	✓
8. Trae las **bebidas frías** a la mesa, por favor.	✓	

■ Con los adjetivos de significado relativo (*largo/corto, oscuro/claro*, etc.), la posición antes del sustantivo es una **opción formal** (lenguaje periodístico, literario, etc.). Los adjetivos que no tienen significado relativo (color, forma, estado, etc.) solo se usan antes del sustantivo en el **lenguaje poético**:

LENGUAJE COTIDIANO	LENGUAJE FORMAL	LENGUAJE POÉTICO
• *La niña de los ojos azules estaba al fondo de una habitación* ***oscura****.*	• *La niña de los ojos azules se hallaba en una* ***oscura*** *habitación.*	• *Al fondo de una* ***oscura*** *habitación brillaban los* ***azules*** *ojos de la niña.*

9 B1-B2 **Este texto periodístico tiene errores: hay adjetivos (el ejemplo y cinco más) que deben ir después del sustantivo. Táchalos y escribe tu solución.**

El presidente del país ha emprendido un largo viaje diplomático por ~~lejanos~~ lugares, acompañado de su ministro de ~~Exteriores~~ Asuntos y su ~~cordial~~ esposa. Durante los ~~últimos~~ días se han producido ya numerosas anécdotas. En la inauguración de un industrial edificio, por ejemplo, alguien entregó a la esposa del presidente un redondo objeto que resultó ser un japonés reloj de pared. Pero también ha habido malos momentos. Cuando iban en el oficial coche a la inauguración de un nuevo edificio por ~~una estrecha~~ carretera de montaña, el coche del presidente sufrió un ~~pequeño accidente~~ y chocó contra una vacía casa.

Asuntos Exteriores
el reloj japonés
un objeto redondo
un edificio industrial
el coche oficial
una casa vacía

■ Los adjetivos que indican **orden en una serie** (*primero, segundo, último, siguiente, próximo, futuro, nuevo, antiguo*, etc.) normalmente se ponen ***antes*** del sustantivo:

- *Ana fue mi* ***primera*** *compañera de piso.*
- *Solo te pido una* ***segunda*** *oportunidad.*
- *Todo esto lo veremos en la* ***siguiente*** *reunión.*
- *Esto son cosas del* ***antiguo*** *régimen.*

Pero cuando hablamos de plantas de un edificio o de capítulos de un libro, estos adjetivos también se usan **después** del sustantivo:

- ***Segunda*** *planta / Planta* ***segunda***
- ***Primer*** *capítulo / Capítulo* ***primero***

Se usan siempre **después** para hablar de reyes, papas, etc.:

Juan Carlos I [primero] *Pablo VI* [sexto] *Isabel II* [segunda]

10 B1-B2 **Andrés Oponcio recuerda sus años escolares. Coloca los adjetivos de los recuadros en el lugar adecuado.**

En el ...primer... curso .... tuve un .... profesor ...vegetariano... que solo comía brócoli. En el (1) .... curso ...., tuve una (2) .... profesora .... que en mitad de la clase hacía (3) .... ejercicios .... En el (4) .... curso ...., tuve un (5) .... profesor .... que tocaba la (6) .... guitarra .... y cantaba como Broos Printing. Seguro que mis (7) .... clases .... en la universidad no serán tan divertidas. Haré (8) .... amigos ...., pero echaré de menos a mis (9) .... compañeros ....

nuevos
segundo
tercer
antiguos
futuras
primer ✓
respiratorios
vegetariano ✓
eléctrica
budista
rockero

F *Un gran problema / Un problema grande.*

■ Los adjetivos ***grande***, ***bueno***, ***malo***, ***primero*** y ***tercero*** tienen otra forma —una forma reducida— cuando van antes y se refieren a un sustantivo singular:

CAMBIAN EN MASCULINO Y FEMENINO		
Grande:	• *un coche **grande** / un **gran** coche*	• *una casa **grande** / una **gran** casa*

CAMBIAN SOLO EN MASCULINO		
Bueno:	• *un amigo **bueno** / un **buen** amigo*	• *una amiga **buena** / una **buena** amiga*
Malo:	• *un día **malo** / un **mal** día*	• *una noche **mala** / una **mala** noche*
Primero:	• *el capítulo **primero** / el **primer** capítulo*	• *la sección **primera** / la **primera** sección*
Tercero:	• *el piso **tercero** / el **tercer** piso*	• *la planta **tercera** / la **tercera** planta*

NO CAMBIAN CON SUSTANTIVO PLURAL

• *Las **grandes** casas, los **grandes** coches, las **buenas** amigas, las **malas** noches, los **primeros** capítulos...*

11 B1-B2 **¿Cómo son algunas de las cosas que pasan en la vida? Elige la opción adecuada y escríbela.**

→ Una tarde tranquila en la playa, oyendo el mar y tomando el sol, es una (buen/buena/mal/mala) ...buena... tarde.

1. Un lunes en el que se estropea el coche, llegas tarde al trabajo y pierdes el móvil es un (buen/bueno/mal/malo) .... día.
2. El (primer/primero) .... café del sábado, después de una ducha caliente, leyendo tranquilamente el periódico es un (mal/malo/gran/grande) .... momento.
3. La (tercer/tercera) .... vez que llamas a la compañía de teléfonos y solo oyes la música de espera es una (buen/buena/mal/mala) .... experiencia.
4. Comer congelados y hamburguesas es una (buen/buena/mal/mala) .... costumbre.
5. Poner flores en el salón, cocinar nuevas recetas y ordenar la casa son (buen/buenas/mal/malas) .... ideas para pasar un fin de semana agradable.
6. Hacer exámenes por internet con muy poco tiempo para contestar a las preguntas es pasar un (buen/bueno/mal/malo) .... rato.
7. Aprender lenguas y hacer crucigramas es un (buen/bueno/mal/malo) .... ejercicio para la memoria.

SECCIÓN 2

Determinantes

5. Artículos: *un, el, ø...*
6. Demostrativos: *este, ese, aquel... esto, eso, aquello...*
7. Posesivos: *mi, tu, su... mío, tuyo, suyo...*
8. Indefinidos: *todos, algunos, alguien, nada, otros...*
9. Numerales cardinales: *uno, dos, tres...*
10. Numerales ordinales: *primero, segundo, tercero...*
11. Cuantificadores: *demasiado, mucho, bastante...*

5. Artículos: *un, el, ø...*

A Formas

Los artículos se clasifican en **indefinidos** y **definidos**. Las formas de cada grupo **varían según el género y el número del sustantivo**:

	INDEFINIDOS		DEFINIDOS	
	MASCULINO	FEMENINO	MASCULINO	FEMENINO
SINGULAR	***un** amigo*	***una** amiga*	***el** gato*	***la** gata*
PLURAL	***unos** niños*	***unas** niñas*	***los** chicos*	***las** chicas*

Cuando no mencionamos el sustantivo, ***un*** se convierte en ***uno***:

¿Tienen helados? ¿Me da ~~un~~ uno de fresa?

Después de las preposiciones ***a*** y ***de***, el artículo ***el*** forma con ellas una sola palabra:

a + el = ***al***
de + el = ***del***

- *¿Puedes bajar un momento* ***al*** *supermercado, por favor?*
- *¿Vas a ir* ***al*** *concierto* ***del*** *viernes?*

Con nombres propios, el artículo y la preposición **no se unen**:

- *Mañana me voy* ***a El*** *Cairo.*
- *Esta noticia es* ***de*** **El** País. *Un periódico muy serio, ¿no?*

Cuando tenemos que usar artículo con un **sustantivo femenino singular** que empieza por ***a-*** **tónica** (con acento), usamos ***el***/***un*** si no hay otras palabras entre el artículo y el sustantivo:

el agua, un águila, el ala, el alma, un arma, el área, un aula, un ave, el hada, el hambre...

Pero estos sustantivos son **femeninos** y, por tanto, en todos los otros casos concuerdan en femenino:

CON ADJETIVOS Y OTROS DETERMINANTES:	CON ARTÍCULOS EN SINGULAR SEPARADOS DEL SUSTANTIVO:	CON ARTÍCULOS EN PLURAL:
***El** agua fresc**a**, **un** hambre tremend**a**, es**a** águila, algun**as** armas...*	***La** última águila, **la** misma arma, **una** gran aula...*	***Las** águilas, **las** aves, **unas** aulas...*

1 A1-A2 **El detective Rodrigo Trigo llega a la escena de un robo y ve muchas cosas sospechosas. Va a buscar a la policía y, cuando vuelve, las cosas han cambiado. Completa con las formas adecuadas del artículo.**

Cuando entra en la casa por primera vez ve:

→ Una puerta de un dormitorio rota.
1. .... llaves de .... moto debajo de .... mesa.
2. .... cartera abierta y vacía junto a .... ordenador.
3. .... juguetes de .... bebé por el suelo.
4. .... nota: "Vamos a volver".

Cuando vuelve a la casa con la policía ve:

→ La puerta del dormitorio arreglada.
5. .... llaves de .... moto junto a .... ordenador.
6. .... cartera cerrada encima de .... mesa.
7. .... juguetes de .... bebé muy ordenados.
8. .... nota corregida, con esta frase: "Ya hemos vuelto".

2 A2-B1 **Completa con las formas adecuadas del artículo.**

→ Vamos a buscar un aula libre para hacer el examen.
1. Tengo .... hambre que me muero.
2. ¿La profesora Lola? Mire en .... última aula del pasillo. Tiene clase allí ahora.
3. Papá, ¿ .... hadas existen?
4. En la puerta de su chalé hay .... gran águila de piedra feísima.
5. En mi país están prohibidas .... armas. ¿Y aquí?
6. .... hada buena transformó a la rana fea en un príncipe guapo.
7. .... aguas de este balneario son excelentes para la salud.
8. Mamá, ¿dónde está .... agua?
9. Cuidado, toma la olla por .... dos asas.

B Usos: *Toma una carta / Toma la carta.*

Usamos ***un, una, unos, unas*** para referirnos a algo que no es especialmente **identificable** para el oyente entre otros objetos de su clase porque, por ejemplo:

I. Hay varios objetos del mismo tipo.

- *Este es Pedro,* ***un*** *hermano de María.* [Dice *un hermano* porque María tiene más hermanos.]
- *Necesito* ***un*** *móvil. Es para un regalo.* [No busca un móvil específico. Pueden servir muchos.]

II. Hablamos por primera vez de ese objeto.

- *También vienen* ***unos*** *amigos de Ana: Pedro y Juan.* [Son unos amigos específicos, pero no son identificables porque no hemos hablado antes de ellos.]

Usamos ***el, la, los, las*** para indicar que nos referimos a algo que es **identificable** para el oyente entre todos los otros objetos porque, por ejemplo:

I. No hay otros objetos como ese.

- *Este es Pedro,* ***el*** *hermano de María.* [Dice *el hermano* porque solo tiene un hermano.]
- *Tengo* ***el*** *móvil roto. ¿Ustedes arreglan?* [Habla de su móvil.]

II. Hemos hablado antes de ese objeto

- *Entonces, no cabemos en mi coche: vosotros tres,* ***los*** *amigos de Ana y yo. Somos muchos.* [Habla de unos amigos ya identificados porque hemos hablado de ellos antes.]

3 A1-A2 **Carmen y Lucía tienen que hacer un trabajo para clase. ¿Sabes de qué hablan? Lee las frases y relaciona cada una con la situación correspondiente.**

→ *Carmen:* Un amigo de Julia nos puede ayudar. — b
→ *Carmen:* El amigo de Julia nos puede ayudar. — a

a. Lucía y Carmen ya han hablado del amigo de Julia.
b. Lucía y Carmen no han hablado antes de ese chico.

1. *Lucía:* He traído unos libros de casa.
2. *Lucía:* He traído los libros de casa.

a. Carmen ya sabe de qué libros habla Lucía.
b. Carmen no sabe de qué libros habla Lucía.

3. *Carmen:* ¿Me dejas el bolígrafo?
4. *Carmen:* ¿Me dejas un bolígrafo?

a. Lucía tiene solo un bolígrafo.
b. Lucía tiene tres bolígrafos.

5. *Lucía:* Un profesor de Filosofía me ha recomendado este artículo.
6. *Lucía:* El profesor de Filosofía me ha recomendado este artículo.

a. Hablan de otro profesor de Filosofía.
b. Hablan de su profesor de Filosofía.

7. *Lucía:* Ha llamado Luis, un chico de Barcelona.
8. *Lucía:* Ha llamado Luis, el chico de Barcelona.

a. Lucía y Carmen han hablado muchas veces de Luis.
b. Carmen no conoce a Luis.

4 A2-B1 **Fíjate en el contexto y escribe el artículo correspondiente.**

→ *En el salón de casa de Raquel hay solo un cuadro en la pared.*
Jéssica: Me gusta mucho ..el.. cuadro del salón. Siempre he querido tener ..una.. pintura como esa.

1. *Jéssica y Raquel han terminado su trabajo de Historia.*
Raquel: ¿Puedo llevarme .... trabajo a casa para leerlo otra vez? Si quieres, puedo hacer .... copia.

2. *Jéssica llega con una tarta. Raquel no sabía nada.*
Jéssica: Mira, he comprado .... tarta.
¿Te apetece .... trozo?

3. *Jéssica ha cortado la tarta. Hay un trozo grande y otro pequeño.*
Raquel: A mí dame .... trozo pequeño.

4. *Las dos chicas conocen a toda la familia de Julia.*
Raquel: Voy a ir al cine con .... amigos. Bueno, tú los conoces, son Paco y Pepe, ... hermanos de Julia, ¿te acuerdas?

5. *Jéssica no encuentra su reloj. Hay varios relojes por la casa.*
Jéssica: ¿Sabes qué? Pues que he perdido .... reloj.
Raquel: Bueno, yo he visto .... reloj pequeño encima de la cama, no sé si es .... tuyo.

5 B1-B2 **Lee el comienzo de este cuento y señala si son adecuadas las siguientes interpretaciones.**

Leopoldo Luis II, un rey de Gantea (→), salió el sábado de paseo en un caballo de la reina (1). En la puerta un soldado lo despidió. Al llegar a un río (2), cruzó por un puente y se encontró con los duendes del agua (3) y estos le dijeron: "Va a venir un príncipe (4) del país vecino (5), se va a enamorar de tu mujer y va a huir con ella". El rey no creyó nada de las palabras de los duendes, cruzó el puente (6) y volvió a palacio. Pero en la puerta estaba el soldado (7) que, muy nervioso, le dijo: "Majestad, la reina se ha ido".

→ En Gantea solo hay y ha habido un rey.	Sí	(No)
1. La reina tiene varios caballos.	Sí	No
2. En Gantea solo hay un río.	Sí	No
3. Seguramente Leopoldo no había oído hablar de esos duendes.	Sí	No
4. Este príncipe viene mucho a Gantea.	Sí	No
5. Gantea tiene frontera con cinco países.	Sí	No
6. El mismo puente de antes.	Sí	No
7. Es el mismo soldado que lo había despedido.	Sí	No

C ¿*Un* o *el* o *ø*?: *Voy en bicicleta. Tengo una bicicleta. Arreglo la bicicleta.*

■ Cuando usamos un sustantivo **sin artículo** (***artículo Ø***), no nos referimos a ningún objeto concreto:

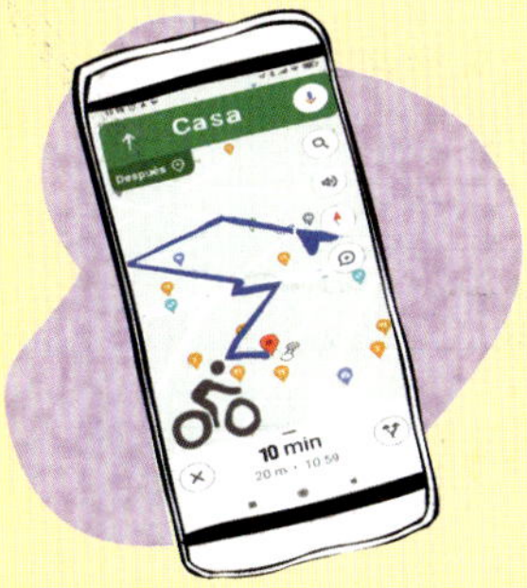

[No hablan de un objeto particular, sino de un medio de transporte.]

- *Tenemos wifi gratis en el hotel.*
- *Están recibiendo clases de guitarra.*
- *He hecho un avión de papel.*
- *En ese restaurante hay que llevar traje y corbata.*

■ Cuando usamos un sustantivo **con artículo** (***un***... o ***el***...), nos referimos a objetos individuales: indefinidos (***un***...) o definidos (***el***...):

[No habla de una bicicleta específica. Hay varias y puede usar una u otra.]

- *He encontrado **una** wifi que no necesita contraseña.*
- *He visto **una** guitarra ideal para ti.*
- *Apunta esto en **un** papel.*
- *Voy a comprarme **un** traje y **una** corbata en las rebajas.*

[Habla de un objeto específico identificable entre los demás.]

- *Estoy en la oficina porque **la** wifi de casa no funciona.*
- *Acuérdate de guardar **la** guitarra en su sitio.*
- *Este es **el** papel que nos dijo.*
- *Me he manchado **el** traje y **la** corbata con salsa de tomate.*

■ Cuando hablamos de una **cantidad indeterminada** de algo y no necesitamos especificar ni identificar ningún objeto concreto, usamos el **sustantivo sin artículo** (Ø):

SUSTANTIVOS CONTABLES (EN PLURAL)	SUSTANTIVOS NO CONTABLES (EN SINGULAR)
• *¿Venden ustedes **alfombras**?*	• *Si vas al súper, compra **aceite** y **café**.*
• *Mi vecino arregla **ordenadores**.*	• *No, no tengo **dinero**. Lo siento.*

6 A2-B1 **Tacha la opción incorrecta y relaciona.**

→ ¿Me pasas Ø/**un** tomate, por favor?
1. ¿Le has puesto sal a Ø/**el** tomate?
2. ¿No te gusta la salsa de Ø/**un** tomate?
3. Máximo, no puedes recibir a los invitados en Ø/**un** pijama.
4. Máximo, pon Ø/**el** pijama en la lavadora.
5. Máximo, tienes que comprarte Ø/**un** pijama.
6. Me duele Ø/**el** pie derecho.
7. Está cerca: vamos a Ø/**el** pie.
8. He visto Ø/**un** apartamento precioso.
9. He perdido la llave de Ø/**el** apartamento.
10. Tenemos un nuevo profesor de Ø/**un** piano.
11. Cierra Ø/**el** piano con cuidado.

a. Voy a hacer una ensalada.
b. Están de oferta en la tienda de la esquina.
c. Ponte unos pantalones y una camisa.
d. Está muy soso.
e. Hace quince días que no te lo quitas.
f. Es casera. La he hecho con aceite de oliva.
g. Me he dado un golpe jugando al fútbol.
h. Puedes hacerte daño en los dedos.
i. No puedo entrar. ¿Puedo quedarme en tu casa?
j. Creo que voy a alquilarlo.
k. Me gusta. Tiene mucha paciencia.
l. Así hacemos ejercicio.

7 A2-B1 **Completa con las palabras del recuadro. Algunas deben ir en plural.**

pila	dinero	tomate ✓	aspirina	agua	huevo	café

Cariño, tienes que hacer tú la compra. Tienes que traer → tomates para el gazpacho, que no hay, y también compra (1) .... para la tortilla. Necesitamos (2) .... mineral y (3) .... descafeinado. Trae (4) ...., que hacen falta para el mando de la tele. Y tienes que ir a la farmacia. No quedan (5) .... Por cierto, saca (6) .... del banco. Yo no tengo.

D Generalizar: *A los españoles les gusta el café...*

■ Cuando nos referimos a toda una clase de objetos, usamos ***el, la, los, las***:

CONTABLES	NO CONTABLES
Singular (la clase en general) **Plural** (todos los miembros de la clase)	**Singular**

- ***El** perro es el mejor amigo **del** hombre.*
  [El perro y el hombre como clase de seres vivos.]
- ***Los** niños siempre dicen la verdad, excepto cuando mienten.*
  [Todos los niños, en general.]
- ***Las** mujeres todavía no tienen las mismas oportunidades que **los** hombres.*
  [Todas las mujeres y todos los hombres en general.]
- *Aquí **la** gente va mucho al cine.*
  [Todo el mundo, en general.]
- *No me gusta **el** café, me pone nerviosa.*
  [El café, en general.]

■ Cuando hablamos de un objeto representativo de su clase, es decir, de cualquier objeto de una determinada clase, usamos ***un, una, uno***. Solo usamos ***unos, unas*** para sustantivos que solo se usan en plural (*gafas, tijeras...*):

- *¿Qué es **un** flexo?*
- ***Un** flexo es **una** lámpara de mesa para leer.*
- ***Unos** prismáticos permiten ver de lejos.*
- ***Un** médico tiene que saber tratar a los pacientes.*

En español, cuando generalizamos, el **sujeto** de la oración tiene que llevar **artículo**:

- ***Un** perro necesita espacio para vivir bien.* ~~Perro necesita espacio para vivir bien.~~
- ***La** naranja tiene vitamina C.* ~~Naranja tiene vitamina C.~~
- *Me encanta **el** café.* ~~Me encanta café.~~
- ***Los** delfines son muy inteligentes.* ~~Delfines son muy inteligentes.~~

8 A2-B1 **Fíjate en las palabras subrayadas y relaciona cada enunciado con la interpretación más adecuada.**

I. Toda una clase de objetos o personas.	II. Cualquier objeto o persona de una clase.	III. Una cantidad indeterminada de objetos o personas.

→ a. Los colchones de agua son muy relajantes. I
b. Evidentemente, prefiero dormir en un colchón a dormir en el suelo. II
c. Tenemos colchones de látex, de algodón y de muelles. III

1. a. Se venden y alquilan apartamentos. Teléfono: 031676742. III
b. Los apartamentos en este barrio son muy caros. I
c. Un apartamento suele ser más pequeño que un piso. II

2. a. Los dentistas ganan mucho dinero. I
b. Lo conocí en un congreso de dentistas. III
c. Un dentista no debe comer ajo antes de la consulta. II

3. a. Linus solo bebe infusiones. III
b. A estas horas, una infusión es mejor que un café. II
c. Perdona, pero las infusiones calientes sientan mejor que las frías. I

4. a. ¿Tú sabías que los aguacates tienen vitaminas A, C, D, K y B? I
b. ¿Has comido aguacates alguna vez? Están buenísimos. III
c. Prefiero tomarme un aguacate por la mañana que algo dulce. Me sienta mejor. II

5. a. No tengo hijos, pero tengo sobrinos. III
b. Los hijos, a veces, dan muchos problemas. I
c. Tener un hijo es lo mejor que te puede pasar en esta vida. II

9 A2-B1 **Completa con las palabras del recuadro usando, cuando es necesario, el artículo correspondiente.**

kioscos ✓ agua helados carrito hormigas abanico cajeros ratón té café carne

→ Los kioscos son tiendas en las que se venden periódicos y revistas.

1. En España, el abanico es algo que se usa mucho en verano. Es perfecto para el calor.
2. Los cajeros automáticos son máquinas para sacar dinero con tarjeta.
3. ¿Ese arroz lleva carne?
4. Me encantan los helados tanto en verano como en invierno. Pero engordan mucho.
5. Las hormigas van siempre en fila unas detrás de otras.
6. El té es tan excitante como el café.
7. Puede estar tranquilo: un ratón inalámbrico no da problemas. Es más caro, pero funciona mucho mejor.
8. Pues un carrito es una cesta con ruedas para hacer la compra en los supermercados.
9. No te puedes duchar. No hay agua.

10 B1-B2 **Algunos monstruos famosos del país de Jálogüin están aprendiendo español, pero todavía tienen problemas: a veces olvidan usar los artículos. Corrige sus palabras poniendo *el*, *la*, *los*, *las* donde son necesarios.**

→ Cuando noche llega, monstruos salen a pasear y a asustar a los seres humanos. Seres humanos siempre tienen miedo. la noche llega...; los monstruos salen...; los seres humanos siempre tienen...

1. Después de una noche de terror nos duele garganta, pero doctor Jek nos da zumo de aspirinas. ....
2. Monstruos quieren ser como seres humanos y respetan naturaleza. En realidad, solo comen plantas y frutos secos. ....
3. A monstruos les gusta mirar cielo gris mientras viejo vampiro Vlad toca en órgano canciones tristes. ....
4. Para monstruos miedo es sentimiento más hermoso, por eso les gusta ver películas de zombis y visitar "Casa Terror". ....
5. Monstruos hacen magia negra y bailan danza de muertos vivientes cuando sale luna llena. ....
6. Todas noches de tormenta esqueletos salen de tumbas para celebrar gran fiesta del trueno. Monstruos se divierten como locos. ....
7. Vampiros no se ven en espejo, pero saben que son guapos por selfis. ....

E *Uno alto, el de Soria, el que te dije...*

■ Cuando está claro de qué estamos hablando, ***uno, una, unos, unas*** pueden usarse sin mencionar al sustantivo al que se refieren:

- *Pásame un boli. **Uno** de esos. **Uno** rojo vale.*
- *Necesito tomates. Tráeme **unos** que hay en el frigo.*
- *¿Has visto mis zapatillas? Son **unas** azules y blancas.*
- *Estas camisas no están nada mal. Cómprate **una**.*
- *Tengo varios amigos, pero solo salgo con **uno**.*
- *Yo tengo tres o cuatro tijeras. ¿Te dejo **unas**?*
- *No tiene prismáticos. Regálale **unos**.*

■ También los artículos ***el, la, los, las*** pueden usarse sin mencionar el sustantivo al que se refieren, pero solo cuando van seguidos por ADJETIVO / ***de*** + SUSTANTIVO / ***que*** + ORACIÓN:

	ADJETIVO
El, la, los, las +	***de*** + SUSTANTIVO
	que + ORACIÓN

- *Solo me queda bien un traje: **el** negro.*
- *Esa mesa no está mal, pero me gusta más **la de** cristal.*
- *¿Quieres una tapa? **Las que** sirven aquí son muy buenas.*

11 A2-B1 **Tacha el sustantivo cuando no es necesario y cambia *un* por *uno* si hace falta.**

→ ● Prueba un canapé.
❍ Gracias, ya me he comido uno ~~canapé~~.

1. ¡Qué horror! He olvidado mis gafas de sol. ¿Me prestas unas gafas de sol?
2. Estos sobres son pequeños. Mejor usamos los sobres amarillos, los sobres que están ahí.
3. ● ¿Quieres una cerveza?
❍ No, gracias, acabo de tomarme una cerveza.
4. ● Me han regalado un reloj con cronómetro.
❍ Pues yo tengo un reloj que tiene wifi.
5. ● ¿Cuál de esas chicas es tu hermana?
❍ La chica de las gafas, la chica alta, la chica que está de pie.
6. ● Han venido unos amigos preguntando por ti.
❍ Sí, ya lo sé. Son unos amigos que conocí en la discoteca.
7. ● ¿Me pasas ese libro, por favor?
❍ ¿Cuál? ¿El libro grande? ¿El libro de física?
8. ● ¿Ustedes han pedido un café?
❍ Dos. Yo, un café solo y él, un café con leche.

12 A2-B1 **Estos personajes son los autores de la gramática. Completa y descubrirás quiénes son.**

→ Los que llevan gafas son Jenaro, Alex y Pablo.
1. El que .... es Jenaro.
2. La de los .... es Rosa.
3. El de la .... es Alex.
4. El .... es José Plácido.
5. El del .... es Pablo.
6. La que .... es Lourdes.
7. Las .... son Lourdes y Rosa.

llevan gafas ✓
guapísimas
delgado
lleva peluca
guantes largos
pistola
pañuelo de lunares
está cantando

6. Demostrativos: *este, ese, aquel... esto, eso, aquello...*

A *Este libro; ese libro; aquel libro.*

■ Los demostrativos pueden ser masculinos, femeninos y neutros:

	SINGULAR			PLURAL		
MASCULINO	***este*** *libro*	***ese*** *niño*	***aquel*** *edificio*	***estos*** *libros*	***esos*** *niños*	***aquellos*** *edificios*
FEMENINO	***esta*** *mesa*	***esa*** *niña*	***aquella*** *tienda*	***estas*** *mesas*	***esas*** *niñas*	***aquellas*** *tiendas*
NEUTRO	*esto*	*eso*	*aquello*			

👁 Las formas de **masculino** y **femenino concuerdan en género y número con el sustantivo** al que se refieren.

■ Los demostrativos sirven para **señalar cosas** identificándolas en relación con tres espacios diferentes:

Este indica que el objeto puede identificarse en el **espacio de la persona que habla** (*yo, nosotros, nosotras*).

Ese indica que el objeto puede identificarse en un espacio **distinto pero próximo al espacio de la persona que habla.**

Aquel indica que el objeto puede identificarse en un espacio **distinto y alejado del espacio de la persona que habla.**

- *¿Qué regalo quieres?: ¿**esta** pelota?, ¿**ese** cochecito?, ¿**aquella** muñeca?*
  [Dice ***esta*** para señalar una pelota que está ***aquí*** (junto a la persona que habla); dice ***ese*** para señalar un coche que está ***ahí*** (no junto a la persona que habla, pero tampoco lejos) y dice ***aquella*** para señalar una muñeca que está ***allí*** (lejos de la persona que habla).]

■ Para referirnos **a cosas que se sitúan en el espacio de la persona con la que hablamos** (*tú, usted, ustedes, vosotros* y *vosotras*) se usan ***ese/-a/-os/-as*** porque se trata de un espacio distinto al de la persona que habla, pero no lejano:

- ***Este*** *bolígrafo no funciona, ¿me dejas **ese** rotulador?*
  [Dice ***este*** porque habla del bolígrafo que está usando; y dice ***ese*** para señalar el rotulador que está cerca de la persona que escucha.]

[Dice ***esa*** porque habla de la camiseta de la persona que escucha.]

1 A1-A2 Margarita ha ido a cenar a un restaurante. Tiene mucha hambre. Completa lo que dice.

¡Qué rico está → .... atún y qué buenas están (1) .... gambas! ¡(2) .... macarrones están exquisitos y (3) .... salsa de soja es fantástica!

Póngame (4) .... salmón, (5) .... trucha, (6) .... sardinas y (7) .... mejillones.

¿Me trae (8) .... tarta, (9) .... profiteroles, (10) .... natillas y (11) .... flan de postre, por favor?

2 A1-A2 Relaciona cada diálogo con una imagen.

→ *Gabriel:* **Este** jersey es muy bonito.
Ana: Sí, y **estos** zapatos tampoco están mal.

1. *Gabriel:* Mira, **ese** jersey es precioso.
Ana: Un poco caro, ¿no? Mejor te compras **esos** zapatos.
Gabriel: Sí, o **esa** chaqueta azul.

2. *Ana:* **Este** jersey es precioso, pero es carísimo.
Gabriel: Y **aquellas** chaquetas, ¿qué te parecen?
Ana: ¿Cuáles? ¿Las del fondo?

3. *Ana:* **Estos** zapatos son bonitos, ¿verdad?
Gabriel: Sí, están bien, pero los jerséis me gustan más.
Ana: ¿**Esos** jerséis? A ver cuánto cuestan.

A ......

B ......

C ......

D ......

3 A2-B1 Fíjate en el contexto en el que se produce cada frase y subraya el demostrativo adecuado.

→ *Luis está leyendo un libro.*
Luis: **Este/Ese/Aquel** libro es fantástico. ¿Lo conoces?

1. *Luis y Pedro están en la cocina comiendo pasteles.*
Luis: ¿**Estos/Esos/Aquellos** pasteles los ha hecho tu madre? Están buenísimos.

2. *Pedro saca unas bebidas de la nevera. Luis está sentado en la mesa.*
Luis: Oye, que **estas/esas/aquellas** bebidas son para la cena de mañana.

3. *Luis y Pedro están de excursión. Muy a lo lejos hay un pequeño bosque.*
Luis: ¿Qué tal si nos acercamos a **este/ese/aquel** bosque tan bonito?

4. *Luis va con Pedro y señala a una chica que está lejos.*
Luis: Mira, Pedro, **esta/esa/aquella** chica es Carmen, la que ha tenido mejor nota en el examen.

5. *Pedro tiene unos discos en la mano.*
Luis: Si te gustan **estos/esos/aquellos** discos, puedes llevártelos.

B Uso en relación con el tiempo: *este mes; ese día; aquel fin de semana.*

■ Los demostrativos también sirven para situar algo en relación con el tiempo:

Este, ***esta***, ***estos***, ***estas*** sirven para referirse al **presente** y también al **pasado** o **futuro** más próximos:

- ***Este** verano ha sido un desastre; **este** mes está siendo terrible, pero **estas** Navidades me voy a Cuba.*

Ese, ***esa***, ***esos***, ***esas*** pueden señalar al **futuro** o al **pasado**:

- *Del 1 al 8 de julio no trabajo. Y **esa** semana me voy de vacaciones.* [La semana futura ya identificada.]
- ***Ese** día estaba muy cansado, por eso no te llamé.* [El día pasado del que hemos hablado.]

Aquel, ***aquella***, ***aquellos***, ***aquellas*** señalan a un **pasado lejano**:

- ***Aquella** semana fue la más feliz de mi vida.* [La semana, alejada en el tiempo, de la que hemos hablado.]
- ***Aquel** novio que tenías antes no me gustaba mucho.* [Un antiguo novio.]

4 A2-B1 **Relaciona cada enunciado con su continuación.**

→ En 1999 mis padres vendieron el Volvo 240.
1. Podemos ir pasado mañana si quieres.
2. Nos conocimos la Semana Santa del 2020.
3. Me caso el 15 de febrero.
4. Mi antiguo profesor de español era mucho mejor que el que tenemos ahora.
5. Volví a casa el día de Navidad, después de siete meses trabajando en el barco.

a. Ese día tienes que estar aquí.
b. Ese día supe que mi mujer estaba embarazada.
c. Me acuerdo porque aquellos días hizo un calor espantoso.
d. Esta semana no tengo mucho trabajo.
e. Aquel coche era fantástico, de verdad.
f. Me encantaban aquellos estupendos ejemplos que ponía.

C *Este, ese, aquel...*

■ Los demostrativos pueden usarse **sin mencionar el sustantivo** al que se refieren cuando está claro de qué estamos hablando:

- *Son preciosas **estas** lámparas. Me llevo **esta**, **esa** y **aquella** roja.*
- ***Este** vaso está limpio, pero **ese** no.*

- *¿Cuál es tu clase?*
- ○ ***Esa** de la derecha.*

- *¿Te acuerdas de Raquel, la antigua vecina de Rafa?*
- ○ *Sí, claro, **aquella** sí que era simpática.*

5 A1-B1 **¿A qué se refieren estos demostrativos?**

→ **Aquellas** me gustan más.	chaqueta	gafas	pantalones	caramelos
1. Mira, son **estos**.	amigo	personas	chica	hombres
2. No, no, **esa** no.	hoja	libros	bolígrafo	plástico
3. **Aquel** es más bonito.	película	novelas	discos	cuadro
4. Con **este** es suficiente, gracias.	libreta	tijeras	papel	papeles
5. **Esos** para ti y **estos**, para mí.	reloj	silla	pendientes	monedas

D Demostrativos neutros: *¿Dónde pongo esto? No me digas eso. ¿Qué es aquello?*

■ Los demostrativos de **género neutro son siempre singulares** y nunca se usan con sustantivo porque, en español, no hay sustantivos neutros:

	SINGULAR			PLURAL		
MASCULINO	*este*	*ese*	*aquel*	*estos*	*esos*	*aquellos*
FEMENINO	*esta*	*esa*	*aquella*	*estas*	*esas*	*aquellas*
NEUTRO	***esto***	***eso***	***aquello***			

■ Usamos **las formas neutras** de los demostrativos cuando queremos señalar algo en relación con los espacios ***aquí***, ***ahí*** y ***allí***, pero **no sabemos su nombre**, **no importa su nombre** o **no hablamos de un objeto concreto** (por ejemplo, un hecho, una situación, lo que alguien ha dicho, etc.):

NO SABEMOS EL NOMBRE DEL OBJETO

[El hablante no conoce el contenido de una caja envuelta en papel de regalo y, por tanto, no puede mencionarlo con un sustantivo.]

- *¿Quieres un...* umbrella*? ¿Cómo se dice **eso** en español?* [El hablante no conoce el nombre de ese objeto.]
- *¿Has visto **eso**? Parece un ratón, ¿no?* [El hablante no sabe exactamente qué es esa cosa.]

NO IMPORTA EL NOMBRE DEL OBJETO

- *Tengo que irme ya. ¿Puedes tú recoger todo **esto**?* [Todas las cosas que hay que recoger.]
- *Mira, **esto** lo pones encima del armario, **eso** dentro y **aquello** en la otra habitación.* [Tres cosas que señalamos con el dedo.]

NO ES UN OBJETO CONCRETO

- *Trabajas mucho y duermes poco. Y **eso** no es bueno.* [El hecho de hacer esas cosas.]
- *Estábamos en casa y, de repente, oímos un ruido muy raro... **Aquello** no era normal...* [La situación que está contando.]
- *Creo que nadie me quiere.*
- *¿Por qué dices **eso**?* [Las palabras que ha dicho la otra persona.]

No usamos estas formas neutras para hablar de **personas**. En su lugar, usamos las formas masculinas o femeninas:

- *¿Quién es ese?* ¿Quién es ~~eso~~?
- *Es mi padre.*

6 A1-A2 **Victor ha perdido la memoria y tiene muchos problemas para reconocer los objetos que están a su alrededor. Ayúdale a recuperarla completando los espacios con demostrativos.**

Están AQUÍ

- ¿Qué es → esto ?
- ○ Son servilletas.
- ¿Y (1) estos tan raro?
- ○ Son tenedores y cuchillos, y (2) estos de aquí son cucharas. ¿No te acuerdas?

Están AHÍ

- ¿Qué es (3) eso que se mueve ahí?
- ○ No te preocupes. Son las cortinas.
- ¿Y (4) eso con tanto pelo que está ahí?
- ○ Es una alfombra. Y (5) eso de ahí, al lado de la lámpara, también. Las compramos hace años.

Están ALLÍ

- Oye, ¿y (6) aquello ? Parecen monstruos.
- ○ ¿Monstruos? Son las sombras de las plantas del jardín.
- ¿Y (7) aquello tan peludo allí fuera, al fondo? ¿Son alfombras?
- ○ No, Víctor, no. Son tus perros, Caín y Abel...

7 A2-B1 **Un turista acaba de llegar a España. Completa la conversación entre él (T) y un español (E) con la información del recuadro.**

→ *T: Tiene una fruta en la mano que no conoce.*
E: Granada. Es una fruta de otoño.

1. *T: Señala un monumento que está bastante lejos.*
   E: Es la Puerta de Alcalá. Es del siglo XVIII.
2. *T: Está en una discoteca. Le gusta el ambiente, la música, la gente...*
   E: Sí, está muy bien. Es el local de moda.
3. *E:* ¿Qué vas a tomar?
   T: Señala una comida que toman unas personas.
4. *T:* Yo no estoy acostumbrado a acostarme tan tarde.
   E: Comenta algo sobre esa costumbre en España.
5. *T: Le da un regalo a su acompañante.*
   E: Muchas gracias. Pero no tenías que regalarme nada.
6. *T:* Tengo 30 euros.
   E: Explica para qué puede servir ese dinero.

a. ¿Cómo se llama esto?
b. Pues eso, aquí, es bastante normal.
c. Esto es fantástico.
d. Toma, esto es para ti.
e. Con eso puedes pagar el taxi y poco más.
f. ¿Qué es aquello de allí?
g. Me apetece aquello que comen en la mesa del fondo.

Clasifica las respuestas. ¿Cuál de las posibilidades siguientes es la más probable en cada caso?

No sabe el nombre ....
....

No importa el nombre ....
....

No es un objeto ....
....

8 A2-B1 **Juan y Jorge acaban de trasladarse a una nueva casa. Todo es un caos. No saben qué es cada cosa, pero están intentando poner un poco de orden. Completa los diálogos.**

● ¿Dónde pongo
→ esto ?

○ (1) .... ponlo en la cocina. Me parece que es la batidora.

● ¿Y (2) eso que llevas ahí?

○ (3) .... voy a dejarlo en el dormitorio.

○ ¿Y dónde ponemos (4) .... del fondo?

● A ver... Huy, me parece que es la lámpara que nos regaló tu madre.

○ Cielos. Es horrible. ¿La ponemos en el desván?

○ Oye, ¿y (5) .... que está ahí qué es?

● Ni idea. Déjalo de momento.

9 A2-B1 **Subraya las opciones más adecuadas. A veces son posibles las dos.**

→ ● ¿Quién es **ese chico**/**eso**?
○ El primo de Maite.

1. ● ¿Qué es **aquel pájaro**/**aquello**?
○ No sé, parece un pájaro.

2. ● Lucía dice que ya no te quiere.
○ **Esa chica**/**Eso** me da igual.

3. ● ¿Por qué no enviaste **esa carta**/**eso**?
○ Porque no la pude terminar.

4. ● ¿Quieres manzanas?
○ Sí, pero solo una; dame **esa**/**eso**.

5. ● ¿A qué se dedica **ese señor**/**eso**?
○ Me han dicho que es profesor de instituto.

6. ● ¿En qué piensas?
○ En **aquella chica**/**aquello** que vino ayer.

7. ● ¿En qué piensas?
○ En **aquella chica**/**aquello** que ocurrió ayer.

8. ● ¿Dónde puedo poner **este mueble**/**esto**?
○ En el pasillo, aquí molesta.

9. ● ¿**Ese**/**Eso** de la barba es tu hermano?
○ No, mi hermano es el de la gorra.

7. Posesivos: *mi, tu, su... mío, tuyo, suyo...*

A Posesivos antes del sustantivo: *mi amigo, mi amiga...*

	SINGULAR		PLURAL	
Yo	***mi*** *amigo/amiga*		***mis*** *amigos/amigas*	
Tú	***tu*** *libro/revista*		***tus*** *libros/revistas*	
Él/ella/usted	***su*** *hermano/amiga*		***sus*** *hermanos/amigas*	
Nosotros/-as	***nuestro*** *primo*	***nuestra*** *prima*	***nuestros*** *primos*	***nuestras*** *primas*
Vosotros/-as	***vuestro*** *libro*	***vuestra*** *revista*	***vuestros*** *libros*	***vuestras*** *revistas*
Ellos/ellas/ustedes	***su*** *tío/tía*		***sus*** *tíos/tías*	

En español, los posesivos **no** concuerdan con la persona gramatical correspondiente: **concuerdan con el objeto del que hablamos.** ***Mi***, ***tu*** y ***su*** concuerdan con el objeto del que hablamos **solo en número**. ***Nuestro*** y ***vuestro*** concuerdan en **género** y **número**:

- *Mirad, esta foto es del día de* ***mi*** *graduación. Estos son* ***mis*** *padres,* ***vuestros*** *abuelos; este,* ***mi*** *hermano Javier,* ***vuestro*** *tío. Esta chica del sombrero,* ***mi*** *hermana pequeña,* ***vuestra*** *tía Alicia. Y estas son* ***vuestras*** *primas Ángela y Lucía,* ***mis*** *sobrinas.*

Su (hablamos de un objeto) y ***sus*** (hablamos de varios objetos) significan:

DE USTED/USTEDES

- *¿Y usted? Vendrá a la boda, ¿verdad?*
- *Sí, claro, muchas gracias.*
- *¿Y* ***su*** *mujer y* ***sus*** *hijas?*
- *Sí, también. Están encantadas.*
- *Por el hotel no se preocupen ustedes, porque ya tengo* ***su*** *reserva.*

DE ÉL/ELLA/ELLOS/ELLAS

- *¿A quién más has invitado a la boda?*
- *Al jefe, con* ***su*** *mujer y* ***sus*** *tres hijas; a la tía Ana, con* ***su*** *novio y* ***sus*** *amigas; a los tíos de Buenos Aires, con* ***su*** *hijo,* ***su*** *nuera y* ***sus*** *dos nietos; y a las hermanas López, con* ***su*** *madre y* ***sus*** *sobrinos.*

1 A1-A2 **Aquí tienes una selección de anuncios con ofertas especialmente pensadas para el verano. Complétalos con los posesivos adecuados.**

1

2

3

4

5

2 A1-A2 **Bea y Miguel se separan y se reparten las cosas. Observa el diálogo y complétalo con los posesivos adecuados.**

Bea: Te puedes quedar con el televisor, pero yo me llevo → mis películas y (1) .... libros, por supuesto.

Miguel: Perfecto, quédate con (2) .... películas y con (3) .... libros, pero yo me quedo con el microondas.

Bea: ¡Ah, no! Perdona, pero este es (4) .... microondas. Tu microondas está en casa de tu hermana, ¿no te acuerdas?

Miguel: Pues el lavavajillas y la lavadora sí son míos.

Bea: Pues, quédate con (5) .... lavavajillas y (6) .... lavadora; pero (7) .... cuadros y (8) .... sofá me los llevo.

Miguel: Muy bien, muy bien. Llévate (9) .... sofá y esos cuadros horribles. Ah, y llévate también el jarrón de (10) .... madre y la lámpara de (11) .... prima Jacinta, y yo me quedo con todo lo demás.

B Posesivos después del sustantivo: *un amigo mío, una amiga mía...*

	SINGULAR		PLURAL	
	MASCULINO	FEMENINO	MASCULINO	FEMENINO
Yo	*un amigo **mío***	*una amiga **mía***	*unos amigos **míos***	*unas amigas **mías***
Tú	*ese libro **tuyo***	*esa casa **tuya***	*esos libros **tuyos***	*esas casas **tuyas***
Él, ella, usted	*otro coche **suyo***	*otra moto **suya***	*otros coches **suyos***	*otras motos **suyas***
Nosotros/-as	*otro gato **nuestro***	*otra gata **nuestra***	*otros gatos **nuestros***	*otras gatas **nuestras***
Vosotros/-as	*ese primo **vuestro***	*esa prima **vuestra***	*esos primos **vuestros***	*esas primas **vuestras***
Ellos/ellas/ustedes	*un poema **suyo***	*una foto **suya***	*unos coches **suyos***	*unas fotos **suyas***

■ Estos posesivos son **adjetivos** y, como todos los adjetivos, **concuerdan en género y número con el sustantivo**, al igual que los artículos, demostrativos, cuantificadores e indefinidos:

- *He traído muchos discos **míos**.*
- *Esta calculadora **tuya** no tiene pilas, ¿sabes?*
- *En mi mesa hay varios libros **vuestros**.*
- *Javier es un amigo **suyo** de la universidad, ¿no?*

un amigo ~~de mí~~ (mío), un amigo ~~de ti~~ (tuyo), un amigo ~~de vosotros~~ (vuestro)...

→ **4.** Adjetivo

3 A1-B1 **Relaciona los enunciados y completa con los adjetivos posesivos adecuados.**

→ Estoy saliendo con un chico guapísimo. —— a.

1. A tu marido le gusta mucho Elton John, ¿verdad?
2. Pues nosotros tenemos una amiga que sabe mucho de informática.
3. No me gusta prestarle cosas a Aurelio.
4. ¿Qué os ha regalado Francisco por vuestra boda?
5. Este año vamos a organizar una comida de Navidad para treinta personas.

a. ¡Ah, qué bien!, ¿y tienes alguna foto suya?
b. ¿Y solo vienen familiares .... o también amigos?
c. A mí tampoco. Tiene libros .... desde el año pasado.
d. Varios cuadros ....; Son preciosos. Es un gran pintor.
e. ¿Y esa amiga .... no puede venir a mi casa un día a ayudarnos?
f. Sí, tiene muchos discos ....

4 A1-B1 **Tu profesora de español te ha pedido que corrijas este ejercicio de un compañero de clase.**

→ Estoy supercontento. El Guggenheim de Bilbao va a comprar un cuadro de mí.

1. No sé qué leer. ¿Me prestas un libro de ti?
2. ¿Ese es profesor de vosotros? Increíble, pero si es jovencísimo.
3. ¿Pero qué hace un zapato de ti en el frigorífico?
4. Toma, un regalo, una foto de nosotros, la última que tenemos.

→ un cuadro mío
1. ....
2. ....
3. ....
4. ....

C *Un amigo mío / Mi amigo.*

■ Con ***mío***, ***tuyo***, ***suyo***..., igual que con otros adjetivos (*familiar, español, europeo*, etc.), indicamos que un objeto (o varios) forma parte del conjunto de cosas relacionadas con algo o alguien:

- *Esther es vecina* ***nuestra***.
  [Forma parte del conjunto de vecinos nuestros.]
- *He encontrado fotografías* ***vuestras***.
  [Cantidad indeterminada de fotografías con vuestra imagen o que habéis hecho vosotros. Puede haber más.]
- *Tres profesores* ***míos*** *hablan chino.*
  [Tres de los profesores que tengo. Puedo tener más.]
- *Una novela* ***suya*** *ha ganado el premio.*
  [Una de las novelas que ha escrito. Puede haber más.]

■ Con ***mi***, ***tu***, ***su***... hablamos de objetos identificables entre todos los demás por su relación con algo o alguien. No hay más o son los únicos de los que hemos hablado:

- *Esther es* ***nuestra*** *vecina.*
  [Es la única identificable por ser vecina nuestra.]
- *He encontrado* ***vuestras*** *fotografías.*
  [Las fotografías con vuestra imagen, las que habéis hecho, las únicas de las que hemos hablado...]
- ***Mis*** *tres profesores hablan chino.*
  [Los tres profesores que tengo o los tres de los que he hablado...]
- ***Su*** *novela ganó el premio.*
  [La única que ha escrito, la que presentó al concurso, la única de la que hemos hablado...]

[No hemos hablado antes.]

[Hemos hablado antes.]

[No hemos hablado antes de Paula. Es única por alguna razón...]

■ Los posesivos **antes del sustantivo** determinan el sustantivo y no se combinan con artículos o demostrativos:

- ***Su*** *tío ha llamado. /* ***Un*** *tío* ***suyo*** *ha llamado.* ~~Un su~~ tío ha llamado.
- ***Ese*** *teléfono está sonando. /* ***Nuestro*** *teléfono está sonando.* ~~Ese nuestro~~ teléfono está sonando.
- *¿Fuiste con* ***tu*** *coche? / ¿Fuiste con* ***el*** *coche?* ¿Fuiste con ~~el tu~~ coche?

■ Los posesivos **después del sustantivo** sí que pueden combinarse con artículos o demostrativos:

- *El ordenador* ***suyo*** *del otro despacho es más rápido.*
- *El otro día nos llamó un compañero* ***nuestro*** *del instituto.*
- *No soporto esa manía* ***tuya*** *de gritar.*

→ **5.** Artículos
→ **6.** Demostrativos

5 A2-B1 **Relaciona como en el ejemplo.**

→ Vinieron todos ...sus hermanos... .
a. hermanos suyos
(b.) sus hermanos

1. .... vive en Nueva York y la otra en Dublín.
a. Una hermana mía
b. Mi hermana

2. Me gustan mucho .... Tienen un color precioso.
a. ojos tuyos
b. tus ojos

3. Perdona, ¿puedes darle esto a ....?
a. compañero de piso tuyo
b. tu compañero de piso

4. Todos tuvimos que escribir .... en una lista para poder entrar.
a. nombres nuestros
b. nuestros nombres

5. ● Es un director de cine muy importante, ¿sabes?
○ Me gustaría ver ....
a. su película
b. alguna película suya

6. Yo no estoy de acuerdo, pero es .... Tú decides.
a. vida tuya
b. tu vida

7. Aquí tienes .... que estaban en mi casa. Hay más, pero no podía traértelos todos.
a. estos libros tuyos
b. tus libros

6 B1-B2 **Ha habido un robo en el Occidente Exprés. Completa con posesivos, colocándolos en el lugar adecuado.**

Marquesa de Montefosco: ¡Qué desgracia! Esto es terrible. Se han llevado → ...mis... joyas ——, todos (1) .... camisones de seda .... y (2) .... dentadura postiza ....

El Duque y la Duquesa de Aguasturbias: Pues nosotros hemos perdido todo el equipaje: (3) .... dieciocho maletas ...., (4) .... seis abrigos .... y (5) .... gorros de dormir .... Estamos desolados.

La Marquesa: Querido Duque, ¿y (6) .... magnífica colección de pipas .... ? ¿Está a salvo?

El Duque: ¡Qué va! También ha desaparecido. Y el anillo de diamantes que le regalé a (7) .... esposa .... con motivo de (8) .... último cumpleaños ....

La Duquesa: Guillermo, te olvidas de (9) .... ordenador portátil .... y de (10) .... doce palos de golf preferidos ....

Hércules Jolms: Cálmense. Parece que se han encontrado algunos (11) .... objetos .... en la Estación de Albacete. Señor Duque, ha aparecido (12) .... ordenador ...., con documentos bastante comprometidos, por cierto.

El Duque: No sé a qué se refiere.

Hércules Jolms: Hay varios (13) .... poemas .... dedicados a la Marquesa de Montefosco. También hemos encontrado algunas (14) .... joyas ...., Señora Marquesa, junto con (15) .... anillo ...., Señora Duquesa. Dos (16) .... pipas .... y (17) .... doce palos de golf .... estaban en los servicios de la estación, señor Duque. Hay otro asunto delicado: dos (18) .... camisones ...., Señora Marquesa, estaban en una (19) .... maleta ...., Señor Duque.

La Duquesa: Ahora lo comprendo todo: Querida Marquesa, aquí tiene (20) .... dentadura postiza .... La encontré en el bolsillo de (21) .... pijama ...., Guillermo.

D Sin sustantivo: *Tu casa es bonita, pero la mía es más grande.*

■ Cuando no es necesario usar sustantivo con el posesivo, porque ya sabemos a cuál nos referimos, usamos ***el mío***, ***el tuyo***, ***el suyo***, etc.:

- *¿Con qué lavas tus sábanas? Están más limpias que **las mías**.* [mis sábanas]
- *Mi sillón es más cómodo que **el tuyo**.* [tu sillón]
- *Le he prestado la moto a mi hermano, **la suya** no funciona.* [su moto]
- *Vosotros vais en vuestro coche y nosotros en **el nuestro**, ¿vale?* [nuestro coche]

7 A2-B1 **Transforma las oraciones para no repetir el sustantivo.**

→ A tu hija le gusta mucho jugar con mi hija. Son muy buenas amigas.
A tu hija le gusta mucho jugar con la mía...

1. Me gusta más su dentista que nuestra dentista. Es más delicada.
2. Mi móvil se ha quedado sin batería. ¿Me dejas tu móvil?
3. Estas son mis toallas. Tus toallas están en el armario.
4. El barrio donde vivo no está mal, pero su barrio es más tranquilo.
5. Mi sueldo es más alto que vuestro sueldo. Pero es que trabajo mucho más que vosotros...
6. Yo tengo una letra muy difícil de leer, pero tu letra no se entiende nada.
7. Entre la bicicleta de David y nuestra bicicleta, prefiero la de David.
8. Tenemos el mismo coche, pero su coche tiene dos puertas más.
9. Prefiero mi café a tu café. Tú lo preparas demasiado fuerte.

E ¿De quién es? Es nuestro: mío, tuyo y de Pepe.

- Los posesivos adjetivos se usan con el verbo ***ser*** para expresar pertenencia:
  - *¿**De quién** es esta revista?*
  - *Es **mía**.*
  - *¿**De quién** son estas gafas? ¿Son las **tuyas**?*
  - *¿**De quiénes** son estas copas?*
  - *Son **nuestras**.*
  - *¿**De quiénes** son estos abrigos? ¿Son **suyos**, señores Núñez?*
  - *¿Ese sombrero rojo es el **tuyo**?*
  - *Sí, ¿te gusta?*
  - *¿Este cuadro es **de tu abuela**?*
  - *Sí, **suyo**.*

8 A2-B1 **Carmen y su novio Alberto han ido al supermercado con su amiga Inma, que también ha hecho su compra. Después de pagar en caja, sus cosas y las de un señor desconocido están mezcladas. Tienen que separarlas. Fíjate en lo que han comprado y completa con posesivos los espacios del ejercicio en la página siguiente.**

Inma:	Carmen y Alberto:	El señor:
leche	yogures	patatas
café	queso	sandía
naranjas	naranjas	
	tomates	
	pasta	
	sandía	

Inma: ¿El pan es → vuestro ?

Carmen: No, no es (1) nuestro. ¿El pan es (2) suyo, señor?

Señor: No, (3) mío tampoco. Alguien lo ha olvidado.

Carmen: Las patatas sí son (4) suyas, ¿verdad, señor?

Señor: Sí, son (5) mías. Muchas gracias.

Carmen: ¿De quién es la leche?

Inma: (6) mía.

Carmen: ¿Y el café?

Inma: También es (7) mío, ¿me lo pasas?

Señor: Señora, ¿esa sandía de ahí es (8) suya ?

Carmen: No, la (9) mía es aquella, que es más grande.

Señor: Entonces es la (10) mía. ¿Me la pasa?

Carmen: ¿De quién son las naranjas?

Alberto: (11) nuestras.

Inma: No, estas son (12) mías; las (13) vuestras son aquellas.

Inma: Y ¿de quién son los yogures?

Carmen: Los yogures son (14) nuestros

Inma: ¿Y el queso?

Carmen: También es (15) nuestro

Inma: Toma, Alberto, los tomates son (16) vuestros.

Alberto: Gracias, la pasta también es (17) nuestra, ¿me la das?

F Casos especiales: *Tengo el pelo mojado.*

■ En español, los posesivos normalmente no se usan para hablar de las partes del cuerpo ni de la ropa u otros objetos que llevamos; en estos casos usamos los artículos ***el, la, los, las***:

- *¿Vas a salir con **el** pelo mojado? ¡Vas a resfriarte!* — ¿Vas a salir con ~~tu~~ pelo mojado?
- *Llevas una mancha de aceite en **la** camisa.* — Llevas una mancha de aceite en ~~tu~~ camisa.
- *Al final no voy. Me duele **la** cabeza.* — Me duele ~~mi~~ cabeza.
- *¿Os habéis lavado **las** manos?* — ¿Os habéis lavado ~~vuestras~~ manos?

→ **18.** Construcciones reflexivas y valorativas

9 A2-B1 **Completa los diálogos y relaciona como en el ejemplo.**

A. Venga, a dormir. ¿Os habéis puesto → el pijama? ¿Os habéis lavado → los dientes? ¿Sí? Pues a la cama.

B. Oye, pues al principio muy bien, pero luego, un horror, Borja, un horror. Mira cómo estoy. Me he roto (1) .... brazo izquierdo por dos sitios, (2) .... dos piernas, (3) .... nariz y (4) .... cadera. Creo que esto no es para mí.

C. Este sábado voy a cuidarme: quiero cortarme (5) .... pelo, depilarme (6) .... piernas y pintarme (7) .... uñas de (8) .... pies y de (9) .... manos. ¡Por fin un día para mí!

D. Mire, es que realmente me encuentro fatal. Me parece que es la gripe. Me duele (10) .... cabeza, (11) .... garganta, (12) .... estómago y tengo muchísima fiebre. De verdad, lo siento.

→ Un padre habla con sus hijos. A
1. Dos amigas charlan por teléfono. ....
2. Un empleado llama al trabajo para disculparse por su ausencia. ....
3. Un amigo le cuenta a otro sus vacaciones esquiando. ....

8. Indefinidos: *todos, algunos, alguien, nada, otros...*

A *Algún estudiante, ninguna casa, todos los días...*

■ Estos indefinidos se usan para hablar de los **objetos que seleccionamos de un conjunto**. Siempre se refieren a un sustantivo que expresa el **tipo** de persona o cosa de la que hablamos:

ALGUNO/-A/-OS/-AS	NINGUNO/-A/-OS/-AS	TODOS/-AS
Uno o varios objetos de un conjunto, sin especificar cuáles ni cuántos.	Nada (ø) de un conjunto.	El conjunto completo.
• *Se han comido **algún** bombón.* • *Han dejado **algunos**.*	• *No se han comido **ningún** bombón.* • *No han abierto **ninguno**.*	• *Se han comido **todos** los bombones.* • *Los han abierto **todos**.*

Antes de un sustantivo masculino singular, *alguno* y *ninguno* se reducen a ***algún*** y ***ningún***:

Algún lápiz ~~Alguno lápiz~~ ***Ningún lápiz*** ~~Ninguno lápiz~~

■ Estas formas **concuerdan** en género y número con el sustantivo al que se refieren:

Algún** chico / **alguno	***Ningún** chico / **ninguno***	***Todos** los chicos*
***Alguna** chica*	***Ninguna** chica*	***Todas** las chicas*
***Algunos** chicos*	***Ningunos** pantalones*	
***Algunas** chicas*	***Ningunas** tijeras*	

Ningunos/-as solo se usan con sustantivos que normalmente no se dicen en singular: *pantalones, tijeras, prismáticos, gafas*, etc. Con los sustantivos que tienen singular (*chico*) y plural (*chicos*) usamos ***ninguno/-a***.

■ Podemos usar estas formas **con el sustantivo** al que se refieren o, cuando ya se sabe de qué sustantivo hablamos, **sin sustantivo**:

- *¿Tenéis **alguna** pregunta?*
- *No, **ninguna**. Está todo clarísimo.*
- *No conozco a **ningún** cantante vasco.*
- *¿En serio? ¿A **ninguno**?*
- *Solo tengo cuatro amigos y **todos** son muy simpáticos.*

■ ***Alguno/-a/-os/-as*** y ***ninguno/-a*** se usan sin sustantivo y con la preposición ***de*** cuando mencionamos el conjunto del que seleccionamos objetos:

- ***Algunas** de las preguntas que nos hizo eran muy difíciles.*
- ***Ninguno** de esos discos es mío.*

1 A1-A2 **Adivina las respuestas de estos tres participantes en un concurso de memoria de la televisión, siguiendo el ejemplo. Presta atención al género y al número.**

→ ... las películas que vio de pequeño?	Sí, algunas.	No, ninguna.	Sí, todas.
→ ... los nombres de sus vecinos?	Algunos.	No, ninguno.	Todos.
1. ... sus primeras palabras?	Sí, ...	No, ningunas.	Casi todas.
2. ... las gafas de sol que ha tenido hasta ahora?	Solo	Mmm, ningunas.	todas.
3. ... a sus compañeros de clase de la escuela?	A ...., sí.	No, a	Sí, a ....
4. ... a sus profesores de la escuela primaria?	Sí, a	A ...., me temo.	Claro, a ....
5. ... las marcas de café que ha probado?	....	Casi	Casi ....
6. ... los discos que le han regalado?	Bueno, ...	¿Discos?	........., creo.
7. ... los títulos de los libros que ha leído?	Solo	Pues no, ...	....
8. ... las canciones de éxito de la última década?	....	Esto... No, ...	....

2 A1-B1 **Elige y completa con la forma adecuada.**

alguna algunas algunos algún ✓ algún algún ningún ningún ninguno todas todos

→ ¿Tienes algún día libre la semana que viene?

1. No entiendo .... cosas de este libro. ¿Puedes ayudarme?
2. .... jóvenes son muy responsables, más que los adultos a veces.
3. Te puedes llevar .... los diccionarios. No necesito ....
4. No me gustan los caramelos ni los pasteles. .... dulce me gusta.
5. ¿Qué te pasa? ¿Tienes .... problema?
6. Cuidado con el horno. En .... caso debes tocar el cristal. Está muy caliente.
7. A Jaime le gustan .... las películas de ciencia ficción.
8. Si necesitas .... chaqueta, yo te puedo prestar una.
9. Si en .... momento necesitas ayuda, llámame y voy inmediatamente.

3 A2-B1 **Fátima Gómez ha estado en una reunión de antiguos alumnos de su colegio. Completa con *todos, todas, algunos, algunas, ninguno, ninguna.***

→ Todos, sin excepción, estamos más viejos. ¡Cómo pasa el tiempo! (1) .... se han quedado calvos, aunque Fernando Dávila conserva su precioso pelo...; (2) .... de nosotros han empezado a usar gafas. Otros, todavía no. Pero (3) .... se ha operado nada; al menos eso dicen todos. He visto (4) .... embarazadas también. En general, (5) .... las chicas estamos mejor que los chicos, la verdad.

(6) .... ya se han divorciado, creo que José Miguel Lombardo y Amaia Goikoetexea, y vinieron a la fiesta con sus segundas parejas. Es curioso, pero (7) .... de ellos vive en el extranjero, (8) .... se han quedado en España. Solo yo vivo fuera. (9) .... las chicas, sin excepción, trabajamos. Es una suerte. Sin embargo, no (10) .... los chicos tienen trabajo. (11) .... están en paro.

B *Alguien, nadie; algo, nada; todo.*

■ Estos indefinidos se usan como sustantivos y sirven para hablar de **personas** (*alguien, nadie*) o **cosas** (*algo, nada, todo*) **sin especificar de qué tipo de persona o cosa hablamos**:

ALGUIEN [alguna persona]	NADIE [ninguna persona]	ALGO [alguna cosa]	NADA [ninguna cosa]	TODO [todas las cosas]

*Veo a **alguien**.*	*No veo a **nadie**.*	*Veo **algo**.*	*No veo **nada**.*	*Lo veo **todo**.*

■ ***Alguien**, **nadie**, **algo**, **nada*** y ***todo*** son invariables y la concordancia se hace **siempre en masculino singular**:

- *¡Hola! ¿Hay **alguien** despierto?*
  [Podemos estar hablando de un hombre, una mujer, varios hombres, varias mujeres...]
- *Tenía **algo** rojo en la mano.*
  [Podemos estar hablando de un juguete, una bola, varios lápices, varias cerezas...]
- *Me gusta este libro. **Todo** está muy claro.*
  [Podemos estar hablando del texto, la presentación, los ejemplos...]

4 A1-A2 **Completa con el adjetivo más adecuado en el género apropiado.**

→ No pasa nada. Ha sido un error, **nadie** es perfecto.

1. Una **persona** .... es alguien que no quiere trabajar mucho.
2. **Algo** que es tan .... no puede ser de buena calidad.
3. Eres demasiado pesimista, **todo** lo ves siempre ....
4. **Alguien** .... es una persona que siempre dice la verdad.
5. **Nada** es más .... que la velocidad de la luz.

rápido/-a
sincero/-a
barato/-a
perezoso/-a
perfecto/-a ✓
negro/-a

5 A2-B1 **Este es un fragmento del guion de una película policíaca. Completa con las formas *alguien, nadie, algo, nada* o *todo*.**

→ Alguien pone, con mucho cuidado, (1) .... en el bolso de la agente 069, Laura Ladrón. (2) .... se da cuenta: ni su compañero, el agente Cortés, ni su ayudante. Cuando la agente abre el bolso, ve que dentro hay (3) .... muy extraño, pero no dice (4) ...., porque Cortés siempre quiere saber (5) .... lo que ella hace. La agente cierra el bolso y va a su coche. Allí abre el bolso, pero ya no hay (6) .... El paquete ha desaparecido. Laura se pone muy nerviosa y, de repente, ve que en el asiento de atrás hay (7) .... Es el conocido Manazas, un ayudante del mafioso Gil.

● ¿Estás buscando (8) ....?

○ No, no busco (9) ....

● Tengo un mensaje de mi jefe para ti. Me ha dicho que tiene (10) .... que decirte. Tienes que ir a su casa esta tarde, pero sola; (11) .... puede acompañarte.

○ ¿Y por qué tengo que ir a verlo? Gil es un mafioso y no tengo (12) .... que decirle.

● Pero Gil te interesa mucho. Tiene información sobre (13) ...., sobre una persona que estás buscando. A las cinco y media en su casa, sola, sin (14) .... ¿Lo has entendido (15) ....?

○ Sí.

● Toma, tengo (16) .... para ti.

Laura ve que Manazas le da (17) .... Es el paquete que antes estaba en su bolso.

6 A2-B1 **Completa con la forma adecuada.**

alguien	nadie	algo	nada	algún/-o (-a, -os, -as)	ningún/-o (-a, -os, -as)

→ ● Necesito otro pañuelo. ¿Tienes ...alguno... más?
❍ Lo siento. Ya no me queda ...ninguno... Si quieres una servilleta de papel...
● Bueno, ...algo... es ...algo....

1. ● Es el primer día de clase y no he conocido a .... de mis compañeros.
❍ ¿No has hablado con ....?
● No, no he dicho .... en todo el día.

2. ● ¿Tienes .... para el dolor?
❍ Pues me parece que no tengo .... Espera, sí, tengo aspirinas.
● ¿Sólo aspirinas?
❍ Pues sí, mejor es .... que ...., ¿no?

3. ● ¿Tienes .... para picar? ¿Aceitunas, por ejemplo?
❍ Aceitunas sí, creo que tengo .... en el frigorífico.

4. ● ¿Quedan .... galletas? Estaban muy ricas.
❍ Pues creo que no. He mirado hace un momento y no quedaba ....

5. ● ¿Ha llamado ....?
❍ Sí.
● ¿Quién era?
❍ No me lo ha dicho. .... amigo tuyo, supongo.

6. ● Esta sopa necesita .... más. ¿Hay tomates?
❍ Pues la verdad es que no queda .... tomate.
● ¿En serio? ¿..................? ¿Y cebolla?
❍ Ni tomates ni cebolla. No queda ....

7. ● Buenas. Estaba buscando .... bonito para una fiesta.
❍ Muy bien. Tenemos unos conjuntos muy modernos y unos vestidos preciosos.
● ¿Puede enseñarme .... barato?
❍ ¿.................. vestido o .... conjunto?

8. ● ¿Crees realmente que tus compañeros de trabajo te odian?
❍ Todos, todos, no. Pero .... sí.
● Pero, ¿tú les has hecho .... malo?
❍ ¿Yo? No, ... Bueno, a .... de ellos, ... vez, puede ser, sin querer.

C Doble negación: *No hay ninguno; no hay nadie; no hay nada.*

■ Las formas negativas ***nadie***, ***nada*** o ***ningún/-o*** (*-a*, *-os*, *-as*) pueden ir **antes o después del verbo**. **Si van después**, también hay que expresar la **negación antes del verbo**:

- ***Ningún** problema es grave.* PERO: ***No** existe **ningún** problema grave.* ~~Existe ningún problema grave.~~
- ***Nada** le parece bien.* PERO: ***No** le parece bien **nada**.* ~~Le parece bien nada.~~
- ***Nadie** me comprende.* PERO: ***No** me comprende **nadie**.* ~~Me comprende nadie.~~

■ En español, la negación debe expresarse siempre antes del verbo. Para eso usamos ***no*** y también **otras formas de significado negativo**:

No, ni, tampoco...	• ***No** me ha llamado **ningún** amigo. **Tampoco** me han hecho **ningún** regalo.* • ***Ni** me ha llamado **nadie ni** me han regalado **nada**.*
Nunca, jamás...	• ***Nunca/Jamás** he tenido **ningún** problema con esta chica.* • ***Nunca/Jamás** he hecho **nada** malo ni he ofendido a **nadie**.*
Nadie, nada...	• ***Nadie** ha dicho **nada** malo de ti.* • *Había mucha comida, pero **nada** le ha gustado a **nadie**.*
***Ningún/-o** (-a, -os, -as)*	• ***Ningún** empleado ha observado **ninguna** cosa extraña.* • *En **ningún** caso debes dejar **ninguna** ventana abierta.* • *Yo creo que en **ningún** momento he dicho **nada** en contra de ella, ¿no?* • *De **ningún** modo va a entrar **nadie** en esta casa.*

7 B1-B2 **Identifica los cuatro enunciados que necesitan doble negación y corrígelos como en el ejemplo.**

→ Yo esperaba una visita, pero ~~ha venido **nadie**~~. no ha venido nadie

→ Si no lo dices, ninguno de ellos lo sabrá. ✓

√ 1. A **nadie** le importan mis problemas. √

√ 2. Bueno, yo esperaba tu ayuda, pero si no puedes, pasa **nada**. no pasa nada

√ 3. Llamé a Berta, a Julia y a Paco, pero **nadie** contestaba al teléfono. √

√ 4. Dicen que Rosa y aquel chico se besaron, pero yo vi **nada**. no vi nada

√ 5. Tiene cuatro gatos, pero quiere regalarme **ninguno**. no quiere regalarme ninguno

√ 6. ¿Son hermanos? Se parecen en **nada**. No se parecen en nada

D *Otro, otra, otros, otras.*

■ ***Otro**/-**a**/-**os**/-**as*** se refieren a uno o varios objetos distintos, pero del mismo tipo:

- *¿Sabe si hay **otra** gasolinera en este pueblo? La del centro está cerrada.*
  [Pregunta por una gasolinera distinta de la gasolinera que ha visto.]
- *¿Has cambiado de perfume? Creo que me gustaba más el **otro**.*
  [El perfume anterior, distinto al que lleva.]

■ Estas formas **concuerdan en género** y **número** con el sustantivo al que se refieren:

- *Tengo que buscar **otro** trabajo mejor.*
- *¡Qué cola! ¿No hay **otros** cajeros automáticos cerca?*
- *Si quieres a Andrés, dale **otra** oportunidad.*
- *¿No tienen **otras** gafas más baratas?*

■ Cuando el sustantivo ya está claro, no es necesario repetirlo:

- *Ya no vivo en ese piso. Ahora vivo en **otro**.*
- *Los Hidalgo tienen una casa en la costa y **otra** en la montaña.*

■ ***Otro**/-**a**/-**os**/-**as*** pueden combinarse con otros determinantes (demostrativos, posesivos, artículos definidos, etc.), pero **nunca se combinan** con ***un**/-**a**/-**os**/-**as***:

- *Hoy te han llamado **otras** dos clientes.*
- *Hay dos posibilidades: una, quedarnos en casa y la **otra**, salir.*
- *Es bonito, pero prefiero ese **otro**.*
- *El hijo mayor es muy simpático, pero sus **otros** hijos no.*

👁 • *Dame **otro** café.* Dame ~~un otro~~ café.
• *Tienes que venir **otra** vez.* Tienes que venir ~~una~~ otra vez.

👁 Los numerales cardinales (*dos, tres...*) se ponen **después de *otros*, *otras***, no antes.
Tengo ~~dos otros~~ trabajos para ti.
otros dos

8 A1-A2 **Isabel Préslez es una compradora muy exigente. Relaciona los enunciados y completa con *otro, otra, otros, otras*. Subraya el sustantivo al que se refieren.**

→ Estas chaquetas son muy bonitas, pero — → ¿no tiene otras más baratas? No quiero gastar mucho.
1. Oh, qué jersey más mono, pero es un poco caro,
2. Me gusta muchísimo esta pulsera de plata, pero
3. Estas botas son estupendas, pero
4. ¡Qué pantalones más divinos! Pero

a. ¿no tiene .... más grande y más sofisticada?
b. ¿no tiene .... más barato? Es solo para hacer deporte.
c. ¿no tiene .... un poco más anchos y más oscuros?
d. ¿no tiene .... más elegantes? Negras, por ejemplo.

9 A2-B1 **Los grandes almacenes Mercatoma están de oferta: por cada cosa que compras te dan varias más. Completa el anuncio con lo que falta, fijándote en el número que está entre paréntesis.**

→ Si se lleva un perfume de señora, le regalamos (I) otro y si se lleva dos perfumes de caballero, le regalamos (III) otros tres.
1. Si se lleva unas medias, le regalamos (I) ....
2. Si se lleva tres libros, le regalamos (III) ....
3. Si se lleva un bañador, le regalamos (I) ....
4. Si se lleva dos colchas, le regalamos (II) ....
5. Si se lleva una estupenda y moderna maquinilla de afeitar, le regalamos (I) ....
6. Y si se lleva una calculadora, le regalamos (II) .... Así podrá calcular todo lo que se ha ahorrado.

10 A2-B1 **Vicenta escribe a su hermano Manolo para contarle las novedades en el pueblo. Pon en orden los elementos entre paréntesis y tacha solo los que no puedan utilizarse junto a *otro/-a/-os/-as*.**

Mensaje nuevo

De: vicenta3@difu.com
Para: manolo76@difu.com
Asunto: Novedades en Marmolejo

Querido Manolo:

Te escribo (~~una~~, vez, otra) (→) otra vez para contarte las últimas novedades en Marmolejo. Papá y yo nos hemos mudado a (una, casa, otra) (1) .... más pequeña en (otra, la, parte) (2) .... del pueblo. El tío Agapito ya no vive con su hijo Paco, sino con (otra, su, hija) (3) ...., Elvira. Tu prima Felisa ha tenido (hijos, otros, dos) (4) .... y están todos muy bien. La vaca también ha tenido (ternero, un, otro) (5) .... Tu hermano Aureliano ha comprado (tres, casas, otras) (6) .... y quiere hacer un hotel y un restaurante para traer turistas a Marmolejo. Y yo ya no salgo con Rogelio, sino con (chico, otro, aquel) (7) .... de Madrid que conociste hace dos años. Ya ves que hay muchos cambios en el pueblo. ¿Cuándo piensas venir a vernos?

Un beso de tu hermana,

Vicenta

11 B1 **Fránkez y Tristicia a veces tienen problemas de amor y, también, con *otro, otra, otros* y *otras*. Corrige los tres errores que hay, además del ejemplo.**

→ *Fránkez*: En las fiestas miras a ~~unos otros~~ chicos. otros chicos.
1. *Tristicia*: Estás celoso, ojitos de rana. Miro a otros, sí, pero no miro a nadie en especial. A mí los otros no me interesan. ....
2. *Fránkez*: ¿Por qué te fijas en unos otros si me tienes a mí? ....
3. *Tristicia*: Fránkez, yo no miro unos otros ojos, no miro otra boca, no miro otras manos. Yo solo te miro a ti. ....
4. *Fránkez*: Eso deseo yo, Tristicia. Porque tú eres mi dulce cucaracha y no hay en todo el mundo ninguna otra. Nunca podrá haber una otra. Solo te quiero a ti. ....

9. Numerales cardinales: *uno, dos, tres...*

Los numerales cardinales sirven para **expresar cantidades**: ***un*** *globo,* ***dos*** *globos,* ***tres*** *globos.*

Se refieren siempre a un sustantivo, pero pueden usarse solos cuando ya **está claro de qué estamos hablando**:

- *Tengo* ***dos*** *entradas para el concierto, ¿y tú?*
- *Yo tengo* ***tres****.*

A De 0 a 15.

0	*cero*	4	*cuatro*	8	*ocho*	12	*doce*
1	*uno*	5	*cinco*	9	*nueve*	13	*trece*
2	*dos*	6	*seis*	10	*diez*	14	*catorce*
3	*tres*	7	*siete*	11	*once*	15	*quince*

■ ***Uno, una*** tienen género y concuerdan con el sustantivo:

- *¿Qué van a tomar?*
- ***Una*** *naranjada y dos tés, por favor.*

- *¿Cuántos bocadillos quieren?*
- ***Uno****.*

Uno se convierte en ***un*** antes del sustantivo:

- ***Un*** *té y tres cafés, por favor.*

1 A1 **Claudio es muy envidioso y siempre quiere el doble que su amigo Julio. Completa escribiendo en letras el número.**

→ Si Julio se come dos bocadillos, él se come cuatro bocadillos.

1. Si Julio se bebe cinco cafés, él se bebe .... cafés.
2. Si Julio se toma una cerveza, él se bebe .... cervezas.
3. Si Julio juega a tres videojuegos, él juega a .... videojuegos.
4. Si Julio invita a seis amigos, él invita a .... amigos.
5. Si Julio se come siete pasteles, él se come .... pasteles.
6. Si Julio compra cuatro botellas de leche, él compra .... botellas de leche.
7. Si Julio ve cinco capítulos de una serie, él ve .... capítulos.
8. Si Julio se come dos platos de pasta, él se come .... platos de pasta.
9. Si Julio se cae una vez, él se cae .... veces.

2 A1-A2 **En el bar de Carlota se escuchan estas conversaciones entre los camareros y los clientes. Escribe los números y ten cuidado con *un, uno, una*.**

→ ● Buenas tardes, quería (2) dos cafés y (1) un té con limón, por favor.

1. ○ ¿(2) .... tés?
   ● No, (1) ....
2. ● ¿Cuántas cervezas me ha dicho?
   ○ Solo (1) .... y (3) .... vinos de Rioja.
3. ● (1) .... naranjada, por favor. Y (1) .... cruasán.
4. ● ¿Qué van a tomar?
   ○ (1) .... bocadillo de queso y (1) .... limonada.
5. ● ¿Cuántos cafés?
   ○ (3) ....: (2) .... solos y (1) .... con leche.
6. ● ¿Cuánto es todo?
   ○ (2) .... bocadillos, (1) .... botella de agua y (1) .... vaso de leche. Un segundo, ahora le digo.

3 A1-A2 **Ayuda a Jaime a hacer estas cuentas.**

dos + uno = tres	.... - dos = siete	diez + cuatro = ...
quince - ocho = ...	dos + nueve = ...	.... - tres = doce
nueve + cuatro = ...	trece - .... = siete	siete + cinco = ...

B De 16 a 99.

■ Del **16** al **29**, los números se escriben en **una sola palabra**:

16	*dieciséis*	20	*veinte*	25	*veinticinco*
17	*diecisiete*	21	*veintiuno*	26	*veintiséis*
18	*dieciocho*	22	*veintidós*	27	*veintisiete*
19	*diecinueve*	23	*veintitrés*	28	*veintiocho*
		24	*veinticuatro*	29	*veintinueve*

- *¿Cuántos años tienes?*
- ***Diecisiete**. ¿Y tú?*
- ***Veintitrés**.*

- *¿Qué día es hoy?*
- ***Diecinueve** de febrero.*

- *¿Cuánto cuestan esos cuadernos?*
- *Los grandes **veinticinco** euros y los pequeños **dieciocho**.*

■ Del **31** al **99**, los números se escriben en **dos palabras** unidas por ***y***:

			uno/a
30	***treinta***		***dos***
40	***cuarenta***		***tres***
50	***cincuenta***		***cuatro***
60	***sesenta***	***y***	***cinco***
70	***setenta***		***seis***
80	***ochenta***		***siete***
90	***noventa***		***ocho***
			nueve

- *Mi abuela Lupe tiene **ochenta y tres** años y mi abuelo **noventa**. La tía Amalia tiene unos **sesenta y cinco años** y su marido, el tío Paco, **setenta** o **setenta y dos**. Mi madre tiene **sesenta y siete** años. Mi hermana Blanca tiene **treinta y nueve** y Carlos, su exmarido, **treinta y dos**. Mi prima Eloísa, que está a la derecha, es la más joven del grupo: tiene **treinta** años.*

Recuerda que cuando los números terminan en ***uno/una*** concuerdan en género con el sustantivo. ***Uno*** se convierte en ***un*** delante del sustantivo:

- *Te has comido **treinta y una** galletas saladas. Te vas a poner malo.*
- *Carla cumple **veintiún** años pasado mañana.*

4 A1-A2 **Todas estas personas nacieron un 24 de marzo. Imagina que hoy es 24 de marzo de 2026. ¿Cuántos años cumple cada una?**

→ Carmen, 24-03-1975: cincuenta y un años.
1. Pepe, 24-03-1923: .... años.
2. Celia, 24-03-1946: .... años.
3. Clara, 24-03-1958: .... años.
4. Marina, 24-03-1964: .... años.
5. Juan José, 24-03-1979: .... años.
6. Beatriz, 24-03-1981: .... años.
7. Pablo, 24-03-1977: .... años.

5 A1-A2 **Carla se muda. Está haciendo la lista de las cosas que guarda en las cajas. Ayúdala. Ten cuidado con *un/una*.**

→ cuadros: 30 treinta cuadros
1. novelas: 71 ....
2. libros de arte: 63 ....
3. discos de jazz: 81 ....
4. discos de pop: 3 ....
5. sillas: 9 ....
6. cubiertos: 52 ....
7. plantas: 5 ....
8. lámparas: 2 ....

6 A1-A2 **Antoñito está aprendiendo a escribir los números, pero tiene muchos problemas. ¿Puedes ayudarle?**

→ ~~veinte y dos~~: veintidós
1. diez y siete: ....
2. sietenta y nueve: ....
3. nueventa y seis: ....
4. treintaytrés: ....
5. vientiuno: ....
6. cuarentacinco: ....
7. seisenta y uno: ....
8. ochoenta y dos: ....

C De 100 a 999.

■ Usamos ***cien*** solo cuando nos referimos exactamente al número **100**:
- *Doña Pura tiene **cien** años, ni uno más ni uno menos.*

■ Usamos ***ciento*** en los demás casos:
- *Ese reloj cuesta **ciento dos** euros.* [102]
- *De Granada a Córdoba hay **ciento ochenta y cinco** km.* [185]
- *El noventa **por ciento** de la población está en contra de eso.* [90%]

Cuando hablamos de cantidades indeterminadas usamos ***cientos***:
- *Había **cientos** de tortugas en la playa.*

■ Los números del **200** al **999** concuerdan con el sustantivo al que se refieren:
- *Póngame trescient**os** gramos de jamón.*
- *Necesito seiscient**as** cincuenta copias de este documento.*

Las centenas (grupos de 100 cosas) y las decenas (grupos de 10 cosas) no están unidas por ***y***:

450 cuatrocientos cincuenta — ~~cuatrocientos y cincuenta~~
583 quinientos ochenta y tres — ~~quinientos y ochenta y tres~~

100	*cien; ciento...*
200	*doscientos/as*
300	*trescientos/as*
400	*cuatrocientos/as*
500	*quinientos/as*
600	*seiscientos/as*
700	*setecientos/as*
800	*ochocientos/as*
900	*novecientos/as*

7 A1-A2 **Ana y Julie están ahorrando para ir de viaje (una en euros, la otra en libras). En sus cuadernos anotan las cantidades que van consiguiendo. Ayúdalas: escribe las siguientes cifras en el cuaderno que corresponde y escribe, también, el número al lado.**

Cuaderno de Ana (euros €):

Cuaderno de Julie (libras esterlinas £):
trescientas veintiuna (321)

Trescientas veintiuna ✓
Doscientos cincuenta
Seiscientas doce
Ochocientos
Setecientos dos
Quinientas treinta y una
Novecientos veintidós
Setecientas
Cuatrocientas cincuenta

8 A1-B1 **Fin de mes. ¡Socorro! Hay que pagar muchísimas cosas. Completa estos cheques con las cantidades en letras.**

Alquiler: 999 euros novecientos noventa y nueve .... Móvil: 411 euros ....

Electricidad: 281 euros .... Agua: 576 euros ....

Seguro de casa: 789 euros .... Droguería: 125 euros ....

D De 1.000 a 999.999

■ La palabra ***mil*** es invariable con cantidades exactas:

1.000	2.000	3.000	10.000	100.000	500.000
mil	***dos mil***	***tres mil***	***diez mil***	***cien mil***	***quinientos/as mil***

- *1.635 $* *mil seiscientos treinta y cinco dólares*
- *38.751 m²* *treinta y ocho mil setecientos cincuenta y un metros cuadrados*
- *912.182 £* *novecientas doce mil ciento ochenta y dos libras*

Cuando hablamos de cantidades indeterminadas usamos ***miles***:

- *Había **miles** de personas en el concierto.*

9 A2-B1 **Escribe los siguientes números al revés.**

→ (2.321) dos mil trescientos veintiuno (1.232) mil doscientos treinta y dos

1. (9.714) nueve mil setecientos catorce ....
2. (76.159) setenta y seis mil ciento cincuenta y nueve ....
3. (1.205) mil doscientos cinco ....
4. (48.118) cuarenta y ocho mil ciento dieciocho ....
5. (10.913) diez mil novecientos trece ....
6. (23.472) veintitrés mil cuatrocientos setenta y dos ....

E *Millón, millones...*

■ La palabra ***millón*** solo se utiliza en singular cuando hablamos de ***1 millón***. Para hablar de más de un millón se usa en plural: ***millones***.

1.000.000	2.000.000	10.000.000	100.000.000	200.000.000	1.000.000.000
un millón	***dos millones***	***diez millones***	***cien millones***	***doscientos millones***	***mil millones***

Millón es un sustantivo masculino y, por tanto, las centenas (doscientos, cuatrocientos...) que lo preceden van siempre en masculino:

- *200.340.000 personas: doscientos millones trescientas cuarenta mil personas.*
- *700.278.000 palabras: setecientos millones doscientas setenta y ocho mil palabras.*

■ Cuando las palabras ***millón*** o ***millones*** van seguidas inmediatamente por un sustantivo, llevan la preposición ***de***:

- *Más de quinientos **millones de** personas hablan español.*
- ***Un millón de** turistas han visitado Mallorca este año.*

*Un millón **cien mil** turistas han visitado Mallorca este año.*

■ En español, un ***billón*** (1.000.000.000.000) es un millón de millones y se escribe, por tanto, con 12 ceros.

10 A2-B1 **Estás colaborando con la *Gran Enciclopedia Panhispánica*. Tienes datos sobre el número de habitantes de estos países y tienes que escribirlos en palabras.**

País	Habitantes	
→ Argentina	44.938.712	Cuarenta y cuatro millones novecientos treinta y ocho mil setecientos doce habitantes
1. México	127.575.529	
2. Chile	18.952.038	
3. España	47.076.781	
4. Perú	32.510.453	
5. Cuba	11.333.483	
6. Venezuela	28.515.829	

F Cómo se lee una cifra en español.

- 345 € = *trescient**os** cuarenta **y** cinco euros.*
- 579 *personas = quinient**as** setenta **y** nueve personas.*

■ Si se trata de **miles**, se separa en dos bloques la lectura:

- **96**.345 € = *noventa **y** seis **mil** // trescient**os** cuarenta **y** cinco euros.*
- **269**.579 *personas = doscient**as** sesenta **y** nueve **mil** // quinient**as** setenta **y** nueve personas.*

■ Si se trata de **millones**, se hace una pausa después de *millón/-es* y otra después de *mil/miles*:

- 204.**796**.345 € = *doscientos cuatro millones // setecient**os** noventa **y** seis **mil** // trescient**os** cuarenta **y** cinco euros.*

[Solo se unen con ***y*** las decenas y las unidades]

325. 456. 815
Trescientos veinticinco millones **cuatrocientos/as cincuenta y seis mil** ochocientos/as quince

[Las centenas de millón siempre en masculino (*-os*) porque concuerdan con la palabra millones.]

[En plural, las centenas de millar y las centenas concuerdan con el sustantivo (*-os/-as*).]

11 B1-B2 **Marc tiene un problema cuando escribe los números: no sabe cuándo tiene que escribir i griega (*y*). Ayúdalo tachando la *y* cuando no es necesaria. Escribe también el número en cifras.**

→ Trescientos ~~y~~ veinte mil seiscientos ~~y~~ treinta y siete 320.637
1. Cuarenta y dos mil ciento ~~y~~ cinco 42.105
2. Tres millones y ochenta y ocho mil trescientos y cuarenta y seis 3.088.346
3. Cuatrocientos y cinco mil sesenta y uno 405.061
4. Cincuenta y nueve mil ~~y~~ once 59.011
5. Noventa y dos mil trescientos ~~y~~ quince 92.315
6. Ochocientos y cinco mil quinientos ~~y~~ ochenta 805.580
7. Trescientos ~~y~~ veintiséis 326
8. Setecientos ~~y~~ setenta mil 770.000
9. Cien mil ~~y~~ doscientos ~~y~~ ochenta y ocho 100.288

12 B1-B2 **Lee el siguiente texto sobre la isla de Golandia y completa las cifras a medio escribir con las del recuadro.**

Golandia tiene una superficie de seiscientos quince mil km² y un total de dos millones quinientos sesenta y cinco mil habitantes. La capital, Gola City, está situada al norte del país y tiene ochocientos cuarenta y nueve mil trescientos habitantes; la segunda ciudad importante de Golandia es Rúcola, con trescientos siete mil habitantes. El monte principal de la isla es El Golón con una altura de cuatro mil cincuenta y ocho metros, y tiene dos ríos principales: el Gologolo, de cuatrocientos setenta y nueve kilómetros y el Golín, de doscientos treinta y cinco kilómetros.

~~4.058~~
~~615.000~~
~~849.300~~
~~235~~
~~307.000~~
~~2.565.000~~
~~479~~

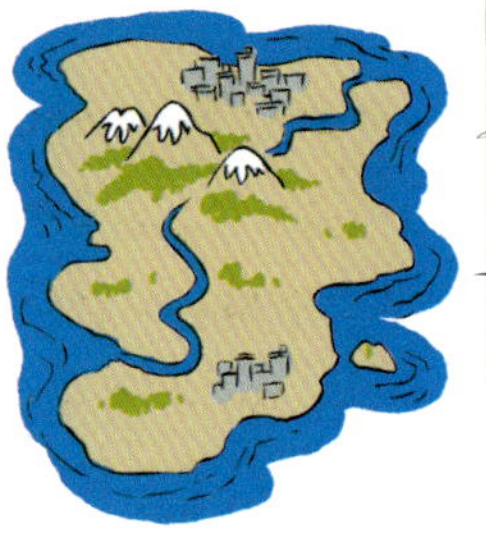

10. Numerales ordinales: *primero, segundo, tercero...*

A Significado y formas.

- Los numerales ordinales expresan **orden** en una serie:
  - *La **primera** novela de Clemente Bernad me gustó mucho más que la **segunda**.*
  - *De los seis hijos del doctor Muñiz, solo el **segundo** y la **cuarta** han estudiado Medicina.*

- Los números ordinales más usados en español son los siguientes:

1.º	***primero/a***	6.º	***sexto/a***	Las formas masculinas se escriben con el signo º en la parte superior derecha: 1.º, 5.º, 10.º ...
2.º	***segundo/a***	7.º	***séptimo/a***	Las formas femeninas, con la letra ª: 2.ª, 4.ª, 7.ª...
3.º	***tercero/a***	8.º	***octavo/a***	
4.º	***cuarto/a***	9.º	***noveno/a***	
5.º	***quinto/a***	10.º	***décimo/a***	

Delante de un sustantivo masculino, ***primero*** y ***tercero*** tienen una forma reducida: ***primer*** y ***tercer***.

- *Mira, este es mi **primer** trabajo con el ordenador.*
- *Este es el **tercer** año que vivimos en el extranjero.*

Las formas femeninas, ***primera*** y ***tercera***, no cambian:

- *Vivís en la **primera** puerta de la **tercera** planta, ¿verdad?*

→ **4.** Adjetivo

- En la lengua hablada se usan generalmente los ordinales hasta el 10.º. Para los ordinales superiores se usan los cardinales correspondientes:

- *La oficina está en el **primer** piso.*
- *La **cuarta** sinfonía de Mahler.*
- *Ha batido el récord en el **tercer** intento.*

PERO:

- *Vivimos en el piso **quince** de ese edificio.*
- *La sinfonía **cuarenta** de Mozart.*
- *Ganó la edición **treinta y dos** del Festival de la OTI.*

→ **9.** Números cardinales

1 A1-A2 **La familia Alonso Blanco tiene muchos hijos. Fíjate en las edades y ponlos en orden.**

Carlos tiene 25 años, María 18 y Juan 15. Francisco, no me acuerdo, pero es mayor que María y menor que Carlos. Laurita tiene 27 y Ana, la mayor, un año más. El más pequeño es Ricardo, que tiene 12 años.

Ana fue la → *primera* en nacer; Carlos es el .... ; María es la .... ; Juan es el .... , Francisco es el .... ; Laura es la .... y Ricardo es el ....

2 A1-A2 **La agenda cultural de un periódico informa de estos acontecimientos. ¿Puedes escribir el ordinal correspondiente? Cuidado con la concordancia.**

→ 7.º *Séptimo* Premio de Novela Histórica Marqués de Lozoya

1. 2.ª .... Exposición de Pintura de artistas locales
2. 9.º .... Festival de la Canción Popular
3. 8.º .... Concurso de Cocina Mesón de Cándido
4. 1.ª .... Convención Provincial de Cómics
5. 3.er .... Concurso de Guitarra Flamenca Ritmos del Sur
6. 4.ª .... Edición del Premio Poesía Soy Yo
7. 3.ª .... Exhibición de Gaita Asturiana de la Casa de Asturias de la ciudad
8. 1.er .... Congreso Nacional de Alimentación Ecológica y Agroturismo

3 A1-B1 **Escribe el ordinal o el cardinal correspondiente para cada uno de los siguientes reyes y reinas.**

→ Juan Carlos I: *Juan Carlos primero* [1]
1. Carlos IV: .... [4]
2. Felipe VI: .... [6]
3. Alfonso X: .... [10]
4. Isabel II: .... [2]
5. Alfonso XIII: .... [13]

B Funcionamiento.

- Concuerdan en género y número con el sustantivo:
  - *Vivo en el **cuarto** piso, **segunda** puerta.*
  - *Las **primeras** gafas que llevé eran cuadradas.*
- Van acompañados de determinantes:
  - *Mi **primera** sobrina se llama Carlota y el **segundo** sobrino, Arnau.*
- Cuando acompañan al sustantivo, generalmente van antes:
  - *¡Bien! Hoy es el **primer** día de las vacaciones...*
- Cuando ya está claro de qué estamos hablando, no es necesario nombrar el sustantivo:
  - *Esta es la **primera** casa construida por Gaudí en Barcelona. Y esta, la **segunda**.*

→ **4.** Adjetivo

4 A1-A2 **Mira el programa de esta semana de la Orquesta Filarmónica de Cañadahonda y completa después el texto. Cuidado con la concordancia.**

ORQUESTA FILARMÓNICA DE CAÑADAHONDA

Director
Adrián Pérez

Primer violín
Manuela Prado

Programa

LUNES 16
J. Brahms. Concierto n.º 2 para piano.
A. Bruckner. Sinfonía n.º 4 "Romántica"

MARTES 17
W. A. Mozart. Concierto n.º 4 para violín
G. Mahler. Sinfonía n.º 8 "De los Mil"

MIÉRCOLES 18
L. V. Beethoven. Concierto n.º 5 para piano
P. I. Tchaikovsky. Sinfonía n.º 6 "Patética"

El → *primer* día, la orquesta va a tocar el .... concierto para piano de Brahms y la .... sinfonía de Bruckner. El .... día, el .... concierto de violín de Mozart y la .... sinfonía de Mahler. Y el .... día va a tocar el .... concierto para piano de Beethoven y la .... sinfonía de Tchaikovsky.

C Usos.

- Los ordinales sirven para **indicar el orden de algo en una secuencia** (en el espacio y en el tiempo):

Para referirse a los días del mes, en español se usan los cardinales, **no** los ordinales:

- *¿Cuándo es el cumpleaños de Lourdes?*
- *El tres de enero.*
  El ~~tercero~~ de enero.

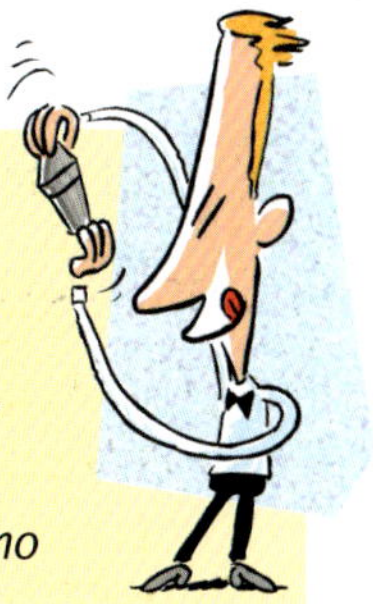

- Para ordenar el discurso podemos usar ***primero*, *segundo*, *tercero*...**
  - *¿Cómo preparas un San Francisco?*
  - *Pues, **primero*** [en primer lugar...] *lleno la mitad de la coctelera con hielo y echo zumo de naranja, de piña y de melocotón. **Segundo,*** [Después...] *agito bien durante 30 segundos. **Tercero**, pongo azúcar en un plato y dejo el borde del vaso unos segundos sobre el azúcar. Y, **cuarto**,* [luego...] *llenο los vasos y pongo un trozo de naranja en el borde del vaso y una guinda dentro.*

5 A1-A2 **Esta receta del pan con tomate y jamón no está bien. Pon en orden las instrucciones.**

.... se echa sal y aceite de oliva.

Primero,......... se corta una rebanada de pan.

.... se unta con tomate.

.... se ponen unas lonchas de jamón.

D Ordinales a partir de 10.º.

- En la lengua formal se usan los numerales ordinales a partir del 10.º para hacer referencia a:

Acontecimientos

- *Duodécima (12.ª) Asamblea de Astrología.*
- *Vigésimo cuarto (24.º) Encuentro Nacional de Libreros.*

Aniversarios

- *Trigésimo (30.º) aniversario de la muerte del poeta Alberto Mori.*
- *Undécimo (11.º) aniversario de la Sociedad Bonaerense de Peletería.*

Posición en una serie

- *España asciende al vigésimo (20.º) puesto de los países desarrollados.*
- *Décimo octavo (18.º) día de guerra en Afganistán.*
- *El corredor español llegó en el puesto trigésimo tercero (33.º).*

11.º	***undécimo/a***
12.º	***duodécimo/a***
13.º	***décimo tercero/a***
14.º	***décimo cuarto/a***
15.º	***décimo quinto/a***
...	...
20.º	***vigésimo/a***
30.º	***trigésimo/a***
40.º	***cuadragésimo/a***
50.º	***quincuagésimo/a***
60.º	***sexagésimo/a***
70.º	***septuagésimo/a***
80.º	***octogésimo/a***
90.º	***nonagésimo/a***

6 B1-B2 **Escribe al lado de cada ordinal el número que corresponde.**

→ Vigésimo séptimo: 27.º

1. Sexagésimo noveno: ....
2. Cuadragésimo sexto: ....
3. Nonagésimo primero: ....
4. Décimo octavo: ....
5. Undécimo: ....
6. Octogésimo segundo: ....
7. Septuagésimo sexto: ....
8. Trigésimo cuarto: ....
9. Quincuagésimo: ....
10. Duodécimo: ....
11. Nonagésimo noveno: ....

7 B1-B2 **Escribe los ordinales que faltan en los siguientes titulares de periódico. Fíjate bien en los sustantivos masculinos y femeninos.**

→ Un corredor bengalí gana la (22.ª) vigésimo segunda carrera popular de Vallecas.

1. Se reúne la comisión para la celebración del (45.º) .... aniversario del descubrimiento de la isla de Tacri.
2. El (26.º) .... Congreso de Medicina Natural tendrá lugar en Berlín, en marzo.
3. La novelista Alameda Robles gana la (19.ª) .... edición del Premio Ciudad de Murcia.
4. Nito Fons llega a la meta en la (31.ª) .... posición.

11. Cuantificadores: *demasiado, mucho, bastante...*

Los cuantificadores se usan **para graduar la intensidad o la cantidad** del significado de un sustantivo, un adjetivo, un verbo o algunos adverbios.

A Con sustantivos: *mucho chocolate / muchas galletas.*

SUSTANTIVOS NO CONTABLES

***Demasiado** chocolate* | ***Mucho** chocolate* | ***Bastante** chocolate* [Suficiente] | ***Poco** chocolate* [No suficiente] | ***Nada de** chocolate*

SUSTANTIVOS CONTABLES

***Demasiadas** galletas* | ***Muchas** galletas* | ***Bastantes** galletas* [Suficientes] | ***Pocas** galletas* [No suficientes] | ***Ninguna** galleta* / ***Ningún** plato*

■ Con los sustantivos, los cuantificadores —excepto ***nada de***— funcionan como un adjetivo: ***demasiado***, ***mucho***, ***poco*** y ***ningún*** concuerdan en género y número, pero ***bastante*** concuerda solo en número. Estas formas pueden usarse sin sustantivo cuando está claro de qué estamos hablando:

- *¿Tenemos **bastantes** cervezas para todos?*
- *Sí, en la nevera hay **muchas**.*
- *Yo pensaba que había **pocas**.*

- *Date prisa. Tenemos **poco** tiempo.*
- *Tenemos **bastante**. Todavía nos queda una hora.*
- *Sí, pero hay **mucho** tráfico.*

→ **8.** Indefinidos

1 A1-A2 **Describe los dibujos usando en orden los cuantificadores *nada de/ningún, poco, bastante, mucho* y *demasiado*. Cuidado con la concordancia.**

→ Hay poca agua y muchos cubitos.

1. ....

2. ....

3. ....

4. ....

2 A1-B1 **Completa con *ningún, ninguna* o *nada de*. Ten en cuenta si el sustantivo es contable o no.**

→ No hay nada de agua y tampoco queda ningún vaso.
1. Puedes tomarlo. No lleva .... cafeína.
2. No puedo comprarlo. No tengo .... dinero.
3. Ya no queda .... botella de aceite.
4. Este mes no tengo .... examen.
5. Me gusta más así, sin .... azúcar.
6. No tengo .... comentario.
7. Pues ya no hay .... posibilidad más.

B *Poco/un poco de*: *Hay un poco de comida pero hay poca bebida.*

■ Con sustantivos no contables, ***poco*** y ***un poco de*** expresan pequeña cantidad, pero con ***poco*** damos importancia a lo que **no** hay y con ***un poco de*** damos importancia a lo que **sí** hay. Es decir, con ***poco*** expresamos una visión negativa de la cantidad, mientras que con ***un poco de*** expresamos una visión positiva:

Poco/a/os/as concuerdan con el sustantivo. ***Un poco de*** no concuerda:

- *Queda **poca** leche.*
- *Dame **un poco de** leche.* Dame ~~una poca~~ de leche.

3 A2-B1 **Para la familia Jiménez es muy difícil hacer la lista de la compra. El marido, Bonifacio, siempre ve lo que hay, mientras que la mujer, Dolores, siempre ve lo que no hay. Completa lo que falta.**

Hay un poco de tortilla de patatas en la nevera. → Bonifacio

Nos queda un poco de leche. 1. ....

Hay poco vinagre. 2. ....

Hay muy poco tomate frito. 3. ....

Queda un poco de jamón serrano. 4. ....

Hay un poco de fruta. 5. ....

Tenemos poco atún. 6. ....

Hay poca sal. 7. ....

4 A2-B1 **Completa con *un poco de* o con *poco, poca, pocos, pocas*.**

→ No veo casi nada. Hay poca luz.
1. Todavía puedo leer. Hay .... luz.
2. La sopa está sosa. Creo que tiene .... sal.
3. La sopa está sosa. Ponle .... sal.
4. Queda .... arroz. Tenemos que comprar más.
5. Queda .... arroz. Puedes probarlo.
6. Tenemos .... dinero. Voy al banco.
7. Tenemos .... dinero. Podemos tomar algo.
8. Hace .... frío. ¿Enciendo la calefacción?
9. Hace .... frío. ¿Vamos a dar un paseo?

C Con adjetivos, adverbios y verbos: *Corre mucho; es muy rápido; está muy lejos.*

- Cuando los cuantificadores se refieren a un adjetivo, a un adverbio o a un verbo, son **invariables**:
  - *Mis vecinos son **muy** agradables.*
  - *Ya estamos **bastante** cerca de mi pueblo.*
  - *Las novelas policíacas me gustan **mucho**.*

- *Corre **demasiado**.*
- *Es **demasiado** rápido.*
- *Ha llegado **demasiado** lejos.*

👁 **Muy** solo se usa con adjetivos y adverbios.

- *Corre **mucho**.*
- *Es **muy** rápido.*
- *Ha llegado **muy** lejos.*

- *Corre **bastante**.*
- *Es **bastante** rápido.*
- *Ha llegado **bastante** lejos.*

- *Corre **poco**.*
- *Es **poco** rápido.*
- *Ha llegado **poco** lejos.*

- ***No** corre **nada**.*
- ***No** es **nada** rápido.*
- ***No** ha llegado **nada** lejos.*

👁 Con los verbos, los cuantificadores normalmente van después:

- *Tu primo Rafael no habla **nada**.*
- *Habla **poco**, la verdad.*

5 A2-B1 **Completa los ejemplos con un cuantificador que exprese un grado mayor que el anterior. Para escoger la forma adecuada, ten en cuenta si el cuantificador se refiere a un sustantivo o no.**

→ ● Hace **bastante** calor, ¿verdad?
 ○ Sí, mucho.

1. ● ¿Has recibido **muchas** cartas?
 ○ ....: no he podido leerlas.
2. ● Esta chica habla **poco**.
 ○ Pues conmigo sí habla ....
3. ● Han venido **muchos** invitados.
 ○ ....; ya no cabemos.
4. ● ¿Tu hermano es un chico **bastante** alto?
 ○ Sí, ... alto: mide dos metros.
5. ● ¿Come usted **muchos** dulces?
 ○ Como ...., pero dulces, no.
6. ● Últimamente trabajas **mucho**.
 ○ .... Voy a buscar otro trabajo.
7. ● Este niño no come **nada**.
 ○ Es cierto. Come .... ¿Lo llevamos al médico?
8. ● Casi no nos vemos. Vivimos **muy** lejos.
 ○ ....: dos horas en avión.
9. ● Yo viajo **poco** porque no me gusta viajar.
 ○ Pues yo por mi trabajo viajo ....

6 A2-B1 **Completa con *poco*, *bastante* o *demasiado*. Cuidado con la concordancia.**

→ Este ascensor es para cuatro personas y somos seis.
 Es demasiado peso.

1. Corres .... El límite de velocidad es 120 kilómetros por hora y tú vas a 150.
2. Son dos personas y cada uno toma 2 litros de agua al día. Con 4 litros tienen .... agua para hoy.
3. Estudia .... Seguro que no pasa el examen.
4. Estoy engordando. Como .... dulces y hago .... deporte.
5. Todas las naranjas no caben en esta bolsa. Son ....

SECCIÓN 3

Pronombres personales

12. Pronombres personales. Introducción.

Para usar bien los pronombres personales es necesario reconocer el **sujeto** y los distintos tipos de **complemento** de un verbo.

→ **13.** Pronombres sujeto
→ **15.** Pronombres complemento

A Sujeto, complemento directo y complemento indirecto

- En algunos casos solo necesitamos decir el SUJETO y el **verbo** que concuerda con él:

  - *Laura pinta.*

    [Solo hablamos de un SUJETO (Laura) que realiza una actividad (pintar).]

→ **19.** Conjugación. Elementos básicos

- En otros casos es necesario también hablar de un elemento, distinto del sujeto, que **está directamente relacionado con el verbo**. Ese otro elemento es el **complemento directo** (CD) o acusativo:

  - *Laura pinta **paisajes**.*
  - *Laura pinta **a sus hijos**.*

[Decimos que Laura pinta y también qué pinta: paisajes, a sus hijos...]

El CD puede referirse a personas o cosas. Cuando se refiere a personas, se utiliza la preposición ***a***:

- *Desde la ventana veo **muchos árboles**.*
- *Desde la ventana veo **a mi vecina**.*

- En otros casos, el verbo puede tener otro complemento que se refiere al destinatario o receptor de la acción verbal. Este nuevo elemento se llama **complemento indirecto** (CI) o dativo, y puede combinarse con el CD:

  - *Laura les pinta **un paisaje a sus hijos**.*
  - *Laura les pinta **hojas a los árboles**.*

[Indicamos, además, los destinos de las cosas que pinta Laura.]

El CI puede referirse a **personas o cosas**, y siempre lleva la preposición ***a***:

- *Les he comprado **unos juguetes a mis sobrinos**.*
- *Le he quitado **la mancha a la camisa**.*

1 A1-A2 **La familia Gómez es numerosa y cada uno, excepto el bebé, tiene responsabilidades en la casa.**

María, la madre, hace la compra.

Dolores les prepara el desayuno a sus hermanos pequeños.

Eduardo pone la ropa en la lavadora.

Leonor les echa agua a las plantas cada día.

Paco, el padre, les hace la comida y la cena a todos.

Elisabeth lleva a los pequeños al colegio.

Felipa, la asistenta, limpia la casa y cuida al bebé.

Ahora, contesta estas preguntas. Con tus respuestas sabrás el sujeto de cada frase.

→ ¿Quién limpia la casa y cuida al bebé? Felipa

1. ¿Quién les echa agua a las plantas? ....
2. ¿Quién hace la compra? ....
3. ¿Quién prepara el desayuno? ....
4. ¿Quién lleva a los pequeños al colegio? ....
5. ¿Quién pone la ropa en la lavadora? ....
6. ¿Quién hace la comida? ....

Ahora, contesta estas preguntas. Con tus repuestas sabrás el CD (acusativo) de cada frase.

→ ¿Qué limpia Felipa? La casa

7. ¿Qué les echa Leonor a las plantas? ....
8. ¿Qué prepara Dolores? ....
9. ¿Qué hace el padre? ....
10. ¿A quién lleva Elizabeth al colegio? ....
11. ¿Qué pone Eduardo en la lavadora? ....
12. ¿A quién cuida Felipa? ....
13. ¿Qué hace la madre? ....

Ahora, contesta estas preguntas. Con tus respuestas sabrás el CI (dativo) de cada frase.

→ ¿A quién le hace Paco la comida? A todos

14. ¿A qué le echa agua Leonor? ....
15. ¿A quién le prepara Dolores el desayuno? ....
16. ¿A quién le hace Paco la cena? ....

2 A2-B1 **Relaciona las frases con su continuación, como en el ejemplo. Decide si las palabras de la columna derecha son CD o CI.**

→ Inés riega cada dos días...	**a.** a sus amigos, que están de viaje CI
Inés les riega las plantas...	**b.** el jardín CD
1. El secretario anota siempre....	**a.** todas las citas ....
El secretario le anota sus citas...	**b.** a la directora ....
2. Olivia les enseña música...	**a.** matemáticas ....
Olivia enseña...	**b.** a sus hijos ....
3. El hijo les lava y les plancha la ropa...	**a.** a sus padres ....
La lavadora lava y seca en dos horas...	**b.** las camisas ....
4. Paco pone en la mesa...	**a.** la comida ....
Paco le pone la comida...	**b.** a Marta ....

B Construcciones reflexivas: *Ella se pinta.*

■ Con las formas reflexivas (***acostarse***, ***lavarse***, ***vestirse***...), el **complemento** (directo o indirecto) y el SUJETO se refieren a la misma persona o cosa:

- ***Laura*** *se* ***pinta*** *en sus cuadros.*

  SUJETO = CD

- ***Laura*** *se pinta* ***los labios***.

  SUJETO = CI

3 A2-B1 **Relaciona como en el ejemplo y señala qué frases de la izquierda son reflexivas.**

→ **a.** Raúl se ata los zapatos. Reflexiva
b. Raúl les ata los zapatos. X

a. Sus hermanos son todavía pequeños y tiene que ayudarles.
b. Es ya mayor y puede hacerlo solo.

1. **a.** Tú siempre me pones la comida primero. ....
   b. Tú siempre te pones la comida primero. ....

   a. Eres muy amable conmigo.
   b. Eres un maleducado.

2. **a.** Me he cortado el pelo. ....
   b. Me han cortado el pelo. ....

   a. Con mi nueva máquina no necesito a nadie.
   b. Mis peluqueros son muy buenos.

3. **a.** Nos hemos despertado pronto esta mañana. ....
   b. Nos han despertado pronto esta mañana. ....

   a. Nos hemos enfadado mucho con ellos.
   b. Pusimos el despertador a las 6:30 para salir temprano.

C Construcciones valorativas: *A Jaime le gustan las plantas.*

■ Con **verbos** como ***apetecer***, ***doler***, ***encantar***, ***gustar***, ***molestar***, ***preocupar***, etc., el sujeto produce un efecto (sensación, sentimiento, emoción o reacción) en alguien, mientras que el complemento indirecto (CI) se refiere al receptor, a la persona que experimenta ese efecto:

- ***A Alfredo*** *le gustan* *los cuadros* *de Laura.*

  CI SUJETO

→ **18.** Construcciones reflexivas y valorativas

4 A1-B1 **Subraya el sujeto de las siguientes oraciones.**

→ a. Eduardo tiene muchas plantas.
b. A Eduardo le gustan las plantas.

1. a. Esta mañana me duele la cabeza.
   b. El gato tiene la cabeza muy pequeña, ¿verdad?
2. a. A Marina y a Eric les encantan los helados.
   b. Marina y Eric han comprado los helados.
3. a. A nosotros ese problema no nos afecta.
   b. Nosotros podemos solucionar ese problema.
4. a. ¿Tu padre ha llamado a los niños?
   b. A Rubén le encantan los niños.
5. a. ¿Les molesta a ustedes el ruido?
   b. Algunos electrodomésticos hacen mucho ruido.
6. a. Mis amigas prefieren la música pop.
   b. A mis amigas les encanta la música pop.
7. a. La tele le gusta a tu hermana.
   b. Tu hermana quiere ver la tele.

13. Pronombres sujeto: *yo, tú, él...*

A Formas: *yo, tú, él...*

■ Los pronombres personales que funcionan como SUJETO de la frase y que, por tanto, concuerdan con el verbo, son:

	SINGULAR	PLURAL
1.ª persona	*yo*	*nosotros, nosotras*
2.ª persona	*tú*	*vosotros, vosotras*
3.ª persona	*él, ella*	*ellos, ellas*

→ **14.** Pronombres con preposición

■ En español peninsular se usan ***tú*** y ***vosotros/vosotras*** en relaciones menos formales o de confianza. ***Usted*** y ***ustedes*** se usan en relaciones más formales o jerarquizadas:

INFORMAL	FORMAL
tú	*usted*
vosotros/vosotras	*ustedes*

Usted y ***ustedes*** van siempre con verbos en 3.ª persona:

- MÉDICO: *Se encuentra **usted** estupendamente.*
- PACIENTE: *¿Está **usted** seguro, doctor?*

  [El médico y el paciente mantienen una relación formal. *Encuentra* y *está* son formas de la tercera persona del singular.]

- MANUEL: *¿Te encuentras bien?*
- PACO: *Yo, estupendamente; ¿y **tú**?, ¿cómo **estás**?*

  [Manuel y Paco tienen una relación informal. *Encuentras* y *estás* son formas de la segunda persona del singular.]

1 A1 **Claudia está hablando con su amiga Marta. ¿Qué pronombre usa para hablar de...?**

yo ✓ nosotras ellos vosotros vosotras nosotros tú él ellas ella

→ Claudia ......yo......
1. Claudia y Marta ....
2. Claudia y el novio de Claudia ....
3. unos amigos de Claudia ....
4. Marta ....
5. el exnovio de Claudia ....
6. una amiga de Marta ....
7. las hermanas de Marta ....
8. Marta y el novio de Marta ....
9. Marta y su hermana ....

2 A1-A2 **¿*Tú* o *usted*? Relaciona e indica qué forma se emplea para hablar con cada una de estas personas.**

→ Con una dependienta de una tienda. ......usted...... → c
1. Con la novia de un amigo. ....
2. Con una compañera de la universidad. ....
3. Con una vecina de ochenta años. ....
4. Con un policía de tráfico. ....
5. Con un vecino de dieciocho años. ....
6. Con un camarero en un restaurante. ....

a. ¿Sabe cómo llegar al centro de la ciudad?
b. ¿Y vas a venir mañana a clase?
c. ¿No me puede hacer un descuento?
d. ¿Necesita ayuda, señora Eugenia?
e. Por favor, ¿nos trae la cuenta?
f. ¿Tienes un poco de sal? Mañana te la devuelvo.
g. Eres la persona perfecta para Pepe, de verdad.

B Presencia y ausencia del pronombre: *¿Cómo te llamas?/¿Tú cómo te llamas?*

■ A diferencia de lo que pasa en otras lenguas, en español **no se emplea siempre** el pronombre SUJETO con el verbo. Su uso es **necesario** cuando queremos **distinguir** o **contrastar** la persona o personas que identificamos como SUJETO frente a otras personas:

[No hay contraste de personas: solo Pepe.]

[Hay contraste de personas: *yo/él*.]

- PACO: *Alicia y yo vamos a cenar fuera, ¿venís?*
- SONIA: *Es que **nosotras** vamos al concierto de Cansan Rosis.*
  [Sonia dice *nosotras* para contrastar los planes de ella y su amiga con la propuesta de Paco.]

Las formas ***usted/ustedes*** no siempre tienen valor contrastivo. También se usan para expresar claramente el tratamiento formal:

- *Adelante, pase **usted**, pase. Siéntese **usted**.*
- *¿Han reservado **ustedes** mesa?*
- *¿Vendrán **ustedes** a la fiesta?*
- *Debe traer **usted** el pasaporte.*

3 A1-B1 **Completa con la opción más adecuada.**

→ a. **yo** voy después
b. voy después

● La próxima semana voy a París y, si tengo tiempo, voy después a Bruselas.
○ Ah, ¿sí? ¡Qué suerte!

■ La próxima semana Carlos va unos días a París.
❑ Sí, ya lo sé. Yo voy después, del diez al veinte de mayo.

1. a. **nosotras** no queremos
b. no queremos

● Algunos compañeros van a venir a trabajar los sábados, pero .... Ya trabajamos bastante para venir también los sábados.
○ Claro, claro. Hacéis bien.

■ ¿Tenemos que venir el sábado a trabajar? ¿Es obligatorio?
❑ Bueno, obligatorio no. Si ...., podemos quedarnos el lunes hasta las nueve.

2. a. sabe cocinar
b. **ella** sabe cocinar

● Lucía es fantástica: trabaja muy bien, ... y, además, baila.
○ Tú también bailas muy bien.

■ Yo no tengo ni idea de cocina y tú tampoco. ¿..........................?
❑ Espero que sí. Esta cena es importante para nosotras.

3. a. **él** no se levanta
b. no se levanta

● Carlos y María son muy diferentes. María se levanta a las seis, pero .... nunca tan pronto.

■ Carlos se acuesta muy tarde, pero .... muy tarde por la mañana.

4. a. **ellas** no vienen
b. no vienen

● Marina y Antonia al final .... porque tienen que estudiar para un examen.
■ Avisamos a las chicas y a los chicos, pero .... Solo los chicos.

5. a. lo has roto **tú**
b. lo has roto

● El jarrón no lo ha roto el perro, ... ¿Por qué ....?

14. Pronombres con preposición: *a mí, para ti, con él...*

A Formas

■ Cuando los pronombres personales se emplean después de una preposición, usamos las formas de los pronombres personales sujeto, excepto ***yo*** y ***tú***:

PREPOSICIÓN	PRONOMBRES
a	***mí***
de	***ti***
en	*él, ella*
para	*usted*
por	*nosotros/-as*
sin	*vosotros/-as*
contra	*ellos, ellas*
desde...	*ustedes*

[a ~~yo~~ a mí]
[para ~~tú~~ para ti]

- *Me han hablado muy bien **de ti**.*
- *¿Puedo hacer algo **por usted**?*
- *No sé qué van a hacer **sin nosotros**. Especialmente **sin ti**.*
- *Esto me lo ha dado el conserje **para vosotras**.*
- *Ellos no están **contra usted**, están **contra mí**.*
- ***A mí** me han regalado un bolígrafo, ¿y **a vosotros**?*
- *Si te pones delante **de ella**, no va a ver nada. Eres muy alto.*

Las preposiciones ***entre***, ***hasta*** (cuando significa *incluso*) y ***según*** no se combinan con las formas *mí* y *ti*, sino con las formas ***yo*** y ***tú***:

- ***Entre tú** y **yo** no hay nada.*
- *Eso, **hasta yo** lo entiendo.*
- ***Según tú**, ¿quién ganará las elecciones?*

→ **13.** Pronombres sujeto

1 A1-A2 **Completa con los pronombres adecuados. Luego relaciona cada frase de la primera columna con su continuación en la segunda columna.**

vosotras vosotros tú ti ✓ mí usted ustedes

yo ✓ mí nosotros nosotras ti vosotros

→ ● Mira, he comprado chocolate pensando en ...ti..., porque sé que te gusta mucho.

1. ● ¡Sorpresa! ¿Os gusta el dulce? Tengo una tarta para ....
2. ● Señora Cuevas, le traigo rosas porque sé que a .... le encantan.
3. ● Me he comprado esas patatas fritas que .... compras siempre, a ver qué tal están.
4. ● Dime la verdad, ¿hay algo entre .... dos? Porque todo el mundo dice que sois novios.
5. ● Tienen que venir a mi boda. Es muy importante para .... No sería igual sin ....

a. ○ Ah, ¿son para ....? Muchas gracias. Son preciosas.

b. ○ Oh, ¡gracias! A Lola y a mí nos encanta. ¿Te quedas a comerla con ....?

c. ○ ...Yo... también te he comprado una cosa. Mira.

d. ○ Entre .... no hay absolutamente nada. Somos simplemente amigos.

e. ○ Muchas gracias por la invitación, nos alegramos mucho por ....

f. ○ Son buenísimas. ¿Son todas para ....? ¿Me das una?

B *Conmigo, contigo, con él...*

conmigo
contigo
con él, ella
con usted
con nosotros/-as
con vosotros/-as
con ellos/-as
con ustedes

[~~con mí~~]
[~~con ti~~]

- *Clara va a venir **conmigo** al médico, porque después iremos al cine.*
- *Voy a ir **con ella** al médico, porque después iremos al cine.*

- *No pienso irme a vivir **contigo**. Eres un desastre.*
- *No me voy a vivir **con él** porque es un desastre.*

- *Marina no quiere salir ni **contigo** ni **conmigo**.*
- *Marina no quiere salir **con nosotras**. No sé por qué está enfadada.*

2 A1-B1 **Lee el correo de Ana a su hermana y elige la opción que corresponda en cada caso.**

Mensaje nuevo

Hermanita:

¿Qué tal? ¿Dónde estás ahora? ¿En Perú o en Bolivia? Hace mucho que no sé nada de ...ti... . Imagino que lo estás pasando muy bien. ¡Qué envidia!

Por aquí todo es más aburrido (1) sin ...., pero, bueno, no es el fin del mundo. Como Pepito es tan callado casi no hablo (2) con .... (3) Para .... soy la hermana mayor. Papá y mamá trabajan mucho, como siempre, pero Pepito y yo estamos contentos porque todos los fines de semana hacen cosas (4) con .... Este sábado vamos a ir todo el día a la playa.

Vuelve pronto. Tengo muchas ganas de estar (5) con .... Eres más que una hermana (6) para .... Eres mi mejor amiga y te necesito aquí (7) con ....

Disfruta mucho y contesta a este e-mail, plis. Todo el mundo me pregunta (8) por ....

Ana

→ tú / ti / te
1. te / ti / tú
2. lo / él / le
3. él / le / lo
4. nosotros / nos
5. tú / __tigo / ti
6. me / mí / yo
7. me / __migo / mí
8. te / tú / ti

3 A2-B1 **Escribe la preposición y el pronombre en la forma adecuada, como en el ejemplo, y colócalos después en la frase correspondiente.**

Preposición	+	Pronombre
para	+	yo ✓ para mí
a	+	tú ....
con	+	yo ....
sin	+	nosotras ....
entre	+	tú y yo ....
con	+	tú ....
según	+	tú ....
de	+	tú ....
hasta	+	yo ....
sobre	+	tú ....
de	+	yo ....
por	+	yo ....
para	+	ellos ....

→ ¿El regalo es ...para mí...? ¡Muchísimas gracias!
1. ¿Quieres venir .... al cine esta tarde?
2. No puedo salir .... esta noche. Lo siento.
3. Los espárragos que hay en la nevera son ....
4. Gracias ...., lo he entendido todo. ¡Qué bien lo has explicado!
5. .... hay una gran diferencia. A mí eso no me gusta y a ti sí.
6. Sabes que .... el equipo no juega bien. Somos las mejores.
7. Cada día te siento más lejos ....
8. Este plato es muy sencillo. .... puedo prepararlo y eso que no sé cocinar.
9. ¿Las copas? En el armario, detrás ....
10. ¿Y, ..., cuál es la mejor solución al problema?
11. Sé que no te apetece, pero hazlo ...., por favor.
12. Oye, en el informativo han hablado .... Te vas a hacer famosa.

15. Pronombres complemento: *me, te, nos... lo, la, le, los...*

A Primera y segunda persona: *me, te, nos, os.*

Cuando los complementos de una oración se refieren a las personas ***yo, tú, nosotros/-as, vosotros/-as***, usamos **la misma forma** de pronombre tanto para el complemento directo (CD) como para el complemento indirecto (CI):

PERSONA GRAMATICAL	*yo*	*tú*	*nosotros/-as*	*vosotros/-as*
FORMAS DE CD Y CI	***me***	***te***	***nos***	***os***

- *¿**Me** han llamado?*
- *Sí, **te** han llamado tres clientes.*

- *Renata **nos** ha invitado a su casa. **Os** recojo a las nueve, ¿vale?*

- *¿**Me** das **la dirección de Enrique**?*
- ***Te** doy **el móvil y la dirección de su casa**.*

- *Los ladrones **nos** dieron **un susto tremendo**.*
- *¿Y **os** robaron **algo**?*

→ **12.** Pronombres personales
→ **16.** Posición y combinación
→ **17.** Presencia y reduplicación

1 A1-A2 **Unos extraterrestres visitan el planeta Tierra. Completa las frases con *me, te, nos, os*.**

→ ¿ Me has llamado tú a mi antena telepática?

1. Sí, he sido yo. ¿.......... prestas dinero de la Tierra? Es que acabo de llegar.

2. ¿.......... lleváis a los dos a vuestro planeta? Queremos conocerlo.

3. ¿.......... enseñáis vuestra nave espacial a mi hermano y a mí?

4. ¿Vosotros coméis comida como la nuestra? ¿.......... preparo algo?

5. Es la primera vez que .... veo en esta casa. ¿Vives aquí?

6. ¿A ti .... escriben cartas desde tu planeta?

7. Los terrícolas .... hacen preguntas muy raras. Pero es que ellos no tienen ni idea de nada de nuestro planeta.

8. Queridos humanos: No .... vamos a invadir. El año que viene vamos a volver y .... vamos a traer un nuevo sol y tres lunas.

B Tercera persona: *lo, la, los, las / le, les.*

Cuando el complemento de una frase se refiere a terceras personas (*él, ella, ellos, ellas*) o a las formas de tratamiento *usted, ustedes*, usamos **formas de pronombre distintas para el complemento directo** (CD) y **para el complemento indirecto** (CI):

PERSONA GRAMATICAL	FORMAS DE CD		FORMAS DE CI
	MASCULINO	FEMENINO	MASCULINO Y FEMENINO
Él, Ella, Usted	*lo*	*la*	*le*
Ellos, Ellas, Ustedes	*los*	*las*	*les*

Usamos los **pronombres** para referirnos a una persona o una cosa de la que **ya hemos hablado antes** o **tenemos perfectamente identificada**:

CD

lo

- *¿Has recibido mi correo?*
- *Sí, lo he leído. Es muy interesante.*

- *¿Y Juan? No lo encuentro.*

la

- *¿Llevas la cartera?*
- *Sí, la llevo en el bolso.*

- *¿Ha venido Elisa? Todavía no la he visto.*
- *Ha venido, pero la han llamado y se ha tenido que ir.*

- *¿La llamo esta noche, señora Cueto?*

los

- *¿Y los documentos? ¿Los habéis visto?*

- *He quedado con tus primos. Los he invitado a comer.*

- *¿Qué tal Ángela y Alfredo?*
- *Pues ayer los llamé y están muy bien.*

las

- *¿Estas gafas son tuyas? Las he encontrado en el coche.*

- *¿Sabes algo de las hermanas de Sofía?*
- *Ayer las vi. Fuimos a dar un paseo.*

CI

le

- *¿Y el coche?*
- *En el taller. Le están cambiando las ruedas.*

- *¿Has hablado con tu hermano?*
- *No, le he escrito un correo.*

- *¿Ya has hecho la ensalada? ¿Le has echado sal?*

- *Hoy es el cumpleaños de Julia. Y no le he comprado nada.*

- *¿Quiere que le traiga un café, señor Pérez?*

les

- *Aquí tienes los macarrones. ¿Les pones tomate y queso?*

- *Ayer quedé con mis amigos y les devolví las llaves del apartamento.*

- *¿Has llamado a sus padres?*
- *Sí, les he dejado un mensaje.*

- *¿Has metido las camisetas en la lavadora?*
- *No, les estoy quitando las manchas antes.*

- *Las chicas están muy contentas. Les han dado un premio.*

2 A2-B1 La abuela de Victoria es un poco sorda. Completa como en el ejemplo.

→ *Victoria*: Víctor baila la rumba con mucho estilo.
Abuela: ¿Qué? ¿Que ...la... baila vestido?

1. *Victoria*: Víctor plancha las camisas que le regaló mi madre.
Abuela: ¿Qué? ¿Que .... plancha con vinagre?
2. *Victoria*: Víctor hace zumo de manzana por las mañanas.
Abuela: ¿Qué? ¿Que .... tira por la ventana?
3. *Victoria*: Víctor prepara los macarrones como nadie.
Abuela: ¿Qué? ¿Que .... prepara con alguien?
4. *Víctor*: Conocí a Victoria en un gimnasio.
Abuela: ¿Qué? ¿Que .... conociste en un armario?
5. *Víctor*: Victoria cuida a sus sobrinos todas las noches.
Abuela: ¿Qué? ¿Que .... lleva en coche?
6. *Víctor*: Victoria llama a su madre todas las mañanas.
Abuela: ¿Qué? ¿Que .... llama siempre desde la playa?
7. *Víctor*: Victoria ve siempre las películas en versión original.
Abuela: ¿Qué? ¿Que .... ve siempre en el mismo canal?

3 A2-B1 Completa los siguientes diálogos con el pronombre correspondiente.

→ *Victoria*: ¿Y mi pijama? No lo veo.
Víctor: Está secándose. ...Le... he quitado las manchas.

1. *Victoria*: ¿Vas a ver a tus sobrinos este fin de semana?
Víctor: Claro, ¿no te acuerdas? .... doy clases de natación todos los sábados.
2. *Victoria*: ¿No te parece que la sopa está un poco sosa?
Víctor: Es que .... he echado poca sal. Es más sano.
3. *Victoria*: ¿Cómo están tus abuelos?
Víctor: No lo sé. Esta semana no .... he llevado los medicamentos y no los he visto.
4. *Víctor*: Ha llamado Javier preguntando por ti.
Victoria: Ah, ¿sí? Lo llamo ahora mismo. .... tengo que pedir una cosa urgente.
5. *Víctor*: El perro está muy nervioso.
Victoria: No pasa nada. Ahora .... pongo la correa y salimos a dar una vuelta.

4 A2-B1 Completa las siguientes frases con *lo, la, los, las, le, les*.

Nuestro robot C3PO hace cosas extrañas:

→ Sabe preparar tartas. ...Las... hace muy ricas.

1. Se enfadó y .... rompió un cristal a mi coche.
2. Compró un reloj y .... metió en el microondas.
3. .... ha comprado un ramo de flores a mi suegra.
4. Se ha comido mi radio y .... ha vomitado.
5. .... ha regalado una cama de agua a mis padres.
6. .... ha echado aceite y sal a las plantas.
7. Ha salido de paseo con los niños en domingo y .... ha llevado al colegio.
8. Ha discutido con el abuelo y .... ha metido en el armario.
9. Se ha enamorado de mi hermana Fernanda. Esta noche .... ha invitado a cenar.
10. Ha tomado algunos vinilos de mi padre y .... ha tirado por la ventana.
11. No le gustan nada las amigas de mi madre, pero .... llama por teléfono todos los días.

C ***Lo* neutro: *Yo eso no lo entiendo. Parece fácil, pero no lo es.***

■ El pronombre de CD ***lo*** puede referirse a cosas que nombramos con sustantivos masculinos y singulares, pero también a cosas de las que hablamos sin usar nombres (ni masculinos ni femeninos):

- *No puedo entender su libro.* — *No puedo entender**lo**.* — ***Lo*** = *su libro* [masculino]
- *No puedo entender a ese hombre.* — *No puedo entender**lo**.* — ***Lo*** = *ese hombre* [masculino]
- *No puedo entender por qué no vienes.* — *No puedo entender**lo**.* — ***Lo*** = *por qué no vienes* = *eso* [neutro]

■ Usamos el pronombre de CD ***lo* neutro** cuando nos referimos a objetos que no marcamos como masculinos ni femeninos porque:

NO SABEMOS EL NOMBRE DEL OBJETO	• *¿Qué ha sido eso?, ¿**lo** has visto?*	• *¿Me das esto? **Lo** necesito.*
NO IMPORTA EL NOMBRE DEL OBJETO	• *¿Puedes tú recoger todo eso?* ○ *Sí, ya **lo** recojo yo mañana.*	• *¿Me acercas aquello de allí?* ○ *Sí, ahora mismo te **lo** doy.*
NO ES UN OBJETO CONCRETO [hechos, situaciones; cosas que decimos, pensamos, sabemos, sentimos, etc.]	• *¿Sabes qué? Al final, Carlos se ha casado.* ○ *No **lo** puedo creer. ¿Con quién? No me **lo** digas... ¡Con Adelina!*	• *¿Qué pasó el sábado en la piscina?* ○ *No **lo** sé. ¿Por qué **lo** dices?*

■ También usamos ***lo*** cuando nos referimos al complemento de los verbos ***ser***, ***estar*** y ***parecer***.

- *Es muy rico, pero no **lo** parece.*

- *Mira, tu jefe está completamente loco.*
- ○ *No, no **lo** está.*

- *Ya no eres amable conmigo.*
- ○ *Sí que **lo** soy, pero tú no te das cuenta.*

5 B1-B2 **La actriz Margarita Bosque ha sido secuestrada. La policía está interrogando a su marido Amadeo Sanjosé. Señala a qué se refiere *lo* en cada caso e indica si es neutro (N) o masculino (M).**

→ *Policía:* ¿Cuándo vio a su esposa en el chalet por última vez?
Amadeo: No **lo** recuerdo. Hace poco. (N)
a. el chalet
b. el último día que vio a su esposa ✓

1. *P.:* ¿Había otra persona en la vida de su esposa?
A.: **Lo** siento. No tengo esa información. (..........)
a. el hecho de tener Margarita un amante
b. el hecho de no tener esa información

2. *P.:* El mayordomo ha encontrado esto en el dormitorio de su esposa. ¿Sabe qué es?
A.: No **lo** he visto en mi vida. (..........)
a. el mayordomo
b. el objeto encontrado en el dormitorio

3. *P.:* ¿Y entiende eso que hay apuntado en su diario?
A.: ¿Cómo se atreve a tocar**lo**? (..........)
a. el diario
b. las cosas escritas en el diario

4. *P.:* ¿A usted este secuestro le parece sorprendente?
A.: Claro que me **lo** parece. (..........)
a. el secuestro
b. sorprendente

5. *P.:* Pues nosotros creemos que este caso no es un secuestro.
A.: Pues yo creo que sí **lo** es. (..........)
a. este caso
b. un secuestro

6. *P.:* Le aseguro que muy pronto vamos a detener al culpable.
A.: Así **lo** espero. (..........)
a. al culpable
b. el hecho de detener al culpable

7. *A.:* ¿Puedo llamar a mi abogado?
P.: Si **lo** tiene, está en su derecho. (..........)
a. el abogado
b. el hecho de llamar al abogado

16. Posición y combinación de pronombres complemento.

A Un pronombre: *Te he visto. Os he visto.*

Los pronombres complemento se colocan **antes de las formas conjugadas del verbo**, excepto con las formas de imperativo positivo:

CD + VERBO

- *¿Me llevas a la estación?*
- *Te he visto en el supermercado.*
- *No nos llames tan tarde.*
- *Os necesito ahora.*
- *Si un libro es aburrido, no lo termino.*
- *La ensalada está muy rica. ¿La has hecho tú?*
- *Los niños están con mi madre. ¿Los recojo yo?*
- *Las camisas están ahí, pero no las he planchado.*
- *Se ducha tres veces al año.*

→ **17.** Presencia y reduplicación

CI + VERBO

- *¿Me haces un favor?*
- *Te he mandado un e-mail.*
- *Nos regaló una mesa horrorosa.*
- *¿Os leo un cuento?*
- *Ayer quedé con Paco y le devolví su libro.*
- *Hoy es el cumpleaños de Pepa. ¿Le envío un mensaje?*
- *Si ves a los vecinos, no les digas nada.*
- *Llamé a mis tías y les di tu número de teléfono.*
- *A José María le encantan las series.*

1 A2 **Ordena estas frases. Luego decide a qué dibujo corresponden.**

a. ....

b. ....

c. ....

d. ....

I

→ ¿compro-le-entradas-para la ópera?
¿Le compro entradas para la ópera?

1. ¿en su restaurante de siempre-reservo-mesa-le?
....
2. ¿a alguna parte-llevo-lo?
....
3. ¿un baño caliente-preparo-le?
....

II

4. ¿al trabajo-llevo-te?
....
5. ¿música-pongo-te?
....
6. ¿enciendo-te-el aire acondicionado?
....
7. ¿con el cinturón de seguridad-ayudo-te?
....

III

8. ¿laváis-los dientes-os?
....
9. ¿acostáis-temprano-os?
....
10. ¿ponen-os-vacunas?
....
11. ¿os-hacen regalos-en Navidad?
....

IV

12. han aplaudido-nos-durante veinte minutos
....
13. han tirado-muchas cosas-al escenario-me
....
14. muchos autógrafos-han pedido-nos
....
15. han hecho-me-miles de fotos
....

B Combinación de dos pronombres: *Te lo compro. Os lo compro.*

- Cuando necesitamos usar dos pronombres (uno de CD y otro de CI) el orden es:

CI	+	CD	+	VERBO
Te		*lo*		*compro*
me/te/nos/os		lo/la/los/las		

→ **12.** Pronombres personales
→ **15.** Pronombres complemento

- *Oye, me gusta mucho esa camisa tuya. ¿Me la dejas?*
- *Necesitamos tu ordenador. ¿Nos lo prestas?*
- *He recibido unas fotos preciosas de José. ¿Te las mando?*
- *Sé dos chistes nuevos. ¿Os los cuento?*

2 A2-B1 **Ana y Andrés están a punto de tener una hija. Están muy nerviosos y no paran de hacer preguntas. Completa las respuestas.**

En casa

→ *Ana:* ¿Has preparado la ropa de la niña?
Andrés: Sí, ya la he preparado.

1. *Andrés:* ¿Tenemos todos los documentos?
Ana: Sí, ... tenemos todos: el informe médico, la ecografía, todo.

2. *Andrés:* ¿Llevas la cámara de vídeo?
Ana: No, no ...... llevo. ¿Dónde está?

3. *Ana:* ¿Llevas el osito de peluche?
Andrés: Claro que ...... llevo.

En el hospital

4. *Andrés:* ¿Te ha traído el agua la enfermera?
Ana: Sí, ... ha traído, pero está muy fría.

5. *Andrés:* ¿Cuándo nos van a dar los documentos?
Enfermera: Tranquilos. .... damos antes de iros a casa.

6. *Andrés:* ¿Os han traído el café?
Abuelos: Sí, ... han traído, no te preocupes.

7. *Ana:* ¿Me puedes traer una revista?
Andrés: Ahora mismo .... traigo.

C Combinación de dos pronombres: *Se lo compro. Se la compro.*

- Cuando el pronombre de CI se refiere a una tercera persona (*él, ella, ellos, ellas*) o a la segunda persona con tratamiento formal (*usted, ustedes*) y se combina con un pronombre de CD (**lo/la/los/las**), la forma del pronombre de CI es siempre *se*:

CI (3.ª PERSONA)	+	CD	+	VERBO
~~Le/Les~~ *Se*		*lo*		*compro*
		lo/la/los/las		

- *¿Le mandaron por fin el ordenador?*
  - *Sí, se lo mandaron ayer.*
- *¿Le diste a Linus la receta?*
  - *Sí, se la di por teléfono.*
- *¿Les robaron las joyas a tus padres?*
  - *Sí, se las robaron todas.*
- *¿Podrían cambiar las toallas?*
  - *Por supuesto, señores, ahora mismo se las subimos a la habitación.*
- *Señora, ¿le llevo el paquete al coche? ¿O se lo enviamos a su casa?*
- *¿Les has comprado los bombones ya?*
  - *Todavía no.*
- *Ah, ¿no? Pues no se los compres, que son alérgicos al chocolate.*

3 A2-B1 **Ha nacido la niña de Ana y Andrés, y los padres están un poco nerviosos.**

→ *Andrés:* ¿Le has dado la manzanilla?
Ana: Sí, ...se... ...la... he dado hace un rato.

1. *Ana:* ¿Le has puesto el chupete?
Andrés: Sí, ... he puesto, pero no le gusta.

2. *Andrés:* ¿Le has puesto la música clásica?
Ana: Sí, ... he puesto. ¿.......... .... quieres poner tú otra vez?

3. *Ana:* ¿Le has limpiado los oídos?
Andrés: Sí, ... he limpiado.

4. *Ana:* ¿Le has cambiado el pañal?
Andrés: No, Ana, todavía no .... he cambiado.

5. *Andrés:* ¿Le has dado el masaje?
Ana: Sí, ... he dado y le ha encantado.

4 A2-B1 **Elena es educadora en una guardería. Completa como en el modelo.**

→ *Marta:* Señorita Elena, ¿me puedes quitar el abrigo?
Elena: Sí, Marta, ahora mismo ...te lo quito... .

1. *Elena:* Miguel, ¿le has devuelto las tijeras a Omar?
Miguel: Sí, seño, ...se las he devuelto... Creo que está cortando las cortinas de la ventana.

2. *Ángela:* Seño, ¿me puedes limpiar los mocos?
Elena: Sí, Ángela, ahora mismo ...te los limpio... .

3. *Sara y Sofía:* Seño, ¿nos pones el vídeo de Art Attack?
Elena: Dentro de un rato ...os lo pongo..., ¿vale?

4. *Elena:* ¿Queréis leer un cuento?
Niños: No, seño. Tú ...nos lo lees... . Es que nosotros no sabemos leer mucho todavía.

5. *Elena:* ¿Le has dado el rotulador verde a Adrián?
Leo: No, seño, no ...se lo he dado... . Es mío.

6. *Lara:* Seño, ¿me das una galleta?
Elena: Claro, Lara. ...te la doy... ahora mismo.

7. *Carmen y Andrés:* Seño, ¿nos das la plastilina?
Elena: Sí, enseguida ...os la doy... .

8. *Elena:* ¿Os habéis lavado las manos?
Niños: No, seño, no ...nos las hemos lavado... .

9. *Elena:* Omar, ¿les has echado la comida a los peces?
Omar: Sí, ...se la he echado... y ...se la... han comido en un minuto.

10. *Elena:* Carmen, ¿tú le has dado un empujón a Sofía?
Carmen: No, yo no ...se lo he dado... . Ha sido Miguel.

D Con imperativo positivo, infinitivo y gerundio: *déjasela, dejársela, dejándosela...*

■ Con las formas de **imperativo positivo, infinitivo** y **gerundio** los pronombres complemento se colocan después del verbo, formando una sola palabra con él:

IMPERATIVO POSITIVO + CD/CI	INFINITIVO + CD/CI	GERUNDIO + CD/CI
*Escríbe**la***	*Escribir**la***	*Escribiéndo**la***
*Escríbe**le***	*Escribir**le***	*Escribiéndo**le***

IMPERATIVO POSITIVO + CI + CD	INFINITIVO + CI + CD	GERUNDIO + CI + CD
*Escríbe**sela***	*Escribír**sela***	*Escribiéndo**sela***
*Déja**sela** un momento.*	*Dejár**sela** fue un error.*	*Dejándo**sela** se soluciona.*

Cuando añadimos los pronombres al verbo, el acento de la palabra no cambia. Por esa razón, cuando la sílaba acentuada se convierte en la tercera o cuarta sílaba, hay que poner tilde (acento gráfico):

Deja	*Dejar*	*Dejando*
Déjasela (4)	*Dejársela* (3)	*Dejándosela* (4)

Con el pronombre *os* la *-d* final del imperativo de **vosotros** se pierde:

- *Poneos los abrigos.* Ponedos los abrigos.

→ **20.** Formas no personales
→ **34.** Imperativo
→ **44.** Acentuación

5 A2-B1 **Luisa está en clase de yoga. La instructora, primero, repite las acciones para hacerlas individualmente y, después, para hacerlas con un compañero o una compañera.**

La instructora dice:	**La instructora explica:**	**Ahora, ayuda a tu compañero o compañera:**
Levanta los brazos.	➜ **a.** Así, levantándolos lentamente.	➜ **b.** Así, levantándoselos lentamente.
Mueve las manos.	**1. a.** Muy bien, ... despacio.	**1. b.** Venga, ... poco a poco.
Dobla las rodillas.	**2. a.** Venga, ... poco a poco.	**2. b.** Con calma, ... lentamente.
Gira la cintura.	**3. a.** Con calma, ... lentamente.	**3. b.** .... con tranquilidad.
Mueve las caderas.	**4. a.** .... con calma.	**4. b.** Así, ... despacio.
Sube la pierna derecha.	**5. a.** Así, ... despacio.	**5. b.** .... con calma.
Mueve el cuello en círculos.	**6. a.** .... en círculos, sin prisa. ¡Ommm!	**6. b.** .... en círculos, sin prisa. ¡Ommm!

6 A2-B1 **Un director de cine está dando instrucciones a los actores de dos películas. Pon los pronombres adecuados en su sitio y no olvides los acentos gráficos. En dos casos tienes que modificar la forma verbal.**

Campamento en la selva

- Acércate despacio al animal. ➜ ....Acaricialo.......... suavemente , (1) ....habla.......... en voz baja, (2) ....toca.......... con cuidado y (3) ....toma.......... la pata. ¡Estupendo!
- A ver, ahora, todos vosotros, (4) ....despertad.......... ; venga, (5) ....levantad.......... . Está saliendo el sol. Una nueva aventura os espera.

El traje verde

- Bien, ahora tú, (6) ....prueba.......... el traje a Julia; (7) ....pon.......... el sombrero y (8) ....mira.......... directamente a los ojos. Muy bien, genial.
- Ahora tú, Julia, muy enfadada, (9) ....tira.......... el sombrero a la cabeza. (10) ....Di.......... que no te gustan nada ni el traje ni el sombrero. ¡Espléndido!

E Con perífrasis verbales: *Tienes que comértelo / Te lo tienes que comer.*

Con las **perífrasis verbales** (combinaciones de un verbo conjugado y un verbo no conjugado), los pronombres complemento se pueden poner antes de la forma conjugada o después de la forma no conjugada:

- *Te lo tengo que decir.*
- *Se lo voy a decir.*
- *Te lo estoy diciendo.*
- *Os la puedo enviar.*

- *Tengo que decírtelo.*
- *Voy a decírselo.*
- *Estoy diciéndotelo.*
- *Puedo enviárosla.*

➜ **37.** Perífrasis verbales

Cuando los pronombres se sitúan después del verbo, forman una sola palabra con él (*Voy a regalárselo*); sin embargo, cuando los pronombres se sitúan antes del verbo, se escriben separados (***Se lo** voy a regalar*).

7 B1-B2 **Manolo y Ramón son compañeros de piso. Últimamente tienen problemas. Pon los pronombres adecuados en su sitio y no olvides los acentos gráficos, si son necesarios. En algunos casos son posibles dos soluciones.**

1. *Manolo:* Si no vienes a comer, → llámame. El otro día te estuve esperando ...... más de una hora con la mesa puesta.
2. *Ramón:* Tú siempre me estás regañando ...... por el desorden. Estoy harto.
3. *Manolo:* Oye, ¿me puedes dejar ...... oír mi música tranquilamente? Haces tanto ruido...
4. *Ramón:* Pues te compra ...... unos auriculares.
5. *Manolo:* Siempre estamos enfadados. A partir de ahora nos tenemos que decir ...... siempre lo que pensamos uno del otro. Es mejor.
6. *Ramón:* La casa está muy sucia. Seguro que alguien nos puede ayudar ...... a limpiar uno o dos días a la semana. ¿Lo buscamos?
7. *Manolo:* Si organizas una fiesta, me tienes que avisar .... Quiero saberlo antes.

8 B1-B2 **Lucía es un poco rebelde. Coloca los pronombres y no olvides poner los acentos gráficos, si son necesarios. En algunos casos, son posibles dos soluciones.**

Mamá: Lucía, recoge tus juguetes. → ...... Recógelos, por favor, Lucía. ¿No (1) ...... quieres recoger los? Pues (2) ...... vas a recoger los. Venga, Lucía, (3) ...... tienes que recoger ....
Lucía: Ya (4) los estoy recogiendo ......, mamá.
Mamá: Tómate la leche, Lucía.
Mamá: Lucía, (5) ¿te vas a tomar ...... la leche?
Lucía: Ya (6) la estoy tomando ......, mamá.
Mamá: Lucía, apaga la televisión. (7) ...... Apagá la, por favor. Lucía, (8) la tienes que apagar ......, ya es muy tarde. (9) ¿la vas a apagar ...... o no?
Lucía: Ya (10) la estoy apagando ......, mamá.

F En construcciones reflexivas y valorativas: *Se las lava. Le gusta el chocolate.*

■ En las construcciones reflexivas podemos combinar pronombres de CI y de CD. En ese caso, **el pronombre reflexivo va antes del pronombre no reflexivo**:

- *Se ha cortado las uñas, pero no **se las** ha pintado.*
- *Ese vestido está muy bien. ¿**Te lo** pruebas?*
- *Me aprietan los zapatos.*
- *Pues quítate**los**.*

→ **18.** Construcciones reflexivas y valorativas

■ En construcciones valorativas, con verbos como ***gustar***, ***encantar***, ***interesar***, ***apetecer***, ***preocupar***, ***molestar***, ***doler***, etc., solo se usan los pronombres de CI. Nunca se combinan con pronombres de CD (*lo/la/los/las*) porque en estas construcciones no hay CD, solo sujeto y CI:

- *Me gustan mucho los garbanzos, pero es que ahora no **me** apetecen.* Me ~~los~~ apetecen.
- *¿**Te** duele la garganta?*
- *Me molesta un poco, sí.* Me ~~la~~ molesta. La garganta y los garbanzos son SUJETO y no CD.

9 B1-B2 **Esta familia tiene unas costumbres bastante peculiares. Completa con uno o dos pronombres.**

→ Mi madre se lava las manos continuamente. Se las lava unas veinte veces al día.
1. A mi padre le duelen los huesos cuando va a llover. Le molestan especialmente las rodillas.
2. Yo me pongo normalmente dos pares de calcetines de lana. Siempre tengo los pies fríos. ¡me los pongo incluso en verano!
3. A mis hermanos les gustan mucho los animales. les interesan sobre todo los insectos. Son coleccionistas.
4. A mi abuela le dan mucho miedo las tormentas. le da pánico que le caiga un rayo en la cabeza.
5. Mis hermanas y yo nos pintamos las uñas de los pies de colores. nos las pintamos así porque somos muy modernas.
6. En mi casa, nos acostamos todas las noches a las 10.30 y nos levantamos a las 6.30. En eso, mi padre es inflexible.
7. A mí me encanta mi familia. Y a vosotros, ¿qué os parece?

17. Presencia y reduplicación de pronombres.

A Uso de *lo, la, los, las / le, les: Lo ha comprado. Le ha dado un regalo a María.*

Si nos referimos al CD, usamos los **pronombres complemento** (*lo*/*la*/*los*/*las*) cuando se trata de **cosas** o **personas identificadas** antes:

COMPLEMENTO IDENTIFICADO **ANTES** DEL PRONOMBRE:

- *¿Dónde has puesto la caja?*
- *La he tirado. Estaba rota.*

- *¿Y mi equipaje?*
- *Ya lo he guardado.*

- *Las toallas las he cambiado. Estaban mojadas.*

- *¿Has encontrado a tus amigos?*
- *No, los estoy buscando.*

A diferencia de los pronombres de CI, no usamos los pronombres de CD si el CD no ha sido identificado antes:

- *He hecho **las fotocopias**.*
  ~~Las~~ he hecho las fotocopias.
- *¿Has llamado **al camarero**?*
  ¿~~Lo~~ has llamado al camarero?
- *Lleva **a tus padres** al cine.*
  Llév~~alos~~ a tus padres al cine.

Si nos referimos al CI, usamos los **pronombres complemento** (*le, les* o *se* + *lo*/*la*/*los*/*las*) **con** CI **identificados** antes, pero **también con** CI **que identificamos** después del pronombre:

COMPLEMENTO IDENTIFICADO **ANTES** DEL PRONOMBRE:

- *¿Qué hiciste ayer?*
- *Quedé con mis amigas y les enseñé mi casa.*

- *Llama a tu hermano y dile que ya está la cena.*

- *¿Esto ya lo sabe la jefa?*
- *Sí, se lo he explicado yo.*

- *Ese libro es de tu padre. Se lo pedí prestado.*

COMPLEMENTO IDENTIFICADO **DESPUÉS** DEL PRONOMBRE:

- *¿**Le** dejarás el recado **a la secretaria**?*
- ***Le** he comprado este libro **a Ana**.*
- *Lléva**les** estos vasos **a tus padres**.*
- ***Le** he cambiado la rueda **al coche**.*
- *¿**Le** has echado sal **a la comida**?*

- *¿Y el niño?*
- ***Se** lo he llevado **a mis tías**.*

- *Esto tengo que decír**se**lo **a la canguro**.*

→ **12.** Pronombres personales   → **15.** Pronombres complemento

1 A2-B1 **Luis y Carmen son hermanos. A veces son un poco traviesos, pero no siempre. Sustituye las palabras subrayadas por *lo*/*la*/*los*/*las* en unos casos y por *le*/*les* (*se*) en otros.**

→ *Papá:* ¡Luis! ¿Tienes tú las tijeras?
Luis: No, papá, yo no ...las... tengo.

1. *Papá:* ¡Luis! ¿Has visto el mando a distancia?
   Luis: No, papá, no .... he visto.
2. *Papá:* ¡Luis! ¿Has llamado a tu hermana? La cena está lista.
   Luis: Sí, papá, ... he llamado, pero no quiere venir.
3. *Papá*: ¡Carmen! ¿Has visto las llaves del coche?
   Carmen: Creo que Luis .... ha tirado por la ventana hace un rato.
4. *Papá:* ¡Luis! ¿Has visto al gato?
   Luis: Creo que Carmen .... ha metido en su cama.
   Papá: ¿Seguro que no .... ha vuelto a meter en la bañera?

→ *Carmen:* Hoy he visto a nuestra prima Laura en el recreo y ...le... he dado un abrazo.

5. *Luis:* Pues yo he visto un pájaro y .... he dado un poco de mi bocadillo.
6. *Luis:* Enrique ha llevado su pelota de baloncesto nueva y .... he pedido para jugar un rato.
7. *Carmen:* ¿Por qué no llamamos a los abuelos y .... pedimos algo de dinero para comprar caramelos?
   Luis: Vale. Y mañana es el cumpleaños de la tía Raquel. ¿.......... hacemos un dibujo?
8. *Carmen:* ¿Y las llaves del coche de mamá? ¿.......... has dado?
   Luis: Sí. Y el gato ya no tiene champú, ... lo he quitado con agua.

2 A2-B1 **Tacha los pronombres que sobran.**

→ No sé dónde ~~las~~ he puesto las gafas.

1. Ponle un poco más de sal al gazpacho.
2. La he abierto la ventana. Hace un poco de calor.
3. Voy a comprarle un hueso de plástico nuevo al perro.
4. ¡Qué dulces más buenos! ¿Dónde los has comprado?
5. A mi hermana no la veo mucho porque vive en el extranjero.
6. Les he comprado este regalo a Pepe y María por su boda.
7. La he preparado la ensaladilla y la he puesto en el frigorífico.
8. Le hemos revisado el motor al coche y le hemos cambiado el aceite.
9. No las he metido las camisas en la lavadora. Las he lavado a mano porque son muy delicadas.

B Reduplicación: *Me ha mirado a mí.*

■ Cuando queremos **distinguir o contrastar** a la persona que identificamos como CD o CI frente a otras personas, usamos ***a mí***, ***a ti***, ***a él***, ***a ella***, ***a usted***, ***a nosotros/-as***, ***a vosotros/-as***, ***a ellos/-as***, ***a ustedes***, además de los pronombres complemento:

- ***Me*** *ha mirado* ***a mí****, y no* ***a ti****.*
- ***Lo*** *he llamado* ***a él****, pero ha respondido ella.*
- ***Te*** *quiero* ***a ti****, y* ***a nadie*** *más.*
- ***Les*** *ha comprado el regalo* ***a ellos****, no* ***a ellas****.*
- *A nuestros vecinos no les gusta el nuevo ascensor, pero* ***a nosotros*** *nos encanta.*
- *Yo* ***os*** *mandé el correo* ***a vosotras****, pero lo recibió la directora.*

■ La reduplicación también sirve para aclarar el significado de los pronombres complemento de 3.ª persona:

lo	→ *a él, a usted* (masc.)	*le*	→ *a él, a ella, a usted*
la	→ *a ella, a usted* (fem.)	*se*	↗ ↘
los	→ *a ellos, a ustedes* (masc.)		
las	→ *a ellas, a ustedes* (fem.)	*les*	→ *a ellos, a ellas, a ustedes*

Los pronombres con preposición nunca pueden usarse solos para identificar al CD o al CI:

- ***Me*** *traerá un regalo* ***a mí****.* ~~Traerá un regalo a mí.~~
- *¿****Nos*** *ha llamado Pedro* ***a nosotros****?* ~~¿Ha llamado Pedro a nosotros?~~
- ***Les*** *pidieron un consejo* ***a ellos****.* ~~Pidieron un consejo a ellos.~~

3 A2-B1 **Completa según el modelo.**

→ I. ● Eva, te llamo para darte una buena noticia. ¡Tengo trabajo!
II. ● Eva, te llamo a ti porque no puedo hablar con nadie más.

a. te llamo
b. te llamo a ti

1. I. ● Qué mala suerte: de todos los vecinos solo ....
II. ● ¿Qué os pasa?
○ Es que .... algunas cosas en casa.

a. nos han robado
b. nos han robado a nosotros

2. I. ● ¡Camarero, la cuenta! Yo ....
II. ● Es mi fiesta y, por eso, ..., pero a ellas no.

a. os invito
b. os invito a vosotras

3. I. ● A Rosa le preocupa mucho el medioambiente, pero ....
II. ● ¿Qué prefieres? ¿Pollo o ternera?
○ Pues, no sé, ...

a. a mí me da igual
b. me da igual

4. I. ● Señor, ¿quiere conocer nuestra nueva promoción de móviles?
○ No, gracias, ...
II. ● A mi novio le encanta ese concurso, pero ....

a. no me interesa
b. a mí no me interesa

5. I. ● A ti no, porque tú estás acostumbrado, pero ....
II. ● El humo .... Tiene asma.

a. le molesta mucho.
b. a ella le molesta mucho

4 A2-B1 **Las instrucciones de este juego son un poco complicadas. Completa como en el modelo.**

→ Vamos a ver, Carmen, yo te doy a ti la pelota y tú se la das a Luis.

1. Y si no .... veo a él, ¿a quién se la doy?
2. No importa. .... la das a mí y yo .... la doy a vosotras, ¿vale? Sara y Sofía, ¿lo habéis entendido?
3. No, no lo hemos entendido. ¿Tú .... la das a nosotras? ¿Sí? Y nosotras, ¿a quién se la damos?
4. Vosotras .... la dais a nosotros, a Luis y a mí.
5. Perdona, mamá, pero desde aquí no .... veo a Luis y a ti.

5 B1 **Fránkez y Tristicia tienen problemas entre ellos y con los pronombres. ¿Puedes ayudarlos cuando no los usan bien?**

Tristicia: → Fránkez, ya no esperas a mí a la salida del trabajo. → No me esperas a la salida del trabajo.
Fránkez: → Tristicia, ¿por qué ya no miras a mí como antes? → No me miras como antes.
Tristicia: (1) Pasa algo a nosotros.
(2) Antes besábamos a nosotros más.
Fránkez: (3) Yo te adoro, mi dulce cucaracha.
Tristicia: (4) Y yo también te quiero a ti, más que a una tormenta con truenos y relámpagos.
Fránkez: (5) Pues si queremos tanto a nosotros,
(6) ¿por qué no compramos a nosotros un helado de araña?

1. ....
2. ....
3. ....
4. ....
5. ....
6. ....

6 B1-B2 **Señala a quién puede referirse el pronombre subrayado de cada frase.**

→ Le di la enhorabuena...	**a.** a Mónica ✓	**b.** a Felipe ✓	**c.** a ustedes	**d.** a usted ✓	**e.** a sus padres
1. Lo felicitó por su victoria...	**a.** a él	**b.** a ella	**c.** a ustedes	**d.** a usted	**e.** a las animadoras
2. Les dieron la noticia...	**a.** a su madre	**b.** a sus hijos	**c.** a ellas	**d.** a usted	**e.** a ustedes
3. La quise mucho...	**a.** a mi novio	**b.** a mi exnovia	**c.** a usted	**d.** a mis gatas	**e.** a mis canarios
4. Se la enseñó...	**a.** a ella	**b.** a su marido	**c.** a ustedes	**d.** a ellos	**e.** a sus amigas
5. Los he suspendido...	**a.** a ustedes	**b.** a ella	**c.** a ellos	**d.** a usted	**e.** a mi alumno
6. Las he aprobado...	**a.** a él	**b.** a ustedes	**c.** a ellos	**d.** a ellas	**e.** a mi alumna

18. Construcciones reflexivas y valorativas.

A Construcciones reflexivas: *Me baño. Me lavo los dientes.*

■ En las construcciones reflexivas, **sujeto** y **complemento** (directo o indirecto) **coinciden**; es decir, se refieren a la misma persona o cosa. Cuando conjugamos un verbo en forma reflexiva, **los efectos de ese verbo se limitan al espacio del sujeto**:

• *Poncio se lava las manos.*

■ Estos son los **pronombres** que usamos en la conjugación reflexiva:

Yo	*me acuesto*
Tú	*te acuestas*
Él/ella/usted	*se acuesta*
Nosotros/-as	*nos acostamos*
Vosotros/-as	*os acostáis*
Ellos/ellas/ustedes	*se acuestan*

La **terminación** del verbo y el **pronombre** se refieren a la misma persona.

→ **15.** Pronombres complemento

1 A1 **Señala qué verbos son reflexivos en estos enunciados. Fíjate en la concordancia del pronombre y el verbo.**

→ Mañana <u>me despierto</u> a las diez.
1. ¿Me dejas cincuenta euros?
2. Te acuestas siempre muy temprano.
3. Te veo esta tarde en el centro comercial.
4. Laura se pone ropa deportiva los domingos.
5. Le he comprado un regalo a Luisa.
6. Nos vestimos y salimos, ¿vale?
7. La gente nos mira mucho hoy, ¿no?
8. Si salimos, os llamo.
9. Si os ponéis de pie, lo podéis ver mejor.
10. A mis hermanos no les gusta esta música.
11. Mis padres se levantan sobre las 7.

2 A2 **Relaciona como en el ejemplo.**

→ a. Nos pintamos toda la cara de blanco.
b. Les pintamos toda la cara de blanco.
a. Parecían fantasmas.
b. Parecíamos fantasmas.

1. a. Se baña todas las tardes.
b. Lo baña todas las tardes.
a. Al bebé le encanta el agua.
b. Quiere aprender a nadar este verano.

2. a. Siempre se viste a la moda.
b. Siempre la viste a la moda.
a. Mi tía es muy moderna.
b. Le encanta comprar ropa infantil.

3. a. Le tiró una copa encima y le manchó el pantalón.
b. Se tiró una copa encima y se manchó el pantalón.
a. Era muy descuidado. Siempre llevaba la ropa sucia.
b. Así fue como se conocieron.

4. a. Se quitaron la ropa.
b. Les quitaron la ropa.
a. Y se pusieron el bañador.
b. Les robaron todo.

B Usos: *Te has mojado. Te has mojado el pelo. Te has mojado la blusa.*

■ En español, con la conjugación reflexiva indicamos que el sujeto realiza la acción sobre sí mismo, sobre una parte de su cuerpo o sobre algo que lleva o tiene:

VERBOS	EL SUJETO SOBRE SÍ MISMO	EL SUJETO SOBRE UNA PARTE DE SU CUERPO	EL SUJETO SOBRE ALGO QUE LLEVA O TIENE

bañarse ***ducharse*** ***vestirse*** etc.	• *Yo me baño todos los días, nunca me ducho.* • *Amalia se viste siempre de negro.*		
afeitarse ***depilarse*** ***tatuarse*** etc.	• *¿Todavía no te has afeitado?* • *Estoy harta de depilarme.*	• *Pepe se está afeitando el bigote.* • *Ana se depiló las piernas.*	
cortarse ***lavarse*** ***mancharse*** ***mojarse*** ***pintarse*** ***ponerse*** ***quitarse*** etc.	• *¿Me esperas un momento mientras me lavo?* • *Vaya, ya te has manchado.* • *¿Te pones al lado de Cati? Os voy a hacer una foto.*	• *¿Os habéis lavado las manos?* • *Nos vamos a manchar los pies.* • *Se ha puesto un piercing en la nariz.*	• *Joan se lava la ropa a mano.* • *¡Me he manchado el bolso con el café!* • *¿Nos ponemos el pijama?*

■ Con este tipo de construcciones podemos usar los pronombres de complemento directo ***lo***, ***la***, ***los***, ***las***:

- *¿Pepe se ha afeitado el bigote?, ¿en serio?*
- ○ *Sí, se lo afeitó ayer.*
- *¿Me limo las uñas o me las corto?*

➜ **7.** Posesivos
➜ **16.** Posición y combinación

👁 En español usamos esta construcción para referirnos a acciones que en otros idiomas se expresan con el posesivo:

- *Me pongo la chaqueta.* ~~Pongo mi chaqueta.~~
- *¿Te has cortado el pelo?* ~~¿Has cortado tu pelo?~~
- *Quitaos el abrigo.* ~~Quitad vuestros abrigos.~~
- *Se rompió la nariz.* ~~Rompió su nariz.~~

3 A1-A2 **Completa las construcciones reflexivas de esta canción infantil con el pronombre y la terminación del verbo adecuados.**

Me acuesto y me levanto
Mamá ➜ se lava los dientes.
Papá (1) ..... duch.......... cantando.
Mis hermanitos (2) ..... acuest..........
y (3) ..... duerm.......... en su cuarto.
Todos en casa bien pronto
(4) ..... mete.......... en la cama,

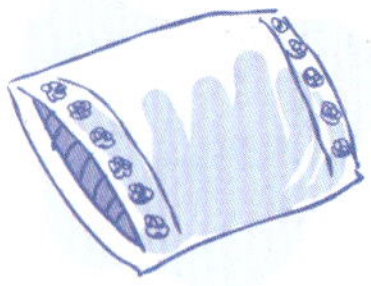

pues siempre (5) ..... levanta..........
a las seis de la mañana.
En cuanto el sol (6) ..... despiert..........,
yo (7) ..... levant.......... y (8) ..... vist..........,
papá (9) ..... afeit.......... la barba,
mamá (10) ..... bañ.......... y ..... pein..........
Y tú, ¿cómo (11) ..... levant..... ?

4 A1-B1 **Los padres de Candela hablan de algunas cosas que hace su hija adolescente. Completa con las palabras que faltan.**

→ Se pinta los labios de color naranja.
1. No .... quita nunca .... gafas de sol.
2. No .... lava .... manos antes de cenar.
3. .... pone .... vaqueros más viejos que tiene.
4. .... corta .... pelo cada semana.
5. .... come .... uñas.
6. .... ha tatuado .... brazos.
7. .... ha teñido .... pelo de azul.

Candela

5 A2-B1 **¿Quién despierta a quién mañana por la mañana? ¿Y quién le corta el pelo a quién en la peluquería de Pepe?**

→ (Yo solo) — d
1. (Yo a ti)
2. (Tú a mí)
3. (Yo a mis amigos)
4. (Tú a tu hermana)
5. (Nosotros a ti)
6. (Ella a vosotros)
7. (Vosotros solos)

a. Los despierto.
b. Os despierta.
c. La despiertas.
d. Me despierto.
e. Os despertáis.
f. Te despierto.
g. Me despiertas.
h. Te despertamos.

8. (Pepe a mí)
9. (Pepe a sí mismo)
10. (Vosotros a vosotros mismos)
11. (Pepe a ti)
12. (Tú a Pepe)
13. (Laura y Pepe a sus hijos)
14. (Laura a Pepe)
15. (Laura a unos clientes)

i. Le cortas el pelo.
j. Te corta el pelo.
k. Me corta el pelo.
l. Les cortan el pelo.
m. Se corta el pelo.
n. Le corta el pelo.
o. Les corta el pelo.
p. Os cortáis el pelo.

C La reciprocidad: *Nos conocemos. Nos queremos.*

■ Con la conjugación reflexiva podemos expresar que dos o más sujetos realizan una acción de manera recíproca, es decir, el uno al otro:

- *Pepe y Javier **se** conoc**en** desde niños.*
  [Pepe conoce a Javier + Javier conoce a Pepe.]
- *Ana y tú **os** escrib**ís**, ¿no?*
  [Ana te escribe cartas a ti + Tú le escribes cartas a Ana.]
- *Isabel y Fernando **se** quier**en**.*
  [Isabel quiere a Fernando + Fernando quiere a Isabel.]

6 B1 **Montse le cuenta a Elvira cosas de su relación con Ercan. Escribe el pronombre que corresponda.**

Elvira: ¿Dónde → os conocisteis Ercan y tú?

Montse: (1) Nos vimos por primera vez en un viaje a Turquía. Él era el guía.

Elvira: ¿Y (2) os enamorasteis enseguida?

Montse: ¡No, qué va! Al principio solo (3) nos caímos bien, pero un día me invitó a cenar, dimos un paseo y...

Elvira: Y (4) os besasteis.

Montse: No, no. ¡Me llevó a ver a su madre! Desde ese día su madre y yo no (5) nos entendemos nada.

Elvira, después, le hace un resumen a Begoña.

Montse y Ercan → se conocieron en un viaje a Turquía, pero no (6) Se .... enseguida, al principio solo (7) Se .... bien. El primer día que salieron juntos no (8) Se ....; él es muy tradicional y la llevó a conocer a su madre. Y desde ese día la madre de Ercan y Montse no (9) Se ....

D Cambios de estado: *El fuego se ha apagado y la comida se ha enfriado.*

■ Con verbos como:

abrir/cerrar; calentar/enfriar; levantar/acostar; divertir/aburrir; borrar, derramar, instalar, etc.

nos referimos a un SUJETO-**agente**, que realiza una acción, y a un CD-**paciente**, que cambia de estado como consecuencia de esa acción:

- *¿**Tú** has calentado **los macarrones**?*
  ["Tú", la persona que realiza la acción, es el SUJETO-**agente**; "los macarrones" es el CD-**paciente**: pasan de estar fríos a estar calientes.]
- *Borra**d** **ese texto**, por favor.*
  ["Vosotros", la persona que causará un cambio, es el SUJETO-**agente**; "ese texto", que desaparecerá, es el CD-**paciente**.]
- ***Alberto** **nos** alegró con esa noticia.*
  ["Alberto", la persona que produce una emoción, es el SUJETO-**agente**; "nosotros", las personas afectadas por esa emoción, es el CD-**paciente**.]

- ***Marisa** derram**a** **el café** y manch**a** **el bolso**.*

■ Con estos verbos, cuando solo queremos hablar del cambio de estado que le ocurre a una persona o una cosa, y no pensamos en quién o qué causa ese cambio, usamos la conjugación reflexiva y, en este caso, el SUJETO es **el paciente, la persona o cosa afectada por el cambio de estado**:

- ***Los macarrones** ya **se** ha**n** calentado.*
  ["Los macarrones", la cosa afectada por un cambio, que pasan de estar fríos a calientes, es el SUJETO-**paciente**.]
- ***El texto** **se** borrar**á**.*
  ["El texto", la cosa afectada por el cambio, que ahora está y después no, es el SUJETO-**paciente**.]
- ***Nosotros** **nos** alegra**mos** con esa noticia.*
  ["Nosotros", la persona afectada por la noticia, la que experimenta una emoción, es el SUJETO-**paciente**.]

- ***El café** **se** derrama y **el bolso** **se** mancha.*

	CONJUGACIÓN NO REFLEXIVA		CONJUGACIÓN REFLEXIVA
	Calentar		***Calentarse***
Yo	*calient**o***	+ algo	***me** calient**o***
Tú	*calient**as***	+ algo	***te** calient**as***
Él, ella, usted	*calient**a***	+ algo	***se** calient**a***
Nosotros/-as	*calent**amos***	+ algo	***nos** calent**amos***
Vosotros/-as	*calent**áis***	+ algo	***os** calent**áis***
Ellos, ellas, ustedes	*calient**an***	+ algo	***se** calient**an***

- *La fiesta es genial. **Me** est**oy** divirtiendo mucho.*
- ***Papá**, ¿ya **te** has dormido?*
- ***La puerta** **se** ha abierto con el viento.*
- *Aquí, sin calefacción, **nos** enfriar**emos** muy pronto.*
- *Si no paráis un poco, **os** cansar**éis**.*
- *Hoy **los niños** **se** han despertado solos.*

Otros verbos con los que ocurre lo mismo son: ***mojar, secar, romper, manchar, parar, mover, dormir, marear, preocupar, cansar, alegrar, sorprender***, etc.

7 B1-B2 **En una escena de una película, un hombre invisible entra en la habitación de un niño. Lee con atención el relato de la escena, subraya todas las cosas que hace el hombre invisible para asustar al niño y después describe tú las 10 cosas increíbles que el pobre niño ve, como en el ejemplo.**

Esto es lo que el hombre invisible hace:

El hombre invisible abre la puerta. Entra silenciosamente y enciende la luz. El niño mira asustado. El hombre invisible conecta la radio. Hay un vaso en la mesita de noche. El hombre invisible llena el vaso de agua. Después acerca el vaso a la cama del niño y luego aleja la mesita de la cama. Todo esto asusta muchísimo al niño. Ahora el hombre invisible eleva el vaso sobre la cama del niño, derrama el agua sobre la manta y rompe el vaso. El niño está a punto de gritar cuando el hombre invisible desconecta la radio, apaga la luz, cierra la puerta y se va.

Esto es lo que el niño ve:

→ La puerta se abre.
→ La luz se enciende.
1. ....
2. ....
3. ....
4. ....
5. ....
6. ....
7. ....
8. ....
9. ....
10. ....

8 B1-B2 **Elige el verbo adecuado en la persona y tiempo correspondientes, como en el ejemplo. En un caso debes usar la conjugación reflexiva y en otro la no reflexiva del mismo verbo.**

alegrar(se)	cansar(se) ✓	mojar(se)	despertar(se)	
instalar(se)	secar(se)	acostar(se)	curar(se)	cansar(se)

→ • Me canso muchísimo en esta clase de gimnasia.
○ Es que este tipo de ejercicio cansa muchísimo.

1. Esa herida .... sola con el tiempo, pero la infección de oído solo la puede .... el médico.
2. Está lloviendo. Si sales ahora, ... tú y .... al perro.
3. Yo .... cuando me dijeron que te habías graduado. Esas noticias siempre ....
4. ¿Cada noche .... tan tarde como hoy? ¿No os vais a la cama en cuanto .... al bebé?
5. Puedes .... tú personalmente el programa o puedes darle a este botón y el programa .... automáticamente.
6. Esta secadora es rapidísima. .... en menos de quince minutos. Y la ropa .... completamente.
7. Nosotros .... a las ocho y, luego, media hora más tarde, ... a los niños.
8. Andar no ...., dicen. Pues yo hoy he andado dos horas y .... muchísimo.

E *Ir(se), llevar(se) / venir(se), traer(se).*

■ Los verbos ***ir*** y ***llevar*** sirven para indicar un movimiento hacia '**ALLÍ**', es decir, hacia un espacio distinto al espacio donde está la persona que habla ('AQUÍ'):

■ Los verbos ***venir*** y ***traer*** sirven para indicar un movimiento hacia '**AQUÍ**', hacia el espacio donde está la persona que habla:

■ También usamos ***venir*** o ***traer*** cuando hablamos de movimientos hacia un espacio en el que se sitúa mentalmente la persona que habla y en el que piensa como su espacio (el lugar donde nos situamos en el futuro, nuestra casa, nuestro despacho, con nosotros, conmigo, etc.):

¡Claro que puedo ~~venir~~ a tu casa y ~~traerte~~ la carta!

- ¿Quieres ***venir*** conmigo al teatro?
- Me encantaría ***ir*** contigo, pero no puedo.

■ **'AQUÍ'**, el lugar donde está la persona que habla, puede ser un espacio más grande o más pequeño, depende de con qué otro espacio se compara:

- *Ven aquí, a la cocina. No vayas a la terraza ahora.*
  [la cocina = AQUÍ / la terraza = ALLÍ]
- *Tenéis que venir primero a ver mi piso y luego iremos nosotros a ver el vuestro.*
  [mi piso = AQUÍ / vuestro piso = ALLÍ]
- *¿Cuándo vienen a Madrid tus padres? ¿Van a un hotel o van a tu casa? Si quieres, pueden venir a casa.*
  [Madrid = AQUÍ / Su ciudad = ALLÍ; hotel y tu casa = ALLÍ / casa = AQUÍ]
- *Cuando vengas a España, no vayas a Palencia. Ven a Barcelona primero y, luego, ve a Granada.*
  [España = AQUÍ / tu país = ALLÍ; Palencia = ALLÍ / Barcelona = AQUÍ ; Granada = ALLÍ]

9 A2-B1 **Brian está en una clase de español en París. ¿*Ir*, *venir*, *llevar* o *traer*?**

→ Tengo que ......ir...... a casa.
1. Tengo que .... al baño un momento.
2. Tengo que .... unos libros a la biblioteca.
3. Tengo que .... el diccionario a clase.
4. Tengo que .... a Madrid.
5. Tengo que .... a Francia cada año.
6. Tengo que .... a Europa cada año.
7. Tengo que .... comida a mi gato.
8. Tengo que .... a mirar por la ventana.

10 A2-B1 **¿A qué lugar se refiere Adela?**

	AQUÍ A donde ella está	ALLÍ A otro lugar
→ Emilio, ¿vas a **traer** a ese amigo tuyo a mi fiesta?	✓	....
1. ¿Puedes **llevarme** el libro que te presté, por favor?	....	....
2. Ven mañana y hablamos. ¡Ah! Y **tráeme** el cuaderno si te acuerdas.	....	....
3. Espera, parece que ha sonado el timbre. ¡Un momento, ya **voy**!	....	....
4. Las gemelas, sí. Ellas **vienen** a verme de vez en cuando.	....	....
5. Rosa no. Ella nunca **fue** a verme.	....	....
6. El otro día Jorge me **trajo** un ordenador que él ya no usa.	....	....
7. ¿Puedes **llevar** tú al niño mañana? Yo tengo una reunión a primera hora.	....	....
8. Es una larga historia. Si **vienes** luego, te lo explico.	....	....

11 A2-B1 **Adela habla con varias personas. Completa con la forma adecuada de *ir*, *venir*, *llevar* o *traer*.**

→ Mira, creo que no voy a ......ir...... a la fiesta. Está lloviendo mucho.
1. Oye, al final .... a la cena de Jorge. ¿Tenemos que .... algo?
2. ¿.................... Cristina y tú de excursión este fin de semana? ¿Por qué no .... unos bocadillos?
3. Bueno, el jueves voy a estar todo el día aquí, en la oficina. ¿Por qué no .... y salimos a cenar juntas?
4. ¿No encuentras tus llaves? Mira en el dormitorio. Yo .... al garaje por si las has dejado en el coche.
5. Lo pasamos muy bien en la playa. Por cierto, que estuvimos esperándote y nada. ¿Por qué no ....?
6. ¿.................... al cine conmigo mañana? Ponen una de ciencia ficción muy buena.

■ Con los verbos que significan movimiento (*ir*, *venir*, *llevar*, *traer*, etc.) usamos la conjugación reflexiva para destacar que se abandona el lugar de origen del movimiento:

NO DAMOS IMPORTANCIA A LA IDEA DE DEJAR EL LUGAR DE ORIGEN.

Va corriendo. Lleva el tesoro. Viene corriendo. Trae el tesoro.

El hablante está en el lugar de destino del movimiento.

El hablante no está en el lugar de destino del movimiento.

DAMOS IMPORTANCIA A LA IDEA DE DEJAR EL LUGAR DE ORIGEN.

Se va corriendo. **Se** lleva el tesoro. **Se** viene corriendo. **Se** trae el tesoro.

El hablante está en el lugar de destino del movimiento.

El hablante no está en el lugar de destino del movimiento.

12 B1-B2 **¿Qué quiere decir Jennifer realmente? Lee atentamente las siguientes situaciones y decide en cada caso la opción más probable.**

→ Jennifer vive en Londres, pero encuentra un buen trabajo en Madrid y decide cambiar de ciudad.
a. ¡Voy a Madrid!
b. ¡Me voy a Madrid!

1. Cuando está haciendo la maleta, ve que no puede meter toda la ropa que tiene y tiene que elegir.
a. ¿Qué ropa llevo?
b. ¿Qué ropa me llevo?

2. Cuando va a salir para el aeropuerto, mira el tiempo y tiene una duda.
a. ¿Qué ropa es mejor para llevar?
b. ¿Qué ropa es mejor para llevarme?

3. Antes de ir al aeropuerto, quiere despedirse de su madre.
a. Primero voy a casa de mi madre.
b. Primero me voy a casa de mi madre.

4. En el aeropuerto, alguien le pregunta sobre su vuelo.
a. Voy a Madrid.
b. Me voy a Madrid.

5. Ya en Madrid, recuerda que no se despidió de su amiga Mary en Londres.
a. ¡Me he venido sin decirle adiós!
b. ¡He venido sin decirle adiós!

6. Su amiga Lola la espera en el aeropuerto.
a. Mira, he traído un regalo para ti.
b. Mira, me he traído un regalo para ti.

7. Le pide ayuda a Lola con las maletas.
a. ¿Tú puedes llevar esta?
b. ¿Tú puedes llevarte esta?

13 B1-B2 **Piensa si Jennifer usa adecuadamente los verbos *ir/se*, *venir/se*, *llevar/se* y *traer/se*. Si no los usa bien, corrígelos como en el ejemplo.**

➜ Lo siento, pero tengo que **irme** a las cuatro. Me esperan en casa.	➜ ✓
➜ ¡No soporto más tu música! ¡Mañana mismo **voy** a casa de mis padres!	➜ me voy
1. ¿A dónde **va** Liz con esas maletas? ¿Es que **se va**?	1. ....
2. El niño no puede estar solo ni un segundo. En cuanto **me voy**, se pone a llorar.	2. ....
3. ● ¿Sabéis que Andrew hace hoy una fiesta con comida brasileña? ○ Es la primera noticia que tengo. ¿Tú piensas **irte**? ● Pues no sé. Si tú **vas**, quizá yo también.	3. ....
4. Espera un momento. **Voy** a comprar el periódico y ahora vuelvo.	4. ....
5. No quiero hablar más contigo. **Voy** a mi casa.	5. ....
6. Mis amigas **van** todas las noches, pero a mí no me gusta ese sitio.	6. ....
7. Yo **vengo** mucho a este bar porque es barato.	7. ....
8. ¡A dormir, niños! ¡Que los Reyes Magos **se vienen** esta noche!	8. ....
9. Antes de **irte** a Sevilla, deberías **llevarte** el coche al taller para una revisión.	9. ....
10. Marga estará enfadada. **He traído** sus libros sin darme cuenta.	10. ....

F Verbos de ingestión: *comer(se), beber(se), tomar(se)...*

■ Con verbos como *comer*, *beber*, *fumar*, *tomar*, *tragar*, etc., usamos la **conjugación no reflexiva** cuando:

NO ESPECIFICAMOS EL ALIMENTO QUE SE TOMA:

- *Come con la boca cerrada, por favor.*
- *No comas mucho.*
- *Come despacio.*

HABLAMOS DE TIPOS DE ALIMENTOS, CLASES DE PLATOS, ETC.:

- *No tomo azúcar porque soy diabético.*
- *Mis hijas solo toman cereales en el desayuno.*
- *Hoy vamos a comer salmón. ¿Te apetece?*

HABLAMOS DE CANTIDADES NO DETERMINADAS:

- *Comieron muchos caramelos y se pusieron malos.*
- *Si vas en un avión, a veces tienes que tragar saliva para oír mejor.*
- *¿Has probado mi tarta?*
- ○ *He tomado un poco. Está muy rica.*
- *Has comido pocas cerezas. Toma más.*
- *¿Has visto? Ese niño tan pequeño está comiendo pasta, él solo y sin mancharse.*

■ Sin embargo, usamos la **conjugación reflexiva** solo cuando:

HABLAMOS DE INGERIR COSAS DETERMINADAS Y CONCRETAS:

- *¿Todavía no **te** has tomado el zumo?*
- *Yo **me** estoy comiendo este muslo de pollo.*
- *¿**Me** puedo comer tu fruta?*
- *¿Y mi chocolate? ¿**Te** lo has comido?*
- *Trága**te** lo que tienes en la boca.*
- ***Me** comí dos manzanas riquísimas.*
- ***Se** bebe toda la botella de leche sin parar.*

14 B1-B2 **¿*Comer* o *comerse*? Coloca cada expresión en la columna correspondiente, como en el ejemplo.**

	Comer	Comerse
→ mucho	mucho	
→ lo que tienes en la mano		lo que tienes en la mano
1. carne de pollo		
2. un filete de ternera riquísimo		
3. esa manzana		
4. manzanas		
5. poco pan		
6. un poco de pan en las cenas		
7. pescado frito		
8. el pescado de ayer		
9. todo eso		
10. nada		
11. su bocadillo		
12. rápido		
13. de mi plato		
14. el martes		
15. 35 aceitunas seguidas		
16. muchas aceitunas		

15 B1-B2 **Decide usar *comer* o *comerse* en la forma más adecuada.**

→ ¿Ese niño va a comerse ese bocadillo tan grande él solo?

1. Si te apetece .... pescado, vente a cenar a casa. Tengo salmón.
2. ¿Te gusta el caviar? Puedes .... el mío. Yo lo odio.
3. Si no cabemos todos en la mesa, los niños pueden .... antes y luego nosotros .... tranquilamente.
4. Tienes que .... lo que queda en el plato. Si no, no comerás postre.
5. Yo .... todas las mañanas un ajo crudo. Es bueno para todo.
6. Últimamente .... muy poco. Está a dieta.
7. Creo que me equivoqué con el postre: no .... ni uno solo de los pasteles que le llevé.
8. De repente, se puso a .... canapés como un loco y .... toda la bandeja.

16 B1-B2 **Elige la forma más adecuada en cada caso.**

→ (Tomo/Me tomo) Me tomo el café y tú (1. bebes/te bebes) .... el refresco y nos vamos. Recuerda que esta noche (2. comemos/nos comemos) .... en casa de mis padres.

Yo normalmente (3. tomo/me tomo) pan (4. comiendo/comiéndome) ...., pero si lo que (5. tomo/me tomo) .... es arroz, entonces no. ¿Tú vas a (6. tomar/tomarte) .... tu sopa sin nada? ¿Quieres (7. beber/beberte) .... un refresco o algo?

Aquí tienes, Renato, (8. toma/tómate) .... el jarabe primero y, luego, (9. tomas/te tomas) .... la pastilla, pero (10. la tragas/te la tragas) .... entera, ¿eh?

G Construcciones impersonales con *se*: *Aquí se vive bien / Se invitó a toda la familia.*

Cuando no queremos identificar al "agente" que realiza una acción, usamos el verbo en tercera persona de la conjugación reflexiva (*se vende*/*se venden*):

CONSTRUCCIÓN PERSONAL **Identificamos al agente:**	CONSTRUCCIÓN IMPERSONAL **No identificamos al agente:**

- *Mis vecinos venden la casa.*

En las construcciones impersonales con *se*:

Cuando alguien no identificado **realiza una acción que afecta** a una cosa o a una persona (el paciente), identificamos a este **paciente** de dos formas distintas:

Si es una **una persona no determinada** o **una cosa**, concuerda con el verbo como SUJETO:

- *Así **se** riega**n** **las plantas**.*
- ***Se** vend**e** **coche** de segunda mano. / **Se** vende**n** **motos**.*
- ***Se** compr**a** **ropa** usada. / **Se** compra**n** **muebles**.*
- ***Se** necesit**a** **camarero**. / **Se** necesita**n** **camareros**.*

Si es una **persona determinada**, es un CD (con la preposición *a*) y usamos el verbo en **3.ª persona de singular**:

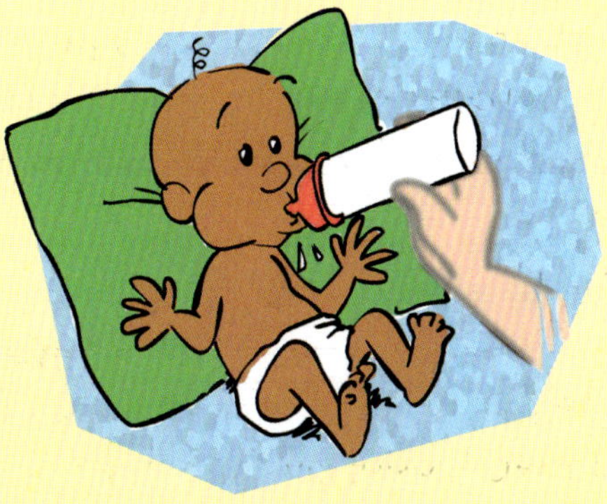

- *Así **se** alimenta **a los bebés**.*
- ***Se** contrató **a un profesor** / **a dos profesores**.*
- ***Se** avisará **al vecino del 5.º** / **a todos los vecinos**.*

Cuando alguien no identificado **realiza una acción que no afecta a una cosa o a una persona**, el verbo siempre se usa en 3.ª persona de singular:

- *En las ciudades pequeñas **se** vive sin estrés.*
- *En mi país **se** viaja mucho en vacaciones.*
- ***Se** está bien en la terraza. Podemos comer fuera.*

■ Usamos la construcción impersonal con ***se*** para **generalizar** con el mismo sentido que cuando generalizamos diciendo *la gente, todo el mundo, nadie, las personas*, etc.

- *Aquí en invierno no **se** sale a la calle.*
- *Aquí en invierno la gente no sale a la calle.*
- *Aquí en invierno nadie sale a la calle.*
- *Aquí en invierno las personas no salen a la calle.*

GENERALIZANDO CON *SE* (no importa quién realiza la acción)	PARTICULARIZANDO (sujeto explícito)
• *Aquí no **se** puede jugar con la pelota.*	*Pero **yo** siempre juego.*
• ***Se** duerme mejor en invierno.*	*¿**Tú** no duermes mejor?*
• *Cada día **se** lee menos.*	*Excepto **nosotros**, que leemos muchísimo.*
• *¡Eso no **se** toca!*	*No lo toquéis, por favor.*

17 B1 **Escribe un cartel para cada uno de los siguientes propósitos, como en el ejemplo.**

➜ Vender coche usado.

1. Dar clases de baile.

2. Comprar oro.

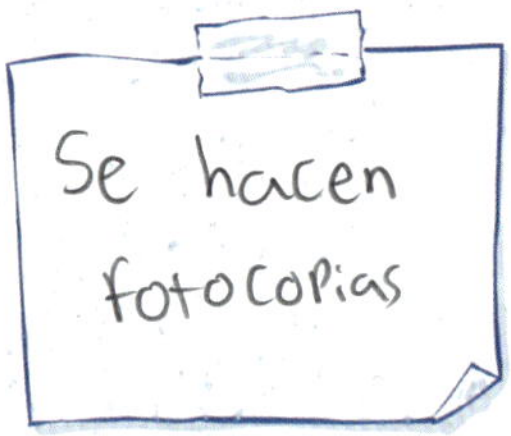

3. Hacer fotocopias.

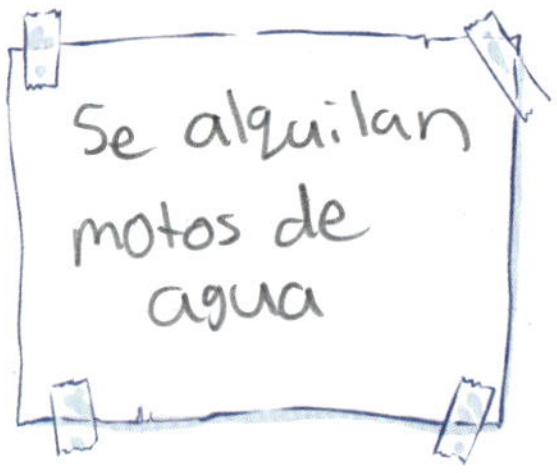

4. Alquilar motos de agua.

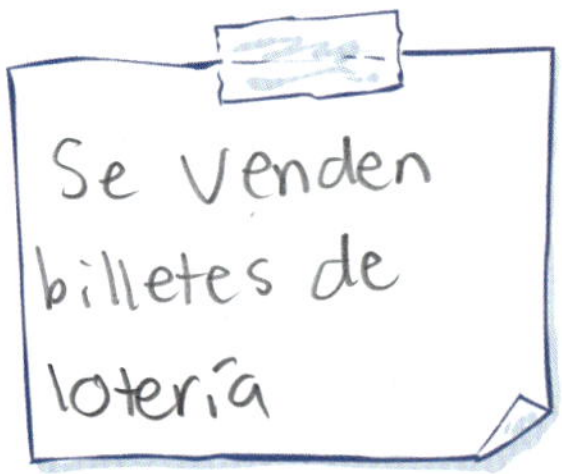

5. Vender billetes de lotería.

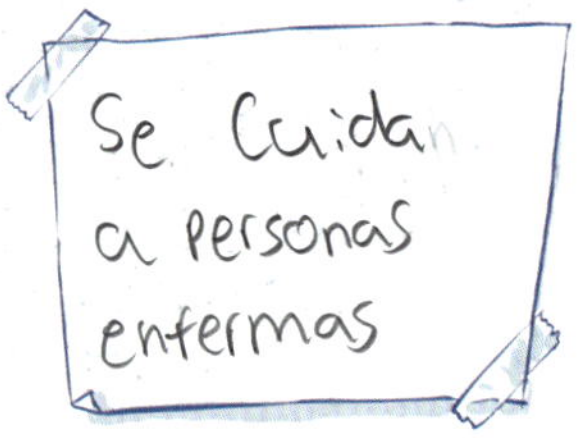

6. Cuidar a personas enfermas.

7. Regalar dos perritos.

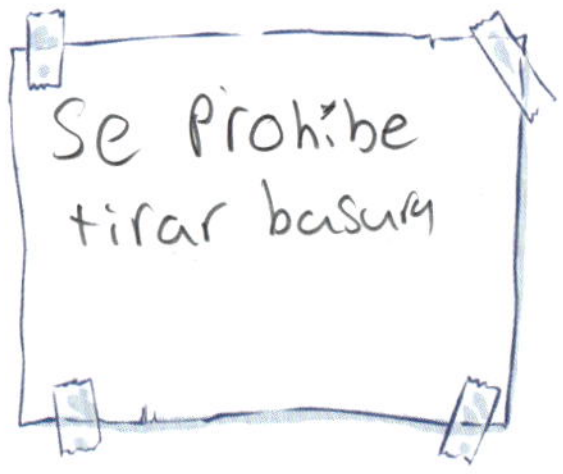

8. Prohibir tirar basura.

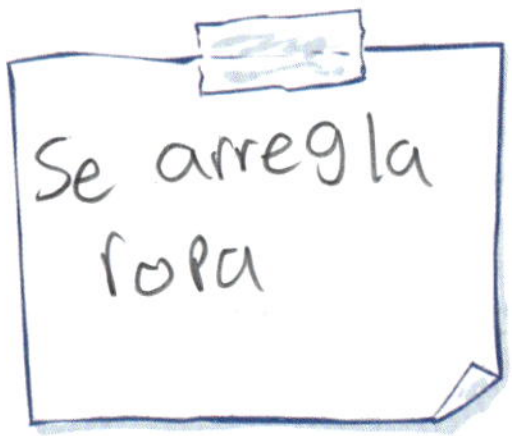

9. Arreglar ropa.

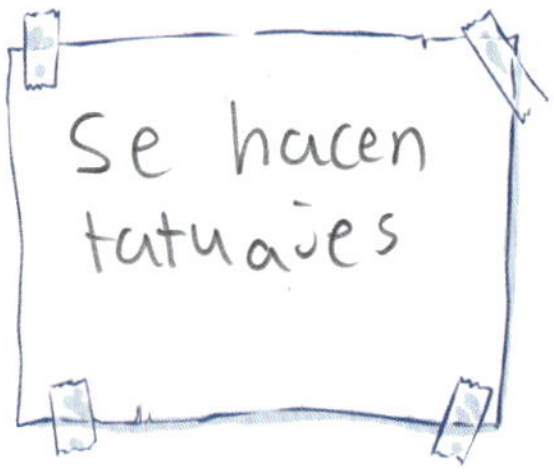

10. Hacer tatuajes.

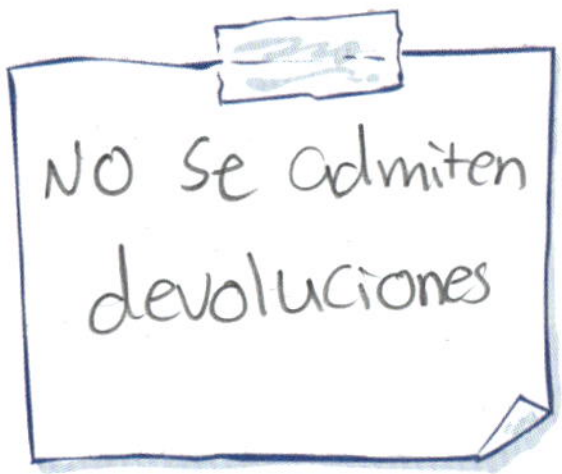

11. No admitir devoluciones.

18 B1-B2 **Lee atentamente las siguientes situaciones y decide en cada caso la opción más probable.**

~~dar~~
~~crear~~
~~necesitar~~
~~buscar~~
~~construir~~
~~respetar~~
~~hablar~~
~~ver~~
~~saber~~
~~comer~~
~~esperar~~
~~obtener~~
~~pensar~~

→ Cada vez se construyen edificios más altos en la ciudad.

1. Para este trabajo Se necesitan personas con conocimiento de idiomas.
2. No Se crean nuevos puestos (position) de trabajo por la crisis económica.
3. ¿En tu país Se respeta mucho a los profesores?
4. En España, fuera del País Vasco, casi (almost) no Se habla eusquera.
5. Se busca camarero/a para los fines de semana. Imprescindible experiencia e idiomas.
6. En esta escuela Se dan cursos de cocina online.
7. Desde (since) aquí (here/now) Se ve su ventana.
8. No Se sabe quién es el autor. Se piensa que es un filósofo del siglo XV.
9. En verano Se comen muchas frutas.
10. Cuando Se esperan demasiadas (too much) cosas, se obtienen pocas.

19 B1-B2 **Dale a esta receta de ceviche un estilo más impersonal usando construcciones con *se*.**

INGREDIENTES:

- 1/2 kilo de pescado (blanco o azul) cortado en cuadrados pequeños
- 2 cebollas rojas, muy picadas
- 4 tomates, muy picados
- 2 pimientos (uno amarillo y otro naranja), muy picados
- 20 limones
- Un poco de cilantro, muy picado
- Sal y aceite de girasol

→ Ponga / Se ponen los pedacitos de pescado crudo en una fuente de cristal.

1. Cúbralos / .... con sal y el jugo de unos diez o doce limones.
2. Tape / Se tapa la fuente con plástico de cocina.
3. Poner / Se pone en el frigorífico durante al menos 4 horas.
4. Mezcle / Se mezclan las cebollas, los tomates, los pimientos y el cilantro con el jugo de los limones que quedan.
5. Ponga / Se pone un poco de sal.
6. Deje / Se deja reposar una hora.
7. Saque / Se saca el pescado de la nevera y lávelo / Se lava bien.
8. Mezcle / Se mezcla con los ingredientes anteriores.
9. Añada / Se añaden sal y aceite al gusto.
10. Puede / Se puede servir inmediatamente o dejar reposar para que todos los sabores se combinen.

20 B1-B2 **Cambia las frases como en el ejemplo, usando el verbo en la forma impersonal sin identificar el sujeto.**

→ Dentro de unos años **nadie** escribirá en papel. ... no se escribirá...

1. En un maratón ~~los corredores llegan~~ agotados a la meta. Se llega.
2. En España ~~todo el mundo~~ habla mucho de fútbol. Se habla.
3. En mi casa ~~hablamos~~ bastante alto. Se habla.
4. ~~Los estudiantes estudian~~ mucho en la secundaria Se estudia y luego tienen la prueba de acceso a la universidad Se tiene.
5. Aquí por las tardes ~~la gente pasea~~ por ese parque. Se pasea.
6. Donde **las personas** están bien de verdad es en casa. Se está.

H Construcciones valorativas: *Me gusta... Les da miedo... Nos parece bien...*

■ En este tipo de construcciones hay un elemento (el **sujeto**) que produce una emoción, una sensación, un sentimiento o una reacción... (expresados por el **verbo**) en alguien (el **complemento indirecto**):

	COMPLEMENTO INDIRECTO	GUSTAR
(A mí)	*me*	*gusto*
(A ti)	*te*	*gustas*
(A él, ella, usted)	*le*	*gusta*
(A nosotros/-as)	*nos*	*gustamos*
(A vosotros/-as)	*os*	*gustáis*
(A ellos, ellas, ustedes)	*les*	*gustan*

gusta:
- *el fútbol*
  la comida japonesa
  Nueva York...
- *salir y cenar fuera*
  dormir la siesta...

gustan:
- *las gafas de sol*
  los días de lluvia
  el café y el té...

- *¿A vosotros os gusta **la playa**?*
- *Pues a Daniel no le gustan **las series**. Prefiere leer.*

👁 El verbo ***gustar*** también se usa con cualquier otra persona del verbo:

- *A mí **vosotras** me gustáis mucho. ¿Y **yo**? ¿Os gusto?*
- *Me gustas mucho, la verdad. Pero lo nuestro es imposible.*

■ Además de *gustar*, funcionan así otros verbos, como ***apetecer***, ***doler***, ***encantar***, ***fastidiar***, ***interesar***, ***molestar***, ***preocupar***, etc.:

- *¿No te preocupa nada **el futuro**?*
- *Pues hoy no nos apetece **salir**.*
- *A mi madre le duelen **los huesos** cuando cambia el tiempo.*
- *¿A usted le interesan **las películas de ciencia ficción**?*

■ En algunas construcciones de este tipo, el efecto (emoción, reacción, sensación, etc.) que el sujeto provoca en alguien se expresa con el verbo más un adjetivo, un sustantivo o un adverbio:

Dar + *igual, miedo, pena, rabia, risa, vergüenza...*
- *Me dan risa **tus chistes**.*

Caer + *bien, mal, regular...*
- *¿A ti te cae bien **el actor principal**?*

Resultar/Parecer + *estupendo, increíble, raro...*
- *Les parece fatal **ir a la cena sin un regalo**.*

21 A1-A2 **Sofía va a hacer un intercambio con un chico francés, Pierre, y escribe dos listas: lo que quiere contar y lo que quiere preguntar a Pierre. Escríbelo correctamente en tu cuaderno.**

Cosas de mí y de mi familia

→ A mi padre ~~ENCANTAR~~ cocinar. le encanta
1. A mi madre NO GUSTAR los productos lácteos.
2. A mis hermanas GUSTAR salir por la noche.
3. A mí ENCANTAR los viajes. Mejor exóticos.
4. A todos nosotros GUSTAR mucho el queso francés.
5. A todos nosotros DOLER a menudo la cabeza.

Cosas que quiero saber de ti y de tu familia

→ ¿A ti GUSTAR las motos? ✓
6. ¿A tus padres MOLESTAR el ruido?
7. ¿A tus hermanos INTERESAR la ecología?
8. ¿A vosotros GUSTAR la paella?
9. ¿A vosotros MOLESTAR los gatos?
10. ¿A tu hermana GUSTAR esquiar?

22 A2 **A veces las personas tenemos gustos contradictorios. Decide la forma adecuada del verbo y relaciona las frases de las dos columnas como en el ejemplo.**

→ Le gustan las películas de terror...	a. pero no le gustan los huevos fritos.
→ Le gusta la tortilla francesa...	b. pero no le gustan las historias de vampiros.
1. Me encant.......... ducharme...	a. pero no me gust.......... nada bañarme.
2. Me gust.......... los instrumentos de viento...	b. pero no me encant.......... el oboe.
3. Siempre te apetec.......... bailar...	a. pero no te gust.......... el sol.
4. Te gust.......... la playa...	b. pero casi nunca te apetec.......... cantar.
5. Nos preocup.......... los problemas de la sociedad...	a. pero no nos ca.......... bien los gatos.
6. Nos encant.......... las mascotas...	b. pero no nos interes.......... la política.
7. Os apetec.......... hacer ejercicio...	a. pero no os gust.......... pasear.
8. Os gust.......... los bombones...	b. pero no os gust.......... el chocolate caliente.
9. Les molest.......... el ruido...	a. pero no les import.......... cantar delante de mucha gente.
10. Les d.......... vergüenza hablar en público...	b. pero les d.......... igual la música muy alta.

23 B1-B2 **Elena piensa en muchas cosas antes de dormirse. Completa con pronombres y con la forma del verbo adecuada.**

→ (APETECER) Me apetece un vaso de leche caliente, pero ahora no tengo ganas de levantarme.

1. A Sandra y a Jaime (FASTIDIAR) .... mucho el cambio de horario en el trabajo. Pero, en fin, los jefes mandan.
2. A Pablo y a mí (ENCANTAR) .... los nuevos capítulos de *Cuéntame*. Es una serie genial.
3. Mañana le tengo que decir exactamente esto a Miriam: "¿(INTERESAR) .... trabajar aquí o prefieres ir a Berlín? Por favor, decídete ya".
4. Tengo que llamar a Ángel para felicitarle por su último artículo. (PARECER ESTUPENDO) .... lo que ha escrito.
5. ¡Qué extraño lo de hoy en clase de yoga! Cuando les he preguntado a Jon y a Hanna: "¿A vosotros (DOLER) .... la espalda? Es que yo estoy fatal...", me han dicho que se me ve muy estresada y que tengo que aprender a cuidarme más.
6. Mañana me voy a cortar las uñas. No (GUSTAR) .... tan largas.
7. Sé que al jefe (DAR IGUAL) .... el nuevo proyecto. (DAR RABIA) .... porque he trabajado muchísimo y (DAR PENA) .... que no salga.
8. Tengo que llamar al restaurante Kirin. A Carmen y a Ana (ENCANTAR) .... la comida japonesa y hemos quedado para cenar juntas mañana.
9. ¡(CAER MUY MAL) .... el vecino del sexto! ¡Deja la basura fuera del contenedor y hace mucho ruido por las noches!
10. A ver, un pensamiento positivo antes de dormir... ¡Ah, sí! (ENCANTAR) .... la planta que he comprado para la oficina. Es preciosa.

24 B1-B2 **Un grupo de *influencers* habla de sus seguidores. Escribe el verbo *gustar* en la forma correcta y traduce cada frase a tu lengua.**

➜ A los amantes del rap les ...gusta... Alberto.

1. A los aficionados a los videojuegos les .... yo.
2. A los que practican yoga y a ti os .... Carlo y Alba.
3. A los fanáticos de la música les .... todos nosotros.
4. A los aficionados a la decoración y mí nos .... tú y tus hermanas.
5. A los interesados en jardinería les .... tú.

■ En las construcciones valorativas, cuando el sujeto es una combinación de varios infinitivos, o de infinitivo y sustantivo, el verbo va en singular. El verbo solo va en plural si hay un sustantivo plural más cerca del verbo que el infinitivo:

VERBO EN SINGULAR	VERBO EN PLURAL
• *Me gusta **ir** al cine y **leer** en la cama.*	• *Me gustan **las novelas de misterio y leer en la cama.***
• *Me gusta **el cine** y **leer** en la cama.*	• *Me gustan **las películas de zombis y escuchar tecno.***
• *Me gusta **ir** al cine y **las novelas de misterio.***	

25 B1-B2 **Fránkez y Tristicia chatean con sus bolas de cristal. Aquí tienes varios de sus mensajes. Ayúdalos a "traducir" sus palabras a un buen español.**

➜ Encantar las fiestas de Jálogüin y los gritos en la noche. ...Me encantan...

1. Dar rabia llevar cadenas y asustar a la gente. ....
2. Alegrar la luna llena en el cementerio y tus ojos. ....
3. Caer fatal Lobezna, la sobrina menor del Hombre Lobo. ....

4. Apasionar la Noche de Difuntos, viajar en escoba y tus ojos. ....
5. Parecer espantoso lavarme los dientes y visitar al doctor Chéquil. ....
6. Dar alergia los yogures de hormigas negras y el champú. ....

Ahora Fránkez le cuenta a Vic Fut cómo es Tristicia.

Ahora Tristicia le cuenta a La Momia cómo es Fránkez.

A Fránkez le encantan las fiestas de Jálogüin y los gritos en la noche.

SECCIÓN 4

Verbos

19. Conjugación. Elementos básicos.

A Referirse a un verbo: el infinitivo.

■ Cuando nos **referimos a un verbo**, usamos el **infinitivo**. Esa es la forma en la que los verbos están en los diccionarios. Es una forma no personal (no conjugada) del verbo.

→ **20.** Formas no personales

■ El infinitivo en español tiene **tres terminaciones**, cada una con una vocal temática. Todos los verbos se clasifican según estas terminaciones:

TERMINADOS EN -*ar*	TERMINADOS EN -*er*	TERMINADOS EN -*ir*
Estudiar	*Aprender*	*Recibir*
Hablar	*Comer*	*Decir*
Jugar	*Correr*	*Escribir*
Pasear	*Leer*	*Salir*
Trabajar	*Ver*	*Pedir*

pasear. (De *paso*). intr. Ir andando por distracción o por ejercicio.

ver. (Del lat. *videre*). tr. Percibir objetos mediante los ojos.

decir. (Del lat. *dicere*). tr. Manifestar con palabras el pensamiento. **2.** Asegurar.

Los verbos con forma reflexiva añaden el pronombre -***se*** al infinitivo. Por ejemplo: *ducharse*, *moverse*, *vestirse*.

→ **18.** Construcciones reflexivas y valorativas

1 A1 **La profesora Morfema trabaja en el gimnasio Grámex. Hoy ha preparado una tabla de ejercicios para perfeccionar la conjugación. En la tabla 1, tienes una serie de infinitivos, ordénalos en el grupo correspondiente.**

salir escuchar ✓ poner ser conducir oír entrar llamar tener poder decir aprender reproducir haber partir

-ar	-er	-ir
escuchar	....	....
....	....	....
....	....	....
....	....	....
....	....	....
....	....	....

Ordena, en el mismo cuadro, estos otros. Todos ellos son verbos con forma reflexiva.

levantarse irse sentarse afeitarse vestirse acostarse perderse ducharse ponerse

Busca algunos de estos verbos en tu diccionario. Fíjate en las abreviaturas que hay al lado.

2 A1-A2 **Este concurso es la segunda tabla que la profesora Morfema ha preparado para hoy. En tres minutos tienes que adivinar y escribir el infinitivo de estos verbos. Para saberlo, fíjate en la vocal que está en la terminación.**

estudiamos ✓ salís cocina aprenden estás escribimos pedís vemos bebe trabajan traen
dormís comemos vivimos sentamos sentimos cantas lee

-ar	-er	-ir
estudiar	....	....
....	....	....
....	....	....
....	....	....
....	....	....
....	....	....

B Conjugar un verbo.

■ En español, las **terminaciones** de los tiempos verbales son muy importantes porque informan del tiempo y de la persona a la que nos referimos. Por tanto, conjugar un verbo es usar la forma adecuada al tiempo y a la persona de la que hablamos.

Para conjugar un **verbo regular**, cambiamos la terminación del infinitivo por las terminaciones de tiempo y persona. Por ejemplo:

ESTUDIAR *estudi* + TERMINACIÓN		APRENDER *aprend* + TERMINACIÓN		ESCRIBIR *escrib* + TERMINACIÓN	
estudio	[yo, Presente]	*aprendo*	[yo, Presente]	*escribo*	[yo, Presente]
estudias	[tú, Presente]	*aprendes*	[tú, Presente]	*escribes*	[tú, Presente]
estudié	[yo, Indefinido]	*aprendí*	[yo, Indefinido]	*escribí*	[yo, Indefinido]
estudiaste	[tú, Indefinido]	*aprendiste*	[tú, Indefinido]	*escribiste*	[tú, Indefinido]

■ Para conjugar un **verbo irregular**, además de cambiar las terminaciones, tenemos que saber qué tipo de irregularidad tiene. Esa irregularidad, generalmente, **afecta a la primera parte del verbo**, a la raíz. Por ejemplo:

Jugar, en Presente, en algunas personas, cambia la -*u*- por -*ue*-:

- *jugar* ➜ [*jueg* + TERMINACIÓN DE TIEMPO Y PERSONA]

Querer, en Presente, en algunas personas, cambia la -*e*- por -*ie*-:

- *querer* ➜ [*quier* + TERMINACIÓN DE TIEMPO Y PERSONA]

Pedir, en algunos tiempos, en algunas personas, cambia la -*e*- por -*i*-:

- *pedir* ➜ [*pid* + TERMINACIÓN DE TIEMPO Y PERSONA]

3 A1 **Esta es la tabla 3. Para conjugar es muy importante saber separar los verbos. Aquí tienes algunos: separa la raíz de la terminación.**

cambiar	cambi + ar	poder	....	nacer	....
abrir	....	conducir	....	encantar	....
terminar	....	pedir	....	romper	....
escribir	....	recibir	....	soñar	....
aprender	....	salir	....	dormir	....
comer	....	querer	....	pensar	....

C Concordar el verbo con el sujeto.

■ En español, la conjugación del verbo tiene **seis terminaciones** diferentes para las seis personas que pueden ser el sujeto. El verbo siempre **concuerda con el sujeto**, con la persona a la que se refiere:

SINGULAR	1ª persona	yo	*como*
	2ª persona	tú	*comes*
	3ª persona	él, ella, usted	*come*
PLURAL	1ª persona	nosotros/-as	*comemos*
	2ª persona	vosotros/-as	*coméis*
	3ª persona	ellos, ellas, ustedes	*comen*

- *Tú sabes más de lo que dices.*
- *Lola y yo no sab**emos** nada de eso.*
- *¿Sab**en** ellos ya lo que pasó?*

■ **Algunas terminaciones de persona son siempre las mismas** y se repiten en todos los tiempos. Si te fijas en esas terminaciones, la conjugación es más fácil:

PERSONA VERBAL		MARCA VERBAL
yo	→	-vocal*
tú	→	*-s***
él, ella, usted	→	-vocal*
nosotros/-as	→	*-mos*
vosotros/-as	→	*-is*
ellos, ellas, ustedes	→	*-n*

* No hay una vocal específica: cambia con el tiempo verbal.

** Excepto en el Pretérito indefinido y en el Imperativo.

4 A1 **Y esta es la última tabla de los ejercicios gimnásticos de hoy. Relaciona cada una de estas formas verbales con las personas correspondientes. Hay formas de muchos tiempos distintos, pero no importa, si te fijas en las marcas de persona.**

desayunas ✓ salimos✓ hacéis✓ tenemos✓ escribes✓ cantamos✓ envías✓ comunicáis✓ creo✓ llamarán✓ sabe✓ sabemos✓ fueron✓ decían✓ saldremos✓ tradujeron✓ sabes✓ estaban✓ venís✓

Yo creo

Tú Desayunas, escribes, envías, Sabes

Él, ella, usted Sabe

Nosotros/-as Salimos, Sabemos, tenemos, Saldremos, Cantamos

Vosotros/-as haceis, comunicáis, Venís

Ellos, ellas, ustedes llamarán, fueron, decían, estaban, tradujeron

5 A1-A2 **Esta noche hay una cena en casa de Mar. Sus amigos hablan de esa cena. Aquí tienes algunos fragmentos de lo que dicen. Completa con los verbos y ten cuidado con la concordancia con el sujeto.**

vais ✓ tenéis✓ llegas cenan✓ estamos sales llevamos✓ pueden✓

→ ¿Vosotros a qué hora vais a llegar?

1. Nosotros estamos allí a las ocho.
2. ¿Tú llegas a esa hora, seguro? Como Sales tan tarde del trabajo...
3. ¿Y Mar y su familia por qué ~~estamos~~ cenan tan pronto?
4. Bueno, ¿qué les ~~cenan~~ llevamos?: ¿vino, postre, unas flores...?
5. Nada de chocolate, que los niños de Mar no Pueden comer.
6. ¿Vosotros tenéis la dirección exacta?

20. Formas no personales: *hablar, hablando, hablado.*

A Significado y forma del infinitivo: *hablar, comer, vivir.*

- El infinitivo es un sustantivo verbal. Es el **nombre** de un **proceso**.

- El infinitivo es la forma básica del verbo y, por eso, es la forma que se encuentra en el diccionario. En español, el infinitivo puede tener tres terminaciones diferentes:

1.ª CONJUGACIÓN *-ar*	2.ª CONJUGACIÓN *-er*	3.ª CONJUGACIÓN *-ir*
Cantar	*Comer*	*Salir*
Saltar	*Saber*	*Dormir*
Volar	*Tener*	*Venir*
Soñar	*Volver*	*Elegir*
Comprar	*Conocer*	*Abrir*

- ***Pintar** es hacer dibujos.*

→ **19.** Conjugación. Elementos básicos.

→ **37.** Perífrasis verbales

1 A1-A2 **¿Puedes escribir el infinitivo correspondiente a cada uno de estos sustantivos, como en el ejemplo?**

la canción	→ cantar	la entrada	5. entrar	el gusto	10. gustar
el salto	1. saltar	la dirección	6. dirigir	el amor	11. amar
el cuento	2. contar	la venta	7. vender	la carrera	12. correr
el sueño	3. soñar	el hecho	8. hacer	la vuelta	13. volver
la salida	4. salir	el sentimiento	9. sentir	la vista	14. ver

B El infinitivo como sustantivo.

- Como sustantivo, el infinitivo se usa en funciones propias de un sustantivo:

COMO SUJETO	COMO COMPLEMENTO DIRECTO	CON PREPOSICIONES
• *La salida fue difícil.*	• *¿Quieres agua?*	• *No puedes salir sin paraguas.*
• ***Salir** fue difícil.*	• *¿Quieres **beber**?*	• *No puedes salir sin **llevar** paraguas.*
• *El descanso ayuda mucho.*	• *No sabe informática.*	• *¿Vas a Madrid?*
• ***Descansar** ayuda mucho.*	• *No sabe **programar**.*	• *¿Vas a **viajar**?*
• *Está prohibido el baño.*	• *Prefiero la soledad.*	• *Es la hora de la comida.*
• *Está prohibido **bañarse**.*	• *Prefiero **estar** solo.*	• *Es la hora de **comer**.*

- Con construcciones valorativas del tipo ***me gusta**, **me encanta**, **me pone nervioso**, **me da miedo***, etc., la cosa que *gusta, encanta, pone nervioso* o *da miedo* es el **sujeto**. Por eso, en estos casos, usamos sustantivos o ***infinitivos***:

  - *Me gusta mucho la natación.*
  - *Me gusta mucho **nadar**.*

  - *A mí no me da miedo la oscuridad.*
  - *A mí no me da miedo **salir** de noche.*

  - *Me tranquilizan tus palabras.*
  - *Me tranquiliza **saber** que estás bien.*

→ **18.** Construcciones reflexivas y valorativas

👁 A Sara le gusta ~~bailando~~ bailar   Me da vergüenza ~~hablando~~ en público. hablar

2 A1-A2 **Tacha la única opción que no es posible para responder a estas preguntas.**

→ ¿Qué quieres ahora?	~~Comiendo un poco~~ / Comer un poco / Un poco de comida
1. ¿Qué te gusta más?	El coche rojo / Ver la tele / ~~Conduciendo motos~~
2. ¿Qué te preocupa? (concerned)	La carrera de mañana / Correr mañana / ~~Corriendo mañana~~
3. ¿Qué quieres hacer?	Salir un rato / Un descanso / ~~Dando un paseo~~
4. ¿Qué cosas te dan miedo?	~~Hablando en público~~ / Ir al dentista / Las arañas
5. ¿Qué es bueno para el resfriado? (cold)	Una infusión de menta / ~~Durmiendo mucho~~ / Tomar el sol

C El infinitivo como verbo.

■ Como verbo, el infinitivo tiene **sujeto**. Normalmente, el contexto es suficiente para saber cuál es el sujeto del infinitivo. Solo lo mencionamos explícitamente si pensamos que puede haber confusión:

NO MENCIONAMOS EL SUJETO PORQUE ESTÁ CLARO POR EL CONTEXTO

- *Si quieres **comer**, tengo algo en el frigorífico.* [comer-tú]
- *No **le** gusta **esperar**.* [esperar-él/ella/usted]
- *El sueño de **Javi** es **no trabajar**.* [no trabajar-Javi]
- *¿Está prohibido **aparcar** aquí?* [aparcar-en general]
- *Antes de **llegar**, la llamé.* [llegar-yo]

NO APARCAR

MENCIONAMOS EL SUJETO PARA EVITAR CONFUSIÓN

- *Antes de **llegar** ellos, la llamé.* [si digo solo *llegar*, pensaremos que hablo de 'llegar-yo']
- *Después de **llegar** yo, se fueron.* [si digo solo *llegar*, no sabemos si hablo de 'yo' o de 'ellos']

■ Igualmente, el infinitivo puede tener cualquier otro complemento propio de un verbo:

COMPLEMENTO DIRECTO (CD):	• ***Decir** eso me parece maleducado.*
COMPLEMENTO INDIRECTO (CI):	• ***Decirle** eso a tu madre me parece maleducado.*
COMPLEMENTOS CIRCUNSTANCIALES:	• ***Decirle** eso a tu madre a las cuatro de la mañana y en su propia casa me parece maleducado.*
ORACIONES SUBORDINADAS:	• ***Decirle** a tu madre a las cuatro de la mañana y en su propia casa que nunca vas a volver me parece maleducado.*

3 A2 **Escribe el significado de las siguientes señales. Las frases en el cuadro de la derecha pueden ayudarte para elegir el verbo.**

No **nades** aquí. No se puede.

No pasa nada. Vamos un poco más lejos y **comemos** allí.

No **gires a la izquierda**. Está prohibido.

¿**Jugamos a la pelota**? Pero vamos a la calle, mejor.

Si te **duermes**, vamos a otro sitio.

No es posible **el giro a la derecha**.

¿Por qué estás **tocando el claxon**?

Si **adelantas**, nos van a multar.

→ no girar a la izquierda

1. No girar a la derecha

2. No tocar el claxon

3. No adelantar

4. No comer

5. No nadar

6. No jugar a la pelota

7. No dormir

4 B1 Decide el sujeto de los siguientes infinitivos.

→ **Trabajar** tanto no debe ser bueno. En general
→ Siéntense. ¿Les apetece **tomar** algo? Ustedes
1. Me encanta **andar** por las montañas. Yo
2. Yo dije que me iba antes de **salir** Cristina. usted - Cristina
3. Yo dije que me iba antes de **salir**. ~~usted~~ Yo
4. **Viajar** por el mundo es una experiencia inolvidable. general
5. Tus amigos saben **ser** muy amables con la gente. ustedes - tus amigos
6. ¿Os prohibió **pasar** la policía? vos
7. ¿Me permite **entrar**, Sra. López? ~~usted~~ Yo
8. Mi profesor dice que es muy útil **hablar** varias lenguas. ~~usted~~ en general
9. No me obligues a **hacer** eso. ~~tú~~ Yo
10. ¿No os ha invitado Pepe a **comer** en su casa, chicas? vosotras
11. Ese trabajo es bueno. El problema es que te piden **tener** estudios superiores. ~~ustedes~~ tu/en general

D Significado y forma del gerundio: *hablando, comiendo, viviendo.*

■ El gerundio es un adverbio verbal que expresa **un proceso en su desarrollo**.
Su **forma regular** se hace cambiando la terminación del infinitivo por estas terminaciones:

-ar	*-ando*	*Hablar*	→	*hablando*
-er, -ir	*-iendo*	*Comer*	→	*comiendo*
		Vivir	→	*viviendo*
(vocal + *-iendo*) =	*-yendo*	*Caer*	→	*cayendo*
		Ir	→	*yendo*
		Oír	→	*oyendo*

• *Francisco se relaja **pintando** cuadros.*

■ Los verbos en *-ir* con una *-e-* o una *-o-* en la última sílaba de la raíz (*e...ir, o...ir*) tienen una **forma irregular**: cierran estas vocales en *-i-* y *-u-* respectivamente:

-e- → *-i-*			*-o-* → *-u-*		
Decir	→	*diciendo* [~~deciendo~~]	*Morir*	→	*muriendo* [~~moriendo~~]
Reír	→	*riendo* [~~reiendo~~]	*Dormir*	→	*durmiendo* [~~dormiendo~~]

Son verbos como *pedir, repetir, seguir, sentir, mentir, competir, elegir, herir, medir, preferir* o sus compuestos: *contra**decir**, son**reír**, im**pedir**, per**seguir**, pre**sentir***, etc.

El verbo ***poder*** tiene también esta irregularidad: *poder* → *pudiendo*

5 A2 ¿Qué ves en cada imagen? Elige de entre los siguientes verbos.

→ Veo a un chico hablando con una chica.

1. Veo a una niña nadando en la piscina.

2. Veo a un niño haciendo dibujos.

3. Veo a un policía pondrieron una multa.

4. Veo a un perro mordieron un hueso.

nadar ✓
hacer ✓
hablar ✓
poner ✓
morder

6 A1-A2 **Todos estos verbos terminan en *-ir*. Identifica con un círculo los irregulares (*e...ir*, *o...ir*) y escribe en cada caso la forma correspondiente del gerundio.**

→ vivir viviendo	2. (dormir) durmiendo	5. (oír) oyendo	8. pedir pidiendo
→ (morir) muriendo	3. (reír) riendo	6. decidir decidiendo	9. producir produciendo
1. repetir repitiendo	4. abrir abriendo	7. ir yendo	10. mentir mintiendo

E Usos del gerundio: *Está subiendo. Subiendo a la derecha.*

■ Con ***estar*** + GERUNDIO podemos hablar del **desarrollo** de una acción **en cualquier tiempo verbal**:

ACCIONES NO TERMINADAS	ACCIONES TERMINADAS
• *No hagas ruido. Los niños **están durmiendo**.*	• *El pobre está muy cansado. **Ha estado trabajando** todo el día.*
• ***Estábamos viendo** el partido tranquilamente y, de pronto, se fue.*	• ***Estuve hablando** dos horas con ella, pero no conseguí nada.*

→ **37.** Perífrasis verbales

7 B1 **Transforma los verbos que están en negrita, como en el ejemplo.**

Acciones en sí mismas	Acciones consideradas en su desarrollo
• Mi primo **ha trabajado** tres años como camarero.	→ Ha estado trabajando tres años...
• Me encontré con Patricia cuando **entraba** al cine.	1. ... cuando estaba entrando.
• Ilsa **estudia** español desde el mes pasado.	2. Ilsa está estudiando español...
• Yo **compartí** un piso con una chica francesa dos años.	3. Yo estuve compartiendo un piso con una chica francesa...
• Yo ya me **iba**, cuando, de pronto, ella me llamó.	4. Yo ya me estaba yendo, cuando...
• **Trabajé** en esa empresa hasta que me mudé de ciudad.	5. estuve trabajando en esa empresa...

■ También usamos el gerundio para expresar **la manera** de hacer algo o de llegar a un lugar:

8 A2-B1 **Relaciona cada pregunta con la respuesta más lógica.**

→ ¿Cómo has solucionado el problema?
1. ¿Cómo puedo mejorar, doctor?
2. Aparicio, ¿dónde está mi maleta?
3. Eso está muy lejos. ¿Cómo voy a ir?
4. ¿Dónde hay una farmacia, por favor?
5. ¿Cómo has adelgazado tanto?

a. Cuidando su alimentación y durmiendo 8 horas al día.
b. Pues fácil, yendo al gimnasio tres veces por semana.
c. Tomando un taxi. Si no, seguro que llegas tarde.
d. Pues siga recto y, subiendo aquella calle, a la derecha.
e. Mira, entrando al comedor, a la derecha de la puerta.
f. Simplemente, hablando con ella.

→ f
a
e
c
d
b

■ No usamos el gerundio, usamos el **infinitivo**:

COMO SUJETO	COMO COMPLEMENTO DIRECTO	CON PREPOSICIONES
• ***Pilotar*** *aviones es emocionante.* [~~Pilotando~~ aviones es emocionante.]	• *Ella odia* ***llegar*** *tarde.* [Ella odia ~~llegando~~ tarde.]	• *Perdona* *por* *no* ***llamar****te.* [Perdona por no ~~llamándote~~.] • *Lávate las manos antes* *de* ***comer****.* [Lávate las manos antes de ~~comiendo~~]

9 A2-B1 **Margaret estudia español y todavía tiene algunos problemas con el infinitivo y el gerundio. Corrige los que ha usado mal.**

A mí me gusta mucho (➜) ~~haciendo~~ deporte porque (➜) **haciendo** deporte estás mejor físicamente. Antes de **(1) viniendo** a España, yo jugaba en un equipo de baloncesto. **(2) Jugando** al baloncesto es muy divertido.

Ahora estoy **(3) buscando** aquí gente para **(4) hacer** un equipo y poder jugar otra vez.

Empecé a **(5) buscando** hace una semana y ya somos seis. También me gusta **(6) estudiar** lenguas, claro, y **(7) hablando** con los españoles.

Después de **(8) estando** en España dos meses, voy a ir a Argentina. **(9) Viajar** es muy interesante para mí.

➜ hacer
➜ ✓
venir
jugar
✓
✓
buscar
estudiando ✓
hablar
estar
✓

F Significado y forma del participio: *hablado, comido, vivido.*

■ El participio es un adjetivo verbal que expresa el **resultado de un proceso**.

■ Su **forma regular** se hace cambiando la terminación del infinitivo por estas terminaciones:

-ar	**-ado**	*Hablar* ➜ *habl**ado***
-er, -ir	**-ido**	*Comer* ➜ *com**ido*** *Vivir* ➜ *viv**ido***

• *Un cuadro* ***pintado****.*
[El resultado de la acción de pintar es un cuadro pintado.]

■ Los principales **participios irregulares** son los siguientes:

Hacer ➜	***hecho***	*Romper* ➜	***roto***	*Morir* ➜	***muerto***
Satisfacer ➜	***satisfecho***	*Volver* ➜	***vuelto***	*Abrir* ➜	***abierto***
Decir ➜	***dicho***	*Poner* ➜	***puesto***	*Cubrir* ➜	***cubierto***
Ver ➜	***visto***	*Escribir* ➜	***escrito***	*Freír* ➜	***frito*** *(o freído)*
		Resolver ➜	***resuelto***	*Imprimir* ➜	***impreso*** *(o imprimido)*

Todos sus compuestos tienen la misma irregularidad:

Deshacer ➜	***deshecho***	*Contradecir* ➜	***contradicho***	*Prever* ➜	***previsto***
Devolver ➜	***devuelto***	*Descubrir* ➜	***descubierto***	*Reabrir* ➜	***reabierto***

10 A1-A2 **Carmencita es todavía muy pequeña y cree que todos los participios son regulares. Ayúdala identificando y corrigiendo sus seis errores (además del error del ejemplo).**

➜ Esta mañana he ~~**hacido**~~ hecho un dibujo muy bonito y la profesora me ha **dicho** ✓ que dibujo muy bien.

1. Hace un rato he **visto** ✓ un mosquito en mi habitación. He **cerrado** ✓ la ventana, pero se ha **ido** ✓ por la puerta. Ahora no lo veo. No sé si ha **volvido** vuelto a entrar o si se ha **morido** muerto.
2. Mi mamá me ha **ponido** puesto hoy pollo **frito** ✓ para comer, pero no me gusta, y no he **comido** ✓ nada.
3. He **rompido** roto una lámpara del comedor, pero mis papás han **ido** ✓ a comprar y todavía no lo han **descubrido** descubierta
4. He **encontrado** ✓ una carta en un sobre. Entonces he **abrido** abierto la carta, pero todavía no sé leer y no sé quién la ha **escribido** escrito.

G Uso como adjetivo: *Una cosa terminada. Está terminada. La tengo terminada.*

■ Cuando se usa como adjetivo, el participio **siempre concuerda en género y número** con el sustantivo al que se refiere. Aquí tienes ejemplos de algunas construcciones con participio adjetivo:

Sustantivo + PARTICIPIO

- *Los archivos **protegidos** con contraseña no se pueden abrir fácilmente.*
- *En verano hay muchos perros **abandonados** en las carreteras.*

Estar + PARTICIPIO

- *No puedes abrir los archivos de mi ordenador. Están **protegidos** con contraseña.*
- *Mira esa pobre perrita. Está **abandonada**.*

Tener + PARTICIPIO

- *No puedes abrir los archivos de mi ordenador. Los tengo **protegidos** con contraseña.*
- *Tienes **abandonadas** esas pobres plantas. Cuídalas un poco más, que son muy bonitas.*

11 A2-B1 **Si alguien hace una cosa, esta cosa está hecha. Completa la descripción de los resultados de los siguientes hechos con la forma adecuada del participio.**

- ➜ Alguien ha abierto una ventana.
- Has puesto la comida en la mesa.
- Ya has dicho todo lo que tenías que decir.
- Alguien ha roto tres platos en tu cocina.
- Borja ha hecho todas las tareas de casa esta mañana.
- Has sorprendido a tus amigos con una visita inesperada.
- Tu compañero te ha resuelto varias dudas sobre los pronombres.
- Ya has estudiado la mitad de los temas de Historia.

➜ Hay una ventana abierta.
1. La comida está puesta en la mesa.
2. Todo está ya dicho.
3. Hay tres platos rotos en la cocina.
4. Ya las tiene hechas.
5. Están sorprendido.
6. Esas dudas ya están resueltas.
7. Ya tienes estudiada la mitad de los temas.

H Uso en las formas compuestas del verbo: *he salido, había salido, habré salido...*

■ Con el verbo auxiliar ***haber*** + PARTICIPIO construimos las formas compuestas del verbo:

PRETÉRITO PERFECTO	Presente de ***haber*** + PARTICIPIO	• *He **comido**, has **comido**, ha **comido**...*
PRETÉRITO PLUSCUAMPERFECTO	Imperfecto de ***haber*** + PARTICIPIO	• *Había **sido**, habías **sido**, había **sido**...*
FUTURO PERFECTO	Futuro de ***haber*** + PARTICIPIO	• *Habré **ido**, habrás **ido**, habrá **ido**...*

■ En estas formas, el participio **no se puede separar** del auxiliar ***haber***:

- ***Hemos hablado** mucho.* [~~Hemos mucho hablado.~~]
- ***Han llegado** recientemente.* [~~Han recientemente llegado.~~]

→ **22.** Pretérito perfecto
→ **27.** Pluscuamperfecto de indicativo
→ **29.** Futuro perfecto

■ Y, además, es **invariable**. Es decir, **no concuerda** con ningún otro elemento de la oración:

- *Nosotras hemos **salido** tarde.* [Nosotras hemos ~~salidas~~ tarde.]
- *A María la he **llamado** hace un rato.* [A María la he ~~llamada~~ hace un rato.]

12 B1 **Completa con la forma adecuada del participio del verbo correspondiente.**

publicar
- → La editorial Infusión ha ...publicado... muchos libros sobre comida dietética.
- → Ese es un libro ...publicado... en Infusión.
- → Ese libro que tú dices está ...publicado... en Infusión.
- → Infusión tiene ...publicadas... muchas obras sobre comida dietética.

romper
1. ¿Qué le ha podido pasar? Parece que tiene las dos piernas ...rotas... .
2. ¿La pierna derecha también está ...rota...?
3. Con las dos piernas ...rotas... no se puede ni mover, el pobre.
4. Pobre Javi. Yo creo que se ha ...roto... las dos piernas.

abrir
5. Si tienes niños, una ventana ...abierta... es un peligro.
6. ¿Por qué has ...abierto... la ventana?
7. ¿Por qué tienes todas las ventanas ...abiertas...?
8. ¿La ventana del dormitorio está ...abierta...?

resolver
9. Si tú quieres, el problema está ...resuelto... .
10. Todavía no tengo los dos problemas más importantes ...resueltos... .
11. Se lo he dicho claramente y ya está. Problema ...resuelto... .
12. ¿Has ...resuelto... tus problemas ya?

13 B1 **Formula enunciados con sentido ordenando las siguientes series de palabras. Debes poner el infinitivo en la forma adecuada del participio.**

• **Retrasar** / Os / mucho / habéis	→ Os habéis retrasado mucho.
• **Resolver** / han / bien / el / Los / problema / científicos	1. Los científicos han resueltos bien el problema
• **Convencer** / Elena / me / había / explicación / no / con / su	2. ....
• **Devolver** / ¿no / Todavía / libros / has / los?	3. ....
• **Asustar** / habrá / la / Pedro / con / teorías / sus	4. ....
• **Prever** / Los / habían / economistas / crisis / una	5. ....

21. Presente de indicativo

A Verbos regulares: *hablo, como, vivo...*

■ Para formar el Presente de indicativo sustituimos la terminación del infinitivo por las siguientes **terminaciones**:

	-ar	-er	-ir	HABL**AR**	COM**ER**	VIV**IR**
Yo	-o	-o	-o	*hablo*	*como*	*vivo*
Tú	-as	-es	-es	*hablas*	*comes*	*vives*
Él, ella, usted	-a	-e	-e	*habla*	*come*	*vive*
Nosotros/-as	-amos	-emos	-imos	*hablamos*	*comemos*	*vivimos*
Vosotros/-as	-áis	-éis	-ís	*habláis*	*coméis*	*vivís*
Ellos, ellas, ustedes	-an	-en	-en	*hablan*	*comen*	*viven*

■ El **acento está** siempre en la raíz para *yo, tú, él, ella, usted, ellos, ellas* y *ustedes*, y en la terminación para *nosotros/-as* y *vosotros/-as*, como muestra el subrayado en los ejemplos anteriores.

1 A1 **¿De qué persona habla la forma del verbo? Elige el sujeto o sujetos posibles en cada caso y marca la terminación que indica esa persona.**

Tú	Lucía y Sole	Usted	Usted y su marido	Yo	El amigo de Hans	Elena y yo	Vosotros tres

→ ¿Habla español? (Usted / El amigo de Hans)

1. Como a las dos, más o menos, y ceno sobre las diez. (..........)
2. No puede aprender español si no estudia, no lee, no escribe, no practica. (........../..........)
3. Si vives en México, seguro que comes muchos tacos. (..........)
4. Mira: subes hasta el segundo piso, llamas a la puerta C o abres con la llave, y entras. (..........)
5. ¿Qué miráis? (..........)
6. Si cantan (........../..........), entonces bailamos. (..........)
7. ¿Dónde vivís? (..........)

2 A1-A2 **Completa con la terminación adecuada del verbo en Presente de indicativo. Puedes adivinar la persona por el contexto.**

→ Mira, te presento a Sasha. Enseña búlgaro en una escuela privada.

1. ● Perdona mis errores, es que todavía no toc...... la guitarra muy bien.
   ○ Es verdad que no toc...... muy bien. ¿Por qué no dej...... la música y te dedic...... a otra cosa?
2. ● ¿Qué signific...... "madrugar"?
   ○ Si un día tú te levant...... temprano, eso signific...... que madrug.......
3. Por aquí pas...... un autobús cada cinco minutos.
4. ● Perdona, pero me march....... Mis padres me esper...... para comer.
   ○ Bueno, pero antes nos tom...... algo, ¿vale?
5. Alberto, ¿por qué lleg...... siempre tarde? ¿El trabajo no signific...... nada para ti?
6. ● Miroslaw y tú habl...... muy bien inglés.
   ○ Bueno, ni él ni yo habl...... tan bien, pero es verdad que practic...... mucho.
7. ¿Mafalda y tú trabaj...... en la misma oficina y también viv...... juntos?

B Verbos con alteraciones vocálicas: *quiero, puedo, juego...*

- En muchos verbos, **la última vocal de la raíz cambia cuando tiene el acento**, es decir, en todas las personas excepto *nosotros* y *vosotros*:

ENTENDER	
• ~~entendo~~	➜ *entiendo*
• ~~entendes~~	➜ *entiendes*
• ~~entende~~	➜ *entiende*
• *entendemos*	
• *entendéis*	
• ~~entenden~~	➜ *entienden*

- Unas veces, el cambio consiste en que las vocales ***e***, ***o***, ***u*** del final de la raíz **se abren** en un diptongo *-ie-*, *-ue-* cuando llevan el acento:

-e- ➜ *-ie-*	QUERER	*-o-* ➜ *-ue-*	PODER	*-u-* ➜ *-ue-*	JUGAR
Querer		*Poder*		*Jugar*	
Sentar	*quiero*	*Doler*	*puedo*		*juego*
Cerrar	*quieres*	*Morir*	*puedes*		*juegas*
Pensar	*quiere*	*Dormir*	*puede*		*juega*
Empezar	*queremos*	*Volar*	*podemos*		*jugamos*
Perder	*queréis*	*Recordar*	*podéis*		*jugáis*
Entender	*quieren*	*Encontrar*	*pueden*		*juegan*
Sentir		*Costar*			
Preferir		*Volver...*			
Mentir...					

3 A1-A2 **¿Cambia la vocal o no? Adivina el verbo, fíjate en las marcas de persona y decide.**

-e- ➜ -ie-

➜ Qui.....ro comer temprano.
1. P.....rden el tiempo.
2. ¿Emp.....zo ya?
3. Pref.....ren salir mañana.
4. Después c.....rras la puerta.
5. No ent.....ndéis nada.
6. Lo s.....ntimos mucho.

-o-, -u- ➜ -ue-

7. Me d.....le la cabeza.
8. ¿Rec.....rdáis a Javi?
9. Sin agua, las plantas se m.....ren.
10. ¿J.....gamos un partido de tenis?
11. Me enc.....ntro cansado.
12. D.....rmes demasiado.
13. C.....sta mucho dinero.
14. ¿Cuándo v.....lves a Almería?
15. V.....lamos a 700 km/h.

C Verbos con alteraciones vocálicas: *pido, repito...*

- Otras veces, la vocal *-e-* del final de la raíz se cierra en *-i-* cuando lleva el acento:

-e- ➜ *-i-* (SOLO VERBOS EN ...*e*...*ir*)	PEDIR	REPETIR	REÍR
Pedir			
Impedir	*pido*	*repito*	*río*
Seguir	*pides*	*repites*	*ríes*
Perseguir	*pide*	*repite*	*ríe*
Repetir	*pedimos*	*repetimos*	*reímos*
Competir	*pedís*	*repetís*	*reís*
Reír	*piden*	*repiten*	*ríen*
Sonreír			
Vestir			
Medir			

Todos los verbos en ...*e*...*ir* y ...*o*...*ir* sufren una de las alteraciones descritas en los apartados B y C.

4 A1-A2 **La directora de la Escuela Natur explica a los padres el funcionamiento de la escuela. Completa con la forma del Presente de indicativo.**

En otras escuelas:	**En esta escuela nosotros:**
→ los estudiantes **compiten** mucho entre ellos.	→ no competimos. Nos ayudamos unos a otros.
→ los estudiantes repiten todo de memoria.	→ no **repetimos** de memoria, aprendemos pensando.
1. en las clases todos están muy serios, no ríen nunca.	1. **reímos** todo el tiempo. Con la risa se aprende mejor.
2. los profesores siempre **piden** deberes a los estudiantes.	2. no pedimos deberes nunca. Así pueden jugar en casa.
3. los profesores siguen un método muy tradicional.	3. **seguimos** un método moderno y divertido.
4. los estudiantes no **eligen** nunca nada.	4. elegimos todo hablando con los estudiantes.
5. los estudiantes visten de uniforme.	5. **vestimos** como queremos.
6. los profesores **corrigen** con rotulador rojo.	6. corregimos con rotulador verde.

D Primera persona irregular: *hago, pongo, salgo...*

■ Un grupo de verbos de uso muy frecuente tiene **solo la primera persona irregular**:

		-ecer, -ocer, -ucir: -zco
Hacer → *hago, haces, hace...*	***Ver*** → *veo, ves, ve...*	*Parecer* → *parezco, pareces...*
Poner → *pongo, pones, pone...*	***Dar*** → *doy, das, da...*	*Agradecer* → *agradezco, agradeces...*
Salir → *salgo, sales, sale...*	***Saber*** → *sé, sabes, sabe...*	*Conocer* → *conozco, conoces...*
Valer → *valgo, vales, vale...*	***Caber*** → *quepo, cabes, cabe...*	*Conducir* → *conduzco, conduces...*
Caer → *caigo, caes, cae...*		*Introducir* → *introduzco, introduces...*
		Traducir → *traduzco, traduces...*
		Producir → *produzco, produces...*

■ Cuando un verbo tiene esta irregularidad, también sus correspondientes **verbos compuestos** la tienen:

Deshacer → *deshago* *Atraer* → *atraigo* *Suponer* → *supongo* *Aparecer* → *aparezco*
Rehacer → *rehago* *Distraer* → *distraigo* *Proponer* → *propongo* *Desaparecer* → *desaparezco*

5 A1-A2 **Joselito está aprendiendo a hablar. Ayúdalo identificando y corrigiendo sus pequeños errores (tienes que encontrar siete más).**

→ Ahora ~~**pono**~~ pongo el papel aquí y **escribo** ✓, ¿ves?
1. Yo **hablo** ✓ mejor que Hanna porque **sabo** sé más.
2. Hanna se **parece** parezco a su papá, y yo me **parezo** parezco a mi mamá.
3. Yo no **conozo** conozco Alemania.
4. Yo no **salo** salgo a la calle solo porque me **caio** caigo.
5. Ya soy grande y no **cabo** .... en mi sillita de bebé.
6. Tengo poderes mágicos, si quiero, **desaparezco** ....
7. Yo soy muy bueno con mis hermanitas. Les **doy** .... mis juguetes.
8. **Supono** .... que Antonio es mi amigo porque siempre quiere jugar conmigo.

Joselito

6 A1-A2 **La hormiga y el oso: completa con la forma adecuada del verbo y señala quién dice cada frase.**

	el oso	la hormiga
→ Yo tengo dos hijos y tú **tienes** miles.	✓	
1. La gente se va corriendo cuando yo .... Cuanto tú **apareces**, la gente ni te ve.		
2. Yo .... en cualquier parte. Tú no **cabes** en mi casa.		
3. Yo .... normalmente solo o con mis hijos, tú **sales** siempre en grupo.		
4. Yo .... peligroso. Tú **pareces** muy frágil.		
5. Yo **desaparezco** bajo tierra. Tú .... durante el invierno.		
6. Yo .... pescar en el río. Tú no **sabes** pescar.		
7. Yo solo **veo** lo que hay en el suelo. Tú lo .... todo desde más arriba.		
8. Yo, cuando me .... desde un árbol, no me hago daño. Tú, si te **caes**, puedes matarte.		
9. Yo **atraigo** a los niños al zoo. Tú solo .... a los pájaros que comen insectos.		

E Primera persona irregular y otras alteraciones: *tener, venir, decir, oír, estar.*

■ Algunos verbos tienen la **primera persona irregular** y, además, algún otro tipo de **alteración**. La sílaba que tiene el acento está subrayada:

	1.ª PERS. / *e* → *-ie-*		1.ª PERS. / *e* → *-i-*	1.ª PERS. / + *-y-*	1.ª PERS. / *acento*
	Tener	***Venir***	***Decir***	***Oír***	***Estar***
Yo	*tengo*	*vengo*	*digo*	*oigo*	*estoy*
Tú	*tienes*	*vienes*	*dices*	*oyes*	*estás*
Él, ella, usted	*tiene*	*viene*	*dice*	*oye*	*está*
Nosotros/-as	*tenemos*	*venimos*	*decimos*	*oímos*	*estamos*
Vosotros/-as	*tenéis*	*venís*	*decís*	*oís*	*estáis*
Ellos, ellas, ustedes	*tienen*	*vienen*	*dicen*	*oyen*	*están*
	1.ª persona irregular y alteraciones vocálicas			1.ª persona irregular y se añade *-y-*	1.ª persona irregular y cambio de acento

7 A1-A2 **Elige el verbo más adecuado para cada caso y complétalo con la forma del Presente de indicativo.**

decir oír venir estar tener

→ Yo vengo aquí todos los días solo para verte. Tú vienes para verme también. Tú y yo venimos por nuestro amor.

1. Cuando hablo de ti siempre .... cosas bonitas. Tú también .... cosas bonitas de mí. Los dos nos .... cosas bonitas.

2. Yo .... el corazón lleno de amor por ti. Tú lo .... lleno de amor por mí. Los dos .... el corazón lleno de amor.

3. Yo me pongo nervioso cuando .... tu voz. Tú cierras los ojos cuando .... mi nombre. Nosotros dos sentimos algo cuando .... nuestras voces.

4. Creo que yo tengo enamorado de ti y que tú también tienes enamorada de mí. Está claro que tú y yo tenemos enamorados.

5. Si tú .... a mi casa, yo .... contento. Cuando yo te .... "Te quiero", tú .... música en tu corazón. Cuando tú .... conmigo, yo no .... miedo.

F Verbos totalmente irregulares: *ir, ser, haber.*

	IR	SER	HABER
Yo	*voy*	*soy*	*he...*
Tú	*vas*	*eres*	*has...*
Él, ella, usted	*va*	*es*	*ha...* (hay)
Nosotros/-as	*vamos*	*somos*	*hemos...*
Vosotros/-as	*vais*	*sois*	*habéis...*
Ellos, ellas, ustedes	*van*	*son*	*han...*

Ser no es un verbo auxiliar

Haber es un verbo auxiliar. Con el Presente de *haber* formamos el Pretérito perfecto:

***he** comido, **has** ido, **ha** dicho...*

Hay es una forma impersonal:

- *Aquí hay mucha gente.*

→ **36.** *Haber y estar*

→ **35.** *Ser y estar*

8 A1-A2 **Completa con el verbo adecuado, en la persona correspondiente.**

ir ser haber

→ Hola, ...soy... Ernesto. ¿Tú cómo te llamas?

1. ● ¿Por qué me dices eso ahora? ¡Todos los adolescentes .... iguales!
   ❍ No es verdad. Es que no me entiendes.
2. ● ¿Lo podéis hacer solos o .... yo a vuestra casa a ayudaros?
   ❍ No, gracias. Ya .... aprendido a hacerlo. Bueno, pues nos .... a casa. Chao.
3. ● Perdone, ¿.......... un banco cerca de aquí?
   ❍ Sí, ... dos al final de esta calle.
4. ● Hola, Pepe. ¿.......... venido para la reunión?
   ❍ No, no. .... venido para hablar con la directora.
5. Carolina .... alemana, pero sus abuelos .... españoles.
6. Quiero comprarme una lámpara en Yanokea, pero no tengo coche. ¿Cuándo .... vosotros?

G Usos. Afirmar el presente: *Mi novio está en Madrid.*

■ Usamos el Presente para afirmar cosas del presente cronológico que presentamos como seguras y totalmente controladas. Declaramos así **lo que sabemos sobre el presente** o preguntamos lo que otros saben.

Cómo es el PRESENTE:

CUALIDADES DE LAS COSAS

- ***Es** una casa antigua y **tiene** un patio interior precioso.*
- *Me gusta más el otro coche. **Corre** más y **gasta** menos gasolina.*

SITUACIONES REGULARES

- *Yo **duermo** normalmente ocho o nueve horas al día.*
- *¿**Vives** todavía en aquel apartamento tan céntrico y ruidoso?*

SITUACIONES MOMENTÁNEAS

- *Podemos vernos ahora. **Tengo** un rato libre.*
- *Manuela **tiene** fiebre y no **puede** ponerse al teléfono en este momento.*
- *¿**Está** todavía abierto el supermercado?*

■ Si queremos presentar la información como no totalmente controlada, usamos el **Futuro**:

- *No sé. **Será** un gato jugando.*

■ Si afirmamos situaciones referidas a una escena pasada, usamos el **Pretérito imperfecto**:

- *Aquel gatito **era** Julio César.*

→ **28.** Futuro

→ **25.** Pretérito imperfecto

9 A2 **Lee las siguientes informaciones y elige la opción correcta.**

Tenemos estas informaciones:	¿Esto es verdad ahora?	Sí	No lo sabemos
→ A Claudio le **encantaba** el Real Madrid.	Claudio **es** del Real Madrid.	....	✓
1. Las llaves **están** en el bolso de Carmen.	Carmen **tiene** las llaves.	....	....
2. Estuve en casa de Juan. **Tenía** un jardín precioso.	Juan **tiene** un bonito jardín.	....	....
3. Rosa **es** una estupenda bailarina.	Rosa **baila** muy bien.	....	....
4. ¿Gerardo y Luisa? Hace mucho tiempo que se casaron. Ya **tendrán** hijos.	Gerardo y Luisa **son** padres.	....	....
5. Ernestina **tiene** fiebre.	Ernestina **está** enferma.	....	....
6. Julio **pasaba** los veranos en Mallorca.	Julio **va** a Mallorca todos los veranos.	....	....
7. Los Martínez se **irán** a vivir a una casa nueva.	Los Martínez **viven** en una casa nueva.	....	....

H Usos. Afirmar el futuro: *Mi novio vuelve mañana.*

■ También usamos el Presente para hablar del futuro cronológico (dejando claro que hablamos del futuro), cuando queremos **presentar la información como segura y totalmente controlada**. Hablamos de algo que conocemos y que no depende del tiempo para ser verdad. Declaramos así **lo que sabemos sobre el futuro** o preguntamos lo que otros saben.

Cómo **es** el FUTURO:

INFORMACIONES YA SEGURAS

- *Mi novio **vuelve** mañana. Si quieres, nos **vemos** esta tarde.*
- *El martes no **hay** clase, pero el jueves **tenemos** dos exámenes.*
- *El día 23 **es** el cumpleaños de Samuel. **Cumple** un año.*
- *Lola, ¿qué **haces** mañana por la tarde? ¿**Trabajas**?*

INSTRUCCIONES

- *Mira, **sales** por esa puerta, **giras** a la izquierda y **sigues** hasta el final...*
- *¿Primero **apago** el móvil y luego le **doy** al botón o al contrario?*

■ Si queremos presentar la información como una predicción, usamos el **Futuro**:

- *A las cuatro **estaré** allí.*

→ **28.** Futuro

10 A2 **Completa con la forma adecuada del Presente. Usa los verbos de esta lista.**

cenar ✓ ir tener ~~tener~~ tener ser ser volver

- ¿Cuándo tienes un par de días para terminar nuestro trabajo?
- Pues por ahora lo tengo difícil. A ver. El martes ...ceno... con Marta. El miércoles no ...tengo... nada, pero el jueves .... mis padres de Mallorca y tengo que ir a recogerlos al aeropuerto, y el viernes .... el cumpleaños de Mari. Luego, la semana siguiente, el lunes .... una reunión de trabajo muy importante. El día 11 .... el concierto de mi sobrino Arnau, y eso no me lo pierdo, y al día siguiente me .... a la playa, al apartamento de Ramón, que está libre ese día. Pero el martes 9 y el miércoles 10 no .... nada. ¿Trabajamos esos días?

I Usos. Afirmar en general: *Los hombres son así.*

■ Usamos el Presente para hacer o pedir declaraciones sobre cosas generales que presentamos como seguras y controladas. Decimos **lo que sabemos sobre las cosas en general**.

Cómo **son** las cosas SIEMPRE:

HECHOS COMPROBADOS

- *Los niños **son** niños.*
- *Un león nunca **ataca** a un elefante.*
- *¿Cuánto **es** 9 x 8?*

11 A2-B1 **¿De qué momento hablamos con estas formas de Presente?**

Momento presente (P)	Momento futuro (F)	En general (G)

→ Los triángulos **tienen** tres lados. (G)
1. Recuerda que **estamos** en una iglesia. (.........)
2. No te preocupes. **Estoy** en tu casa a las seis en punto. (.........)
3. Ya sé que la comida se **está** quemando. Ahora mismo voy. (.........)
4. Los elefantes no **vuelan**, hijo. (.........)
5. **Vas**, le **das** el regalo y **vuelves**, ¿vale? (.........)
6. La paciencia **es** la madre de la ciencia. (.........)
7. ¿A qué hora **empieza** el partido? (.........)

12 A2-B1 **Aquí tienes las definiciones de distintos tipos de personas. Complétalas con los verbos del recuadro y relaciónalas con la frase correspondiente.**

hacer ✓	gastar	ver	reírse	pensar	invitar	sentir

→ Una persona muy ordenada... —— → siempre hace las cosas de la misma manera.
1. Una persona egoísta...
2. Una persona sensible...
3. Una persona tacaña...
4. Una persona con sentido del humor...
5. Una persona pesimista...

a. .... las emociones con mucha intensidad.
b. .... de todo.
c. .... mucho en sí misma y poco en las otras personas.
d. lo .... todo negro.
e. .... poco y nunca .... a nada.

13 B1 **Elige el verbo adecuado, completa el texto y aprenderás algo sobre el gato bengalí. Usa el diccionario si es necesario.**

Gato de Bengala NATURALEZA | ANIMALES | GATOS

ser ✓	tener	pesar	poder	poder	ayudar	medir

El gato de Bengala es un felino salvaje, natural de Asia, pero también .... vivir como gato doméstico. Las madres .... de 2 a 4 cachorros después de una gestación de unos 65 días. A veces, el padre .... a criar a los cachorros. .... vivir de 12 a 15 años. .... normalmente 60 cm más la cola, que alcanza los 45 cm. .... entre 3 y 8 kg.

nadar	mantener	necesitar	alimentar	amar	encantar

Se .... de mamíferos medianos y pequeños, aves, reptiles y peces. Es de hábitos nocturnos, se .... activo desde el atardecer hasta el amanecer. A pesar de ser un animal de origen salvaje, es de carácter noble, ... la vida familiar y .... cariño. Lo más curioso, quizá, es que le .... el agua y .... con gran agilidad.

22. Pretérito perfecto de indicativo

A Significado y formas: *he hablado, he comido, he vivido...*

■ El Pretérito perfecto se forma con:

El **Presente de indicativo** del verbo auxiliar ***haber***.

he
has
ha
hemos
habéis
han

hablado
comido
vivido

El **participio** correspondiente al hecho terminado.

→ **20.** Formas no personales

Con el Perfecto afirmamos hechos **terminados** en un **espacio actual** ('AQUÍ').

■ Si presentamos el hecho **en sí mismo** y **no en relación con un espacio actual**, usamos el Indefinido.

→ **23.** Pretérito indefinido

→ **24.** ¿Perfecto o Indefinido?

1 A1 **La fiesta sorpresa para el cumpleaños de Blas está lista. ¿Quién ha hecho cada cosa?**

~~Yo~~ Todos nosotros ✓ ~~Su novia~~ ~~Sus hermanos~~ ~~Tú~~ ~~Alejandro y tú~~

→ **Hemos** puesto dinero para comprar las cosas. (Todos nosotros)
1. **He** colocado globos de colores por toda la casa. (Yo)
2. **Han** llamado por teléfono a todos los invitados. (Sus hermanos)
3. **Habéis** elegido muy buena música. (alejandro y tú)
4. **Ha** hecho su comida preferida. (Su novia)
5. **Has** preparado muchas cosas y rapidísimamente. (tú)

2 A2 **Completa con el verbo y la persona adecuados en Perfecto y relaciona cada enunciado con una imagen.**

meter salir encender tener beber llegar ✓ hacer ganar

→ Señoras y señores, hemos llegado al aeropuerto de Düsseldorf. (D)
1. ¿.................... las tareas para casa? (E)
2. .... la estufa porque tengo frío. (F)
3. Rebeca, ¿te .... en el agua tú sola? (.....)
4. ¡Qué suerte .... esta chica! (.....)
5. Eres un egoísta. Te lo .... todo. (.....)
6. ¡....................! ¡Somos los mejores! (.....)
7. ¡Qué bien! ¡.................... el sol! (.....)

A

B

C

D

E

F

G

H

B El pasado del presente: *Ha llovido mucho. Este verano ha llovido mucho.*

■ Usamos el Perfecto cuando un hecho terminado no nos interesa en sí mismo, sino como **parte de la situación actual**:

- *¿Conoces Tasmania?*
- *Sí, yo **he viajado** mucho.* [Conozco muchos países]

- *¿Tienes las llaves?*
- *Pues no, las **he perdido**.* [No tengo las llaves]

- *¿Y cómo está Granada ahora?*
- *Pues **ha cambiado** mucho.* [Está muy diferente]

3 A1-A2 **Relaciona los siguientes enunciados para completar estos diálogos.**

→ Bueno, ya podemos irnos. — c.
1. ¿Dónde **ha ido** Jesús?
2. ¿Por qué **has abierto** la ventana?
3. ¡Pepe, el niño se **ha caído**!
4. ¿Ya **has terminado**?
5. ¿**Has visto** mis gafas? No las encuentro.
6. ¿Ya estáis aquí?

a. Es que tengo mucho calor.
b. Sí, **hemos llegado** a las cuatro y cuarto, más o menos.
c. ¿Seguro? ¿**Has cerrado** bien la puerta? ¿**Has apagado** las luces?
d. Me parece que las **has puesto** al lado de la tele.
e. No sé. Yo lo **he visto** antes en la cafetería.
f. Sí, me **he levantado** pronto para trabajar y ya estoy libre.
g. Tranquila, no le **ha pasado** nada.

4 A1-A2 **¿Qué ha pasado? Completa como en el ejemplo.**

Comer muchos dulces	Hacer dieta ✓	Ganar el gordo de la lotería
Bailar toda la noche	Ir a la playa	Salir en televisión muchas veces

→ Está mucho más delgado que antes. Ha hecho dieta.
1. Están cansados. ....
2. A los niños les duele el estómago. ....
3. Lleva un coche carísimo. ....
4. Están muy morenos. ....
5. Ahora es muy famosa. ....

■ También usamos el Perfecto cuando queremos situar hechos terminados en **un espacio actual**:

Hoy
Esta mañana
Esta tarde
Esta noche

ESPACIO ACTUAL: **esta semana**

LUNES MARTES MIÉRCOLES JUEVES VIERNES

Este fin de semana
Esta semana
Esta Navidad
Este mes...

ESPACIO ACTUAL: **este año**

PRIMAVERA VERANO OTOÑO INVIERNO

Este verano
Este año
Este curso...

ESPACIO ACTUAL: **hasta ahora**

Siempre, nunca, toda la vida, alguna vez, muchas veces, últimamente, en los últimos días/meses/años, desde el martes, hasta ahora...

5 A1-A2 **Pedro es un hombre afortunado. Ángel siempre tiene mala suerte. ¿Puedes decidir qué le ha pasado a cada uno?**

→ Pedro ha tenido muchas relaciones en su vida.
Ángel ha estado solo toda su vida.
a. Estar solo.
b. Tener muchas relaciones.

1. Pedro siempre ha conseguido hasta ahora.
Ángel ha tenido muchas veces.
a. Conseguir buenos trabajos.
b. Tener trabajos difíciles.

2. Pedro ha ~~pido~~ perdido en los últimos años.
Ángel ha ganado últimamente.
a. Perder mucho dinero.
b. Ganar mucho dinero.

3. Pedro se ha puesto este año.
Ángel ha tenido en los últimos meses.
a. Ponerse enfermo tres veces.
b. Tener muy buena salud.

4. Pedro ha conocido esta semana.
Ángel n ha conocido esta semana.
a. Conocer a una chica fantástica.
b. No conocer a nadie.

5. Pedro ha encontrado esta mañana.
Ángel ha ~~pido~~ perdido esta mañana.
a. Encontrar cincuenta euros en la calle.
b. Perder cincuenta euros en la calle.

C El pasado del futuro: *A las cinco he terminado.*

■ También usamos el Perfecto para afirmar, de modo seguro y controlado, **sucesos futuros anteriores a otro momento futuro**. Hacemos esto cuando partimos explícitamente de un punto de referencia preciso en el futuro y queremos declarar lo que está terminado en ese punto:

- *¿Cómo va eso?*
- *Casi terminado. En dos horas lo **hemos pintado** todo.*

- *Llego enseguida. Dejadme un poco de tarta, ¿vale?*
- *No sé. Seguro que, cuando llegues, la tarta **ha desaparecido**.*

- *Si salimos mañana a las siete, ¿está bien? ¿Estarás cansado para conducir?*
- *No, con seis horas **he dormido** suficiente, no te preocupes.*

A las cinco ya **he llegado**.

■ Para hacer lo mismo sin marcar seguridad ni control, usamos el Futuro perfecto:

- *A las cinco habré llegado.*
- *En dos horas lo habremos pintado todo.*

→ **29.** Futuro perfecto

6 B1-B2 De qué tiempo hablan: ¿del pasado o del futuro?

→ ¿Tú crees que para la cena **hemos llegado**? Es para avisar a mi madre... (Futuro)
→ Seguro que ya **han empezado**, ¿por qué no te das más prisa? (Pasado)
1. Yo **he hecho** todo lo que podía hacer. Ahora termina tú. (Pasado)
2. Si veis un restaurante pintado de verde, eso significa que ya **habéis pasado** el desvío a mi casa. (futuro)
3. ¿**Has encendido** la calefacción? Aquí hace mucho frío... (Pasado)
4. Pepe, **han llamado** a la puerta. ¿Por qué no abres, por favor? (Pasado)
5. Este tren es muy rápido. Antes de que nos demos cuenta, **hemos llegado** a Bilbao. (futuro)
6. ¡Vaya, hombre! Ya **he olvidado** otra vez echarle sal a la comida. (Pasado)
7. Venga, un poco de ánimo. Para las siete ya **hemos limpiado** toda la casa. (futuro) we will have cleaned
8. ¿Qué **has dicho** de dentro de una hora? ¡Tenemos que irnos ya! (Pasado)

7 B1-B2 Alguien hizo las predicciones que tienes a la izquierda. La realidad fue lo que tienes a la derecha. ¿Predijo correctamente o no?

→ No te preocupes: a las siete lo **he terminado**, seguro.	**Terminó a las 6:30.**	(Sí)
→ Ahora no puedo, pero a las siete lo **termino**, no te preocupes.		(No)
1. Te digo que para Navidad ya **ha nacido** Luisito, ya verás.	**Nació en noviembre.**	(......)
2. Te digo que Luisito **nace** en Navidad, ya verás.		(......)
3. Su avión **aterriza** a las 11:15 en el aeropuerto de Jizro.	**Aterrizó a las 11:05.**	(......)
4. A las 11:15, seguro que el avión ya **ha aterrizado**.		(......)
5. ● ¿Recuerdas que los Gómez vienen a comer el domingo y que el horno no funciona? ○ Sí, no te preocupes que para el domingo ya **he arreglado** el horno...	**Lo arregló el jueves.**	(......)
6. El fin de semana, que tengo tiempo, **arreglo** el horno.		(......)

23. Pretérito indefinido

A Significado y formas regulares: *hablé, comí, viví...*

■ El Pretérito indefinido representa un hecho **terminado** y **sin relación con el espacio actual**.

Con el Indefinido contamos hechos **terminados** en el **espacio pasado** en que se produjeron ('ALLÍ').

■ Para formar el Indefinido **regular** sustituimos la terminación del infinitivo por las siguientes **terminaciones**:

	-ar	*-er/-ir*
Yo	-*é*	-*í*
Tú	-*aste*	-*iste*
Él, ella, usted	-*ó*	-*ió*
Nosotros/-as	-*amos*	-*imos*
Vosotros/-as	-*asteis*	-*isteis*
Ellos, ellas, ustedes	-*aron*	-*ieron*

■ Cuando la raíz termina en vocal, la *-i-* se transforma en *-y-*: *caer, construir, creer, huir, influir, leer, oír, sustituir...*

➜ -*yó* — *Caer* ➜ *cayó* [~~caió~~]; *Oír* ➜ *oyó* [~~oió~~]

➜ -*yeron* — *Caer* ➜ *cayeron* [~~caieron~~]; *Oír* ➜ *oyeron* [~~oieron~~]

👁 En el Indefinido no hay -s final para la 2.ª persona singular (*tú*).

■ Además, en el Indefinido regular **el acento está siempre en la terminación**, como muestra el subrayado en los ejemplos:

	HABLAR	COMER	VIVIR
Yo	*Hablé*	*Comí*	*Viví*
Tú	*Hablaste*	*Comiste*	*Viviste*
Él, ella, usted	*Habló*	*Comió*	*Vivió*
Nosotros/-as	*Hablamos**	*Comimos*	*Vivimos**
Vosotros/-as	*Hablasteis*	*Comisteis*	*Vivisteis*
Ellos, ellas, ustedes	*Hablaron*	*Comieron*	*Vivieron*

* Estas formas coinciden con las del Presente de indicativo.

👁 Muchas veces, el acento es la única marca para diferenciar el Indefinido de otras formas verbales:

[yo, Presente]		[él, Indefinido]
Hablo	➜	*Habló*
Entro	➜	*Entró*
Bailo	➜	*Bailó*

1 A2-B1 **Identifica, primero, todas las formas que son Indefinido. Luego, pon el resto en la forma correspondiente del Indefinido, como en el ejemplo.**

compraron	➜ ✓	he decidido	8. decidió	ha leído	17. leyó
llamo	➜ llamé	pasó	9. ✓	vimos	18.
abres	1. abriste	invitabas	10. inv	encontrarás	19.
cerrábamos	2. cerramos	ha salido	11. salió	entraban	20.
baila	3. bailó	comíamos	12. comimos	estudió	21.
canto	4. canté	dejaste	13. ✓	han construido	22.
acabasteis	5. ✓	terminarán	14. terminaron	saludé	23.
oías	6. ~~oísteis~~ oíste	vivíamos	15. vivimos	estudiabais	24.
hablo	7. hablé	cree	16. creyó	escondes	25.

2 A2-B1 **La forma que está en negrita, ¿es Presente o Indefinido? Decídelo por el contexto.**

→ Ana y yo **dormimos** mucho. Si no dormimos, estamos siempre muy cansados. → Presente

→ Ana y yo **dormimos** mucho. Ellos casi no dormían. Estaban haciendo turismo a todas horas. → Indefinido

1. **Hablamos** de los problemas del país. ¿Te apetece participar? 1. ....
2. **Hablamos** de los problemas del país. Pero nadie dijo nada interesante. 2. ....
3. **Llegamos** a Madrid el martes y todavía no hemos visto el museo del Prado. 3. ....
4. **Llegamos** a Madrid el martes. ¿Nos vas a recoger en el aeropuerto? 4. ....
5. **Compramos** una botella de agua mineral y nos vamos, ¿vale? 5. ....
6. **Compramos** una botella de agua mineral que nos costó carísima. 6. ....
7. Le **escribimos** un e-mail y todavía no nos ha contestado. 7. ....
8. Le **escribimos** un e-mail y a ver qué nos dice. 8. ....

B Verbos con raíz irregular: *dijo, puso, estuvo...*

■ La mayor parte de los verbos irregulares en Indefinido tienen una **raíz irregular**:

						Verbos en *-ducir* → *duj-*	
Saber →	*sup-*	*Tener* →	*tuv-*	*Querer* →	*quis-*	*Conducir* →	*conduj-*
Poder →	*pud-*	*Estar* →	*estuv-*	*Venir* →	*vin-*	*Producir* →	*produj-*
Poner →	*pus-*	*Andar* →	*anduv-*	*Hacer* →	*hic- e*	*Traducir* →	*traduj-*
Haber →	*hub-*	*Decir* →	*dij-*		*hic- iste*	*Introducir* →	*introduj-*
Caber →	*cup-*	*Traer* →	*traj-*		*hiz- o*	*Reducir* →	*reduj-*

Y sus correspondientes verbos compuestos: *contener, intervenir, deshacer, contradecir, reproducir*, etc.

■ Todos estos verbos toman una única **terminación especial** en el Indefinido:

		ESTAR	HACER	DECIR
Yo	*-e*	*estuve*	*hice*	*dije*
Tú	*-iste*	*estuviste*	*hiciste*	*dijiste*
Él, ella, usted	*-o*	*estuvo*	*hizo*	*dijo*
Nosotros/-as	*-imos*	*estuvimos*	*hicimos*	*dijimos*
Vosotros/-as	*-isteis*	*estuvisteis*	*hicisteis*	*dijisteis*
Ellos, ellas, ustedes	*-ieron (-eron*)*	*estuvieron*	*hicieron*	*dijeron*

* Si la raíz termina en *-j*.

■ Además, a diferencia de la conjugación regular, el acento está en la raíz en la 1.ª y 3.ª personas (*yo* y *él-ella-usted*), como muestra el subrayado en los ejemplos anteriores.

3 A2-B1 **Lourdes es todavía muy pequeña y cree que todos los Indefinidos son regulares. Ayúdala identificando y corrigiendo los seis errores que ha hecho (además del ejemplo).**

→ Ayer **estuvimos** ✓ en casa de Susi y sus papás nos ~~**ponieron**~~ pusieron una película de dibujos animados muy bonita.

1. ¿Por qué no **veniste** viniste con nosotras a la playa? **Hacimos** hicimos un castillo de arena y nos **bañamos** ....

2. Montse **condució** .... el cochecito de Rosendo y yo **quise** .... también conducirlo, pero no **podí** .... porque Rosendo me lo **quitó** ....

3. Papá me **dició** .... que me ibas a comprar un regalo. ¿Por qué no me lo **compraste** ....? ¿Es que no **teniste** .... tiempo?

Lourdes

4 A2-B1 **Relaciona cada texto con un grupo de verbos. Después, elige el verbo adecuado y completa las frases con la forma correspondiente del Indefinido.**

venir/decir/querer
saber/poner ✓
producir/introducir
traducir/poder
haber/hacer
tener/conducir

➜ Cuando vi el fuego y el humo, me puse muy nervioso y no supe qué hacer.

1. El otro día me pasó una cosa muy rara en el ordenador del trabajo: cuando .... la contraseña, se .... un fallo general en el servidor de la oficina.
2. Yo te .... que tú podías venir conmigo. Si no ...., es porque no ....
3. Lo pasamos muy bien y, además, ... un viaje muy bueno porque .... Miguel y él conduce muy bien.
4. Me dieron un texto muy largo para traducir, pero tenía demasiado trabajo en aquel momento. Solo .... cuatro páginas. No .... hacer más.
5. Uff, se lo dijimos y se puso como loco. No .... manera de calmarlo. Yo .... todo lo que pude.

C Verbos con alteraciones vocálicas: *pidió, durmió...*

Los verbos en *-ir* que tienen una *-e-* o una *-o-* en la última sílaba de la raíz (*e...ir, o...ir*, también irregulares en Presente), cierran esta vocal en la tercera persona del singular y del plural:

e ➜ *i* PEDIR	*o* ➜ *u* DORMIR
pedí	*dormí*
pediste	*dormiste*
pidió	*durmió*
pedimos	*dormimos*
pedisteis	*dormisteis*
pidieron	*durmieron*

Son verbos como *repetir, sentir, seguir, mentir, competir, elegir, herir, medir, reír, preferir, morir* o sus compuestos: *sonreír, impedir, perseguir, presentir*, etc. El verbo ***oír*** es regular (*oyó, oyeron*).

5 A2-B1 **Todos estos verbos son de la tercera conjugación (en *-ir*), pero hay seis regulares y once irregulares. Identifícalos y escribe en cada caso la forma de la tercera persona singular y plural.**

➜ morir IRR. murió, murieron
➜ vivir R. vivió, vivieron
1. repetir IRR repitió, repitieron
2. elegir ....
3. discutir ....
4. oír IRR oyó, oyeron
5. impedir ....
6. medir ....
7. salir ....
8. repartir ....
9. mentir ....
10. decidir ....
11. preferir ....
12. perseguir ....
13. reír ....
14. presentir ....
15. competir ....

D *Dar, ir, ser.*

DAR	IR / SER
di	*fui*
diste	*fuiste*
dio	*fue*
dimos	*fuimos*
disteis	*fuisteis*
dieron	*fueron*

Ir y *ser* tienen **la misma forma** en el Indefinido.

- *La manifestación **fue** un éxito: **fue** mucha gente.*

6 A2-B1 **Completa con el Indefinido del verbo adecuado en cada caso.**

ser	ir	dar

→ Lo pasé muy bien, de verdad. ...Fue... una fiesta de cumpleaños estupenda.

1. ● ¿Os ha dado Alberto algo para mí?
   ○ Pues no. .... los dos con él al cine ayer, pero no nos .... nada.
2. ● ¿Qué tal ayer con Celia?
   ○ Muy mal. Marta y yo .... a su casa para hablar tranquilamente. Al principio .... muy amables y muy educados, pero, luego, ella empezó a insultarnos y nos ....
3. Ayer Federico cumplió dieciocho años. Hicimos una fiesta sorpresa y le .... su regalo: un fin de semana en Londres. .... una tarde estupenda.

E Usos: *El viernes pasado los vi. Cuando entraba, los vi.*

■ Usamos el Indefinido **para situar hechos completos y terminados** 'ALLÍ' donde se produjeron. Por eso, el Indefinido se opone al Perfecto, que sitúa los hechos en un espacio actual ('AQUÍ'):

- *Aquel día me **asusté** mucho. He tenido pesadillas desde entonces.*
- *El verano pasado **vi** dos o tres veces a Valeria, pero este verano no la he visto.*
- *Lo que te ha dicho hoy no me ha sorprendido. Pero lo que te **dijo** el otro día sí me **sorprendió**.*

→ **22.** Pretérito perfecto
→ **24.** ¿Perfecto o Indefinido?

7 A2-B1 **Cambia la perspectiva de presente por una perspectiva de pasado utilizando la misma persona gramatical.**

('AQUÍ')

Pensando en un espacio actual

→ **Hemos comido** demasiado, ¿no crees?
1. Oye, **he oído** que te vas. ¿Es verdad?
2. ¿**Has llamado** al médico?
3. ¡Mirad, es Juan! ¡Por fin **ha llegado**!
4. Esta mañana no **he tomado** café. ¿Me invitas?

Pensando en un espacio pasado

→ Ayer ...comí... demasiado.
1. El otro día ...oí... que Lola se va, ¿es verdad?
2. ¿...llamaste... al médico el lunes?
3. Juan no aparecía, pero a las doce por fin ...llegó....
4. Aquella mañana no ...tomé... café. No tenía dinero.

■ También usamos el Indefinido para **contar hechos completos y terminados** en el pasado. Entendemos siempre que el hecho empezó, se desarrolló y terminó en el punto de la historia donde estamos. Por eso, el Indefinido se opone al Imperfecto, que describe hechos no terminados en ese punto:

- *Cuando ya llegaba al trabajo, me **acordé** de Luis y **volví** a su casa a recogerlo.*
- *Antes me llamaba todos los fines de semana, pero el fin de semana pasado no me **llamó**.*
- *No tenía las llaves. Por eso **entré** por la ventana y **abrí** desde dentro.*

→ **25.** Pretérito imperfecto
→ **26.** ¿Imperfecto, Indefinido o Pretérito perfecto?

8 A2-B1 **Cambia la perspectiva de describir por una perspectiva de contar en el pasado utilizando la misma persona gramatical.**

Describiendo (Procesos no terminados)

→ Mientras ella se **duchaba**, yo limpié el cuarto.
1. Antes **hablabas** francés peor que ahora.
2. En Galicia, todos los días **comíamos** marisco.
3. En aquel tiempo esas cosas **influían** mucho sobre mí.
4. Yo os estaba llamando, pero no me **oíais**.

Contando (Hechos completos)

→ Cuando se ...duchó..., nos fuimos.
1. ¿...hablaste... francés en tu viaje a Marsella?
2. Ayer ...comimos... marisco en el restaurante de Antón.
3. Esas cosas ...influyeron... mucho en mi decisión.
4. ¿Vosotros ...oísteis... los gritos de Javi?

24. ¿Perfecto o Indefinido? *Ha salido / Salió.*

Con el Pretérito perfecto y el Indefinido podemos afirmar la misma realidad (hechos pasados y **terminados**) desde dos perspectivas diferentes:

Cuando usamos el Indefinido, estamos pensando en el **hecho en sí mismo** y en el espacio pasado en que ese hecho se produjo (**terminado** 'ALLÍ').

Cuando usamos el Perfecto, estamos pensando en ese **hecho en relación con el presente** y en un espacio actual más grande que incluye el espacio donde estamos (**terminado** 'AQUÍ').

Si presentamos el hecho como no terminado, usamos el **Imperfecto**.

→ **22.** Pretérito perfecto
→ **23.** Pretérito indefinido
→ **25.** Pretérito imperfecto
→ **26.** ¿Imperfecto, Indefinido o Pretérito perfecto?

A Espacios actuales y no actuales: *Este año ha sido horrible / El año pasado fue horrible.*

■ Algunos de los marcadores temporales que usamos o que tenemos en mente cuando hablamos de hechos del pasado, se pueden identificar fácilmente con uno de los dos espacios ('AQUÍ' = el espacio donde estamos y 'ALLÍ' = un espacio pasado):

CUANDO HABLAMOS DE...	***Hoy**, **Esta** tarde, **Esta** semana, **Este** mes, **Este** año, **Este** siglo, **Esta** Navidad, **Este** verano, **Esta** vez, **Hasta** ahora, **Últimamente**, **Todavía** no...*	■ Usamos PERFECTO porque hablamos de 'AQUÍ': El día, la semana, el mes, la Navidad, el verano, el año, el siglo... **donde estamos**.
CUANDO HABLAMOS DE...	***Ayer**, El **jueves**, La semana **pasada**, El mes **pasado**, **En febrero**, **El 7 de abril**, **El otro día**, **Ese/Aquel** día/ mes/año..., En **ese/aquel** momento, **Esa/aquella** vez, **La última** vez, **En 1987**, **Hace** dos años, **Cuando vivía** en Madrid...*	■ Usamos INDEFINIDO porque hablamos de 'ALLÍ': Un día, una semana, un mes, un verano, una Navidad, un año... **en el pasado**.

1 A2-B1 **¿De qué están hablando? Subraya la opción más probable.**

→ ¿**Has visto** mis gafas de sol?
  a. La semana pasada.
  b. Hoy.

1. Alguien **ha matado** a Julio César.
  a. Julio César es el emperador romano.
  b. Julio César es su gato.

2. Nadie **bailó**.
  a. En la fiesta del fin de semana pasado.
  b. En esta fiesta donde estamos.

3. **He conocido** a un chico maravilloso.
  a. El lunes pasado.
  b. Este verano.

4. **Nos compramos** un Mercedes.
  a. En 2018.
  b. Esta misma mañana.

5. **Fue** muy importante para la humanidad.
  a. El descubrimiento del fuego.
  b. La era de internet y las redes sociales.

6. No **ha dicho** ni una sola palabra.
  a. El día de su último cumpleaños.
  b. Desde esta mañana hasta ahora.

7. ¿**Comprasteis** toda la comida vosotros?
  a. Para la cena de hoy.
  b. Para la cena del otro día.

2 A2-B1 **Subraya la forma más adecuada en cada contexto.**

→ ● ¿Sabes si va a venir Julia al cine?
❍ Esta tarde no la **he visto/vi**, pero ayer **he hablado/hablé** con ella y me **ha dicho/dijo** que sí.

1. ● Estamos ya a viernes. ¿Todavía no **has arreglado/arreglaste** el grifo?
❍ Es que esta semana no **he tenido/tuve** tiempo.

2. ● Este fin de semana lo **hemos pasado/pasamos** muy bien con mis hermanas, ¿verdad?
❍ Yo creo que el fin de semana pasado **ha sido/fue** mejor, sin tus hermanas.

3. ● Montserrat, ¿y tú? ¿No **has ido/fuiste** este año a ningún concierto?
❍ Pues sí, en febrero **he ido/fui** a uno de K-Pop y este mes **he estado/estuve** en otro de Rosalía.

4. ● ¿Qué **has hecho/hiciste** hoy?
❍ Nada interesante. Pero ayer **he salido/salí** con Rebeca a cenar para celebrar nuestro aniversario. Nos hemos **casado/casamos** un 11 de julio, ¿no te acuerdas?

B Espacios ambiguos: *Nunca ha pasado nada / Nunca pasó nada.*

■ Con otros marcadores de significado más amplio e indeterminado podemos referirnos a períodos actuales o no actuales, dependiendo del contexto. En estos casos podemos usar el Perfecto o el Indefinido para indicar claramente de qué espacio estamos hablando ('AQUÍ'= hasta ahora / 'ALLÍ'= en un espacio pasado):

CUANDO HABLAMOS DE...	***Siempre, Nunca, En la vida, Alguna vez, Varias veces, En los últimos días/meses/años, Al final...***	■ Usamos PERFECTO si hablamos de 'AQUÍ': **Hasta ahora.**	■ Usamos INDEFINIDO si hablamos de 'ALLÍ': En un **espacio pasado.**

3 A2-B1 ¿Hablamos de 'AQUÍ' o de 'ALLÍ'?

→ Dos veces la semana pasada... ('ALLÍ')
1. Dos veces este año... (aquí)
2. Ahora mismo... (aquí)
3. Un día, hace 5 años... (allí)
4. Nunca en mi vida... (aquí)
5. Alguna vez hasta ahora... (aquí)
6. Cuando terminé el curso, al final... (allí)
7. Cervantes, durante toda su vida... (allí)
8. Nunca en mi antigua relación con Susana... (allí)
9. Ese verano, ninguna vez... (allí)
10. De pequeño, yo nunca... (allí)
11. Con aquel amigo de la escuela primaria, siempre... (allí)
12. Esta semana, al final... (aquí)
13. Aquellos tres últimos días... (allí)
14. El primer coche que tuve... (allí)
15. La política social del actual presidente... (aquí)

4 B1-B2 Completa con la forma correspondiente del Indefinido o el Perfecto eligiendo el verbo apropiado.

estar **ir** **ir**	→ ● ¿Tú has ido alguna vez a Disneylandia? ❍ Yo sí. Cuando era pequeño fui tres veces. ● Pues yo no he estado nunca.
dar **funcionar**	1. ● ¿Qué tal va tu ordenador nuevo? ❍ Fatal, siempre se estropea. ● A mí, el mío me ha funcionado muy bien hasta ahora. ❍ Pues me alegro por ti. Yo echo de menos el que tenía antes. Ese nunca me dio ningún problema.
decir **decir** **decir**	2. ● Te .... mil veces que tienes que ordenar tu habitación. ❍ Mil veces, no. Hoy me lo .... una vez y ayer me lo .... dos veces. Total, tres. ¡Prffrrrrffrrff!
pasar **pasar** **casarse**	3. Mi bisabuelo, y también sus padres, ... la mayor parte de su vida en Argentina. Pero mi madre .... hace muchos años con un español. Por eso yo nací aquí en España y .... toda mi vida en Madrid.
estar **decir** **tener**	4. ● ¿Cómo va la cosa con Julieta? ❍ Mal. En este último mes .... muchos problemas. La última vez que nos vimos .... discutiendo todo el día y, el otro día, me .... que me dejaba.
cambiar **enfadarse**	5. ● ¿Por qué .... la familia cuando murió? ❍ Es que, antes de morir, Aureliano .... su testamento a favor del mayordomo.

5 B1-B2 Escribe los resultados de Villatripas de Arriba en sus competiciones con Villatripas de Abajo. Usa los verbos *ganar*, *perder* y *empatar* en Perfecto o Indefinido.

	Cuándo	Qué
Competiciones ganadas	→ Siempre.	El concurso anual de baile.
	1. En los años 2000, siete veces.	El campeonato de fútbol.
	2. En los últimos diez años, dos veces.	El concurso de levantar piedras.
Competiciones perdidas	3. En las fiestas del verano pasado.	La carrera de sacos.
	4. Casi siempre en los últimos años.	El concurso de platos tradicionales.
	5. Siempre hasta ahora.	La competición de dominó.
Competiciones empatadas	6. En el año 2019.	En el concurso de paellas de marisco.
	7. Últimamente, muchas veces.	En el concurso de bandas de música.

→ Siempre hemos ganado el concurso anual de baile.
1. En los años 2000 ganamos siete veces el campeonato
2. en los últimos diez hemos ganado
3. en las fiestas del verano pasado perdimos la carrera
4. Casi siempre hemos perdido el concurso
5. Siempre hasta ahora hemos perdido el concurso
6. empatamos
7. hemos empatado

C Espacios inmediatos: *Ya he terminado / Ya terminé.*

■ Para hablar de un suceso muy cercano al momento actual podemos usar **el Pretérito perfecto**, pero también el **Indefinido**. Solo hay una pequeña diferencia de perspectiva.

Con el **Perfecto** presentamos ese suceso como **parte de la situación actual**:	Con el **Indefinido** presentamos el suceso **en sí mismo**:
• *¿Dónde está Pedro?* ○ *No sé. Se **ha ido** hace un par de minutos.*	• *¿Dónde está Pedro?* ○ *No sé. Se **fue** hace un par de minutos.*

CUANDO HABLAMOS DE...	*Ya...* *A las diez y media* (de 'hoy')... *Hace un rato...* *Hace un momento...*	■ podemos usar PERFECTO O INDEFINIDO

- *¡Vaya! ¡Se **ha ido** / **fue** la luz!* ['ahora mismo']
- *¿**Has apagado** / **Apagaste** el horno?* ['ya']
- *¡Por fin! ¡Ya **ha funcionado** / **funcionó**!*
- *Ya están aquí tus padres. **Han llegado** / **Llegaron** a las diez.*
- *¿Luis? Pues, mira, hace solo un momento que se **ha ido** / **fue**.*

6 B1-B2 **Cuando habla de un suceso inmediato, Fránkez siempre lo piensa como algo que tiene que ver con el momento actual, y Tristicia siempre lo piensa como un suceso en sí mismo. Ellos solo pueden pensarlo, porque no conocen el Perfecto y el Indefinido, pero tú sí puedes expresarlo. Completa con la forma adecuada del verbo, como en los ejemplos.**

Fránkez: ¡Cielos, ya **empezar** (➜) (ha empezado) a llover!

Tristicia: Sí, ya **empezar** (➜) (empezó) a llover. ¿Y qué?

Fránkez: Pues que nosotros no **traer** (1) (hemos traído) paraguas.

Tristicia: Pues en la casa yo **recordár**telo (2) (te lo recordé).

Fránkez: Sí, pero yo **olvidar**lo (3) (lo he olvidado).

Tristicia: Hace un momento yo **ver** (4) (vi) un castillo para refugiarnos de la lluvia.

Fránkez: ¿Dónde? ¿Allí? ¡Rápido! **Empezar** (5) (ha empezado) a llover más fuerte. ¡Menos mal! ¡Vamos dentro! ¿**Mojar**te (6) (¿Te has mojado) mucho?

Tristicia: No, **tapar**me (7) (me tapé) la cabeza con una bolsa de plástico.

Fránkez: ¿Tú **cerrar** (8) (has cerrado) la puerta?

Tristicia: Sí, **cerrar** (9) (cerré) al entrar.

Fránkez: ¡Uf! ¡Nosotros **tener** (10) (hemos tenido) suerte!

Tristicia: Sí. ¡Menos mal que yo **encontrar** (11) (encontré) el castillo!

25. Pretérito imperfecto de indicativo

A Significado del Imperfecto.

- El **Presente** representa hechos **no terminados en el momento actual**:
  - *Sí, **hace** frío porque esta casa **es** un poco vieja y, además, por las noches no **funciona** la calefacción.*

- El **Imperfecto** traslada esa perspectiva a **un momento del pasado**:
  - *Sí, en aquella casa **hacía** frío porque **era** un poco vieja y, además, por las noches no **funcionaba** la calefacción.*

- Con el **Imperfecto** describimos hechos NO TERMINADOS **en un momento del pasado**.

1 A2-B1 **José Luis se casó y ha cambiado mucho. Descubre los cambios colocando estas informaciones en la columna correspondiente.**

→ Nunca leía novelas.
a. No le gustaba ir a restaurantes.
b. Llevaba una ropa muy clásica.
c. Nunca come en casa.
d. Tiene tres perros.
e. Sale todas las noches con sus amigos.
f. No tenía amigos.
g. Le encanta leer.
h. Viste muy moderno.
i. Quería tener muchos hijos.

José Luis **antes** de casarse:	José Luis **ahora**:
→ Nunca leía novelas	→ Le encanta leer
1. No le gustaba ir a restaurantes	Nunca come en casa
2. No tenía amigos	Sale todas las noches con sus amigos
3. Quería tener muchos hijos	Tiene tres perros
4. llevaba una ropa muy clásica	Viste muy moderno

B Formas regulares: *hablaba, comía, vivía...*

■ Para formar el Imperfecto **regular** sustituimos la terminación del Infinitivo por las siguientes **terminaciones**:

	-ar	*-er / -ir*	HABLAR	COMER	VIVIR
Yo	*-aba*	*-ía*	*hablaba*	*comía*	*vivía*
Tú	*-abas*	*-ías*	*hablabas*	*comías*	*vivías*
Él, ella, usted	*-aba*	*-ía*	*hablaba*	*comía*	*vivía*
Nosotros/-as	*-ábamos*	*-íamos*	*hablábamos*	*comíamos*	*vivíamos*
Vosotros/-as	*-abais*	*-íais*	*hablabais*	*comíais*	*vivíais*
Ellos, ellas, ustedes	*-aban*	*-ían*	*hablaban*	*comían*	*vivían*

La 1.ª y la 3.ª persona del singular tienen la misma forma.

Además, **el acento está siempre en la terminación**, como muestra el subrayado en los ejemplos.

2 A2-B1 **En la fiesta de Blas, todo ha cambiado en dos minutos: sus padres han llamado a la puerta. Describe la primera escena recordando estas informaciones.**

Son las 5:45 p. m.

Blas y Silvia están bailando muy juntos. Eugenio, el novio de Silvia, no para de mirar a Blas. Hay varias botellas en la mesa y los platos están llenos de restos de comida. La música está muy alta y todo el mundo se ríe sin parar. La hermana de Silvia y el hermano de Blas duermen en el sofá. La foto de los padres de Blas tiene tres chicles pegados. En la cocina, cuatro chicos están contando chistes.

Son las 5:47 p. m.

¿Qué estaba pasando a las 5:45?

Cuando los padres de Blas llamaron a la puerta, él y Silvia ➜ estaban bailando muy juntos. Eugenio, el novio de Silvia, no (1) paraban de mirar a Blas. (2) había varias botellas en la mesa y los platos (3) estaban llenos de restos de comida. La música (4) estaba muy alta y todo el mundo se (5) reía sin parar. La hermana de Silvia y el hermano de Blas (6) dormían en el sofá. La foto de los padres de Blas (7) tenía tres chicles pegados. En la cocina, cuatro chicos (8) estaban contando chistes.

3 A2-B1 **¿A quién se refieren con el verbo marcado en negrita? Escribe la opción u opciones más probables según el contexto.**

Yo Usted Ella Él

➜ ¿No lo **sabía**, Sra. Elgorriaga? (Usted)

1. ¿No **sabía** que teníamos una fiesta? Qué despistada es, ¿no crees? (usted)
2. ● ¿Cuántos años **tenía** en aquella época? **Debía** de ser muy joven, ¿no?
   ○ Sí, yo era una niña entonces. (ella)
3. ¿Cuántos años **tenía** entonces? ¿**Vivía** contigo? (usted)
4. La admiraban porque **jugaba** al tenis muy bien, ¿recuerdas? (usted)
5. ● ¿Juegas al tenis los fines de semana?
   ○ **Jugaba**. Ya no. (Yo)
6. En realidad nunca **estaba** en aquella casa, ¿sabes? **Vivía** solo en la ciudad. (..........)
7. Nos separamos un año después de conocernos. No la **quería** de verdad. (..........)
8. **Tenía** una perrita preciosa, pero se la regaló a un amigo. (Yo)
9. Creo que **era** un hombre rico y **tenía** un gran palacio. Pero eso fue en mi otra vida. (Yo)

C Verbos totalmente irregulares: *ir, ser, ver.*

	IR	SER	VER
Yo	*iba*	*era*	*veía*
Tú	*ibas*	*eras*	*veías*
Él, ella, usted	*iba*	*era*	*veía*
Nosotros/-as	*íbamos*	*éramos*	*veíamos*
Vosotros/-as	*ibais*	*erais*	*veíais*
Ellos, ellas, ustedes	*iban*	*eran*	*veían*

- *Juan **era** un poco raro: **iba** al cementerio los días de luna llena y solo **veía** películas de zombis.*

Ir y ***ser*** tienen el acento en la raíz.

4 A2-B1 **Completa con la forma adecuada del Imperfecto.**

→ Ya no vemos mucho a nuestra hija. Antes sí la *veíamos*.
1. Ya no voy a la playa en verano. Antes sí iba.
2. Ya no soy tan optimista. Antes sí lo era.
3. Sois muy antipáticos conmigo. Antes erais más simpáticos.
4. No veo nada con la nueva lámpara del escritorio. Con la de antes veía mucho mejor.
5. Mis padres ya no son tan estrictos conmigo. Antes eran mucho más estrictos.
6. ¿Veis mucho a Roberta ahora? Antes la veíais todos los días, ¿no?
7. Ya somos mayores y no viajamos. Cuando éramos jóvenes, sí.
8. ¿Ya no vais a Madrid en Navidades? Antes ibais siempre.

Cuando usamos el Presente estamos dentro de una escena actual, describiendo lo que pasa en este momento. Con el Imperfecto trasladamos este punto de vista al pasado: nos situamos **dentro de una escena pasada** y **describimos** lo que pasaba **en aquel momento**. Por eso, los usos del Imperfecto son los mismos que los usos del Presente, pero trasladados a un momento del pasado.

→ **21.** Presente de indicativo

D Usos del Imperfecto. Describir cualidades: *Era una chica muy inteligente.*

- Usamos el Presente para describir cómo son actualmente las personas o las cosas:

- Usamos el Imperfecto para hacer eso mismo recordando **personas o cosas del pasado**:

5 A2-B1 **Luisa recuerda las siguientes personas y cosas, y describe cómo eran. Completa su descripción usando los verbos que se indican.**

1. La **CASA** donde vivía de pequeña.

ser estar haber tener

Estaba en las afueras de la ciudad. había unas vistas preciosas. Tenía un parque muy cerca. Era muy fresca en verano.

2. Un **CHICO** que conoció en una fiesta de disfraces.

parecerse ir llevar ser

Manuel .... el hermano de mi mejor amiga, pero no .... en nada a ella. En aquella fiesta .... disfrazado de pollo y llevaba zapatos amarillos.

3. Su primer **JEFE**.

tener gustar saber llamarse

Se llamaba Eugenio. Tenía una mirada un poco extraña. Le gustaba mucho mandar y Sabía que todos le teníamos mucho miedo.

4. El **COCHE** que tenía su vecina.

llegar gastar costar ser

Era un deportivo rojo precioso. Costaba 85 000 euros, llegaba hasta 200 km/h y solo gastaba 6,5 litros de gasolina cada 100 km.

E Usos del Imperfecto. Describir situaciones regulares: *Antes dormía mucho.*

■ Usamos el Presente para describir situaciones y hechos que se desarrollan habitual o regularmente en la actualidad:

■ Usamos el Imperfecto para hacer eso mismo recordando hechos que presentamos como habituales o regulares en **una situación pasada**:

6 A2-B1 **Fránkez y Tristicia tienen castillo nuevo y están muy contentos. "Traduce" sus palabras.**

→ Antes **dormir** en el suelo del castillo. Ahora **dormir** en un ataúd muy cómodo.

1. Antes **cocinar** con fuego y **ser** muy difícil. Ahora **tener** horno y microondas.
2. Ahora **poder** ver el mundo entero en la televisión. Antes siempre **ver** el mismo cementerio.
3. Antes **buscar** veneno de serpiente en el bosque. Ahora **comprarlo** por internet.
4. Ahora **estar** calientes todo el invierno. Antes **pasar** frío si no **hacer** fuego con los árboles de los cementerios.

→ Antes dormíamos en el suelo del castillo. Ahora dormimos en un ataúd muy cómodo.

1. Antes Cocinábamos con fuego y era muy difícil. Ahora tenemos horno y microondas.
2. Ahora Podemos ver el mundo entero en la televisión. Antes siempre veíamos el mismo cementerio.
3. Antes buscábamos veneno de serpiente en el bosque. Ahora lo compramos por internet.
4. Ahora estamos calientes todo el invierno. Antes pasábamos frío si no hacíamos fuego con los árboles de los cementerios.

F Usos del Imperfecto. Describir situaciones momentáneas: *A las dos estaba durmiendo.*

■ Usamos el Presente para describir lo que está pasando en un momento concreto del presente:

Mira, creo que no **voy** a ir a la fiesta. **Estoy** cansada, **tengo** un montón de trabajo y, además, **hace** mucho frío y **está** lloviendo.

■ Usamos el Imperfecto para hacer eso mismo recordando lo que estaba pasando en **un momento concreto del pasado**:

Me llamó Guada a las cinco porque no **iba** a venir a mi fiesta. **Estaba** cansada, **tenía** un montón de trabajo y, además, **hacía** mucho frío y **estaba** lloviendo.

→ **37.** Perífrasis verbales

7 B1 **Ayer hubo cinco crímenes en la ciudad. ¿Dónde estabas tú en esos momentos? Completa este pequeño informe para la policía.**

8:40 En el Bar Ranco, desayunando con dos amigos.

11:05 En la oficina, hablando con la jefa.

14:20 En casa, comiendo solo.

16:00 En unos grandes almacenes, comprando ropa.

21:45 En la cama, leyendo una novela.

¿Dónde estaba usted?	¿Qué hacía en ese momento?
→ A las 8:40 *Estaba en el Bar Ranco.*	→ *Estaba desayunando con dos amigos.*
1. A las 11:05 Estaba en la oficina	1. Estaba hablando con la jefa
2. A las 14:20 Estaba en casa	2. Estaba comiendo solo
3. A las 16:00 Estaba en unos grandes almacenes	3. Estaba comprando ropa
4. A las 21:45 Estaba en la cama	4. Estaba leyendo una novela

8 B1 **Lidia recuerda el momento en que conoció a los dos grandes amores de su vida. Completa sus recuerdos con el verbo adecuado en Imperfecto.**

Yo → *estaba* sentada en un banco del parque. (1) Eran las cinco de la tarde. (2) Era primavera. (3) hacía un sol espléndido. En el parque (4) había un olor maravilloso a hierba fresca y a flores. En los árboles, los pajaritos (5) cantaban. La gente (6) paseaba, los niños (7) corrían de un lado a otro, jugando. Ella (8) estaba leyendo un libro en un banco enfrente de mí y de vez en cuando me (9) miraba. Entonces llegó un hombre con un bebé y le dio un beso en la mejilla.

ser ser haber hacer estar estar mirar correr cantar pasear

Aquella noche yo estaba con unos amigos en una discoteca. Ella (10) era amiga del amigo de una amiga, y yo no la (11) conocía, pero me (12) parecía una chica muy interesante. Mientras yo (13) bailaba, ella me (14) miraba y yo no (15) podía hacer otra cosa más que mirarla a ella también. (16) Era ya muy tarde y yo (17) estaba cansada y (18) quería irme a casa, pero me (19) gustaba aquel juego de miradas. De pronto, ella sacó unas gafas de su bolso, se las puso y se fue corriendo.

conocer bailar parecer ser mirar poder gustar querer estar ser

26. ¿Imperfecto, Indefinido o Pretérito perfecto?

■ **Imperfecto** para **describir** el pasado:

Con el **Imperfecto** nos situamos 'DENTRO' de un hecho pasado y describimos un proceso no terminado 'ALLÍ'.

Llovía mucho aquel día.

No terminado 'ALLÍ'

■ **Indefinido** para **contar** el pasado:

Con el **Indefinido** nos situamos 'DESPUÉS' de un hecho pasado y contamos un acto o un proceso terminado 'ALLÍ'.

Llovió mucho aquel día.

Terminado 'ALLÍ'

A Describir situaciones momentáneas (Imperfecto) o contar hechos completos (Indefinido).

■ Con el Imperfecto presentamos un hecho como **no terminado todavía** en un momento específico del pasado. Describimos una **situación momentánea**:

- *Ayer, a las cinco, todavía **estaba** estudiando.*

- *Cuando **bajaba** las escaleras,* [bajando] *me encontré una maleta.*

■ Con el Indefinido presentamos ese proceso como **ya terminado** en aquel momento. Contamos un **hecho completo**:

- *Ayer **estuve** estudiando hasta las siete.*

- *Cuando **bajé** las escaleras,* [completamente] *me encontré una maleta.*

→ **37.** Perífrasis verbales

1 A2-B1 **Decide qué forma verbal se corresponde con cada interpretación, como en el ejemplo.**

Cuando **cruzaba** la calle, escuché una voz que me llamaba...

Cuando **crucé** la calle, escuché una voz que me llamaba...

		Forma verbal	Interpretación
→ Ayer iba a la farmacia y, cuando **cruzaba/crucé** la calle, escuché una voz que me llamaba...	a.	crucé	Ya estaba al otro lado de la calle.
	b.	cruzaba	Oyó la voz cruzando la calle.
1. Cuando **volvíamos/volvimos** a casa, nos encontramos un maletín lleno de joyas...	a.	volvimos	El maletín estaba en su casa.
	b.	volvíamos	El maletín estaba en la calle.
2. Cuando la **llevábamos/llevamos** al hospital, dijo que ya se sentía bien y volvimos a casa...	a.	llevamos	Llegaron al hospital.
	b.	llevábamos	No llegaron al hospital.
3. La pobre María estaba muy triste y yo muy nervioso. No **sabía/supe** qué decirle...	a.	supe	No le dijo nada.
	b.	sabía	No sabemos si le dijo algo o no.
4. El otro día fui a ver *Continuator III*. La película me **parecía/pareció** muy interesante...	a.	pareció	Finalmente le gustó la película.
	b.	parecía	No sabemos si finalmente le gustó.
5. Cuando los atracadores **escondían/escondieron** el dinero, apareció la policía...	a.	escondieron	La policía vio dónde lo escondieron.
	b.	escondían	La policía no vio el dinero.

B Procesos completos (Indefinido) y partes de un proceso (Imperfecto).

■ Podemos hablar de procesos breves (*comerse un bocadillo*) o más largos (*estudiar Medicina durante cinco años*). La duración no importa:

PROCESOS BREVES

PROCESOS LARGOS

PROCESO COMPLETO: nos situamos 'DESPUÉS' de ese proceso y usamos **Indefinido**.

*Me **comí** el bocadillo **en tres minutos***

Violeta ***estuvo*** estudiando Medicina ***cinco años***.

PARTE DE UN PROCESO: nos situamos 'DENTRO' de ese proceso y usamos **Imperfecto**.

1:06 1:07 1:08

A la 1:07 ***estaba*** comiéndome un bocadillo.

2011 2012 2013 2014 2015

En 2014 ***estaba*** estudiando Medicina.

Por esta razón, cuando nos referimos a la **duración total** de un proceso (*en una hora, durante tres años, toda la tarde, dos días, hasta las 7, tres veces, mucho tiempo*, etc.), usamos **Indefinido**, y no **Imperfecto**:

- *Ayer **trabajé** todo el día.* [Ayer ~~trabajaba~~ todo el día.]
- *Anoche **estuvimos** jugando hasta muy tarde.* [Anoche ~~estábamos~~ jugando hasta muy tarde.]
- ***Estuvo** en el hospital tres meses.* [~~Estaba~~ en el hospital tres meses.]

2 A2-B1 **¿Hablamos de una parte de un proceso o de un proceso completo? Fíjate en el ejemplo y formula enunciados con el verbo *estar* en Imperfecto o Indefinido.**

→ **Cuando nos llamaste** al móvil, Daniela y yo ...estábamos... esperando a Marta en la parada del autobús. ...Estuvimos... esperándola **más de media hora**, hasta que, al final, nos cansamos y nos fuimos.

1. Estoy cansado, sí. Es que ayer ...estuve... trabajando **desde** las 8 **hasta** casi las 11. Vamos, que **a las diez y media** de la noche todavía ...estaba... revisando papeles allí solo, en la oficina.
2. Mi jefe ...estuvo... de viaje en Canadá **tres meses** el año pasado. Cuando tuvimos el accidente en la empresa, nos llamó desde Toronto, porque **en aquel momento** ...estaba... allí visitando a una hermana suya.
3. ● **Cuando nació Carmen**, nosotros ...estábamos... viviendo en París.
○ ¡Ah! ¿Sí? ¿Y **cuánto tiempo** ...estuvisteis... allí?
● Pues ...estuvimos... viviendo allí **hasta** que Carmen cumplió dos años y entonces volvimos a Almería.
4. ● Oye, te llamé el domingo **a las nueve** y no ...estabas... en casa.
○ Sí, es que **a esa hora** ...estaba... durmiendo. ...Estuve... en la cama **toda la mañana**.
5. **El día de mi último cumpleaños** yo ...estaba... haciendo un curso de español de dos semanas en Granada. Pero solo ...estuve... allí **diez días**.
6. Mira **esta foto**: aquí ...estábamos... todos celebrando la boda de Bea y Samuel. ...estuvimos... bailando y contando chistes **toda la noche**. Fue una noche magnífica.

C Cualidades estáticas (Imperfecto) y cualidades dinámicas (Indefinido).

■ Cuando nos referimos a las cualidades o características estáticas de un objeto, recuperamos del pasado **una imagen y describimos cómo era** ese objeto:

CUALIDADES ESTÁTICAS: **objetos**

***Una chica** muy divertida*

- *La chica que conocí ayer **era** muy divertida.*
[~~La chica que conocí ayer fue muy divertida.~~]

■ Cuando nos referimos a las cualidades o características dinámicas de un proceso, recuperamos del pasado **una secuencia de imágenes** de principio a fin y **contamos cómo fue** ese proceso:

CUALIDADES DINÁMICAS: **procesos**

***Una fiesta** muy divertida*

- *La fiesta del sábado **fue** muy divertida.*
[~~La fiesta del sábado era muy divertida.~~]

3 A2-B1 **¿Cómo preguntas por las cualidades de estas cosas? Decide entre *¿Cómo era?* o *¿Cómo fue?*, como en los ejemplos.**

➜ La fiesta de cumpleaños	¿Cómo fue la fiesta de cumpleaños?	Estupenda. Lo pasamos muy bien.
➜ Tu profesora de español	¿Cómo era tu profesora?	Un poco seria, pero muy buena profesional.
1. Tu primera casa	¿cómo era	Enorme. Teníamos cinco dormitorios.
2. El partido de fútbol	¿Cómo fue	Aburridísimo. No metieron ningún gol.
3. El perrito que tenías	¿cómo era	Pequeñito, con mucho pelo y un poco tonto.
4. La falda que llevaba Elena	¿Comó era	Roja, creo, y muy moderna.
5. Tu primer día de trabajo	¿comó fue	Un poco duro porque no conocía a nadie.
6. Tu hermana de pequeña	¿comó era	Muy alegre y muy cariñosa.
7. El ladrón	¿comó era	Rubio, alto, con los ojos azules.
8. La conferencia	¿Como fue	Horrible. No había nadie, y ahora comprendo.
9. El hotel donde dormiste	¿comó fue	De tres estrellas, bastante nuevo.
10. El viaje	¿Comó fue	Muy tranquilo. Un poco largo, pero tranquilo.
11. El curso de alemán	¿comó fue	Fue muy difícil. Y el profesor era horrible.
12. El reloj que te regalaron	¿comó era	Bonito, pero muy malo: solo funcionó dos días.

Si nos referimos a la **duración total** de una cualidad (*una hora, durante dos semanas, todo el día, mucho tiempo...*), entonces hablamos de un proceso completo y **el Indefinido es la única opción**:

- *Yo antes **tenía** el pelo largo.*
- ***Tuve** el pelo largo dos o tres años, pero luego me cansé.* [~~Tenía~~ el pelo largo dos o tres años.]

4 B1-B2 **¿Imperfecto o Indefinido? Completa con el verbo de la izquierda, como en el ejemplo.**

llevar
➜ Recuerdo perfectamente que en aquella fiesta llevaba puesto su abrigo negro, ese tan bonito.
➜ Llevó puesto su abrigo negro toda la noche.

ser
1. Cuando yo la conocí, Elisa era una buena estudiante. Luego cambió mucho.
2. Fue una buena estudiante durante un par de años. Luego cambió mucho.

estar
3. Gonzalo estuvo muy gordo una temporada, pero se puso a régimen y adelgazó.
4. Gonzalo estaba muy gordo, por eso se puso a régimen, para adelgazar.

ser
5. Cuando se construyó, el edificio del ayuntamiento era azul.
6. El edificio del ayuntamiento fue azul durante varios siglos, pero ahora es blanco.

llamarse
7. Este pueblo se llamaó Guarromán mucho tiempo, pero le cambiaron el nombre por Limpiadillo.
8. Antes, este pueblo se llamaba Guarromán, pero ahora se llama Limpiadillo.

trabajar
9. Durante un tiempo trabajó como actor.
10. En 2018 ya no trabajaba como actor. Lo dejó unos años antes.

D Describir situaciones regulares (Imperfecto).

Cuando hablamos de hechos que queremos presentar como regulares en una época del pasado, nos situamos 'DENTRO' de aquella época y describimos cómo era la situación 'ALLÍ':

- *Yo, antes, **era** muy buen estudiante. **Escribía** y **leía** todas las tardes...*

Por esta razón **usamos el Imperfecto** para indicar regularidad (*antes, habitualmente, normalmente, frecuentemente, siempre, nunca, cada día, a veces, dos veces al día, una vez por semana...*):

- *En aquella empresa **trabajaba** normalmente todo el día.*
  [En aquella empresa ~~trabajé~~ normalmente todo el día.]
- *Cuando éramos pequeños siempre **estábamos** jugando hasta muy tarde.*
  [Cuando éramos pequeños siempre ~~estuvimos~~ jugando hasta muy tarde.]
- *Antes **íbamos** al cine todos los fines de semana.*
  [Antes ~~fuimos~~ al cine todos los fines de semana.]

5 A2-B1 **Identifica de qué hablamos en cada enunciado y marca con un círculo la forma adecuada del verbo en cada caso.**

Imperfecto ➜ *Situación regular*
Indefinido ➜ *Hecho completo*

➜ **a.** Antes **iba**/**fui** mucho al cine Ideal. (Situación regular)
b. Ayer **iba**/**fui** al cine Ideal. (Hecho completo)

1. **a.** Cuando era pequeño solo **iba**/**fui** a un parque de atracciones una vez. (hecho completo)
   b. Cuando era pequeño, cada fin de semana **iba**/**fui** al parque de atracciones. (Situación regular)
2. **a.** El verano pasado **estábamos**/**estuvimos** 15 días en la playa y 15 días en la montaña, pero este año no hemos salido de casa. (hecho completo)
   b. Cuando Carmen era pequeña, todos los veranos **estábamos**/**estuvimos** 15 días en la playa y 15 días en la montaña, pero ahora no quiere viajar con nosotros y nos quedamos en casa. (Situación regular)
3. **a.** Los padres no sabían qué nombre ponerle, pero al final la **llamaban**/**llamaron** Nicasia. (hecho completo)
   b. Se llamaba Nicasia, pero sus amigos la **llamaban**/**llamaron** normalmente Casi. (Situación regular)
4. **a.** Quería mucho a su gato. Lo **llevaba**/**llevó** al veterinario dos veces al mes. (Situación regular)
   b. No cuidaba nada a su gato. Lo **llevaba**/**llevó** dos veces al veterinario en toda su vida. (hecho completo)
5. **a.** Aquel primer concierto de Broos Printing **era**/**fue** genial. (hecho completo)
   b. Cuando era más joven, sus conciertos **eran**/**fueron** geniales, pero ya no es lo mismo. (Situación regular)

E Contar historias.

Con el Imperfecto **detenemos el tiempo** de una historia para describir una situación momentánea; con el Indefinido indicamos que algo pasó completamente y **hacemos avanzar el tiempo** hasta una nueva situación:

El otro día ***salíamos*** del cine [en este punto de la historia, ellos están saliendo] cuando, de pronto, un señor vestido como en el siglo XVIII ***se acercó*** a nosotros [en este punto de la historia, el señor está junto a ellos] y ***empezó*** a cantarnos una canción [en este punto de la historia, el señor ya está cantando] en una lengua muy extraña. Nosotros no ***entendíamos*** nada y no ***sabíamos*** qué hacer [en este punto de la historia, están sorprendidos y confusos]. ***Estuvo*** cantando así dos o tres minutos [en este punto de la historia, el señor ya ha terminado de cantar] y, cuando ya ***se iba*** [en este punto de la historia, el hombre ya se va], ***llegó*** una limusina [en este punto de la historia, la limusina ya está con ellos] y el señor se ***subió*** [en este punto de la historia, el hombre ya está en el coche] y ***se marchó*** [en este punto de la historia, la limusina ya se ha ido]...

6 B1 **Fránkez está contando una cosa increíble que le pasó ayer. ¿Puedes "traducir" su pequeña historia? Tendrás que escoger, para cada verbo, la forma adecuada del Imperfecto o del Indefinido.**

Ayer yo **caminar** tranquilamente por el cementerio, porque **ir** al castillo de Tristicia para llevarle pasteles de serpiente, y, de pronto, en el camino, un hombre lobo muy malo **salir** de detrás de un árbol y **ponerse** enfrente de mí, enseñándome los dientes. Yo **estar** muerto de miedo, pero **salir** corriendo y, al final, **conseguir** escapar de él. **Poder** hacer dos cosas: o **volver** a mi casa o **intentar** llegar al castillo de Tristicia, a pesar de todo. **Decidir** seguir andando para visitarla. Cuando **entrar** en el castillo, ella **estar** en la cama, pero **tener** una cara muy extraña y peluda. Por eso yo, rápidamente, **dejar** la comida al lado de su cama y **volver** a mi castillo corriendo. Yo soy Fránkez, no soy Brus Güilis.

Ayer yo caminaba tranquilamente por el cementerio... iba, salió, se puso, estaba, salí, consegui, Podía, volvía, intentaba, decidí, entré, estaba, tenía, dejé, volví

F ¿Imperfecto o Pretérito perfecto? *Salía / Ha salido.*

■ Decidimos entre Imperfecto o Perfecto exactamente con las mismas reglas que usamos para decidir entre Imperfecto o Indefinido:

DESCRIBIR **SITUACIONES MOMENTÁNEAS**	CONTAR **HECHOS COMPLETOS**

• ***Hoy**, <u>a las cinco</u>, todavía **estaba** estudiando.*	• ***Hoy** **he estado** estudiando <u>hasta las siete</u>.*

7 A2-B1 **Decide qué forma verbal se corresponde con cada interpretación, como en el ejemplo.**

→ Pues iba yo a la farmacia, y cuando **cruzaba** / **he cruzado** la calle, he escuchado una voz que me llamaba...
- **a.** (cruzaba) Ha escuchado la voz cruzando la calle.
- **b.** (he cruzado) Ya estaba al otro lado de la calle cuando ha escuchado la voz.

1. Cuando la **llevábamos** / **hemos llevado** al hospital, ha dicho que ya se sentía bien y hemos vuelto...
- **a.** (llevábamos) No han llegado al hospital.
- **b.** (hemos llevado) Sí han estado en el hospital.

2. María estaba muy triste y yo muy nervioso. No **sabía** / **he sabido** qué decirle...
- **a.** (sabía) No sabemos si le ha dicho algo o no.
- **b.** (he sabido) Sabemos que no le ha dicho nada.

3. La última novela de Agapito Tristán me **parecía** / **ha parecido** muy buena...
- **a.** (ha parecido) Ha leído la novela completa.
- **b.** (parecía) No sabemos si ha terminado de leerla.

8 A2-B1 **¿Hablamos de una parte de un proceso o de un proceso completo? Fíjate en el ejemplo y formula enunciados con el verbo *estar* en Imperfecto o en Perfecto.**

→ **Cuando nos has llamado** al móvil, Daniela y yo ...estábamos... esperando a Marta en la Plaza Nueva. ...Hemos estado... esperándola **más de media hora**, hasta que, al final, nos hemos cansado y nos hemos ido.

1. Mi jefe ...ha estado... en Canadá **tres meses** este año. Precisamente el día del accidente ...Estaba... en Toronto.
2. ● ¿**Cuánto tiempo** ...habéis estado... encerrados Rosa y tú en la casa?
   ○ ¡**Toda la tarde** .... encerrados! **Cuando Jenaro ha llegado** con la llave, los dos .... ya desesperados.
3. ● Oye, te he llamado esta mañana **a las nueve** y no .... en casa.
   ○ Sí, lo que pasa es que a **esa hora** .... durmiendo. .... en la cama hasta las diez.

G Historias actuales y no actuales.

■ Si el hecho todavía no está terminado en el punto de la historia donde estamos, usamos el **Imperfecto**:

■ Si el hecho está ya terminado y completo en el punto de la historia donde estamos, usamos el Indefinido o el Perfecto:

Perfecto para situar la historia en un espacio actual:

Indefinido para situar la historia en un espacio pasado:

Cualidades de las cosas Hechos regulares Situaciones momentáneas	Hechos terminados 'AQUÍ' *(Hoy, esta mañana, este mes, este año...)*	Hechos terminados 'ALLÍ' *(Ayer, aquel día, el lunes pasado, el mes pasado...)*

HABLANDO DE UN ESPACIO ACTUAL

Hoy...

Mensaje nuevo

De mario@difu.com
Para evaristo@udcfg.com
Asunto Lo tenía todo preparado...

Querido Evaristo:

No **he podido** ir con vosotros porque **he estado** con Elena. Sí, aquella profesora de español que **era** tan divertida y que me **gustaba** tanto. Ya sabes que, desde que la conocí, **hemos salido** algunas veces a tomar café, que ella siempre me **hablaba** de sus alumnos y que yo muchas veces **intentaba** sacar el tema de los novios sin resultado. Pues esta tarde **hemos ido** al cine y la **he invitado** a cenar, después, en mi casa. Lo **tenía** todo preparado: una comida perfecta, velas, música romántica... Pero Elena **ha llegado** a casa con un chico. Yo no **sabía** qué hacer ni qué decir, pero ella **ha aclarado** inmediatamente la situación: **era** su novio. Al final **ha sido** una cena un poco accidentada, como ves.

HABLANDO DE UN ESPACIO PASADO

Cuando estaba en Berlín...

Conocí a Elena en Berlín. Yo **estaba** en una oficina de la embajada y ella **trabajaba** como profesora de español en una universidad. Elena **tenía** entonces unos 25 años. **Era** un poco más joven que yo. Ella **estaba** muy contenta con su trabajo allí y muchas tardes **salíamos** a tomar un café para hablar de sus alumnos. Me **gustaba** mucho aquella chica. Un día **salimos** para ir al cine y la **invité** a cenar a mi casa. Lo **tenía** todo preparado: una comida perfecta, velas, música romántica... Pero ella **llegó** a casa con un chico. Yo no **sabía** qué hacer ni qué decir. Entonces ella **aclaró** la situación: **era** su novio. Al final **fue** una cena estupenda. La comida, quiero decir.

9 B1-B2 ¿Imperfecto o Perfecto? Decide en cada caso.

→ poder ✓ (1) ir (2) ser (3) hablar (4) invitar (5) querer (6) ir (7) conocer (8) decir (9) ser (10) creer (11) ser (12) estar (13) tener (14) hacerse

Mensaje nuevo

De elena@caapum.com
Para carolina@dif.com
Asunto Lo siento

Hola, Carolina:

Te escribo este mail para contarte por qué no → he podido ir a tu fiesta. Es que esta tarde (1) he ido al cine con Mario. Sí, ese chico que (2) era tan tímido, ¿recuerdas? Te lo presenté el otro día en el café y, después, te (3) hablaba varias veces de él. Bueno, pues resulta que, después del cine, Mario me (4) ha invitado a cenar en su casa. Yo no (5) quería, pero, al final, (6) he ido a cenar a su casa con Hans, un amigo. Mario no lo (7) conocía, así que le (8) he dicho que Hans (9) era mi novio y se lo (10) ha creído. Al final, la cena (11) ha sido un poco extraña: la comida (12) estaba buenísima, pero (13) he tenido que escuchar durante toda la cena un disco de grandes éxitos de Julio Iglesias. Creo que, además, Mario y Hans (14) se han hecho muy amigos.

Bueno, nos vemos mañana y te cuento más.

Un abrazo,

Elena

10 B1-B2 ¿Imperfecto o Indefinido? Decide en cada caso.

→ conocer ✓ (1) estudiar (2) trabajar (3) ser (4) tener (5) preguntar (6) decir (7) estar (8) pensar (9) estar (10) querer (11) invitar (12) proponer (13) saber (14) llamar (15) ir (16) decir (17) ser (18) poner (19) hacer

→ Conocí a Mario en Berlín. Yo (1) estudiaba alemán y (2) trabajaba como profesora de español en una academia, y él (3) era empleado en una oficina de la embajada. En aquel tiempo, yo (4) tenía 25 años y él 30.
Un día me (5) preguntó por mis planes de futuro y le (6) dije la verdad: que yo no (7) estaba contenta con mi trabajo y (8) pensaba volver a España. Creo que él (9) estaba un poco enamorado de mí, pero yo en aquella época no (10) quería salir con nadie.
Un día me (11) invitó al cine y me (12) propuso ir a cenar a su casa. Yo no (13) sabía qué hacer, así que (14) llamé a un amigo alemán y (15) fuimos los dos juntos a la cena. Le (16) dije a Mario que Hans (17) era mi novio. Para mi sorpresa, Mario no se (18) puso nada triste y al final...
¡Hans y él se (19) hicieron muy amigos!

27. Pluscuamperfecto de indicativo.

A Significado y formas: *había hablado, había comido, había vivido...*

- El Pretérito pluscuamperfecto se forma con:

El **Pretérito imperfecto** del verbo auxiliar ***haber***. → ***había / habías / había / habíamos / habíais / habían*** + *hablado / comido / vivido* ← El **participio** correspondiente al hecho terminado.

Con el Pluscuamperfecto afirmamos hechos terminados en un **momento anterior** a otro momento en el pasado.

Antes de aquel momento: *Había llovido.*

En aquel momento: *Estaba todo mojado.*

→ **20.** Formas no personales

1 B1-B2 **Completa con la forma del Pluscuamperfecto en la persona correspondiente y relaciona cada verbo con su imagen.**

- ¿Sabes que Toby se escapó ayer por la tarde? No me lo explico.
- Pues es fácil. Cuando se escapó, tú → habías salido (C) con Antonio a dar una vuelta. Toby pudo salir perfectamente por la puerta principal, porque, cuando yo volví, me di cuenta de que Antonio y tú os (1) habíais dejado la puerta abierta al salir. Yo, por mi parte, (2) había ido a comprar al supermercado porque necesitábamos comida para la noche. También las ventanas se (3) habían quedado abiertas, porque también las encontré abiertas al volver. Y Marisa se (4) había quedado dormida después de la comida y ella, cuando duerme, duerme. Si, además de todo esto, recuerdas que Toby ya (5) había visto por la ventana a Mopa, la nueva perrita de la vecina, está ya todo explicado, ¿o no?

B Uso: el pasado del pasado.

■ Desde el presente, podemos afirmar sucesos pasados y terminados con el **Perfecto** o el **Indefinido**. Pero, cuando nos situamos en un punto concreto del pasado, utilizamos el **Pluscuamperfecto** para referirnos a hechos que ya estaban terminados **antes de ese punto del pasado**:

2 B1-B2 **Traslada a una escena pasada estos sucesos contados con Perfecto, cambiando la forma del verbo al tiempo y la persona adecuados.**

Antes de ahora

→ "Oye, son las seis y todavía no **ha llegado** nadie".
1. "¡Ya estoy aquí! ¡Qué bien, lo **habéis arreglado** ya todo!".
2. "**He preparado** unas tapas. ¿Os apetecen?".
3. "Sí, ella siempre **ha sido** muy buena conmigo".
4. "Si tienes buenas notas es porque **has estudiado** mucho".
5. "Nos **hemos dejado** las llaves dentro. ¿Cómo entramos ahora?".
6. "¡Horror! ¡Nuestro tren ya se **ha ido**! ¡Menudo lío! ¿Qué hacemos ahora?".

Antes de aquel momento

→ A las seis todavía no *había llegado* nadie.
1. Guillermo y Juan lo habían arreglado ya todo.
2. había preparado unas tapas, pero no comieron nada.
3. Le mentí diciéndole que ella había sido muy buena conmigo.
4. Tenía muy buenas notas. Es lógico: habías estudiado mucho.
5. No pudimos entrar porque nos habíamos dejado las llaves dentro.
6. Llegaron a la hora exacta a la estación, pero el tren se había ido.

3 B1-B2 **Traslada a una escena pasada estos sucesos contados con Indefinido, cambiando la forma del verbo.**

En un momento pasado	Antes de aquel momento
→ Lo siento. Patricia no está. **Salió** hace un rato.	→ Corrí todo lo que pude, pero Patricia ya ....había salido.... cuando llegué a su casa.
1. Tenemos que ir a casa de Ángela. Se **compraron** un coche ayer y quieren enseñárnoslo.	1. Fuimos a casa de Ángela. Se ....habían comprado.... un coche nuevo y querían enseñárnoslo.
2. Tranquila, se lo **conté** todo a Paco ayer.	2. Me aseguró que ya se lo ....había contado.... todo a Paco.
3. ● ¿Entiendes lo que dice en este papel? ○ Más o menos. Yo **estudié** dos años ruso.	3. Eugenio pudo entender lo que decía aquel papel porque ....había estudiado.... ruso dos años.
4. La semana pasada **hice** mi primera entrevista de trabajo.	4. Estaba muy orgulloso porque la semana anterior ....había hecho.... su primera entrevista de trabajo.
5. **Estuvimos** en la playa de Mónsul el año pasado y el anterior.	5. Ellos conocían muy bien el camino a Mónsul porque ya ....habían estado.... allí dos veces.

■ Solo podemos usar el **Pluscuamperfecto** si presentamos un hecho como **anterior a un punto muy concreto** en el pasado:

[Antes de llegar] • ***Cuando llegué, ya*** *se* ***habían comido*** *toda la tarta.*

[Antes de decírmelo] • *El otro día me encontré a Paco.* ***Me dijo*** *que* ***había estado*** *enfermo.*

[Antes de llamarla] • ***A las seis*** *la volví a llamar, pero se* ***había ido****.*

■ Si ese punto de referencia en el pasado no está claro, no usamos el Pluscuamperfecto, sino el **Indefinido**:

- *Ayer* ***fui*** *al cine.*
- *¡Ah! ¿Sí? ¿Y qué película* ***fuiste*** *a ver?*

4 B1-B2 **Interpreta y decide: ¿tiene sentido el enunciado o necesitamos un Indefinido?**

→ La sopa no estaba buena porque le **había echado** mucha sal. (....✓....)

→ El sábado ~~**habíamos ido**~~ a un restaurante muy bueno, pero este restaurante es horrible. (....fuimos....)

√1. Estábamos ya en la puerta, pero no pudimos entrar al concierto porque Jorge se **había dejado** las entradas en casa. (....✓....)

√2. En marzo **había viajado** por primera vez a Madrid y, después, visité Valencia y Barcelona. (....viajé....)

√3. Compró dos libros y le **había regalado** uno a su amigo. (....regaló....)

√4. Héctor nació muy pequeño pero, cuando lo vi por segunda vez, ya **había crecido** un montón. (....✓....)

√5. Nosotros **habíamos comido** cuando llegamos. (....✓....)

√6. El fin de semana pasado mi amiga Alicia **había venido** a verme. (....vino....)

√7. El programa no te funcionó porque no lo **habías instalado** correctamente. (....✓....)

28. Futuro.

A Significado.

Al igual que el Presente, el Futuro habla de una realidad presente o futura. Pero, a diferencia del Presente, con el Futuro solo **predecimos** o **suponemos cómo puede ser** una realidad de la que todavía no tenemos experiencia completa.

AFIRMANDO SOBRE EL PRESENTE O EL FUTURO:

- *Ahora **tiene** mucho trabajo.*
  [Afirmación sobre algo presente.]
- *Mañana **acaba** el trabajo.*
  [Afirmación sobre algo futuro.]

HACIENDO UNA SUPOSICIÓN SOBRE EL PRESENTE O UNA PREDICCIÓN SOBRE EL FUTURO:

- *Ahora **tendrá** mucho trabajo.*
  [Suposición sobre algo presente.]
- *Mañana **acabará** el trabajo.*
  [Predicción sobre algo futuro.]

1 A2-B1 **¿De qué momento hablamos con estas formas de Futuro?**

Momento presente (P) | Momento futuro (F)

→ Al mundo vendrán trece millones de naves. Vendrá una confederación intergaláctica de Ganímedes, de la constelación Orión, de Raticulín, de Alfa y de Beta. (F)

1. ● ¿El hijo pequeño de Alfredo es rubio?
   ○ Pues no sé, pero si todos sus hijos son rubios, este también será rubio. (P)
2. Si tú se lo pides, no dirá nada. (F)
3. ● ¿Y tus amigos? No los veo.
   ○ Estarán en el banco. Tenían que sacar dinero. (P)
4. ● No nos queda dinero.
   ○ Iré al banco, no te preocupes. (F)
5. Mi hijo se llamará Nemesio. Me encanta ese nombre. (F)
6. ● ¿Cómo se llama el hijo de Inma?
   ○ Pues no sé, pero se llamará Nemesio. A ella le encanta ese nombre. (P)

B Formas regulares: *hablaré, comeré, viviré...*

Para formar el Futuro regular usamos el **infinitivo** más las **terminaciones** del Presente de ***haber***.

	Presente de *haber*		*-ar/-er/-ir*	HABLAR	COMER	VIVIR
Yo	*he*	*Hablar* / *Comer* / *Vivir*	*-é*	*hablaré*	*comeré*	*viviré*
Tú	*has*		*-ás*	*hablarás*	*comerás*	*vivirás*
Él, ella, usted	*ha*		*-á*	*hablará*	*comerá*	*vivirá*
Nosotros/-as	*hemos*		*-emos*	*hablaremos*	*comeremos*	*viviremos*
Vosotros/-as	*habéis*		*-éis*	*hablaréis*	*comeréis*	*viviréis*
Ellos, ellas, ustedes	*han*		*-án*	*hablarán*	*comerán*	*vivirán*

Además, **el acento está siempre en la terminación**, como muestra el subrayado en los ejemplos anteriores.

2 B1 **Convierte las siguientes afirmaciones en predicciones o suposiciones con la forma correspondiente del Futuro.**

Afirmaciones	**Predicciones o suposiciones**
➜ Si no estudias, no **eres** nada en la vida.	➜ Si no estudias, no serás nada en la vida.
1. María Elena **vuelve** a las cinco.	1. María Elena Volverá a las cinco, más o menos.
2. Nunca **cambio** de opinión.	2. Nunca Cambiaré de opinión, nunca.
3. No hay problema. Si llueve, **comemos** dentro.	3. Mejor fuera, pero, si llueve, Comeremos dentro.
4. No puede correr mucho. Le **duele** el pie.	4. No sé, le dolerá el pie y, por eso, no corre mucho.
5. ¿Me **invitas** a cenar esta noche?	5. ¿Me invitarás a cenar algún día?
6. Si no quieres hablar tú, **hablo** yo.	6. Si no quieres hablar tú, hablaré yo.
7. ¿Puedo ir a veros mañana? ¿**Estáis** en casa?	7. ¿Puedo ir a veros mañana? ¿Estaréis en casa?
8. Los niños **están** en la calle.	8. Si no están aquí, estarán en la calle, ¿no?

C Verbos irregulares: *diré, querré, tendré...*

■ Las irregularidades en el Futuro afectan siempre a la primera parte del verbo, a la raíz. **Las raíces irregulares** más frecuentes son las de estos verbos:

Decir	➜ *dir-*	*Querer*	➜ *querr-*	*Tener*	➜ *tendr-*
Hacer	➜ *har-*	*Haber*	➜ *habr-*	*Poner*	➜ *pondr-*
		Poder	➜ *podr-*	*Venir*	➜ *vendr-*
		Saber	➜ *sabr-*	*Salir*	➜ *saldr-*
		Caber	➜ *cabr-*	*Valer*	➜ *valdr-*

■ La **terminación** siempre es regular:

DECIR	QUERER	TENER
diré	*querré*	*tendré*
dirás	*querrás*	*tendrás*
dirá	*querrá*	*tendrá*
diremos	*querremos*	*tendremos*
diréis	*querréis*	*tendréis*
dirán	*querrán*	*tendrán*

Los verbos compuestos correspondientes tienen la misma irregularidad:

Deshacer ➜ *desharé* — *Rehacer* ➜ *reharé*
Mantener ➜ *mantendré* — *Suponer* ➜ *supondré*

3 A2-B1 **El pequeño Samuel José cree que todos los verbos en Futuro son regulares. Ayúdale a aprender, identificando y corrigiendo sus pequeños errores (hay cinco errores más).**

➜ Yo **teneré** tendré una bicicleta, como mi hermana, y **seré** ✓ muy deportista, como mi papá.

1. Si tú no juegas conmigo, se lo **deciré** diré a mi tito José y él **venirá** vendrá y **estará** ✓ conmigo y me **dará** ✓ unos caramelos.
2. Mi mamá **volverá** ✓ pronto y me **ponerá** Pondrá la tele para ver los dibujos animados.
3. Después de comer **saliré** Saldré a la calle y **jugaré** ✓ con mis amigos.
4. El año que viene **iré** ✓ a la escuela y así **saberé** Sabré leer cuentos y **poderé** Podré escribir cartas a los Reyes Magos.

Samuel José

4 A2-B1 **Compara cómo son los robots de ahora y los robots del futuro. Completa con la forma adecuada del verbo.**

Los robots de ahora...	Los robots del futuro...
→ **Tienen** menos inteligencia que los humanos.	→ Tendrán más inteligencia que todos nosotros juntos.
1. No **saben** educar a los bebés.	1. Sabrán educar a los bebés, cantarles canciones y leerles cuentos. Pero no les gustará hacerlo.
2. **Hacen** cosas muy mecánicas.	2. harán cosas muy creativas y sorprendentes. Demasiado sorprendentes, quizás.
3. No **vienen** cuando los llamas.	3. Vendrán a ayudarnos telepáticamente.
4. **Salen** poco de casa.	4. Saldrán a la calle con todas nuestras cosas (nuestra cartera, nuestro móvil, nuestras llaves...).
5. Son muy grandes. No **caben** en muchos lugares.	5. Cabrán en todas partes. También en los bolsillos.
6. **Valen** muchísimo dinero.	6. Valdrán poco. Como un móvil.
7. No **quieren** ser humanos.	7. querrán ser más humanos que los humanos.
8. Todavía no **hay** muchos.	8. habrá muchísimos y los humanos desapareceremos.

D Usos. Predecir el futuro: *Mi novio volverá mañana.*

■ Cuando usamos el Futuro para hablar del futuro cronológico estamos prediciendo el futuro. Hacemos esto para indicar que hablamos de hechos que dependen del paso del tiempo para confirmarse. Estamos **prediciendo** cómo va a ser el futuro o pidiendo predicciones a otros:

CÓMO PUEDE SER EL FUTURO		
	HACER PREDICCIONES	• *El martes **tendremos** sol en la mitad sur y **habrá** nubes en el norte.* • *Al final no **terminará** la traducción, ya **verás**.* • *A las cuatro en punto **estaré** esperándote en el aeropuerto, ¿vale?*
	PEDIR PREDICCIONES	• *¿**Llegará** Ana a tiempo para la cena? ¿Qué piensas?* • *¿**Estaréis** en tu casa mañana todo el día?* • *¿Tú crees que **lloverá** esta tarde?*

■ Si queremos presentar la información más objetivamente, usamos el **Presente** o ***Ir a*** + INFINITIVO:

- *A las cuatro **estoy** allí.*
- *A las cuatro **voy a estar** allí.*

→ **21.** Presente de indicativo
→ **37.** Perífrasis verbales

5 B1 **Relaciona los enunciados de la izquierda con los de la derecha.**

→ Ven a tu concesionario Aupel y prueba nuestros coches. (f)
1. ¿Te gusta la carne? (A)
2. Préstame el libro de cocina. (D)
3. ¿Tendrás tiempo mañana para ayudarme? (G)
4. Esta niña será futbolista. (h)
5. Bueno, si no quieres hablar ahora, vale. (B)
6. Tómate estas medicinas. (e)
7. Cuida bien a tus amigos. (C)

a. Pues este plato te encantará.
b. Otro día me lo dirás.
c. Y nunca estarás solo.
d. Te lo devolveré mañana.
e. Dentro de media hora te sentirás mejor.
f. Vivirás experiencias inolvidables. ✓
g. Yo no puedo mover estos muebles solo.
h. Se pasa todo el día jugando con la pelota.

6 A2-B1 **Completa las predicciones de esta vidente con el verbo y la forma adecuada del Futuro.**

quedar ✓	~~sentir~~	~~cambiar~~	~~conocer~~	morir	~~tener~~	querer	~~ganar~~	~~abandonar~~

→ Pronto te *quedarás* sin trabajo.

1. Antes de un mes *conocerás* a una persona guapísima y te *sentirás* muy enamorado de ella.
2. En ese momento tu vida *cambiará* completamente.
3. Tu pareja te *abandonará*.
4. *Ganará* 100.000 euros en un concurso de televisión.
5. Tu pareja *querrás* volver contigo.
6. *tendrás* siete hijos y cuatro perros.
7. Y, si no me pagas, *morirás* joven.

7 B1 **El matrimonio Rocamora-Holehole no va bien. Esto es lo que les pasa... Pero ¿cómo terminará? Escoge la consecuencia adecuada en cada caso.**

~~Romperse la comunicación~~ ✓
~~La próxima Navidad~~ no ~~estar juntos~~
~~Quedarse sin dinero~~
~~Tener nuevos amigos~~
~~Separarse~~
~~Enamorarse de él~~

→ Casi no se hablan. *Se romperá la comunicación.*

1. Él sale mucho y conoce a mucha gente nueva. *Tendrá nuevos amigos*
2. Ella pasa mucho tiempo con su entrenador personal. *Se enamorará de él*
3. Los dos gastan demasiado. *Se quedarán sin dinero*
4. Nunca están juntos en las fiestas importantes. *La próxima navidad no estarán juntos*
5. Cada vez tienen menos cosas en común. *Se separarán*

E Usos. Suponer el presente: *Mi novio estará en Madrid ahora.*

■ Usamos el Futuro para hablar del presente cronológico cuando hablamos de una realidad que no controlamos totalmente, que no consideramos segura. Estamos solamente **suponiendo** cómo puede ser el presente o preguntando lo que otros suponen:

- *Estará en Madrid ahora.* = • *Supongo que está en Madrid ahora.*

CÓMO PUEDE SER EL PRESENTE		
	HACER SUPOSICIONES	• *No debes preocuparte por el niño.* ***Estará*** *con su hermano mayor.* • ***Será*** *una casa antigua, porque le ha costado muy poco dinero.* • *Manuela tiene fiebre.* ***Tendrá*** *gripe otra vez.*
	PEDIR SUPOSICIONES	• *¿**Estará** todavía abierto el supermercado? ¿Tú qué piensas?* • *Este coche no está mal, pero ¿no crees que el Tesla **será** más rápido?* • *¿**Vivirá** Claudio todavía en aquella casa tan incómoda y fría?*

REALIDAD NO CONOCIDA COMPLETAMENTE

■ Si hablamos de hechos actuales, pero de modo objetivo y seguro, usamos el **Presente**:

- ***Es** un gato buscando comida.*

→ **21.** Presente de indicativo

8 B1 **Vas a una fiesta con un amigo tuyo. En la fiesta te gusta mucho una persona que ninguno de los dos conocéis. Puedes hablar con esa persona directamente o hablar de ella con tu amigo. Pon los verbos en la forma correcta.**

~~salir~~	~~ser~~	~~tener~~ ✓	~~importar~~	~~conocer~~	~~gustar~~	~~dar~~	~~llamar~~ ✓	~~usar~~

Si hablas con esa persona directamente:

➜ ¿Cómo te llamas?
1. ¿Cuántos años tienes?
2. ¿De dónde eres?
3. ¿A quién conoces en esta fiesta?
4. ¿Te gusta bailar?
5. ¿Qué colonia usas?
6. ¿Sales con alguien?
7. ¿Me das tu número de teléfono?
8. ¿Te importa que te llame?

Si hablas con tu amigo: (oral speaking more)

➜ ¿Cómo se llamará?
1. ¿Cuántos años tendrá?
2. ¿De dónde será?
3. ¿A quién conocerá en esta fiesta?
4. ¿Le gustará bailar?
5. ¿Qué colonia usará?
6. ¿Saldrá con alguien?
7. ¿Me dará su número de teléfono?
8. ¿Le importará que lo/la llame?

9 B1-B2 **Sé económico. Sustituye la parte destacada por el Futuro correspondiente.**

➜ **Me da la impresión de que no le gusta** estar con nosotros. ➜ No le gustará estar con nosotros.
1. **Me imagino que tiene** cosas más interesantes que hacer. 1. Tendrá cosas más interesantes que hacer.
2. **Yo pienso que no sabe** dónde estamos. 2. No sabrá dónde estamos.
3. **Posiblemente tiene** demasiado trabajo. 3. Tendrá demasiado trabajo.
4. **Supongo que no le gustan** las fiestas. 4. No le gustarán las fiestas.
5. **Seguro que viene** más tarde. 5. Vendrá más tarde.
6. **Quizá está** enfermo, ¿no? 6. Estará enfermo.
7. **A mí me parece que no quiere** encontrarse con Rosa. 7. No querrá encontrarse con Rosa.
8. **Probablemente no sabe** nada sobre la fiesta. 8. No sabrá nada sobre la fiesta.
9. **A lo mejor tiene** que cuidar a su hermanito. 9. Tendrá que cuidar a su hermanito.

writing — almost the same meaning — oral speaking

10 B1-B2 **Relaciona lo que dice Pepe (a la izquierda) con la situación más probable en cada caso (a la derecha).**

➜ Es mejor no molestar a Luis ahora. **Estará** cenando.
a. Pepe sabe qué está haciendo Luis ahora.
b. Pepe imagina qué puede estar haciendo Luis.

1. ● ¿Quién llama a la puerta?
○ **Será** el cartero.
a. Pepe está mirando por la ventana.
b. Pepe está duchándose.

2. ● ¿De quién es este bolígrafo?
○ **Será** mío. Déjalo ahí.
a. Pepe reconoce perfectamente su bolígrafo.
b. Pepe no recuerda exactamente si ese boli es suyo.

3. ● Pepe, ¿quién sabe que somos novios?
○ Tranquilo, solo lo **sabe** Emilio.
a. Sin duda, Emilio conoce su relación.
b. Posiblemente Emilio conoce su relación.

4. ● Barti no ha comido nada.
○ No le **gustará** el pescado.
a. Barti es el gato de Pepe.
b. Barti es el gato del amigo de Pepe.

5. ○ Oye, Claudia, ¿cuántos años **tiene** Alonso?
a. Alonso es el hijo de Claudia.
b. Alonso es un vecino.

6. ● ¿Tiene sal la carne, Pepe?
○ **Tendrá** un poco.
a. Pepe ha probado ya la carne.
b. Pepe no ha probado todavía la carne.

7. ● A Rosita le duele mucho la cabeza.
○ Es que **está** con gripe. **Tiene** fiebre.
a. Pepe conoce la enfermedad de Rosita, pero no tiene termómetro.
b. Pepe conoce la enfermedad de Rosita y le ha puesto el termómetro.

29. Futuro perfecto.

A Significado y formas: *habré hablado, habré comido, habré vivido...*

■ El Futuro perfecto se forma con:

El **Futuro** del verbo auxiliar ***haber***. → *habré*, *habrás*, *habrá*, *habremos*, *habréis*, *habrán* + *hablado*, *comido*, *vivido* ← El **participio** correspondiente al hecho terminado.

Con el Futuro perfecto **predecimos** o **suponemos** sucesos **terminados** antes de **ahora** o **antes de un momento futuro**.

→ **20.** Formas no personales

1 B1-B2 **Transforma las siguientes afirmaciones en suposiciones con la forma correspondiente del verbo en Futuro perfecto.**

Si lo afirmamos...

→ Esto no funciona. **Hemos hecho** algo mal.
1. **Has trabajado** mucho, pero no veo el resultado.
2. **He puesto** las llaves dentro del armario.
3. Creo que **hemos tomado** la carretera equivocada.
4. Ya no me llama. Me **ha olvidado**.
5. Tus amigos no van a llegar. Se **han perdido**.
6. María **ha salido** un momento a comprar pan.

Si solo lo suponemos...

→ Esto no funciona. Habremos hecho algo mal.
1. habrás .... mucho, pero no veo el resultado.
2. ¿Dónde habré .... las llaves?
3. habremos .... la carretera equivocada, me temo.
4. Ya no me llama. Me habrá ....
5. Pues no llegan... ¿Se habrán .... ?
6. ¿María? No sé. habrá .... un momento.

B Usos. Suponer el pasado del presente: *Habrá dormido poco, supongo.*

■ Usamos el Futuro perfecto **en los mismos casos en que usamos el Pretérito perfecto**, pero con una **diferencia**:

PRETÉRITO PERFECTO	FUTURO PERFECTO
Hablamos de una realidad pasada que **controlamos**: afirmamos esa realidad.	Hablamos de una realidad pasada que no controlamos totalmente: solo **suponemos** esa realidad.
→ **22.** Pretérito perfecto	• ***Habrá salido.*** = • ***Supongo que** ha salido.*
AFIRMANDO EL HECHO: **CONTROLAMOS** LA INFORMACIÓN.	**SUPONIENDO** EL HECHO: **NO CONTROLAMOS** TOTALMENTE LA INFORMACIÓN.
• *¿Por qué estás tan cansada, Luisa?* ○ *Es que esta noche he dormido poco.*	• *¿Por qué está Luisa tan cansada?* ○ ***Habrá dormido** poco.*
• *¿Dónde están las llaves?* ○ *Las he puesto en el cajón.*	• *¿Dónde están las llaves?* ○ *Las **habré puesto** en el cajón, no sé.*
• *Ayer no hicieron la reunión.* ○ *No, pero la han hecho esta mañana.*	• *Ayer no hicieron la reunión.* ○ *No, pero la **habrán hecho** esta mañana.*

2 B1-B2 **Rafael escribe en su diario sobre el vecino de arriba. ¿Qué cosas sabe Rafael y qué cosas está solo imaginando o suponiendo?**

29 de enero

¡Qué raro! En todo el mes no me ha llegado ni una carta, ni recibos del banco ni propaganda. Habrá abierto mi buzón y me habrá robado la correspondencia, no hay otra explicación.
Esta noche he oído ruidos extraños. Seguramente habrá cambiado los muebles de sitio y habrá bailado todo el rato. Es insoportable.

30 de enero

Hoy me han llegado diez pizzas que no había pedido. Las habrá encargado él para molestarme. Además, sus bolsas de basura estaban en la puerta de mi casa. Las habrá dejado ahí porque le he dicho varias veces que no recicla bien. Últimamente he tenido muchas pesadillas. ¿Me habré equivocado de pastillas?

	Lo sabe (know)	Lo supone (assume)
→ Rafael no ha recibido correo en un mes.	✓	
→ El vecino ha abierto su buzón.		✓
✓ 1. El vecino le ha robado la correspondencia.		✓
✓ 2. Rafael ha oído ruidos en el piso de arriba.	✓	
✓ 3. El vecino ha cambiado los muebles de sitio.		✓
✓ 4. El vecino ha bailado durante toda la noche.		✓
✓ 5. Han llegado diez pizzas al apartamento de Rafael.	✓	
✓ 6. El vecino ha encargado las pizzas.		✓
✓ 7. Rafael tenía la basura del vecino delante de su casa.	✓	
✓ 8. El vecino ha dejado la basura en la puerta del apartamento de Rafael.		✓
✓ 9. Rafael ha dormido mal últimamente.	✓	
✓ 10. Rafael no ha tomado las pastillas correctas.		✓

C Usos. Predecir el pasado del futuro: *Mañana habré terminado.*

■ Usamos el Futuro perfecto para declarar **sucesos futuros anteriores a otro momento futuro**. Hacemos esto cuando nos situamos explícitamente en **un punto de referencia preciso** en el futuro y queremos declarar que lo que predecimos estará terminado en ese punto:

- *¿Cómo va eso?*
- *Ya queda poco. En dos horas lo **habremos pintado** todo.*

- *Oye, dejadme algo de tarta, ¿vale? Llego enseguida.*
- *No sé. Me temo que, cuando llegues, la tarta **habrá desaparecido**.*

- *Si salimos mañana a las siete, ¿está bien? ¿Estarás cansado para conducir?*
- *No, con seis horas **habré dormido** suficiente.*

A las cinco ya **habré llegado.**

■ Para hacer lo mismo con mayor seguridad, usamos el Pretérito perfecto:

- *A las cinco he llegado.*

→ **22.** Pretérito perfecto

3 B1-B2 **Alguien hizo las predicciones que tienes a la izquierda. La realidad fue lo que tienes a la derecha. ¿Predijo correctamente o no?**

		Sí	No
→ A las siete **habré terminado**.	**Terminó a las 6:30.**	✓	
→ **Terminaré** a las 7.			✓
1. En marzo ya **habrá nacido** Luisito.	**Nació en febrero.**		
2. En marzo **nacerá** Luisito.			
3. Cuando venga tu madre el domingo, **arreglaré** el horno.	**Lo arregló el jueves.**		
4. Cuando venga tu madre el domingo, ya **habré arreglado** el horno.			
5. El avión **aterrizará** a las 11:15 en el aeropuerto de Jizro.	**Aterrizó a las 11:05.**		
6. A las 11:15, el avión ya **habrá aterrizado** en Jizro.			

30. Condicional.

A Formas regulares e irregulares: *hablaría, comería, viviría, querría...*

- Para formar el Condicional simple regular usamos el **infinitivo** más las **terminaciones** del Imperfecto de *haber*:

	Imperfecto de *haber*		*-ar/-er/-ir*	HABLAR	COMER	VIVIR
Yo	*había*	*Hablar*	*-ía*	*hablaría*	*comería*	*viviría*
Tú	*habías*	*Comer*	*-ías*	*hablarías*	*comerías*	*vivirías*
Él, ella, usted	*había*	*Vivir*	*-ía*	*hablaría*	*comería*	*viviría*
Nosotros/-as	*habíamos*		*-íamos*	*hablaríamos*	*comeríamos*	*viviríamos*
Vosotros/-as	*habíais*		*-íais*	*hablaríais*	*comeríais*	*viviríais*
Ellos, ellas, ustedes	*habían*		*-ían*	*hablarían*	*comerían*	*vivirían*

- **El acento está siempre en la terminación**, igual que en el Futuro, como muestra el subrayado en los ejemplos anteriores.
  - *No sé si **volveré** al pueblo.*
  - *Yo, en tu lugar, no **volvería**.*

- Además, los **verbos irregulares** en Condicional simple son exactamente los mismos que los irregulares en Futuro:

Decir	➜	*diría*	*Querer*	➜	*querría*	*Tener*	➜	*tendría*
Hacer	➜	*haría*	*Haber*	➜	*habría*	*Poner*	➜	*pondría*

  - *¿Tú qué **harías**? ¿**Saldrías** con ella y le **dirías** algo?*
  - *Yo tampoco **sabría** qué hacer, la verdad.*

  - *¿Dónde **pondrías** el sofá? ¿Al lado de la ventana o en esa pared?*

➜ **28.** Futuro

1 B1 **El pequeño Pablito cree que todas las formas del Condicional son regulares. Ayúdale a aprender, identificando y corrigiendo sus pequeños errores, cuando los hace, como en el ejemplo (tienes que encontrar nueve errores más).**

➜ Si fuera mayor, ~~**teneria**~~ ...tendría... muchos libros muy gordos y **leería** ...✓... mucho todos los días.

1. Y así **sabería** ...Sabría... mucho de gramática y **podría** ...✓... hablar perfectamente.
2. Y también **salería** ...Saldría... yo solo a la calle, porque ahora no me dejan mis papás, y **pasearía** ...✓... por toda la ciudad y **hacería** ...haría... todo lo que me gusta y tú **venirías** ...Vendrías... conmigo.
3. Si yo fuera ya mayor, **sería** ...✓... un profesor muy inteligente y **daría** ...✓... conferencias y **deciría** ...diría... cosas muy interesantes.
4. Yo **quereria** ...querría... escribir un libro de aventuras, pero no sé escribir todavía. En mis historias **ponería** ...pondría... cosas muy divertidas y no **habería** ...habría... ningún libro mejor que el mío y yo **sería** ...✓... muy feliz.
5. Yo, en tu lugar, no me **reiría** ...✓... tanto de mí y de mi hermano. **Poderías** ...Podrías... tener problemas si se lo decimos a nuestra mamá.

Pablito

B Hacer suposiciones sobre el pasado: *Serían las cinco, más o menos.*

Con el Futuro hacemos o pedimos suposiciones sobre cosas del presente de las que no estamos seguros:

Con el Condicional simple **suponemos una realidad pasada** o pedimos una suposición sobre ese tiempo pasado:

Saldría = ***Supongo que*** salía/salió

AFIRMANDO EL PASADO:

- *Eran las cinco, más o menos.*
- *Estaba muy caliente. ¿Tenía fiebre?*
- *Llegamos tarde porque perdimos el autobús.*

SUPONIENDO EL PASADO:

- *En aquel momento **serían** las cinco, más o menos.*
- *Estaba muy caliente. ¿**Tendría** fiebre?*
- ***Perderían** el autobús y, por eso, llegaron tarde.*

2 B1 **Cambia la forma del verbo para marcar que están suponiendo sobre algo pasado.**

Si hablan en la fiesta del domingo

→ Pues no sé, **estará** enfermo...
1. o no **sabrá** la dirección...
2. o **estará** enfadado con nosotros...
3. o **tendrá** cosas más interesantes que hacer...
4. o no le **apetecerá**... ¿Quién sabe...?

Si hablan un día después de la fiesta

→ Pues no sé, estaría enfermo...
1. o no sabría la dirección...
2. o estaría enfadado con nosotros...
3. o tendría cosas más interesantes que hacer...
4. o no le apetecería ¿Quién sabe...?

3 B1-B2 **La gente dice que Jorge estaba ayer besando apasionadamente a alguien en la plaza del pueblo. ¿Cómo cambia la forma del verbo si las personas que hablan saben qué pasaba o solo lo suponen?**

Si lo saben, dicen...

No ➜ ...era... Jorge. ➜ ...Era... otro chico.
(1) .... su novia y (2) .... despidiéndose.
Es que no la **veía** desde hacía mucho tiempo.
(4) .... muy contentos de verse.
(5) .... feliz y (6) .... ganas de demostrar su amor a todo el mundo. **Querían** llamar la atención de la gente.

Si solo lo suponen, dicen...

No ➜ ...sería... Jorge. ➜ ...Sería... otro chico.
Sería su novia y **estarían** despidiéndose.
No la (3) .... desde hacía mucho tiempo.
Estarían muy contentos de verse.
Estaría feliz y **tendría** ganas de demostrar su amor a todo el mundo. (7) .... llamar la atención de la gente.

C Hacer declaraciones hipotéticas sobre el presente y el futuro: *Yo no diría nada...*

■ Cuando utilizamos un verbo en Condicional simple para referirnos a algo presente o futuro, estamos declarando una **realidad hipotética** o preguntando por ella:

DECLARAMOS (O PREGUNTAMOS) HIPOTÉTICAMENTE

- *Yo, en tu lugar, **iría** al médico.* [Pero yo no soy tú y no puedo ir por ti.]
- *Te **ayudaría** con mucho gusto, pero es que tengo que irme.* [Y no puedo ayudarte.]
- *Eres muy ágil. **Serías** muy buena deportista.* [Pero no eres deportista.]
- *Si tuvieras tiempo, ¿**harías** más deporte?* [Porque no tienes tiempo para hacer deporte.]

■ Gracias a este sentido hipotético, podemos usar el Condicional simple también para hacer **más indirecta** o **cortés** una petición o una sugerencia:

- *¿Puedes ayudarme a cambiar este mueble?*
- *¿Tienes un bolígrafo rojo, por casualidad?*
- *¿Le importa si abro un poco la ventana?*
- *Yo creo que lo mejor es no decir nada.*

SUGERIMOS MÁS CORTÉSMENTE:

- *¿**Podrías** ayudarme a cambiar este mueble?*
- *¿**Tendrías** un bolígrafo rojo, por casualidad?*
- *¿Le **importaría** si abro un poco la ventana?*
- *Yo creo que lo mejor **sería** no decir nada.*

4 B1-B2 **Decide si las dos opciones son posibles o no. Si hay una que no es posible, táchala.**

➜ ¿**Tienes/Tendrías** unas monedas para prestarme?
➜ ¿**Tienes/Tendrías** muchos hijos si fueras rico?
1. **Me gusta/Me gustaría** mucho tu camisa. ¿Dónde la has comprado?
2. Imagina que puedes ser un animal, ¿qué animal **serás/serías**?
3. ¿Qué tres cosas os **llevaréis/llevaríais** a una isla desierta?
4. Mi trabajo ideal es ser director de orquesta. Lo **cambiaré/cambiaría** por el mío ahora mismo.
5. Yo, en tu situación, no **sabré/sabría** qué hacer. No te puedo aconsejar. Lo siento.
6. ¿Cómo **será/sería** tu mundo ideal?
7. Es mejor guardar el secreto. Yo, en tu lugar, no le **diré/diría** nada.
8. ¿Os **importa/importaría** hablar más alto?
9. ¿**Puedes/Podrías** venir conmigo mañana al banco?
10. Ha sido muy amable con nosotros. Yo creo que **debemos/deberíamos** regalarle algo.
11. Me **encantaría/Me encanta** conducir el coche de mis padres. Pero tengo 10 años.
12. Han estado muy distantes durante todo el día. **Podríamos/Podemos** hablar con ellos para aclarar las cosas.

31. Condicional compuesto.

A Formas: *habría hablado, habría comido, habría vivido...*

■ El Condicional compuesto se forma con:

El **Condicional** del verbo auxiliar ***haber***. → *habría, habrías, habría, habríamos, habríais, habrían*

El **participio** correspondiente al hecho terminado. → *hablado, comido, vivido*

→ **20.** Formas no personales

1 B1-B2 **Marca los números de los ejemplos que contienen un verbo en Condicional compuesto. Hay tres más.**

→ El niño no tenía hambre. Supongo que habría comido caramelos o algo. → C.C.

1. Si todos fuéramos más tolerantes, habría más justicia en el mundo. ....
2. ● Entonces me dijo que yo era muy mal amigo y yo no dije nada.
   ○ Pues yo, en tu lugar, le habría dicho algo. ....
3. No queda nada de leche. Habría que ir al supermercado, ¿no crees? ....
4. Me fui pronto de la fiesta. Me habría quedado porque era muy divertida, pero tenía muchas cosas que hacer. ....
5. Si el niño estaba en la calle jugando es porque sus padres le habrían dado permiso, creo yo. ....
6. Antonio no estaba en la fiesta porque se había ido a Toledo a ver a su madre. ....

B Hacer suposiciones sobre el pasado: *Habría salido, porque no abría.*

■ Con el Futuro perfecto hacemos o pedimos suposiciones sobre el pasado del presente:

■ Con el Condicional compuesto **suponemos una realidad anterior a una escena pasada** o pedimos una suposición sobre este tiempo:

Habría salido = ***Supongo que*** había salido

Afirmando el pasado del pasado:

- *Ya lo sabía porque se lo había dicho Rosario.*
- *Ayer tenías mala cara. ¿Es que habías dormido mal?*
- *No pudo llamar: le habías dado el número equivocado.*

Suponiendo el pasado del pasado:

- *¿Ya lo sabía? Se lo **habría dicho** Rosario, seguro.*
- *Tenía mala cara, el pobre. ¿**Habría dormido** mal?*
- *Le **habrías dado** el número equivocado y no pudo llamar.*

2 B1-B2 **Cambia la forma del verbo para marcar que están haciendo suposiciones sobre una realidad anterior a una escena pasada.**

Si hablan en la fiesta del domingo

¿Por qué no ha venido Jorge a la fiesta?

➜ Pues no sé, **habrá tenido** algún problema...

1. o se **habrá equivocado** de dirección...
2. o se **habrá puesto** enfermo...
3. o **habrá tenido** que ir a otro sitio...
4. o **habrá olvidado** que era hoy... ¿Quién sabe...?

Si hablan varios días después de la fiesta

¿Por qué no vendría Jorge a la fiesta del domingo?

➜ Pues no sé, habría tenido algún problema...

1. o se habría equivocado de dirección...
2. o se habría puesto enfermo...
3. o habría tenido que ir a otro sitio...
4. o habría olvidado que era ese día... ¿Quién sabe...?

C Hacer declaraciones hipotéticas sobre el pasado del presente: *Yo no habría dicho nada...*

■ Cuando utilizamos un verbo en Condicional compuesto para referirnos al pasado del presente, estamos declarando o preguntando por una **realidad hipotética** que ya no puede ser verdad, porque la verdad fue otra:

DECLARAMOS (O PREGUNTAMOS) HIPOTÉTICAMENTE

• *Yo, en tu lugar, **habría ido** al médico hace ya meses.*	[Pero yo no soy tú y no he ido.]
• *Te **habría ayudado** con mucho gusto, pero es que tenía mucha prisa.*	[Y no pude ayudarte.]
• *Eres muy ágil. **Habrías sido** muy buena deportista.*	[Pero no has sido deportista.]
• *Si hubieras tenido tiempo, ¿**habrías hecho** más deporte?*	[Nunca has hecho mucho deporte.]

➜ **42.** Unir frases

3 B1-B2 **Guillermina tuvo un día horrible ayer y en la fiesta de cumpleaños de Eva se portó fatal. Hoy se lo cuenta a su hermano Federico. Él, en su lugar, no habría hecho las cosas así. Completa las declaraciones hipotéticas de su hermano con la forma del Condicional compuesto.**

➜ **Insulté** a Eva.	➜ Yo, en tu lugar, no la habría insultado.
1. **Llamé** tonto a su mejor amigo.	1. Yo que tú, no lo .... tonto.
2. Le **tiré** el pastel a la cara.	2. Yo no se lo ....
3. Le **dije** cosas malas.	3. Yo no le .... esas cosas.
4. Me **fui** de la fiesta llorando.	4. Yo, en tu lugar, no me .... ido así.
5. No le **pedí** perdón.	5. Yo que tú, le .... perdón.
6. ¡Qué mal lo **hice** todo!	6. ¡Yo lo .... mucho mejor!

32. Formas de subjuntivo: *hable, haya hablado...*

A Formas regulares del Presente de subjuntivo: *hable, coma, viva...*

■ Formamos el Presente de subjuntivo cambiando las vocales temáticas del Presente de indicativo de la siguiente manera:

PRESENTE DE INDICATIVO	*-ar*	*-er*	HABLAR	COMER	VIVIR
Yo	*-o*	*-o*	*hablo*	*como*	*vivo*
Tú	*-as*	*-es*	*hablas*	*comes*	*vives*
Él, ella, usted	*-a*	*-e*	*habla*	*come*	*vive*
Nosotros/-as	*-amos*	*-emos*	*hablamos*	*comemos*	*vivimos*
Vosotros/-as	*-áis*	*-éis*	*habláis*	*coméis*	*vivís*
Ellos, ellas, ustedes	*-an*	*-en*	*hablan*	*comen*	*viven*

PRESENTE DE SUBJUNTIVO	*-ar*	*-er / -ir*	*-ar* ➜ *e*	*-er / -ir* ➜ *a*	
Yo	*-e*	*-a*	*hable*	*coma*	*viva*
Tú	*-es*	*-as*	*hables*	*comas*	*vivas*
Él, ella, usted	*-e*	*-a*	*hable*	*coma*	*viva*
Nosotros/-as	*-emos*	*-amos*	*hablemos*	*comamos*	*vivamos*
Vosotros/-as	*-éis*	*-áis*	*habléis*	*comáis*	*viváis*
Ellos, ellas, ustedes	*-en*	*-an*	*hablen*	*coman*	*vivan*

■ **El acento** está también en la misma posición que en el Presente de indicativo: en las personas *yo, tú, él, ella, usted, ellos, ellas, ustedes,* en la raíz; en las personas *nosotros/-as* y *vosotros/-as,* en la terminación, como muestra el subrayado en los ejemplos anteriores.

■ Si necesitamos usar el subjuntivo, utilizamos el Presente para hablar del **presente** y del **futuro** según la siguiente correspondencia:

SI EN **INDICATIVO** DECIMOS...		EN **SUBJUNTIVO** DECIMOS...
• ***Está** en Berlín. / **Estará** en Berlín.*	⟶	• *No creo que **esté** en Berlín.*

➜ **33.** ¿Indicativo o subjuntivo?

1 B1 **¿Presente de indicativo o Presente de subjuntivo? Identifica el modo del verbo en cada caso y completa la otra casilla con la forma correspondiente a la misma persona.**

		Indicativo	Subjuntivo			Indicativo	Subjuntivo
cantan	➜	✓	canten	camines	10.		
hablemos	➜	hablamos	✓	corras	11.	Corres	√
bebes	1.	√	bebas	rompáis	12.	rompéis	√
camina	2.	√	Camine	limpiamos	13.	limpiemos	√
perdona	3.			mires	14.		
rompo	4.			perdone	15.		
vivís	5.			partimos	16.		
miráis	6.			beban	17.		
limpies	7.			corro	18.		
cocina	8.			mejoran	19.		
cuide	9.			saludemos	20.		

B Verbos con alteraciones vocálicas: *pedir, sentir, dormir...*

■ Los verbos que tienen alteraciones vocálicas en el Presente de indicativo tienen también alteraciones en el Presente de subjuntivo. Casi todos los cambios son iguales, pero con algunos verbos hay alguna alteración más.

■ Si en Presente de indicativo la vocal *-e-* del final de la raíz **se cierra** en *-i-* en *yo, tú, él, ella, usted, ellos, ellas, ustedes*, en Presente de subjuntivo la vocal se cierra en todas las personas:

	PEDIR	
	PRESENTE DE INDICATIVO	PRESENTE DE SUBJUNTIVO
Yo	*pido*	*pida*
Tú	*pides*	*pidas*
Él, ella, usted	*pide*	*pida*
Nosotros/-as	*pedimos*	*pidamos*
Vosotros/-as	*pedís*	*pidáis*
Ellos, ellas, ustedes	*piden*	*pidan*

Otros verbos como *pedir*: *impedir, seguir, perseguir, repetir, competir, reír, sonreír, medir, servir, vestir, corregir, elegir...*

■ Otros verbos en *...e...ir* y *...o...ir*, que no cierran esta vocal en las personas *nosotros/-as* y *vosotros/-as* (*mentimos, sentimos, dormimos...*), sí que la cierran en Presente de subjuntivo:

	e → *i*			*o* → *u*	
	MENTIR	SENTIR	PREFERIR	DORMIR	MORIR
Nosotros/-as	*mintamos*	*sintamos*	*prefiramos*	*durmamos*	*muramos*
Vosotros/-as	*mintáis*	*sintáis*	*prefiráis*	*durmáis*	*muráis*

→ **21.** Presente de indicativo

2 B1 **Fránkez y Tristicia discuten con sus vecinos el conde y la condesa Dráculez. Completa los verbos que faltan en la persona adecuada.**

	Presente de indicativo	Presente de subjuntivo
→ ● Vosotros **mentir** siempre.	→ ○ Bueno, a veces sí mentimos,	pero no es verdad que siempre mintamos.
1. ● Nosotros **sonreír** por cualquier cosa.	**1.** ○ Sí, muchas veces ....,	pero es mentira que .... por cualquier cosa.
2. ● Nosotros **amar** naturaleza y **sentir** gran respeto por animales.	**2.** ○ Sí, es verdad que vosotros .... la naturaleza,	pero es falso que .... tanto respeto por los animales: ayer os comisteis dos murciélagos...
3. ● Nosotros ser solidarios y vosotros **competir** continuamente.	**3.** ○ Vale, nosotros .... muchas veces,	pero no es verdad que .... continuamente.
4. ● Nosotros ser ecológicos: **preferir** reciclar a tirar y pasear a conducir.	**4.** ○ Sí, es evidente que vosotros Prefermos reciclar a tirar,	pero es mentira que Preferamos pasear a conducir. ¿Por qué tenéis un coche deportivo?
5. ● Nosotros **dormir** de noche, pero vosotros **dormir** solo de día.	**5.** ○ Es cierto que nosotros dormimos sobre todo de día,	pero es mentira que no duramos nunca por la noche.

C Verbos con raíz irregular: *salga, diga, ponga...*

■ Cuando un verbo tiene la raíz de la primera persona irregular en el Presente de indicativo, formamos **todo el Presente de subjuntivo** con esa raíz irregular:

→ **21.** Presente de indicativo

	HACER		
	PRESENTE DE INDICATIVO		PRESENTE DE SUBJUNTIVO
Yo	*hago*	→	*haga*
Tú	*haces*		*hagas*
Él, ella, usted	*hace*		*haga*
Nosotros/-as	*hacemos*		*hagamos*
Vosotros/-as	*hacéis*		*hagáis*
Ellos, ellas, ustedes	*hacen*		*hagan*

■ Son verbos como:

Decir	→	*dig-*	*Venir*	→	*veng-*	*Conocer*	→	*conozc-*
Traer	→	*traig-*	*Caer*	→	*caig-*	*Parecer*	→	*parezc-*
Poner	→	*pong-*	*Tener*	→	*teng-*	*Agradecer*	→	*agradezc-*
Salir	→	*salg-*	*Oír*	→	*oig-*	*Conducir*	→	*conduzc-*
Valer	→	*valg-*	*Crecer*	→	*crezc-*	*Traducir*	→	*traduzc-*

Y sus compuestos:

Contradecir	→	*contradig-*
Suponer	→	*supong-*
Desaparecer	→	*desaparezc-*
...		

3 B1 **Las pequeñas Lucía y Ángela cometen errores a veces con algunos subjuntivos irregulares. ¿Puedes corregir sus errores cuando los hacen? Hay cinco, además del ejemplo.**

→ ● Mira a papá, Ángela. ¿No ves cómo te pareces a él?
❍ Es extraño que **digas** ✓ eso. Yo no veo que me ~~**pareza**~~ parezca a él.

1. ● ¿Quieres que **ponamos** pongamos un programa de dibujos animados?
❍ Sí. Espera que **traiga** ✓ la tableta y vemos los dibujos.

2. ● ¿Quieres que **salamos** salgamos a jugar al parque con papá?
❍ Vale, pero no creo que papá **tena** tenga tiempo. Trabaja mucho.
● Voy a decirle que **vena** venga con nosotras, a ver qué dice...

3. ● Papá conduce mucho mejor que mamá.
❍ Yo no creo que **conduza** conduzca mejor. Si no sabe ni aparcar...
● ¡Calla! Es mejor que no te **oiga** ✓ decir eso...

D Verbos totalmente irregulares: *ser, estar, ver, ir, haber, saber.*

	SER	VER	ESTAR	IR	HABER	SABER
Yo	*sea*	*vea*	*esté*	*vaya*	*haya*	*sepa*
Tú	*seas*	*veas*	*estés*	*vayas*	*hayas*	*sepas*
Él, ella, usted	*sea*	*vea*	*esté*	*vaya*	*haya*	*sepa*
Nosotros/-as	*seamos*	*veamos*	*estemos*	*vayamos*	*hayamos*	*sepamos*
Vosotros/-as	*seáis*	*veáis*	*estéis*	*vayáis*	*hayáis*	*sepáis*
Ellos, ellas, ustedes	*sean*	*vean*	*estén*	*vayan*	*hayan*	*sepan*

El verbo ***estar*** es irregular solo en el acento: siempre está en la terminación.

Haber es un verbo auxiliar. Con el Presente de subjuntivo de *haber* formamos el Pretérito perfecto de subjuntivo: ***haya*** *comido*, ***hayas*** *ido*...

Haya corresponde tanto a la forma personal (*ha*) como a la forma impersonal (*hay*) del Presente de indicativo.

4 B1 **Los estudiantes de español de la Escuela Oleolé comparten con su profesora algunas expectativas y quejas. La Dirección de la escuela les manda este e-mail respondiendo a cada una de las cosas que piden los estudiantes. Completa con el Presente de subjuntivo en la persona adecuada.**

- Queremos **saber** todas las formas del subjuntivo.
- Queremos **ver** cómo funciona el subjuntivo.
- Queremos **ser** los mejores estudiantes.
- Queremos **estar** con nativos para practicarlo.
- Queremos **ir** a España pronto.
- En esta escuela **hay** poca comunicación entre la dirección y los alumnos.

De direccion@escuela.com
Para Grupo estudiantes español
Asunto Respuestas de la Dirección

Queridos estudiantes:

Gracias por informarnos de vuestros deseos. Queremos que (→) ...sepáis... que, en estos días, vais a aprender todas las formas del subjuntivo. Tened un poco de paciencia. Las formas os van a servir para que todos (1) .... su funcionamiento, claro, y para que, luego, (2) .... unos estudiantes excelentes. Estamos haciendo todo lo posible para que, pronto, (3) .... en clase con nativos. Es una buena idea. Y, si no os importa pagar el doble de la matrícula, podemos organizar un viaje para que (4) .... a algunas ciudades españolas.

Esperamos que, así, (5) .... una mejor comunicación entre vosotros y nosotros.

Saludos,

La Dirección

E Formas del Pretérito imperfecto de subjuntivo: *hablara(-se), comiera(-se), viviera(-se)...*

■ Para formar el Pretérito imperfecto de subjuntivo podemos seguir una regla simple y totalmente regular: tomamos la **3.ª persona del plural** (ellos) del **Indefinido** (regular o irregular) del verbo que queremos conjugar y cambiamos el final *-ron* por las siguientes terminaciones:

Hablar / ***hablaron*** →	IMPERFECTO DE SUBJUNTIVO	*Ser* / ***fueron*** →	IMPERFECTO DE SUBJUNTIVO	*Salir* / ***salieron*** →	IMPERFECTO DE SUBJUNTIVO
	hablara		*fuera*		*saliera*
	hablaras		*fueras*		*salieras*
	hablara		*fuera*		*saliera*
	habláramos		*fuéramos*		*saliéramos*
	hablarais		*fuerais*		*salierais*
	hablaran		*fueran*		*salieran*

■ Además, **el acento** en el Imperfecto de subjuntivo está siempre en la misma posición que en el Indefinido, como muestra el subrayado en los ejemplos anteriores.

■ Si necesitamos usar el subjuntivo, utilizamos el Imperfecto para hablar del **pasado** o de un **presente** o **futuro hipotéticos** según la siguiente correspondencia:

SI EN **INDICATIVO** DECIMOS...		EN **SUBJUNTIVO** DECIMOS...
• ***Estuvo/Estaba*** *en Berlín.*	• ***Estaría*** *en Berlín ayer.* [Supongo.] • ***Estaría*** *en Berlín ahora.* [Pero ha perdido el avión.] • ***Estaría*** *en Berlín mañana.* [Tomando el avión a tiempo.]	• *Es posible que* ***estuviera*** *en Berlín.*

→ **33.** ¿Indicativo o subjuntivo?

5 B1-B2 **Escribe en Indefinido y en la persona *ellos* los verbos en negrita de la izquierda. Después, a partir de esa forma, completa en Imperfecto de subjuntivo las respuestas de la derecha.**

	Indefinido (ellos)	Imperfecto de subjuntivo
→ ● ¿Pudiste ver si **estaban** ya preparados?	estuvie-ron	→ ○ No, no parecía que estuvieran todavía preparados.
1. ● Mi perro **vivió** 20 años.	....	1. ○ No es posible que .... tanto...
2. ● ¿De verdad **comisteis** insectos?	....	2. ○ Sí, pero solo dos o tres. Ellos querían que .... la comida típica de allí.
3. ● Yo, en tu lugar, le **mentiría**.	....	3. ○ No. Sería muy injusto que le ....
4. ● Antes **veníamos** mucho aquí.	....	4. ○ Sí, y a tu madre no le gustaba que nosotros .... aquí.
5. ● ¿**Decidisteis** vosotros el color para pintar la casa?	....	5. ○ ¡Qué va! No nos dejaron que lo .... nosotros.
6. ● Y cuando se lo dije, se **rió** de mí.	....	6. ○ ¡No puedo creer que se .... de ti!
7. ● ¿Tú crees que yo **podría** conseguir ese trabajo si hablara búlgaro?	....	7. ○ No, la verdad es que no creo que .... conseguirlo.
8. ● ¿Recuerdas el viaje a Lisboa? ¡Qué mal **conducía** Mario!	....	8. ○ Sí, fue horrible. Nadie quería que .... él, pero condujo todo el tiempo.
9. ● Me propuso ir a bailar, pero yo no **quise**.	....	9. ○ Pues me parece raro que no .... ir, con lo que te gusta bailar...
10. No sé qué pasó con tu perrito Toby. Supongo que se **escaparía**.		10. ○ Sí, es muy posible que se .... No le dabas casi nada de comer...

■ Además de la forma en *-ra*, el Imperfecto de subjuntivo tiene también otra forma equivalente en *-se*. Hacemos esta forma cambiando la terminación *-ron* de la 3.ª persona del plural (*ellos/-as*) del Indefinido por las siguientes terminaciones:

Hablar **habla~~ron~~**	IMPERFECTO DE SUBJUNTIVO
	hablase
	hablases
	hablase
	hablásemos
	hablaseis
	hablasen

Ser **fue~~ron~~**	IMPERFECTO DE SUBJUNTIVO
	fuese
	fueses
	fuese
	fuésemos
	fueseis
	fuesen

Salir **salie~~ron~~**	IMPERFECTO DE SUBJUNTIVO
	saliese
	salieses
	saliese
	saliésemos
	salieseis
	saliesen

6 B1-B2 **¿Cuál es diferente?**

→ aceptara	estuviese	tenga	(salimos)	Es la única forma que no es subjuntivo.
1. hubiera	dijéramos	supiesen	tuvisteis	....
2. vieron	fuese	oyéramos	agradecieseis	....
3. trajeras	trajeses	conduzca	viniéramos	....
4. cayese	caería	caíamos	caigo	....
5. oyes	oís	oiremos	oyera	....

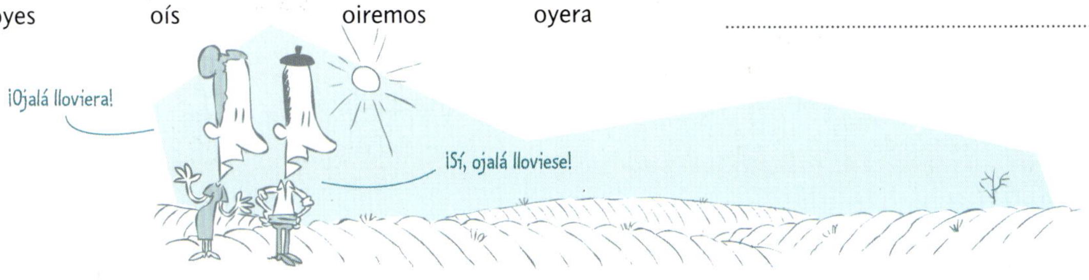

F Formas del Pretérito perfecto de subjuntivo: *haya hablado/comido/vivido...*

■ El Pretérito perfecto de subjuntivo se forma con:

El **Presente de subjuntivo** del verbo auxiliar ***haber***. →	*haya* *hayas* *haya* *hayamos* *hayáis* *hayan*	*hablado* *comido* *vivido*	← El **participio** correspondiente al hecho terminado.

■ Si necesitamos usar el subjuntivo, utilizamos el Perfecto para hablar del **pasado del presente** o del **pasado del futuro**, según la siguiente correspondencia:

SI EN **INDICATIVO** DECIMOS...	EN **SUBJUNTIVO** DECIMOS...
• ***Ha estado*** *en Berlín. /* ***Habrá estado*** *en Berlín.*	• *No creo que* ***haya estado*** *en Berlín.*

→ **20.** Formas no personales
→ **33.** ¿Indicativo o subjuntivo?

7 B1-B2 **Transforma los verbos en negrita de los siguientes diálogos en la forma correspondiente de subjuntivo.**

→ • Dicen que **han estado** un año viviendo en Oslo.
○ No creo que *hayan estado* tanto tiempo allí.

1. • **Hemos encontrado** la película que queríamos ver.
○ ¡Qué raro que la hayamos ! Es muy antigua.
2. • ¿**Ha llegado** ya el paquete de la tía Ágata?
○ No recuerdo que haya ningún paquete...
3. • No te preocupes: a las dos lo **he terminado** todo.
○ Dudo mucho que para esa hora lo hayas .
4. • No sé dónde están las llaves. Las **habrás perdido**.
○ Es imposible que yo las hayá s .
5. • **Habéis acertado** totalmente con el regalo. Gracias.
○ ¡Pues qué bien que hayamos !

G Formas del Pluscuamperfecto de subjuntivo: *hubiera(-se) hablado/comido/vivido...*

■ El Pretérito pluscuamperfecto de subjuntivo se forma con:

El **Imperfecto de subjuntivo** del verbo auxiliar ***haber***. →	*hubiera (-se)* *hubieras (-ses)* *hubiera (-se)* *hubiéramos (-semos)* *hubierais (-seis)* *hubieran (-sen)*	*hablado* *comido* *vivido*	← El **participio** correspondiente al hecho terminado.

■ Si necesitamos subjuntivo, usamos el Pluscuamperfecto **para hablar del pasado del pasado**, según la siguiente correspondencia:

SI EN **INDICATIVO** DECIMOS...	EN **SUBJUNTIVO** DECIMOS...
• ***Había estado*** *en Berlín. /* ***Habría estado*** *en Berlín.*	• *No creo que* ***hubiera estado*** *en Berlín.*

→ **20.** Formas no personales
→ **33.** ¿Indicativo o subjuntivo?

8 B1-B2 **José Rodríguez tenía que preparar la comida, pero no lo hizo. Su mujer piensa que todo lo que dice son excusas. ¿Puedes completar sus respuestas con la forma correspondiente del subjuntivo?**

→ Es que las sartenes se **habían perdido**...
1. Es que me **había cortado** un dedo con el cuchillo...
2. Es que la luz se **había ido**...
3. Es que pensé que quizá **habrías cambiado** de opinión...
4. Es que **habíamos decidido** comer fuera...

→ No es verdad que las sartenes se *hubieran perdido*.
1. No es verdad que te hubieras un dedo con el cuchillo.
2. No es verdad que la luz se ....
3. No es verdad que yo .... de opinión...
4. No es verdad que .... eso.

33. ¿Indicativo o subjuntivo?

A Declarar (indicativo) o no declarar (subjuntivo).

■ Usamos un verbo en **indicativo** cuando **queremos declarar** el contenido de ese verbo: queremos expresar lo que alguien sabe (una afirmación) o piensa (una suposición) sobre una determinada realidad.
Podemos declarar informaciones directamente (en una oración independiente) o después de una MATRIZ que anuncia una declaración (en una oración subordinada):

	ORACIÓN INDEPENDIENTE **DECLARAMOS (INDICATIVO)**	MATRIZ		ORACIÓN SUBORDINADA **DECLARAMOS (INDICATIVO)**
AFIRMAMOS SUPONEMOS	*Susana* ***tiene*** / ***tendrá*** *novio.*	*Está claro* *Yo creo* *Él piensa* *Supongo*	*que*	*Susana* ***tiene*** / ***tendrá*** *novio.*

■ Usamos un verbo en **subjuntivo** (o infinitivo) cuando **no queremos declarar** el contenido de ese verbo porque no queremos expresar con él ni una afirmación ni una suposición: es solo una **idea virtual**.
Un verbo en subjuntivo siempre depende de una MATRIZ con la que expresamos deseos, rechazo, posibilidad o valoraciones:

MATRIZ		ORACIÓN SUBORDINADA **NO DECLARAMOS (SUBJUNTIVO)**
Queremos *No creo* *Es posible* *Me alegra*	*que*	*Susana* ***tenga*** *novio.*

Nunca usamos subjuntivo para expresar una opinión directamente (en una oración independiente):

1 B1 **El famoso inspector Sherlock Holmes interroga a uno de los detenidos por un importante robo. ¿Son exactas las notas que ha tomado el secretario durante la declaración?**

Lo que ha dicho el detenido:	Lo que ha declarado el secretario:	Sí/No
➜ Me **llamo** Mario Roldán.	➜ Ha declarado que se **llama** Mario Roldán.	Sí
1. **Tenga** paciencia conmigo, inspector.	1. Ha declarado que el inspector **tiene** paciencia con él.	No
2. Sé que Pablo Margi **tiene** una parte del dinero.	2. Ha declarado que Pablo **tiene** una parte del dinero.	Sí
3. Creo que Alejandro Cascas se **llevó** las joyas.	3. Ha declarado que, en su opinión, Alejandro se **llevó** las joyas.	No
4. Supongo que Jenaro Orol **estará** ya en otro país.	4. Ha declarado que, en su opinión, Jenaro **está** ya en otro país.	No
5. Es posible que Lourdes Milo **esté** todavía en España.	5. Ha declarado que Lourdes todavía **está** en España.	No
6. La verdad es que yo necesitaba **conseguir** dinero.	6. Ha declarado que **consiguió** dinero.	No
7. Me alegro de que me **haga** esa pregunta.	7. Ha declarado que el inspector le **hace** esa pregunta.	No
8. No creo que Rosa Alora **esté** implicada en el robo.	8. Ha declarado que Rosa **está** implicada en el robo.	No
9. Quiero que **venga** mi abogado inmediatamente.	9. Ha declarado que su abogado **viene** inmediatamente.	No
10. Es muy triste **ir** a la cárcel.	10. Ha declarado que **va** a la cárcel.	No

B Expresar deseos y objetivos: *Quiero que venga.*

Cuando hablamos de querer algo, ese algo **no es nunca una declaración**. Es solo una **idea virtual** sobre algo que puede pasar o no, y que planteamos solo como un objetivo eventual:

- **Quiero** *que me ayudes*.
  [No puedo declarar que "me ayudas". Es solo un deseo.]

Quiero...
Deseo...
Necesito...

[**No** es una declaración. Es **solo una idea virtual**.]

que te cases conmigo / casarme contigo.

■ Por eso, utilizamos siempre el subjuntivo (o el infinitivo) con los verbos subordinados a MATRICES que expresan deseos u objetivos:

(No) Quiero...
(No) Desea...
(No) Esperan...
Él (no) prefiere...
Ojalá...
(No) Necesita...

[Lo que voy a decir **no es una declaración**: es solo **algo que se desea** o **que no se desea**.]

*que te **cases** conmigo*

(No) Te pido...
(No) Te ha prohibido...
(No) Permite...
(No) Te recomiendo...
(No) Es importante...
(No) Es necesario...
... para...

[Lo que voy a decir **no es una declaración**: es **algo que debe** o **no debe pasar**.]

Ojalá se suele usar sin ***que***: *Ojalá te **cases** conmigo.*

2 B1 **Distribuye las matrices en el lugar correspondiente de la tabla, según su significado.**

No le exijo que... ✓	Está claro que... ✓	Ellos creen que... ✓	¿Le han propuesto que...? ✓
¿Me permite que...?	¿Me recomiendas que...?	Estamos seguros de que...	Sé que...
Es fundamental que...	Me parece que...	No me puedes pedir que...	Me han contado que...
¿No preferís que...?	¿Necesitas que...?	Todos imaginan que...	Pensamos que...

Introducimos una afirmación o suposición		Introducimos un deseo o un objetivo	
Está claro que...	... **habla** con ella. (INDICATIVO)	No le exijo que...	... **hable** con ella. (SUBJUNTIVO)
Ellos creen que...		¿Le han propuesto que...?	
....		....	
....		....	
....		....	
....		....	
....		....	
....		....	

■ Cuando expresamos deseos u objetivos, podemos usar para el verbo subordinado una forma personal en **subjuntivo** (introducida por ***que***) o solamente **infinitivo**:

	USAMOS EL **INFINITIVO**	USAMOS EL **SUBJUNTIVO**
Con MATRICES como estas...	Si el sujeto del verbo principal y el del verbo subordinado son el mismo:	Si el sujeto del verbo principal y el del verbo subordinado son diferentes:
Querer, Desear, Necesitar, Pretender, Preferir, Tener ganas de, Intentar, Conseguir, Tratar de...	*Quiero **salir**.* [yo] = [yo]	*Quiero **que salgas** / **salgan**...* [yo] ⟷ [tú] [ellos]
Con MATRICES como estas...	Para generalizar:	Para concretar la persona:
Es importante/necesario/mejor... *Hay que intentar/conseguir...*	*¿Es necesario **pasar** por ahí?* [en general] = [**tú, yo, nosotros...**]	*¿Es necesario **que pasemos** por ahí?* [en general] ⟷ [**nosotros en concreto**]

3 B1 **¿Quién tiene que hacer lo que dice el verbo en negrita de cada frase?**

→ ¡No te vayas, Mariana, que Elena quiere que le **cortes** el pelo! → Tú (Mariana)
→ Vamos a esperar. Es mejor **tomar**se las cosas con calma. → En general
1. Se ha puesto muy nervioso. Vamos a intentar **tranquilizar**lo. — 1. Nos
2. Trata de **tranquilizar**te, Joselito. Tu papá vendrá pronto... — 2. Joselito
3. Para aprender español es necesario **estudiar** con una buena gramática. — 3. en general
4. Creo que ella debe saberlo. Es mejor que se lo **digas** ya. — 4. tú
5. Si conseguimos **aprobar** el examen, vamos a hacer una fiesta. — 5. Nos
6. Tengo muchas ganas de que **vengáis** a visitarme. — 6. Vos
7. Es necesario **descansar** un poco antes de seguir. — 7. en general
8. Oye, ¿y por qué no intentas **hablar** con ella otra vez? — 8. tú
9. No me gusta nada la idea de comer fuera. Prefiero que **comamos** aquí en casa. — 9. Nos

4 B1-B2 **Tristicia quiere escribirle un correo a Pesadilla, su mejor amiga, pero no tiene claro cómo formular los verbos que están en negrita: ¿se usa infinitivo o se usa *que* + subjuntivo? ¿Puedes ayudarla?**

→ Necesito yo **expresar** mis deseos.
→ Espero tú **comprender** mis sentimientos.
1. Estoy en crisis. Tengo ganas de yo **cambiar** de vida.
2. Pero mis padres no quieren yo **irme** de Monstruolandia.
3. Estoy cansada de tanta oscuridad. Necesito yo **ver** más luz.
4. Mi familia me ordena yo **vestir** siempre de negro.
5. Y yo prefiero **llevar** trajes de colores y flores en el pelo.
6. Tengo ganas de tú y yo **ir** juntas a Japiland.
7. Tengo que conseguir la gente **aceptarme** como soy.
8. Deseo yo **tener** muchos amigos.
9. Es muy importante yo **saber** tu opinión.
10. Tengo que intentar yo **hacer** realidad mis sueños.

→ Necesito expresar mis deseos.
→ Espero que comprendas mis sentimientos.
1. Tengo ganas de cambiar de vida.
2. Pero mis padres no quieren que me vaya de Monstruolandia.
3. Necesito ver más luz.
4. Mi familia me ordena que vista siempre de negro.
5. Y yo prefiero llevar trajes de colores y flores en el pelo.
6. Tengo ganas de que vayamos juntas a Japiland.
7. Tengo que conseguir que me acepten cómo soy.
8. Deseo tener muchos amigos.
9. Es muy importante que sepa tu opinión.
10. Tengo que intentar hacer realidad mis sueños.

5 B1-B2 **Pesadilla ya ha recibido el correo de su amiga y le contesta con unos consejos. Ayúdala también, decidiendo para cada caso entre** INFINITIVO, ***que*** + INDICATIVO **o *que*** + SUBJUNTIVO.

Mensaje nuevo

De pesadilla@difu.com
Para tristy@fusion.com
Asunto Consejos

Querida Tristicia:

Creo, efectivamente, tú **estar** en crisis y, en mi opinión, lo mejor es **actuar** con tranquilidad. Es comprensible tú **querer** cambiar de vida. Pienso **ser** normal a tu edad. Pero no es necesario **dejar** a la familia para ser independiente. No obstante, tenemos que hacer algo porque yo quiero tú **ser** feliz. En primer lugar, si prefieres ropa de colores alegres, te recomiendo tú **comprarte** ropa nueva. Hay una tienda fantástica en la calle Mórguez. También te aconsejo tú **ir** a Rayos UVA Sunshine. Está claro **ser** menos natural que el verdadero sol, pero ayuda. Pienso tú **ser** muy joven todavía para empezar a trabajar. Es importante **estudiar** y es conveniente tú **pedir** becas para estudiar fuera el año que viene. Sabes yo **estar** a tu lado siempre. Lo único que deseo es tú **tener** una vida maravillosa. Tu amiga,

Pesadilla

Mensaje nuevo

Querida Tristicia:

Creo, efectivamente, → que estás en crisis y, en mi opinión, lo mejor es → actuar con tranquilidad. Es comprensible (1) .... cambiar de vida. Pienso (2) que es normal a tu edad. Pero no es necesario (3) .... a la familia para ser independiente. No obstante, tenemos que hacer algo porque yo quiero (4) que seas feliz. En primer lugar, si prefieres ropa de colores alegres, te recomiendo (5) .... ropa nueva. Hay una tienda fantástica en la calle Mórguez. También te aconsejo (6) .... a Rayos UVA Sunshine. Está claro (7) que es menos natural que el verdadero sol, pero ayuda. Pienso (8) .... muy joven todavía para empezar a trabajar. Es importante (9) .... y es conveniente (10) .... becas para estudiar fuera el año que viene. Sabes (11) .... a tu lado siempre. Lo único que deseo es (12) .... una vida maravillosa. Tu amiga,

Pesadilla

■ Con la fórmula ***Que* + Presente de subjuntivo** podemos expresar deseos ritualizados en ciertas situaciones de comunicación estereotipadas y también advertencias:

DESEOS	ADVERTENCIAS
• *¡Que **aproveche**!* ['Deseo que disfrutes de la comida': cuando alguien va a comer.]	• *¡Que **tengas** cuidado!* ['Debes tener cuidado': cuando alguien va a hacer algo peligroso.]
• *¡Que te lo **pases** bien!* ['Pásalo bien', 'diviértete': cuando alguien va a una fiesta, por ejemplo.]	• *¡Que no **corráis**!* ['No debéis correr': cuando alguien va de viaje con el coche.]

6 B1 **A Fránkez le pasan varias cosas y Tristicia le expresa sus mejores deseos. Ayúdala con la gramática para mejorar sus expresiones y, después, adivina en qué circunstancias se lo dice.**

→ ¡Tú **mejorar**te! ¡Que te mejores ! e)
1. ¡Tú **cumplir** muchos más! ¡Que .... muchos más! ....
2. ¡Tú **tener** suerte! ¡Que tenga suerte! ....
3. ¡Tú **divertir**te! ¡Que te diviertas ! ....
4. ¡Tú **descansar**! ¡Que descanses ! ....
5. ¡Tú **tener** buen viaje! ¡Que tengas buen viaje! ....
6. ¡Tú **pasar** buen fin de semana! ¡Que tengas buen fin de semana! ....

a. Fránkez se va a una fiesta.
b. Frankéz va a hacer un examen.
c. Ha dicho "buenas noches": se va a la cama.
d. Fránkez estará fuera sábado y domingo.
e. Está enfermo y Tristicia se despide de él. ✓
f. Tristicia despide a Fránkez en el aeropuerto.
g. Es el día del cumpleaños de Fránkez.

7 B1 **La pequeña Camila va de excursión con sus compañeros de colegio y su mamá le hace tres advertencias más. Adivina cuáles pueden ser y formúlalas después con *Que* + Presente de subjuntivo, como en el ejemplo.**

- Tienes que comer muchos caramelos.
- Tienes que ser buena compañera. ✓
- No debes hacer cosas peligrosas.
- Debes comerte tu bocadillo entero.
- Tienes que ir siempre cerca de la maestra.
- No debes obedecer a tu maestra.

→ Que seas buena compañera.
1. Que no hagas cosas peligrosa
2. Que comas muchos caramelos
3. ....

C Declarar o cuestionar informaciones: *Creo que viene / No creo que venga.*

■ Usamos un verbo subordinado en **indicativo** cuando **queremos declarar** la información que ese verbo expresa:

Todos saben
Está claro
Yo creo
Es verdad
...

VERBO SUBORDINADO
*que **tienes** novio.*
[Esto es una **declaración**. Es la opinión del sujeto.]

■ Usamos un verbo subordinado en subjuntivo cuando no queremos declarar la información que ese verbo expresa:

Puede ser
Dudo
No creo
Es mentira
...

VERBO SUBORDINADO
*que **tengas** novio.*
~~tienes~~
[Esto **no es una declaración**. No es la opinión del sujeto. Es **solo una idea**.]

■ Por eso, usamos indicativo después de MATRICES **que introducen o piden opiniones** (más o menos seguras), pero usamos subjuntivo con MATRICES **que expresan que el sujeto pone en cuestión** en alguna medida la información subordinada:

MATRICES que introducen una información

INDICATIVO

AFIRMANDO
Yo sé que...
Me han contado que...
¿No es evidente que...?
¿Es verdad que...?
No hay duda de que...

***es** la Tierra.*

[**Declaramos**. La información introducida es la **opinión** del sujeto.]

SUPONIENDO
Ellos creen que...
¿Piensas que...?
¿No os parece que...?
Supongo que...
Me imagino que...

***es/será** la Tierra.*

MATRICES que cuestionan una información

SUBJUNTIVO

CONSIDERANDO SOLO
LA POSIBILIDAD

Es posible que...
¿Es probable que...?
¿Es realmente posible que...?
Puede ser que...
Dudo que...

→ ***sea** la Tierra.* ~~es~~

[**No declaramos**. La información introducida **no es la opinión** del sujeto.]

RECHAZANDO

Es mentira que...
No es verdad que...
No creemos que...
No está segura de que...
No está claro que...
No me imagino que...

→ ***sea** la Tierra.* ~~es~~

8 B1 **Completa la tabla con las siguientes matrices según su significado.**

Es indudable que... ✓	No es verdad que... ✓ Subj	¿Puede ser que...? ✓ Subj	Pensamos que... ✓
Suponen que... Ind	A ellas les parece que... Ind	Es falso que... Subj - depends	Existe la posibilidad de que...
No es cierto que... Subj	Me parece probable que... Subj	Te aseguro que...	
Es evidente que... Ind	Sospecho que... both	Es bastante posible que...	

Introducimos una afirmación o suposición		Rechazamos una idea o consideramos una posibilidad	
Es indudable que...	...**es** la Tierra. (INDICATIVO)	No es verdad que...	...**sea** la Tierra. (SUBJUNTIVO)
Pensamos que...		¿Puede ser que...?	
....		....	
....		....	
....		....	
....		....	

9 B1 **La doctora Inés Labella ha dado una conferencia sobre la igualdad de género. Después de la conferencia, seis de los asistentes comentan sus declaraciones más polémicas. ¿Puedes completar sus opiniones con la forma adecuada (Presente de indicativo / Presente de subjuntivo) de los tres verbos en negrita?**

... y, como iba diciendo, hay que reconocer que las mujeres son claramente superiores a los hombres, al menos en tres aspectos: en primer lugar, **aprenden** lenguas con mucha más facilidad; en segundo lugar, **son** más hábiles para resolver problemas de lógica; y, por último, está demostrado que **tienen** más sentido estético...

1. Para mí, **está claro que** las mujeres → aprenden lenguas más fácilmente. También **es verdad que** son más hábiles en la lógica y **no hay duda de que** tienen más sentido estético.

2. Pues yo **dudo mucho que** → aprendan lenguas más fácilmente. Además, **no está demostrado que** sean más hábiles en la lógica y **tampoco creo que** tengan más sentido estético.

3. **Yo también creo que** las mujeres aprenden una lengua más rápido y **me parece que** sí, que también son más hábiles con la lógica. Del sentido estético no sé qué pensar, pero sí, **supongo que** tienen más que los hombres.

4. Hombre, sí, **puede ser que** aprendan las lenguas más fácilmente y también admito **la posibilidad de que** sean más hábiles en la lógica. Pero **no me parece nada probable que** ~~tienen~~ tengan un sentido estético especial, la verdad...

5. ¡Mentira, mentira y mentira! **No es verdad que** aprendan lenguas mejor, **no es cierto que** sean mejores con la lógica y también **es falso que** tengan más sentido estético.

6. Bueno, vamos a ver: **es indudable que** aprenden mucho mejor las lenguas y **es perfectamente posible que** sean más hábiles con la lógica, pero **no es en absoluto verdad que** ~~tienen~~ tengan más sentido estético; los grandes artistas siempre han sido hombres...

10 B1 **El marido de la doctora Inés Labella aprovecha el descanso de la conferencia para hablar un poco de su tema preferido: los caracoles. Pero no todo lo que dice es verdad. Descubre tres verdades y tres mentiras en su discurso, además de las del ejemplo.**

Pues yo creo que los caracoles son unos mamíferos apasionantes. Llevan su casa en la espalda, tienen dos antenas preciosas que sacan y esconden cuando quieren, y pueden ver la comida a varios kilómetros de distancia. Parecen tontos, pero, en realidad, tienen una inteligencia muy parecida a la humana. Por ejemplo, aunque son muy lentos, a veces se suben encima de la cabeza de las palomas para viajar más rápido. Y, además, estos animalitos son muy pacíficos. Y, bueno, les dejo ya de nuevo con la conferencia de mi esposa. Yo tengo que terminar de cocinar unos caracoles para la cena. Muchas gracias por su atención.

➜ Es verdad que los caracoles tienen dos antenas.

1. Todo el mundo sabe que ....

2. Está claro que ....

3. A mí también me parece que ....

➜ No es verdad que sean mamíferos.

4. Es mentira que ....

5. No creo que ....

6. Yo no pienso que ....

D Declarar o pedir: *Dice que viene / Dice que venga.*

■ Con muchos verbos como ***decir***, podemos introducir declaraciones o peticiones. Cuando *decir* significa '**declarar**', usamos el indicativo; cuando ***decir*** significa '**pedir**', usamos el subjuntivo:

	LA INFORMACIÓN SUBORDINADA ES UNA DECLARACIÓN	LA INFORMACIÓN SUBORDINADA ES UNA PETICIÓN
Decir	• *Me han dicho que **vienes** a la fiesta, ¿es verdad?*	• *Me han dicho que **vengas** a la fiesta. ¿Te apetece?*
Repetir	• *Te repito que no **tengo** ganas de salir.*	• *Te repito que **vayas** tú solo.*
Insistir en	• *Insisto en que este puente **es** muy peligroso.*	• *Insisto en que **crucemos** el río por allí.*

11 B1-B2 **¿Qué te están diciendo estas personas? Tendrás que pensar muy bien si son informaciones que te dan (indicativo) o acciones que te piden (subjuntivo).**

➜ "Las llaves **están** en el dormitorio".
Dice que las llaves están en el dormitorio.

➜ "**Compra** papel higiénico, por favor".
Dice que compre papel higiénico.

1. "**Baila** conmigo. **Bailo** muy bien".
Dice que .... con él, que .... muy bien.

2. "Yo no **quiero** ir al cine".
Dice que .... ir al cine.

3. "¡Que **no quiero** ir al cine!".
Me ha repetido que .... ir al cine.

4. "**Ten** cuidado con el perro".
Dice que .... cuidado con el perro.

5. "**No digas** más tonterías".
Dice que .... más tonterías.

6. "**Pareces** una persona inteligente".
Dice que .... una persona inteligente.

7. "**Eres** muy egoísta, ¿no crees?".
Dice que .... muy egoísta.

8. "**Sé** un poco menos egoísta, ¿quieres?".
Dice que .... un poco menos egoísta.

9. "**Puedo** ayudarte si quieres".
Dice que .... ayudarme si quiero.

10. "**Andas** muy rápido. **Anda** más despacio".
Dice que .... muy rápido, que .... más despacio.

E Valorar informaciones: *Es estupendo que venga.*

■ Recuerda: cuando queremos **declarar** el contenido de un verbo subordinado, usamos el indicativo. Cuando queremos **cuestionarlo**, usamos subjuntivo:

DECLARAMOS LA INFORMACIÓN SUBORDINADA	• *Yo sé que Leo **habla** inglés.* • *Supongo que **hablará** inglés.*	[Queremos declarar que Leo **habla** inglés.]
CUESTIONAMOS LA INFORMACIÓN SUBORDINADA	• *Es posible que Leo **hable** inglés.* • *No creo que **hable** inglés.*	[No queremos declarar que Leo "**habla** inglés".]

33. ¿Indicativo o subjuntivo?

■ Pero cuando esa información **está ya aceptada** como verdadera o posible, y solo queremos hacer **un comentario** o **una valoración personal sobre ella**, usamos siempre **subjuntivo** (o infinitivo):

SOLO **VALORAMOS** LA INFORMACIÓN SUBORDINADA

A mí no me gusta
Me parece bien
Es lógico
No es normal
Me da igual

*que **hable inglés**.*

[No queremos declarar que "habla inglés": solo queremos expresar lo que sabemos o pensamos sobre el hecho (real o posible) de "hablar él inglés".]

Declara → • *¿Sabes qué? Me han dicho que Paula **está** embarazada y que **es** una niña.*
Cuestiona → ○ *¿En serio? No puedo creer que **esté** embarazada.*
Declara → • *Que sí, mujer, que sí. **Ha ido** al médico y le ha confirmado que **está** embarazada.*

SOLO COMENTAN
- *Pues me parece muy extraño...*
- ○ *¿Qué te parece extraño: **que esté** embarazada o **que sea** una niña?*
- *No, lo que me parece extraño es **que haya ido** al médico. Ella odia **ir** al médico...*

12 B1 **Distribuye las matrices en el lugar correspondiente de la tabla, según su significado.**

Es evidente que... ✓	¿Te parece mal que...? ✓	Sospechamos que... ✓	Me parece lógico que... ✓
Me imagino que...	Es verdaderamente extraño que...	He oído que...	Odio que...
No me importa que...	Su marido piensa que...	Es difícil que...	Yo he visto que...
Es estupendo que...	¿Crees que es importante que...?	¿Ana te ha contado que...?	Me parece que...

Introducimos una afirmación o suposición		Valoramos una idea	
Es evidente que...	... **está** embarazada. (INDICATIVO)	Me parece lógico que...	... **esté** embarazada. (SUBJUNTIVO)
Sospechamos que...		¿Te parece mal que...?	
....		....	
....		....	
....		....	
....		....	

13 B1 **¿Qué opinas tú? Usa las matrices del cuadro (o cualquier otra que exprese tu valoración) y formula opiniones para comentar algunas de estas noticias, como en el ejemplo. Usa la forma de subjuntivo apropiada a la persona y al tiempo en cada caso.**

→ Una anciana de 80 años **sobrevive** después de caer desde un sexto piso. ✓

1. Groenlandia **suspende** su festival de nieve por una ola de calor.
2. Dos exladrones **presentan** un programa de televisión sobre robos.
3. Más de la mitad de los ministros del Gobierno español **son** mujeres.
4. Los japoneses **pueden** pagar en los supermercados con la huella dactilar.
5. Una conocida marca de helados **investiga** en la fabricación de un helado para perros.
6. Un juez **manda** a prisión a un hombre por hacer comentarios sexistas.
7. Un perro **espera** diez días en la puerta del hospital hasta que sale su amo.
8. El Gobierno **paga** 500 euros mensuales por cada hijo.

→ Es increíble que una anciana sobreviva después de caer de un sexto piso.

....

....

....

....

....

....

....

....

....

....

Me alegra mucho...
Me parece muy triste...
Es increíble...
Es normal...
Me parece muy cómico...
Es curioso...
Me parece muy justo...
Es una tontería...
Está muy bien...
Me parece muy mal...
Me parece absurdo...
Me parece exagerado...
A mí me da igual...
Yo pienso que es lógico...
Me parece preocupante...

■ Cuando valoramos informaciones, podemos usar, para el verbo subordinado, una forma personal en **subjuntivo** (introducida por ***que***) o solamente **infinitivo**:

	USAMOS EL INFINITIVO	USAMOS EL **SUBJUNTIVO**
Con MATRICES como estas...	Si el sujeto del verbo subordinado es la **misma persona** señalada en la MATRIZ:	Si el sujeto del verbo subordinado es **una persona diferente** a la señalada en la MATRIZ:
Me gusta..., Nos encanta..., Me da igual..., Les alegra..., (No) me importa...	*Le encanta jugar al fútbol.* [a él, a ella] = [**él, ella**]	*Le encanta* ***que*** *juguemos al fútbol.* [a él, a ella] ⟷ [**nosotros/-as**]
Con MATRICES como estas...	Para generalizar:	Para concretar la persona:
Es estupendo/extraño/bueno... Está bien/mal... No me parece bien/mal/lógico...	*Es maravilloso estar enamorado.* [en general] = [**tú, yo, nosotros**...]	*Es maravilloso* ***que*** *estés enamorada.* [en general] ⟷ [**concretamente tú**]

14 B1-B2 **¿Puedes identificar el sujeto de los verbos que están en negrita?**

→ A Lucas no le gusta nada **conducir** de noche. Lucas

→ Tienes razón, Florentino: es un privilegio **tener** amigos como vosotros. En general

1. Te agradezco mucho que me **digas** eso. ....
2. Les ha parecido muy emocionante **ir** a la boda. ....
3. Perdone, señora. ¿Le importa que me **siente** a su lado? ....
4. Perdone, señora. ¿Le importaría **sentar**se en otra parte? La mesa está reservada. ....
5. Me alegro de que por fin se **acuesten**. ¡Qué pesados estaban hoy los niños! ....
6. Ya he hecho yo la compra. ¿No te alegras de no **tener** que ir a comprar? ....
7. Es de muy mal gusto **hacer** esperar a la gente. A ver si otro día llegas antes. ....
8. No es lógico **pasar** toda la vida esperando un sueño que nunca va a llegar. ....

F Identificar o no identificar entidades: *La chica que viene / La chica que venga.*

■ Podemos dar una información sobre las características de personas, cosas o lugares con un **adjetivo**, pero también con una **frase**.

	CON UN ADJETIVO:	CON UNA FRASE:
UNA PERSONA:	• *un niño* ***curioso***...	... *es un niño* ***que hace muchas preguntas.***
UNA COSA:	• *una película muy* ***divertida***...	... *es una película* ***que da mucha risa.***
UN LUGAR:	• *un sitio* ***tranquilo***...	... *es un sitio* ***donde te puedes relajar.***

→ **42.** Unir frases

■ Con frases de este tipo, usamos el **indicativo** para señalar que la entidad de la que hablamos (persona, cosa o lugar) **está identificada**, y usamos **subjuntivo** para señalar que **no está identificada** todavía:

- *He conocido a una chica que **vive** en Móstoles.* [Una chica en particular: Lorena.]
- *¿Conoces a alguna chica que **viva** en Móstoles?* [No importa qué chica en particular.]

- *Hoy vamos a hacer la comida que más te **gusta**.* [Una comida en particular: pescado.]
- *Hoy vamos a hacer la comida que más te **guste**.* [Cualquier comida que tú elijas.]

- *Hemos estado en una playa donde todo el mundo **hacía** nudismo.* [Una playa en particular: Cantarriján.]
- *¿Tú conoces una playa donde **podamos** hacer nudismo?* [No importa qué playa en particular.]

INDICATIVO	SUBJUNTIVO
Entidades **ya identificadas**	Entidades **no identificadas todavía**
Hablamos de una persona, cosa o lugar **particular** con esa característica.	Hablamos de **cualquier** persona, cosa o lugar con esa característica.

15 B1 **Relaciona cada una de las cosas que dice Jenny con la interpretación más probable.**

→ Hola. Estoy buscando una gramática que **tiene** dibujos en color.
- a. Jenny busca cualquier gramática con dibujos en color.
- b. A Jenny le han hablado antes de esa gramática.

1. Bueno, una lengua que **sea** fácil de aprender, por supuesto. ....
   - a. Jenny habla del español.
   - b. Jenny quiere aprender otra lengua y todavía no ha decidido cuál.

2. ¿Nos llevamos el microondas que **tiene** más potencia o el que **sea** más barato? ....
   - a. Jenny y su compañera de piso han visto varios microondas, pero no saben cuál será más barato.
   - b. Jenny y su compañera de piso están buscando el microondas más potente.

3. Pon esta bandeja en la cocina, donde **estén** los platos. ....
   - a. Jenny ha llevado los platos a la cocina antes.
   - b. Otra persona ha llevado los platos a la cocina antes.

4. La opinión que Ana **tenga** sí me importa, pero lo que dice Jorge me da igual. ....
   - a. Jenny ha hablado con Jorge, pero no con Ana.
   - b. Jenny ha hablado con Ana, pero no con Jorge.

5. ¿Por qué no comemos en el sitio donde **comimos** la otra vez, en una mesa que **esté** un poco apartada? ....
   - a. Jenny se refiere a la segunda mesa a la izquierda.
   - b. Jenny se refiere al restaurante Bona Petí.

16 B1 Decide cuál de las siguientes continuaciones no es posible en cada caso.

→ ¿Tienes un cuchillo que	a	a. ~~... **corta** bien? Este es malísimo.~~ b. ... **corte** bien? Este es malísimo. c. ... **corta** bien? ¿Y por qué no me lo has dicho antes?
1. Yo voy a casarme con alguien que...	....	a. ... **sabe** valorar las cosas importantes en la vida. Si no encuentro a esa persona, no me caso. b. ... **sabe** valorar las cosas importantes de la vida. Tengo suerte, ¿no? c. ... **sepa** valorar las cosas importantes de la vida. Eso lo tengo claro.
2. Yo quiero comprar un apartamento que...	....	a. ... **tiene** unas vistas al mar preciosas. Lo vimos el otro día en Motril, pero es muy caro. b. ... **tenga** vistas al mar, pero no encuentro ninguno. c. ... **tiene** vistas al mar. ¿Sabes tú de alguno no muy caro?
3. Mira, voy a poner la lámpara donde...	....	a. ... tú **has dicho**. Me parece lo mejor. b. ... tú **digas**. Así que, por favor, decídete. c. ... tú **dices**. ¿Dónde la pongo?
4. ¿Preparados? El estudiante que...	....	a. ... me **diga** antes la respuesta gana un chupachups. b. ... me **dice** antes la respuesta es siempre Adam. ¿No hay otro que quiera un chupachups? c. ... me **dice** antes la respuesta ganará un chupachups.

■ Igualmente, podemos referirnos al **modo de hacer algo** con un adjetivo o con una frase:

	CON UN ADJETIVO:	CON UNA FRASE:
UN MODO	• *Hazlo de la manera **correcta**.*	• *Hazlo* [de la manera en que] *como **tú sabes hacerlo**.*

■ Cuando usamos una frase de este tipo, con el verbo en **indicativo** nos referimos a un modo **identificado** de hacer algo. Con el **subjuntivo** hablamos de un modo que **no podemos o no queremos identificar**:

- *Vale, haré la sopa como tú **dices**.* [Del modo concreto en que tú dices: con carne y verduras.]
- *Vale, haré la sopa como tú **digas**.* [De cualquier modo que tú puedas decir, no importa cómo.]

→ **42.** Unir frases

17 B1-B2 Decide cuál de las dos opciones es la más adecuada, como en el ejemplo.

→ ● ¿Cómo quieres que haga el arroz? ¿Con pollo o con pescado?
○ Como tú ~~**quieres**~~ / **quieras**. A mí me da exactamente igual.

1. Perdona, pero así, de la manera en que lo **estás** / **estés** haciendo, no va a funcionar.
2. Como **dice** / **diga** un amigo mío, un problema deja de ser un problema si no tiene solución.
3. Lo mejor es hacerlo como **dice** / **diga** Elena. Pregúntale y, después, lo terminamos.
4. Yo no tengo la culpa de que el programa no funcione. Yo lo instalé como **dicen** / **digan** las instrucciones. Si están equivocadas, no es mi problema.
5. ● ¿Adónde vamos a ir de vacaciones este año, cariño?
○ Adonde tú **quieres** / **quieras**, amor mío. ¿Adónde te gustaría más ir?
6. ● ¡Lo siento! ¡No puedo controlar el avión!
○ ¡Aterrice como **puede** / **pueda**, comandante, pero aterrice ya!
7. No, hijo, no. Tienes que tomar la cuchara así, como te **dice** / **diga** mamá.
8. Agustina es una chica simpatiquísima. Habla con ella. Es la que **lleva** / **lleve** el abrigo rojo.
9. Este verano quiero trabajar en un bar para ganar todo el dinero que **puedo** / **pueda** y poder viajar un poco.

G Relacionar temporalmente dos hechos.

■ Para relacionar temporalmente dos hechos usamos formas como ***cuando***..., ***hasta que***..., ***en cuanto***..., ***mientras***... o ***siempre que***...

→ **42.** Unir frases

■ Usamos **indicativo** en la frase introducida por estas formas cuando nos referimos al **pasado** o a un **presente habitual**. Usamos **subjuntivo** cuando nos referimos a un momento **futuro**:

Pasado:	• *Cuando* ***salí*** *del trabajo, me fui a casa.*
Habitual:	• *Cuando* ***salgo*** *del trabajo, voy directo a casa.*
Futuro:	• *Cuando* ***salga*** *del trabajo, me iré a casa.*

No usamos subjuntivo en las preguntas sobre el futuro introducidas por la forma interrogativa ***cuándo***:

- *¿Cuándo* ***vuelve*** *Ricardo?* — ¿Cuándo ~~vuelva~~ Ricardo?
- *¿Sabes cuándo* ***terminaremos****?* — ¿Sabes cuándo ~~terminemos~~?

18 B1 **Todas estas personas responden a la pregunta del periodista. Interpreta: ¿hablan del pasado (P), de algo habitual (H) o del futuro (F)?**

→ Yo, siempre que tengo tiempo. H
→ Bueno, cuando estaba en la escuela, sí. P
→ En cuanto me compre la bici, seguro. F
1. No, solo hasta que me casé. ....
2. Sí, cuando me siento muy estresado. ....
3. Un poco, hasta que me canso. ....
4. Sí, mientras espero el autobús hago flexiones. ....
5. Mientras pueda, sí. ....
6. Claro que sí: en cuanto salgo del trabajo. ....
7. Cuando sea un poco mayor, quizá. ....

19 B1-B2 **¿Pasado (P), habitual (H) o futuro (F)? Decídelo primero y escribe después la forma correcta del verbo en cada frase.**

→ F Te llamaré cuando pueda, mañana antes de las 10 si es posible.
1. .... Cuando ...., cocino yo, pero normalmente no tengo tiempo.
2. H Antes iba a la playa siempre que ...., pero ahora ya no voy nunca.
3. .... Cuando .... té, tengo que ir al baño inmediatamente.
4. .... Vi a Marta mientras .... unas tapas con Lourdes y Javier.
5. .... Voy a ir a verlos en cuanto .... una decisión definitiva, no te preocupes.
6. .... Clara y yo nos conocimos cuando .... un curso de chino.
7. .... Lo siento, pero tendrás que esperar hasta que Pablo y Ana .... la comida.
8. .... Me duelen muchísimo las piernas cuando .... mucho deporte.

poder | tomar | hacer

H Correspondencias temporales.

La forma del subjuntivo que debemos utilizar para referirnos a tiempos diferentes se corresponde con las siguientes formas de indicativo:

SI EN **INDICATIVO** DECIMOS...	EN **SUBJUNTIVO** DECIMOS...
• ***Está / Estará*** *en Berlín.* →	• *Es posible que* ***esté*** *allí.*
• ***Ha estado / Habrá*** *estado en Berlín.* →	• *Es posible que* ***haya estado*** *allí.*
• ***Estaba / Estuvo / Estaría*** *en Berlín.* →	• *Es posible que* ***estuviera*** *allí.*
• ***Había estado / Habría estado*** *en Berlín.* →	• *Es posible que* ***hubiera estado*** *allí.*

20 B1-B2 **Completa las respuestas poniendo los verbos en negrita en la forma adecuada del subjuntivo.**

Si declaramos:

- La niña **lloraba** cuando veía a Emilio.
- Yo, en tu lugar, creo que no **diría** nada.
- Alguien nos **encontrará**. No te preocupes.
- Aquí hay dos personas que **tienen** más de 30 años.
- Laila me **visitó** el verano pasado.
- Solo tomamos un café. Ya **habíamos comido**.
- No ha dicho nada porque no **ha querido** molestar.
- Me imagino que **habrán pensado** en esa posibilidad.
- Ya sabes que me **voy** mañana.
- No te contestó porque se **habría quedado** dormido.
- Yo antes **pensaba** que el subjuntivo significaba duda.

Si no declaramos:

→ A mí no me extraña que la niña ...llorara....

1. Pues, si yo fuera tú, no creo que .... nada.
2. No, no creo que nadie nos .... Preocúpate.
3. ¿Hay alguien aquí que .... más de 30 años?
4. Yo le pedí que me ....
5. Sí, y les sorprendió mucho que ya ....
6. Es lógico que no .... molestar.
7. Sí, puede ser que .... en esa posibilidad.
8. ¡Pero yo no quiero que te ....!
9. Sí, es probable que se .... dormido.
10. ¿En serio? ¡No me puedo creer que .... eso!

21 B1-B2 **Nemesio Contreras cuestiona todo lo que dice la doctora Inés Labella. Completa las notas que ha tomado durante la conferencia con la forma del subjuntivo que corresponda a los verbos en negrita.**

→ "La mujer **ha sido** siempre poco valorada".

1. "La mujer **es**, en realidad, la base de la historia del hombre".
2. "La historia **ha ocultado** grandes verdades sobre la mujer".
3. "Algunos documentos históricos aseguran que Cristóbal Colón **era** una mujer".
4. "Algunos historiadores afirman que la rueda la **inventó** una mujer".
5. "Nunca un hombre **podrá** quedarse embarazado".
6. "Mi marido siempre **ha estado** de acuerdo con mis ideas".
7. "Y esto es todo, lo siento. No sé quién me ha robado la última página de la conferencia. **Habrá sido** mi marido".

→ No es del todo cierto que la mujer ...haya sido... siempre poco valorada.

1. Yo no pienso que la mujer .... la base de la historia. Hombre y mujer lo son.
2. No es cierto que la historia .... toda la información sobre la mujer.
3. ¡Es mentira que Colón .... una mujer!
4. No es lógico que solo una mujer .... la rueda. Fue fruto de toda la sociedad.
5. Dudo mucho que un hombre no .... quedarse embarazado.
6. Francamente, no me creo que su marido siempre .... de acuerdo con ella.
7. No es verdad que .... su marido, porque he sido yo.

34. Imperativo.

A Usos.

Usamos el imperativo para **pedir directamente** acciones a otros. Pedir directamente puede tener muchos efectos distintos:

DAR INSTRUCCIONES	• ***Seguid*** *todo recto unos 100 metros y, luego,* ***girad*** *a la derecha.*
ROGAR	• ***Ayúdame****, por favor,* ***dime*** *qué te ha dicho.*
MANDAR, ORDENAR	• *¡****Sal*** *de ahí ahora mismo!*
ACONSEJAR, RECOMENDAR	• *Pareces cansado.* ***Descansa*** *un poco y luego seguimos.*
INVITAR	• ***Venid*** *a mi casa mañana. Hago una fiesta.*
DAR PERMISO	• *¿Puedo pasar?* ○ ***Pasa, pasa.***

1 A2-B1 **En todos estos enunciados, alguien pide algo a otra persona. ¿Qué clase de petición crees que está haciendo exactamente? Usa el diccionario si lo necesitas.**

→ ¡**Dejad** de molestar a Samuel, que es muy pequeño! orden

1. **Haz**lo tú, por favor. Yo no puedo. ....
2. ¡**Bajad** de ese árbol ahora mismo! ....
3. **Ve** a la ventana de "Herramientas", **pulsa** "Opciones" y ahí está. ....
4. • ¿Puedo probar tu postre?
   ○ Claro, **pruéba**lo, está buenísimo. ....
5. **Pase** y **póngase** cómodo. Enseguida le atenderá la doctora. ....
6. • ¿Y qué puedo hacer yo si no estoy enamorada de él?
   ○ **Dile** que eres todavía muy joven para casarte. Seguro que lo comprenderá. ....

ruego
orden ✓
invitación
dar permiso
orden
instrucción
consejo

B Imperativo de *tú*: *come...*

La **forma regular** del imperativo para la persona *tú* es igual que la tercera persona del Presente de indicativo, en todas las conjugaciones:

Yo	*como*		
Tú	*comes*		
Él, ella, usted	***come***	→	*¡Come!*
Nosotros/-as	*comemos*		
Vosotros/-as	*coméis*		
Ellos, ellas, ustedes	*comen*		

- *Maribel no hablá.* ***Habla*** *tú, por favor.*
- *Él no come nada,* ***come*** *tú algo al menos.*
- *Todo el mundo vive su vida.* ***Vive*** *tú la tuya.*

Solo hay ocho formas **irregulares**:

Ir	→	*Ve*	*Poner*	→	*Pon*
Salir	→	*Sal*	*Decir*	→	*Di*
Venir	→	*Ven*	*Tener*	→	*Ten*
Hacer	→	*Haz*	*Ser*	→	*Sé*

Los verbos compuestos correspondientes tienen la misma irregularidad:

Proponer → *propón*   *Suponer* → *supón*   *Entretener* → *entretén*
Sostener → *sostén*   *Mantener* → *mantén*   *Deshacer* → *deshaz*, etc.

2 A2-B1 El robot AC-69 sabe hacer 69 cosas diferentes. ¡Pídele una demostración!

→ AC-69 habla en ruso:
¡Habla en ruso, 69!

1. AC-69 enciende las luces de la casa a distancia:
¡.................... la luz ahora!
2. AC-69 llora como un niño:
¡.................... un poco, 69!
3. AC-69 sube y baja escaleras:
¡.................... y .... esas escaleras!
4. AC-69 bebe Kouckola:
¡.................... un poco de Kouckola!
5. AC-69 baila tango:
¡.................... un tango!
6. AC-69 traduce todos los idiomas:
¡.................... este texto al suajili, 69!
7. AC-69 canta "Que viva España" cuando está contento:
¡.................... "Que viva España", robotito!
8. AC-69 es educado con la gente cuando quiere:
¡.................... educado conmigo, 69!
9. AC-69 viene volando hasta donde estás tú:
¡.................... aquí volando, robotito!
10. AC-69 va volando a todas partes:
¡.................... a la cocina volando, 69!
11. AC-69 pone los pies en la cabeza:
¡.................... el pie izquierdo en la cabeza!
12. AC-69 dice "chiripitifláutico" muy rápido:
¡.................... "chiripitifláutico" rápido!
13. AC-69 propone planes:
¡.................... algo para el fin de semana!
14. AC-69 hace paella de marisco:
¡.................... una paella para mí!
15. AC-69 sale de cualquier sitio en 1,5 segundos:
¡.................... de la habitación!

C Imperativo de *vosotros*: *hablad, comed, vivid...*

La forma del imperativo para la persona *vosotros* se obtiene sustituyendo la ***-r*** del final del infinitivo por una ***-d***. No hay irregulares. En el lenguaje informal se usa también la misma forma del infinitivo:

INFINITIVO

Comer → *¡Comed!/¡Comer!*

- *Si queréis **hacer** algo, **haced**/hacer la ensalada.*
- *Yo no voy a ir a la fiesta. **Id**/Ir vosotros.*
- *¡Hay que **salir** rápido! ¡**Salid**/Salir ya!*

Con frecuencia, en la lengua hablada, estas ***-d*** o ***-r*** finales no se pronuncian claramente. Por eso, es muy importante **identificar bien la sílaba acentuada** para diferenciar el imperativo de *tú* y de *vosotros* en muchas formas regulares:

PEDIMOS ALGO A UNA PERSONA (TÚ)		
¡Baila!	*¡Come!*	*¡Lee!*

PEDIMOS ALGO A VARIAS PERSONAS (VOSOTROS)		
¡Bailad!	*¡Comed!*	*¡Leed!*
¡Bailar!	*¡Comer!*	*¡Leer!*

3 A2-B1 ¿Qué cambia si mamá tiene dos niños?

→ **Escucha** lo que voy a decirte.
Escuchad lo que voy a deciros.

1. **Ve** a casa de la abuela.
Id a casa de la abuela.
2. **Sigue** ese camino sin entrar en el bosque.
Seguid ese camino sin entrar en el bosque.
3. **Ten** cuidado de no perderte.
tened cuidado de no perderos.
4. **Toma** el camino del río.
tomad el camino del río.
5. **Haz** tus deberes con ella. Necesita compañía.
haced vuestros deberes con ella. Necesita compañía.
6. **Sé** bueno con ella. Es muy viejecita.
Sed buenos con ella. Es muy viejecita.
7. Y **ven** pronto: antes del anochecer.
Y venid pronto: antes del anochecer.

D Imperativo de *usted* y *ustedes*: *coma, coman...*

■ Para hacer una petición directa en situaciones formales, usamos **la tercera persona singular** o **plural del Presente de subjuntivo**:

- *Bueno, vamos a ver.* ***Díga****me dónde le duele.*
- *Pasajeros del vuelo HL-323,* ***diríjan****se a la puerta B-5.*
- ***Oiga****, ¿puede decirme la hora?*
- ***Perdone****, ¿para ir a la calle Pallá?*
- ***Miren*** *a su derecha y verán el palacio del sultán.*

USTED

USTEDES

→ **32.** Formas del subjuntivo

4 B1 **¿Cómo cambia la forma de estas peticiones si hablas en una situación formal?**

→ Si te duele mucho, **ve** al médico.
Si le duele mucho, vaya al médico.

1. ¡Ahora, rápido, **sal**!
¡Ahora, rápido, Salga !

2. ¿Puedes hacerme un favor? **Traduce** esto.
Martínez, Traduzca esto, por favor.

3. ¿Tenéis problemas? **Hablad** con la directora.
¿Tienen problemas? hablen con la directora.

4. **Ten**. Este dinero es tuyo.
Tenga. Este dinero es suyo.

5. **Haced** el favor de hablar más bajo, ¿vale?
Hagan el favor de hablar más bajo.

6. **Pon** aquí tu nombre y ya puedes entregar el examen.
Ponga aquí su nombre y ya puede entregar el examen.

7. **Venid** mañana, que hoy estoy muy ocupado.
La doctora ha tenido que salir. Venga mañana.

E Imperativo negativo: *no comas, no comáis, no coma, no coman...*

■ Para hacer peticiones negativas directas usamos **siempre** el **Presente de subjuntivo**, en todas las personas:

	IMPERATIVO POSITIVO	IMPERATIVO NEGATIVO
Tú	*Come*	*No **comas***
Vosotros/-as	*Comed*	*No **comáis***
Usted	***Coma***	*No **coma***
Ustedes	***Coman***	*No **coman***

Podemos hacer peticiones negativas con ***no*** o con cualquier forma de significado negativo:

- ***No*** *beba* ***ni*** *fume.* ***Tampoco*** *coma grasas.*
- ***Jamás*** *me mientas.*
- ***Nunca*** *vuelvas a hacer eso.*

→ **32.** Formas del subjuntivo

5 B1 **Esteban tiene muchos problemas. Aconséjale, como en el ejemplo, para que se sienta mejor.**

→ ● **Como** demasiado.
○ Pues no comas tanto, hombre.

1. ● **Fumo** demasiado.
○ Pues no .... tanto.

2. ● **Salgo** todas las noches hasta muy tarde.
○ Pues no ....

3. ● **Como** mucho y tengo el colesterol alto.
○ Hombre, si tienes el colesterol mal, no ....

4. ● **Conduzco** muy rápido.
○ Pues ten cuidado y no .... tan rápido.

5. ● Siempre **pienso** negativamente.
○ Pues, de ahora en adelante, no .... así.

6. ● **Tengo** miedo de hablar con la gente.
○ Pues no .... miedo. Nadie te va a hacer nada.

7. ● **Creo** que nadie me quiere.
○ No .... eso. Mucha gente te quiere.

6 B1 **¿Y qué cambia si los problemas son de Esteban y de su hermano gemelo Sebastián?**

→ ● **Comemos** demasiado.
❍ Pues no comáis tanto.

1. ● **Fumamos** demasiado.
❍ Pues no .... tanto.
2. ● **Salimos** todas las noches hasta muy tarde.
❍ Pues no ....
3. ● **Comemos** mucho y tenemos el colesterol alto.
❍ Hombre, si tenéis el colesterol mal, no ....
4. ● **Conducimos** muy rápido.
❍ Pues tened cuidado y no .... tan rápido.
5. ● Siempre **pensamos** negativamente.
❍ Pues, de ahora en adelante, no .... así.
6. ● **Tenemos** miedo de hablar con la gente.
❍ Pues no .... miedo. Nadie os va a hacer nada.
7. ● **Creemos** que nadie nos quiere.
❍ No .... eso. Mucha gente os quiere.

F Imperativo con pronombres: *Dímelo / No me lo digas.*

■ Con el imperativo positivo, los pronombres se colocan después del verbo y formando una sola palabra.
Con el imperativo negativo los pronombres se colocan según el orden normal: antes del verbo y separados.

ORDEN NORMAL	IMPERATIVO POSITIVO	IMPERATIVO NEGATIVO
• *Ella **me lo** cuenta todo.*	• *Cuéntamelo todo.*	• *No **me lo** cuentes todo.*
• *Pepa **nos** ayuda mucho.*	• *Ayúdanos, ¿quieres?*	• *No **nos** ayudes. No es necesario.*
• *Su tía **le** regala siempre juguetes.*	• *Regaladle ese juguete.*	• *No **le** regaléis ese juguete.*
• ***Se los** regala porque quiere.*	• *Regáleselos usted.*	• *No **se los** regale.*

→ **16.** Posición y combinación → **44.** Acentuación

7 B1-B2 **Dale consejos a José.**

→ Alejandro habla con cariño a Claudia. Háblale tú también así.

1. Alejandro le escribe poesías y se las lee. escríbele tú poesías y léeselas.
2. Alejandro la llama por teléfono cada día. llámala tú también.
3. Alejandro la quiere y se lo dice a todas horas. díselo tú también.
4. Alejandro la acompaña cuando va de compras porque no le gusta ir sola. acompáñala tú también.
5. A Alejandro no le molestan sus manías y se las perdona. Perdónaselas tú también.
6. A ella no le gusta hacer la comida y Alejandro se la hace muchas veces. házsela tú también.
7. Alejandro se ducha todos los días y se pone guapo cuando va a verla. dúchate y ponte guapo tú también, hombre.

8 B1-B2 **Completa la tabla con las formas que faltan, según el ejemplo. ¡Y cuidado con la posición de los pronombres!**

			Pensar	Sentir	traer
Tú	Dímelo. No me lo digas.	Dáselas. No se las des.	Piensalo No lo pienses	Sient No	Tráenoslo. No nos lo
Vosotros	Decídmelo. No me lo digáis.	Dádselas No se las deis	Pensadlo. No lo	.... No os sentéis.	.... No nos lo
Usted	Dígamelo. No me lo diga.	Déselas. No se las dé	.... No lo piense.	.... No	.... No nos lo
Ustedes	Díganmelo. No me lo digan.	Dénselas. No se las den	.... No lo piensen.	Siéntense. No	.... No nos lo

35. *Ser* y *estar*.

A *Ser: Julio César es un gato.*

Usamos el verbo ***ser*** para:

DEFINIR PALABRAS O CONCEPTOS

- *Un planeta **es** un astro sin luz que puede tener satélites.*
- *Un gato **es** un felino doméstico.*

EXPRESAR LAS CARACTERÍSTICAS PROPIAS DE UN OBJETO

- *La Tierra **es** redonda.*
- *Julio César **es** blanco y marrón.*

DEFINIR O CLASIFICAR UN OBJETO

- *La Tierra **es** un planeta.*
- *Julio César **es** un gato.*

IDENTIFICAR EL OBJETO AL QUE NOS REFERIMOS

- *La Tierra **es** el tercer planeta del sistema solar.*
- *Julio César **es** el gato de Ainhoa.*

Por tanto, podemos usar el verbo ***ser*** para hablar, por ejemplo, de:

Identidad:
- *Esa **es** María.*

Carácter:
- *Manuel **es** muy tímido.*

Características:
- *¡Oh! **Es** muy bonito. Gracias.*
- *El examen **ha sido** fácil.*

Clase:
- *Esto **es** un abanico.*
- *Los perros **son** mamíferos.*

Procedencia:
- *Rodolfo **es** cubano.*

Material:
- *¿Este anillo **es** de oro?*

Profesión:
- ***Es** doctora, creo. ¿O **es** enfermera?*

Forma:
- *Mi dormitorio **es** rectangular.*

Marca:
- *Mi móvil **es** Mokia.*

Color:
- *No, nuestro coche **es** verde.*

Relaciones personales:
- ***Es** mi sobrino.*
- *Antonio **fue** su novio.*

Fechas, horas...
- *El lunes **es** Navidad.*
- *¿Ya **son** las cinco?*

En español no hablamos de la edad con el verbo ***ser***. Usamos el verbo ***tener***:

- ***Tengo** veinte años.* [~~Soy~~ veinte años.]

→ **4.** Adjetivo

1 A1-A2 **En la Oficina de Objetos perdidos la señora Olvido Pertinaz describe todo lo que ha perdido. Relaciona los elementos de cada columna.**

Mi bolso		negro.		de piel.		bastante grande.
Mis guantes	es	de lana.	Es	Ricson.	Es	pequeñísimos.
Mis gafas	son	de sol.	Son	rojos.	Son	cuadradas.
Mi móvil		rojo.		muy oscuras.		un poco antiguo.

B Estar: Julio César está dormido.

■ Usamos el verbo ***estar*** para hablar de la **situación** de un objeto. “Situación” puede ser **localización** en el espacio (**dónde se encuentra** un objeto) y también **estado** (**cómo se encuentra** un objeto):

LOCALIZAR OBJETOS EN EL ESPACIO

Está debajo de la mesa. Está en el árbol. Está lejos. Está cerca.

- *¿Dónde **está** el banco?*
- ***Está** muy cerca de aquí.*
- ***Está** a unos cien metros.*

- *Madrid **está** en el centro de España.*

- *¿Dónde has dejado las llaves?*
- ***Están** en la mesa de la cocina, me parece.*

- *¿Y Martín?*
- ***Está** en la ducha.*

→ **4.** Adjetivo

→ **36.** *Haber y estar*

ESTADO EN QUE SE ENCUENTRA UN OBJETO

Está tumbado. Está sentado. Está asustado. Está dormido.

- *¿Qué tal Paloma?*
- *Bueno, **está** bien. La verdad es que **está** más animada, pero aún **está** un poco triste a veces.*

- *Oye, la puerta **está** abierta.*
- *Sí, es que **está** rota.*

Estar bien/mal...	*Estar de buen humor/de mal humor...*
Estar solo/acompañado...	*Estar harto/aburrido...*
Estar roto/arreglado...	*Estar vivo/muerto...*
Estar vacío/lleno...	*Estar enfermo/sano/loco...*
Estar alegre/triste/contento/animado...	*Estar cansado/agotado...*

2 A1-A2 **Ernestina es una persona muy despistada y no encuentra nada. Su compañero le ha dejado un mensaje escrito para decirle dónde está lo que ha perdido. Complétalo.**

Tina: ¿dónde tienes la cabeza?

El anillo → está encima de la mesilla de noche.

Las llaves (1) están dentro del cajón de la mesa del estudio.

Los regalos para tus sobrinos (2) están dentro del armario de tu habitación.

Tu bolso (3) está en la percha de la entrada.

Y yo, yo (4) estoy en Las Bahamas. (5) Estoy cansado de buscar todas tus cosas. Volveré. Solo necesito un DESCANSO.

Ah, los billetes de tren para ir a casa de tu madre no (6) está en casa, (7) Está en la agencia de viajes. ¿Te acuerdas de en qué calle (8) está la agencia?

Eso espero.
Un beso,
Tony

3 A1-A2 **Completa con *ser* o *estar* en la respuesta correcta y tacha la incorrecta.**

➜ Dos más dos...
a. ...son... cuatro.
b. ~~.............. seis.~~

1. El Sol...
a. .... a 149.597.870 km de la Tierra.
b. .... a un año luz de la Tierra.

2. La Luna...
a. ...Es... un satélite.
b. ...Es... un planeta.

3. La capital de Perú...
a. ...es... Montevideo.
b. ...es... Lima.

4. Los Pirineos...
a. .... unas montañas que separan España de Francia.
b. .... unas islas.

5. La bandera colombiana...
a. .... azul, verde y roja.
b. .... azul, amarilla y roja.

6. Tegucigalpa...
a. ...está... en México.
b. ...está... en Honduras.

7. Las islas Baleares...
a. ...está... en el mar Cantábrico.
b. ...está... en el mar Mediterráneo.

8. Una persona agotada es una persona que...
a. .... cansada.
b. .... dormida.

9. El Atlántico...
a. .... un océano.
b. .... un mar.

10. La Tierra...
a. .... más lejos del Sol que Marte.
b. .... más cerca del Sol que Marte.

11. El régimen político español...
a. ...es... una monarquía.
b. ...es... una república.

4 A2-B1 **Describe a Pedro y a Juan con frases como las del ejemplo. Elige *ser* o *estar* y las palabras adecuadas del recuadro.**

contento	un chico ✓	joven ✓	rubio	sentado ✓	deportista ✓	moreno
un hombre ✓	mayor	triste ✓	bajo	tumbado ✓	alto	oficinista ✓

Juan es un hombre.
Juan está oficinista
Juan está sentado
....
....
....
....

Pedro está tumbado.
Pedro es un chico
Pedro está triste
Pedro es una deportista
es joven
~~es triste~~
....

5 B1 **Pedro le enseña una foto a su amiga Rocío. Señala la forma correcta.**

Mira, esta ➜ **es** / **está** mi familia. (1) **Éramos** / **Estábamos** en un restaurante. Ese día (2) **estaba** / **era** el cumpleaños de mi madre. Este (3) **soy** / **estoy** yo. (4) **Tenía** / **Era** 10 años. Ese día (5) **era** / **estaba** muy enfadado porque no me gustaban los zapatos que llevaba. El del bigote (6) **es** / **está** mi padre y el chico que (7) **es** / **está** a su lado (8) **es** / **está** mi hermano mayor, Andrés. Esas que (9) **están** / **son** sentadas (10) **están** / **son** mis primas. (11) **Son** / **Están** gemelas. Ese del fondo (12) **es** / **está** mi tío Raúl. (13) **Estaba** / **Era** jugador de fútbol pero ahora (14) **está** / **es** retirado. La que (15) **es** / **está** detrás (16) **es** / **está** mi madre. El bebé que tiene en brazos (17) **es** / **está** Clara, mi hermana pequeña. (18) **Estaba** / **Era** dormida. ¿La ves?

36. *Haber* y *estar.*

A Formas de *haber: hay, había, habrá...*

El verbo ***haber*** tiene dos formas, la personal y la impersonal. Con la **forma personal** se construyen los tiempos compuestos. Por ejemplo:

PRETÉRITO PERFECTO

Presente de ***haber***

he
has
ha
hemos
habéis
han
→ PARTICIPIO

- *Eugenia no **ha** venido a trabajar, ¿sabes?*
- *¿**Has** ido al concierto de los Repanocha?*

→ **22.** Pretérito perfecto

PRET. PLUSCUAMPERFECTO

Imperfecto de ***haber***

había
habías
había
habíamos
habíais
habían
→ PARTICIPIO

- *En esa época yo ya **había** terminado la universidad.*
- *Cuando llegó la policía, los ladrones **habían** escapado.*

→ **27.** Pret. pluscuamperfecto

FUTURO PERFECTO

Futuro de ***haber***

habré
habrás
habrá
habremos
habréis
habrán
→ PARTICIPIO

- *Tómese estas pastillas. Dentro de una hora el dolor **habrá** desaparecido.*
- *¿Federico? No sé... Se **habrá** ido ya a casa.*

→ **29.** Futuro perfecto

Otros tiempos compuestos:

habría venido	→ **31.** Condicional compuesto
haya venido	→ **32.** Pretérito perfecto de subjuntivo
hubiera/-se venido	→ **32.** Pluscuamperfecto de subjuntivo

La **forma impersonal** se construye con la **tercera persona del singular** del verbo ***haber*** en cualquiera de los tiempos, excepto para el Presente de indicativo, que tiene una forma propia. Por ejemplo:

PRESENTE	PRET. PERFECTO	INDEFINIDO	IMPERFECTO	FUTURO	FUTURO PERFECTO
hay	*ha habido*	*hubo*	*había*	*habrá*	*habrá habido*

- *En España **hay** más de cuarenta millones de habitantes.*
- *Esta mañana **ha habido** un problema y no hemos podido llegar a tiempo.*
- *Al final **hubo** un problema y no pudimos llegar a tiempo.*
- ***Habrá habido** algún problema, porque no han llegado a tiempo.*
- *Pronto no **habrá** ordenadores. Solo robots.*
- *Antes aquí no **había** coches, solo gallinas y cabras.*

Las formas impersonales son invariables:

[En mi escuela ~~habían~~ muchos estudiantes extranjeros.]
había

[Este verano ~~han habido~~ bastantes tormentas.]
ha habido

1 A1-A2 **Escoge la forma del presente del verbo *haber* que corresponda y busca la continuación del diálogo.**

→ Perdone, ¿sabe si ...hay... un banco por aquí cerca? — a.
1. ● Lo siento, pero no .... sopa. Se .... terminado.
2. ● Pepón no .... aprobado los exámenes. Tiene que repetir curso.
3. ● ¿En el Cabo de Gata .... playas tranquilas?
4. ● ¿............... dicho algo los Hernández?
5. ● ¿Y vosotros? ¿............... tenido unas buenas vacaciones?
6. ● En este pueblo .... gente muy amable.
7. ● Chicos, no .... espárragos. ¿Queréis patatas fritas?
8. ● Esta mañana mi padre y yo .... ido a ver a la abuela al hospital.

a. ○ Sí, aquí en la esquina hay uno. El Mangal.
b. ○ Y todos son muy buenos vecinos.
c. ○ No, todavía no. Seguro que llaman más tarde.
d. ○ Es que no estudia nada.
e. ○ Buenas, pero solo han sido dos semanas.
f. ○ ¿Ya está mejor?
g. ○ Sí, y muy bonitas, además.
h. ○ No, que son malas para la salud.
i. ○ Bueno, entonces póngame la ensalada.

2 A2-B1 **Guiri Forastérez no sabe mucho español. En su libreta ha escrito unas frases sobre la ciudad de Granalona, pero, en algunas, usa mal el verbo *haber*. ¿Puedes corregírselas?**

→ El verano pasado, en esta ciudad ~~habían~~ muchos turistas. ...había...
→ Antes había muchos niños por las calles y plazas. Ahora casi no hay niños. ...✓...
1. Hace años no habían coches ni motos, pero hubieron muchos cambios y ahora hay muchos coches. ....
2. Antes había mucho silencio. No habían ruidos. ....
3. Pero antes no había pisos turísticos ni cibercafés. ....
4. Este año han habido unas fiestas maravillosas. ....
5. En las fiestas del año próximo habrán más espectáculos que este año. ....
6. Ha habido más gente solo en el mes de agosto que en todo el año. ....

B Usos de *haber* en forma impersonal: *¿Hay un hospital por aquí cerca?*

■ Usamos las formas impersonales del verbo ***haber*** para hablar de la **existencia de algo**. Las usamos cuando imaginamos o sabemos que nuestro interlocutor no tiene esa información:

- *Perdone, ¿**hay** una farmacia por aquí?*
- *Sí, **hay** una a unos cien metros.*

- *En mi barrio **hay** varias galerías de arte contemporáneo.*
- *¿Ves ese edificio? Pues antes ahí **había** unos árboles centenarios preciosos.*

3 A1 **El extraterrestre Eugenio, con la ayuda del telescopio Ojubber, ha conseguido localizar dos nuevos planetas: Vepiturno y Marsatón. Ahora está escribiendo un informe de lo que hay en uno y otro planeta. Pero tiene que hablar de los siguientes temas. Ayúdale a escribirlo.**

→ Animales (vacas, caballos): En Vepiturno hay vacas. En Marsatón no hay vacas, pero hay caballos.

1. Vegetación (plantas, árboles): ....

2. Geografía (ríos, mares): ....

3. Vivienda (casas, rascacielos): ....

4. Habitantes (niños, personas mayores): ....

C *Haber/Estar: Hay varios hospitales, pero el Hospital General está en la esquina.*

- Para **hablar de la existencia** de algo se usa el verbo ***haber***.

  - *¿En tu país **hay** olivos?*
  - *Sí, **hay** muchísimos. Producimos mucho aceite.*

  - *¿**Hay** un mercado por aquí?*
  - *Sí, **hay** dos. El Central y el de Santa María.*

  - *¿**Hay** algo que tengas que decirme?*
  - *No, nada.*

  - *En mi calle antes **había** muchas tiendas, pero ahora solo **hay** bares y restaurantes.*
  - *En esta zona **habrá** diez o doce monumentos famosos, por lo menos.*
  - *Uf, vamos a otro restaurante. Aquí no **hay** nadie. Seguro que no es bueno.*

■ Para **localizar** algo se usa el verbo ***estar***:

- *Perdone, ¿**hay** una farmacia por aquí?*
- *Sí, **hay** una a unos cien metros.*
- *¿Y dónde **está**?*

- *Oiga, ¿sabe dónde **está** el centro comercial?*
- *¿Madrid **está** cerca de Salamanca o no?*
- *¡Socorro!, ¿dónde **están** mi cartera y mis llaves?*

Si hablamos de objetos que presuponemos que existen (*mi casa, la casa de Antonio, esa casa*) no tiene sentido usar *haber*. En cambio, sí tiene sentido localizar esos objetos con *estar*.

INFORMANDO DE LA **EXISTENCIA** DE UN OBJETO	• ***Hay*** *un teléfono en esta mochila, ¿es tuyo?*
LOCALIZANDO UN OBJETO QUE YA SABEMOS QUE EXISTE	○ *No, mi teléfono **está** en la cocina. ¿Pero de quién es la mochila?* [~~Mi teléfono hay en la cocina~~] ▲ *Mía. ¿Dónde **estaba**?* [~~¿Dónde había la mochila?~~]

4 A2-B1 **Eugenio, el extraterrestre, le va contando a su amiga Ada Mir lo que ve en Vepiturno. Completa el diálogo con el verbo *estar* o con *hay*.**

→ *Eugenio*: Hay bastantes vacas, pero las vacas tienen más de cuatro patas.

Ada: ¿En serio (1) hay vacas? ¿Y dónde (2) están ?

Eugenio: En el Polo Norte, al lado de unos árboles.

Ada: ¡Ah!, pero ¿ (3) hay árboles?

Eugenio: Sí, (4) están todos en el norte. En el sur solo (5) hay nieve, mucha nieve.

Ada: ¿Y no (6) hay gente?

Eugenio: Bueno, (7) hay uno o dos pueblos. Parecen pueblos porque (8) hay unas casitas que (9) están todas juntas...

Ada: ¿Y (10) hay coches?

Eugenio: No, no (11) hay ninguno. Pero (12) hay algo que parece un pájaro verde muy grande. ¿Puede ser un avión?

Ada: ¿Dónde (13) está ? ¿En el campo?

Eugenio: No, no, (14) está cerca del pueblo. Sí, seguramente es un avión o una nave espacial... ¿Sabes qué (15) hay al lado del poblado?

Ada: No, ¿qué?

Eugenio: Es increíble, Ada. (16) hay una niña exactamente como tú y un adulto exactamente como yo....

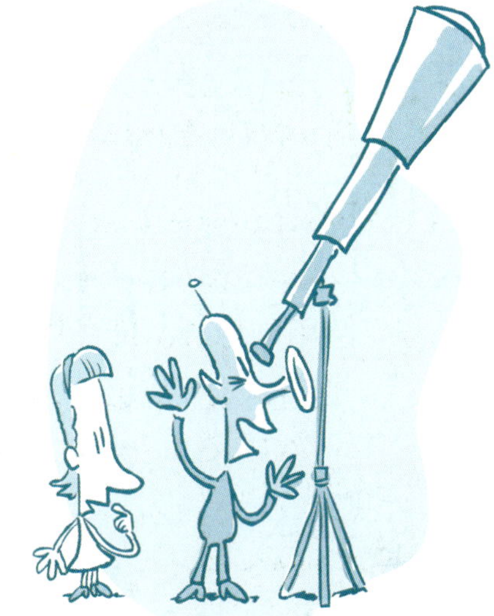

5 A2-B1 **Anita está muy preocupada porque no sabe si los Reyes Magos encontrarán su nueva casa para dejarle los juguetes la noche del 5 de enero y les escribe esta carta. Ayúdala a escoger el verbo adecuado.**

Queridos Reyes Magos:

Este año hemos cambiado de casa y quiero explicaros dónde hay/está la nueva. En Barcelona hay/está una calle que se llama Vía Layetana. En esta calle no hay/está mi casa. Es una calle muy larga que va al mar. En esta calle hay/están muchos edificios bastante altos. A mitad de la calle, hay/está un trozo de las murallas romanas. Enfrente de las murallas romanas hay/está una callecita muy estrecha y en la esquina hay/está La Colmena, que es una pastelería muy buena.

Bueno, pues al lado de esa pastelería hay/está un portal muy grande, de madera. Esa es la puerta de mi casa. Cuando entras, hay/está una puerta de hierro muy grande. Es la puerta del ascensor. Tenéis que subir al quinto piso. Al salir hay/están dos puertas, una, a la derecha, y otra, a la izquierda. La de la derecha es la de mi casa. En mi casa hay/están cuatro dormitorios. Mucho cuidado, mi dormitorio hay/está al final del pasillo. En la puerta hay/está un papel que pone "Anita". Yo soy Anita. Traedme muchos regalos, que he sido muy buena este año.

Un beso para los tres,

Anita

Dibujos de Ángela Castañeda González

37. Perífrasis verbales: *Va a salir. Está saliendo...*

A *Ir a* + INFINITIVO: *voy a comer, iba a comer...*

Con el **Presente** de ***ir a*** + INFINITIVO presentamos un hecho futuro como el resultado lógico de lo que sabemos en el presente. Por eso, usamos esta perífrasis para predecir o preguntar por un futuro que consideramos ya **evidente**:

- *El tren tiene un problema mecánico.* ***Va a salir*** *tarde.* [Es evidente.]
- *No comas tanto.* ***Vas a ponerte*** *enfermo.* [Es lógico.]

voy
vas
va
vamos
vais
van

→ a → INFINITIVO

1 A1 **¿Qué va a pasar? Está bastante claro, ¿no? Utiliza los siguientes verbos.**

saltar
suspender
caerse ✓
entrar
explotar
llover

Una niña pequeña está jugando encima de una mesa.

→ Se va a caer

Juanito no ha estudiado nada para este examen.

1. ....

Unos señores se dirigen a un restaurante.

2. ....

El cielo está gris y muy nublado.

3. ....

Una bomba está activada.

4. ....

Un deportista corre hacia una valla.

5. ....

Igualmente, usamos esta perífrasis para informar de **decisiones** o **planes**, o para preguntar por las intenciones, decisiones o planes de otros:

- *Livio* ***va a ir*** *a la fiesta de Bea. Me lo ha dicho hoy.* [Es su intención o su plan.]
- *El año que viene* ***voy a estudiar*** *más.* [Es su decisión o su plan.]
- *¿Qué* ***vas a hacer*** *este fin de semana?* [Preguntamos por sus planes.]
- *Bueno, ¿****vas a ayudarme*** *o no?* [Esperamos una decisión.]

→ **16.** Posición y combinación

2 A1 **Todos tus amigos tienen planes. Pregúntales cuáles tienen con *ir a* + INFINITIVO.**

→ Rosa quiere **hacer** muchas cosas el próximo verano. → ¿Qué vas a hacer el verano que viene?

1. Pedro y Ángel quieren **estudiar** algún idioma. 1. ¿Qué idioma ....?
2. Alberto quiere **comer** y está preparando algo en la cocina. 2. ¿Qué ....?
3. Xavi está en Francia y piensa **volver** pronto a España. 3. ¿Cuándo ....?
4. Patricio tiene la intención de **comprarse** un coche nuevo. 4. ¿Qué coche te ....?

■ Con el **Pretérito imperfecto** de ***ir a*** + INFINITIVO hacemos lo mismo, pero refiriéndonos a una escena pasada:

- *El tren tenía un problema mecánico.* ***Iba a salir*** *tarde pero, al final, salió a la hora prevista.*
- *Era evidente que, si comía tanto,* ***iba a ponerse*** *enfermo. No me hizo caso y, claro, se puso enfermo.*

iba *ibas* *iba* *íbamos* *ibais* *iban*	a	INFINITIVO

3 A2-B1 **¿Recuerdas las situaciones de la actividad 1? Mira estas nuevas imágenes y cuenta qué pasó al final completando lo que falta, como en el ejemplo.**

➜ Me iba a caer, pero mi madre me salvó.

1. No estudié nada y todo el mundo me decía que .... Y tenían razón: al final suspendí.

2. Cuando ya .... en el restaurante, vimos que estaba cerrado y volvimos a casa.

3. El cielo estaba muy nublado. Todos pensábamos que ...., pero luego salió el sol.

4. Pues sí, yo salí corriendo porque estaba claro que la bomba ....

5. Yo iba primero, pero, cuando .... la última valla, me caí.

B *Tener que / Haber que* + INFINITIVO: *Tienes que comer / Hay que comer.*

■ Usamos ***tener que*** / ***haber que*** + INFINITIVO para expresar **necesidad** u **obligación** de dos maneras diferentes:

INDICANDO QUIÉN TIENE LA NECESIDAD O LA OBLIGACIÓN

tengo / *tienes* / *tiene* / *tenemos* / *tenéis* / *tienen* + **que** + INFINITIVO

- ***Tienes que comer*** *más frutas y verduras. Te lo ha dicho el médico.* [Es necesario para ti.]

SIN INDICAR QUIÉN TIENE LA NECESIDAD O LA OBLIGACIÓN

hay + **que** + INFINITIVO

- ***Hay que comer*** *muchas frutas y verduras para tener buena salud.* [Es necesario, en general.]

■ Usamos estas perífrasis en cualquier tiempo verbal:

- *Yo* ***tenía que hacer*** *la comida pero, al final, la hizo Francisca, por suerte.*
- *¿Y el ordenador? ¿**Habéis tenido que llevarlo** a arreglar?*

- ***Había que hacer*** *la comida y Francisca se ofreció inmediatamente a hacerla.*
- *¿Y el ordenador? ¿**Ha habido que llevarlo** a arreglar?*

→ **16.** Posición y combinación

4 A2-B1 **¿Son posibles las dos opciones? Si una no es adecuada, táchala.**

→ ~~Tienes que~~ / **Hay que** ✓ ir a comprar azúcar. ¿Vas tú o voy yo?

→ Se encontró mal toda la tarde y, al final, **tuvimos que** ✓/ **hubo que** ✓ llevarla al médico.

1. Por favor, **tienes que** / **hay que** decirme qué te ha dicho. Necesito saberlo.
2. ● Había mucha nieve en la carretera. Casi tuve un accidente con el coche...
   ○ Claro, es que en invierno **tienes que** / **hay que** tener mucho cuidado.
3. ● ¿Cómo hago el gazpacho?
   ○ Para hacer bien el gazpacho, **tienes que** / **hay que** pelar los tomates.
4. El otro día vi a Rosa por la tele y llamé a Jesús: **tenía que** / **había que** saberlo.
5. Mi vecino del segundo se ha encontrado la casa llena de agua y **ha tenido que** / **ha habido que** llamar al fontanero. Le ha costado carísimo.
6. Verónica va a venir conmigo, así que tú no **tienes que** / **no hay que** acompañarme.
7. Os llamo porque está saliendo humo de vuestra casa. **Habéis tenido que** / **Ha habido que** llamar a los bomberos. Venid rápido.

C *Estar* + GERUNDIO: *Está durmiendo / Duerme.*

■ Con los verbos sin perífrasis representamos **estados** (situaciones que se mantienen en el tiempo) o **acciones** (procesos que producen cambios de estado):

ESTADOS

- *Está de pie.*
- *Está cansado.*
- *Está solo.*

- *Sabe mucho.*
- *Es listo.*
- *Tiene sueño.*

ACCIONES

- *Lleva los regalos del cumpleaños al coche.*
  [Los regalos han cambiado de sitio.]

■ Con la perífrasis ***estar*** + GERUNDIO presentamos el **estado intermedio de una acción**. Vemos una acción en su desarrollo, después de su inicio y antes de su término, como una situación que puede mantenerse en el tiempo:

- ***Está llevando** los regalos del cumpleaños al coche.*

5 A1 **¿Qué está haciendo esta gente? Completa con los verbos del recuadro usando *Estar* + GERUNDIO. Relaciona cada frase con el dibujo correspondiente.**

comprar ✓	aparcar	dormir	sonreír	planchar

→ ● ¿Y Javier?
  ○ Está comprando en el súper. En un rato está aquí.

1. Llegamos en cinco minutos. ....
2. Dicen que Loreto es muy seria, pero en esta foto ....
3. No hagas ruido. El niño ....
4. ● ¿Y mi camiseta?
   ○ La ....

a. -> 

b. ...... 

c. ...... 

d. ...... 

e. ...... 

■ Siempre que nos referimos a **un momento muy concreto del progreso** de una acción, preferimos usar ***estar*** + GERUNDIO en lugar del verbo sin perífrasis:

EN GENERAL	SITUACIONES MOMENTÁNEAS	
• *Los gatos no **beben** café.*	• *¡Corre, Jenaro, mira! ¡Tu gata se **está bebiendo** mi café!*	AHORA MISMO
• *Antes siempre me **escribías** poesías, y ahora, nada. ¿Qué ha pasado con tu amor?*	• *No te contesté porque **estaba escribiendo** una poesía para Dionisia.*	EN AQUEL MOMENTO DEL PASADO

6 A2 **Relaciona y señala la forma, con perífrasis o sin perífrasis, más adecuada.**

→ Estaba solo en casa cuando me llamaron de la tele.
1. Los planetas no **dan** / **están dando** luz propia.
2. El agua **hierve** / **está hirviendo** a 100 grados centígrados.
3. Anita, cuidado, que el agua de la bañera está **hirviendo** / **hierve**.
4. **Estamos dando** / **Damos** vueltas al mismo sitio todo el rato.
5. No **estoy leyendo** / **leo** nunca por la noche.
6. Cuando llamó la policía, me puse nerviosísimo.
7. Antes no **íbamos** / **estábamos yendo** a los bancos.

a. Espera un poco antes de meterte.
b. Marisa **trabajaba** / **estaba trabajando** en ese momento.
c. **Estaba guardando** / **Guardaba** el dinero del robo en casa.
d. **Están reflejando** / **Reflejan** la de las estrellas.
e. ¿Por qué no paras y preguntas?
f. A esa temperatura se convierte en vapor.
g. Me **están doliendo** / **duelen** los ojos siempre.
h. **Guardábamos** / **Estábamos guardando** el dinero en casa.

■ Usamos ***estar*** + GERUNDIO para hablar de **situaciones momentáneas** solo cuando el verbo significa acción o actividad, pero no cuando el verbo se refiere a un estado o a una cualidad:

SITUACIONES MOMENTÁNEAS		
	Estar + GERUNDIO [Cuando el verbo significa 'acción']	VERBO SIN PERÍFRASIS [Cuando el verbo significa 'estado']
HABLANDO DEL PRESENTE	• *El bebé **está llorando**.* • ***Están estudiando**.* • *Tu hermana **está leyendo**.*	***Tiene** hambre y **parece** cansado.* *No **pueden** venir.* *Está **sentada** en la terraza.* [~~Está sentando en la terraza.~~]
HABLANDO DEL PASADO	• *El bebé **estaba llorando**.* • ***Estaban estudiando**.* • *Tu hermana **estaba leyendo**.*	***Tenía** hambre y **parecía** cansado.* *No **podían** venir.* ***Estaba** sentada en la terraza.*

Algunos verbos significan 'acción en desarrollo' cuando se usan con ***estar*** + GERUNDIO y significan 'estado' cuando se usan sin perífrasis:

- ***Estoy viendo** la tele.* [Mi actividad es ver la tele.] — *Desde aquí no **veo** la tele.* [No puedo verla.] [~~Desde aquí no estoy viéndola.~~]
- ***Está llevando** los sombreros al almacén.* — ***Lleva** un sombrero muy bonito.* [~~Está llevando un sombrero.~~]

7 B1 **Completa con *Estar* + GERUNDIO para los verbos que significan "acción o actividad" y con el verbo sin perífrasis para los verbos que significan "estado".**

Hablando del presente

1. Mira, mi novio es ese que está entrando ahora. ¿Te .... guapo? [entrar ✓ / parecer]
2. ¿.................. los deberes? Papá ya .... la cena preparada. [hacer (vosotros) / tener (él)]
3. Espera un poco. Es que .... el final del episodio. .... el final de toda la temporada. [ver (nosotros) / ser]

Hablando del pasado

4. ● ¿Y veías algo?
   ○ Casi nada, ese día .... todo muy oscuro. [ver (tú) ✓ / estar]
5. ● Mira esta foto. ¡Qué gracia! Aquí Pedro .... la tarta. .... muy guapo de novio. [cortar / estar]
6. ● ¿Llamaste tú? ¿Qué ....?
   ○ Nada, una tontería. Es que .... un crucigrama y no .... una palabra. [querer (tú) / hacer (yo) / saber (yo)]

D *Estar* + GERUNDIO con hechos terminados: *Estuvo comiendo / Comió...*

■ Cuando usamos tiempos que expresan hechos terminados (Indefinido, Pretérito perfecto, Pluscuamperfecto, etc.), con **el verbo sin perífrasis** hablamos de acciones terminadas y realizadas completamente:

- ***Ha llevado** los paquetes. Ya no tiene que hacer nada más.* [Pasado del presente]
- ***Llevó** los paquetes. Ya no tenía que hacer nada más.* [Pasado]
- ***Había llevado** los paquetes. Ya no tenía que hacer nada más.* [Pasado del pasado]

■ Con la perífrasis ***estar*** + GERUNDIO hablamos del **desarrollo de una acción durante un período de tiempo terminado** (*durante dos días, toda la mañana, hasta las 7, mucho tiempo, dos horas...*):

- ***Ha estado llevando** paquetes dos horas.* [Pasado del presente]
- ***Estuvo llevando** paquetes dos horas.* [Pasado]
- ***Había estado llevando** paquetes dos horas.* [Pasado del pasado]

■ Con ***estar*** + GERUNDIO no nos interesa si la acción se ha realizado completamente o no. Podemos hablar de acciones realizadas completamente que vemos durante todo su desarrollo:

- ***Estuvimos comiendo** en ese bar tan famoso.*
- *Esta tarde **he estado comprando** la tele.*

O podemos hablar de acciones desarrolladas durante un determinado período de tiempo, pero no realizadas completamente:

- ***He estado fregando** el suelo de la casa toda la mañana, pero no he podido fregar el salón.*
- ***Estuvo escribiendo** una novela durante tres años y, al final, la dejó sin terminar.*

PERO

- ***He fregado** el suelo de la casa. Tú puedes fregar los platos y poner la lavadora.*
- ***Escribió** una novela en tres años. Es mucho tiempo, pero ahora se ha hecho rico con las ventas.*

→ **22.** Pretérito perfecto → **23.** Indefinido → **27.** Pluscuamperfecto

8 B1-B2 **Si alguien dice estas frases: ¿... podemos sacar estas conclusiones?**

Si alguien dice estas frases:	¿... podemos sacar estas conclusiones?	
→ Aquella tarde estuve visitando a mis padres.	→ Visitó a sus padres.	Sí
1. Ha estado corrigiendo los exámenes.	Ha corregido todos los exámenes.	No
2. Habíamos estado planchando la ropa.	No quedaba ropa sin planchar.	No
3. Habían estado dándole la noticia a Isabel.	Cuando llegué, Isabel ya lo sabía.	Sí
4. Estuvo leyendo el libro.	Acabó el libro.	No

9 B1-B2 **¿Hablamos del desarrollo de una acción o de su realización completa? Señala la opción más adecuada.**

→ **He estado pintando** / **He pintado** el cuadro esta mañana, pero no he podido terminarlo.
1. **Hicieron** / **Estuvieron haciendo** el Camino de Santiago en cuatro días. Un tiempo récord.
2. Mi madre **estuvo naciendo** / **nació** antes que mi padre. Es mayor que él.
3. **He estado leyendo** / **He leído** el informe toda la tarde, pero no he podido acabarlo.
4. Estaba muy triste: ese día **había estado perdiendo** / **había perdido** a su perrita.
5. **Estuve escribiendo** / **Escribí** la carta más de una hora. Pero no sabía cómo despedirme.
6. Los ladrones **estuvieron entrando** / **entraron** en su casa por la puerta de atrás.

SECCIÓN 5

Preposiciones

38. Preposiciones (I): *de, a, desde, hasta, en, entre, por...*

Las preposiciones se usan para localizar unas cosas en relación con otras: en el espacio, en el tiempo o en el espacio abstracto de las ideas y los conceptos.

A *De, a.*

■ ***De*** indica punto de partida u origen:

- *Ese chico es **de** Segovia.*
- *¿**De** dónde venís?*
- ***De** Rabat.*

■ La preposición ***de*** señala una cosa que sirve para caracterizar, reconocer, especificar o identificar a otra. Con ***de*** indicamos:

MATERIA, SUSTANCIA O CONTENIDO DE ALGO

*Camiseta **de** algodón, novela **de** amor, bocadillo **de** jamón, gota **de** aceite, hoja **de** papel, hablar **de** alguien o **de** algo*, etc.

PARENTESCO, POSESIÓN

*El padre **de** Amina, el trabajo **de** Daniel, la escuela **de** Ana, la libreta **de** Juan*, etc.

TIPO DE OBJETO

*Casa **de** campo, cuchara **de** postre, billete **de** ida y vuelta, cuarto **de** baño, ropa **de** abrigo, libro **de** bolsillo*, etc.

PUNTO DE REFERENCIA PARA LOCALIZAR OTRA COSA

- *Esa chica trabaja cerca **de** mi oficina.*
- *A la derecha **de** la gasolinera está mi casa.*
- *Te dejo las llaves encima **de** la mesa, ¿vale?*
- *Seguro que cuestan más **de** veinte euros.*

De y ***a*** son las dos únicas preposiciones que siempre forman una sola palabra con el artículo ***el***:

de + el = **del**	a + el = **al**
*Vengo **del** trabajo.*	*Voy **al** trabajo.*

→ **5.** Artículos

■ ***A*** indica punto de llegada o destino:

- *¿Hoy no vas **a** la escuela?*
- *¿Adónde te han enviado?*
- ***A** la base de la Antártida.*

■ La preposición ***a*** señala un punto de referencia al que se dirige, se orienta o se asocia algo. Con ***a*** indicamos:

ORIENTACIÓN HACIA UNA PARTE O UN LADO DE UNA COSA

***A** la izquierda, **a** la entrada, **al** frente, **al** final, **al** fondo, **a** las diez de la mañana, **a** la una en punto, **al** norte*, etc.

- *Francia está **al** norte de España.*
  [Más cerca del polo norte que España.]
- *Zaragoza está **al** norte de España.*
  [Encontramos Zaragoza en España orientándonos hacia su parte norte.]
- *Zaragoza está **en** el norte de España.*
  [Dentro de la zona norte de España.]

PUNTO DE REFERENCIA

*Junto **a** la escuela, frente **a** la playa*, etc.

COMPLEMENTO DIRECTO DE PERSONA Y COMPLEMENTO INDIRECTO

- *¿Has llamado **al** médico?*
- *Dale eso **a** mi madre.*
- *A mí no me gusta.*

→ **12.** Pronombres

MODO COMO SE HACEN O FUNCIONAN ALGUNAS COSAS

***A** gritos, **a** pie, **a** caballo, **a** mano, **a** máquina, **a** la fuerza*, etc.

Se dice: Vive ***en*** Palo Alto. [*Vive ~~a~~ Palo Alto*.]

1 A1-A2 **Zeina ha perdido su libro de gramática en clase de español. Les ha preguntado a sus compañeros y piensa que lo tienen los cuatro que no saben usar las preposiciones. ¿Puedes identificarlos? Señala los números correspondientes y corrige los errores.**

1. Este libro de gramática es de un amigo mío de otra clase. (............)
2. Tengo que irme. Tengo un billete a autobús en Madrid en 30 minutos. (............)
3. Yo estudio en la escuela que está enfrente de esta. (............)
4. Yo he visto a dos compañeros en el aula durante la pausa. (............)
5. Pues yo no uso libro de gramática. Escribo todas las explicaciones en mano. (............)
6. ¿Has ido en la secretaría? Ellos pueden ayudarte. (............)
7. Yo no tengo tu gramática, pero tengo una novela de misterio. (............)
8. Hay una librería cerca a aquí. (............)

2 A2-B1 **La asociación *Unidos por Maya* defiende los derechos de las abejas, un insecto muy importante en nuestro ecosistema. Para saber más sobre las abejas y sobre la asociación, completa con *a*, *de* o *en*. (Cuidado: *a* + *el* = *al*; *de* + *el* = *del*).**

GRACIAS, ABEJAS

PRODUCIR MIEL NO ES LA ÚNICA FUNCIÓN → DE LAS ABEJAS (1) .... NUESTRO PLANETA. LA VIDA (2) .... LAS PERSONAS DEPENDE (3) .... LA VIDA DE ESTOS ANIMALITOS.

Las abejas realizan el proceso (4) .... transportar el polen (5) .... unas flores (6) .... otras. Y, así, pueden dar frutos.

La asociación *Unidos por Maya* se creó (7) .... España hace más (8) .... cinco años para proteger los hábitats (9) .... nuestras abejas. "La asociación está en contra (10) .... el uso (11) .... pesticidas, que matan (12) .... estos insectos", dice Dolores Ortiz, la presidenta (13) .... *Unidos por Maya*. "Ya sabemos qué nos dan las abejas (14) .... nosotros, es el momento (15) .... preguntarnos qué podemos darles nosotros (16) .... las abejas", comenta (17) .... la página web (18) .... la asociación.

El padre (19) .... Dolores Ortiz se dedicó (20) .... las abejas toda su vida.

"Fui muchas veces con mi padre (21) .... nuestra granja, que estaba junto (22) .... un río. A mí me gustaba ayudar (23) .... mi padre, ver cómo sacaba la miel y después la ponía con una cuchara (24) .... madera (25) .... vasos (26) .... cristal. Lo más divertido era ponerse la ropa especial: era como vestirse (27) .... astronauta". *Unidos por Maya* existe gracias a mi padre: de él aprendí a tratar (28) .... las abejas con respeto y cariño", nos cuenta Dolores con emoción.

B *Desde, hasta.*

■ ***Desde*** indica el principio de un recorrido, el **límite inicial** del espacio o tiempo en el que se sitúa u ocurre algo:

- *La Gran Vía va **desde** la Plaza de Colón...*
- *Corrió descalzo **desde** la salida...*
- *No he tomado nada **desde** anoche...*
- *Ha curado **desde** elefantes...*
- ***Desde** estos asientos se ve mucho mejor.*
- ***Desde** ese punto de vista, sí lo entiendo.*

■ ***Hasta*** indica el final de un recorrido, el **límite final** del espacio o tiempo en el que se sitúa u ocurre algo:

*... **hasta** la Plaza Mayor.*
*... **hasta** la meta.*
*... y no puedo tomar nada **hasta** esta tarde.*
*... **hasta** personas.*

- ***Hasta** mañana.* [No nos veremos hasta mañana.]
- ***Hasta** ahí estamos de acuerdo.*

Hasta se usa también con el significado de ***incluso***:
- *Lo ha felicitado **hasta*** [incluso] *el rey.*

- Podemos indicar el principio y el final de un recorrido, un espacio o un tiempo usando ***de... a*** o ***desde... hasta***:
  - *Fueron **de/desde** Madrid **a/hasta** Bombay en avión.*
  - *Hay 60 kilómetros **de/desde** una ciudad **a/hasta** la otra.*
  - *Tenemos vacaciones **de/desde** julio **a/hasta** septiembre.*

Para indicar el límite espacial o temporal de algo, ***desde*** y ***hasta*** se pueden utilizar solas. En cambio, ***de*** y ***a*** no se pueden usar solas:

- *Tuvimos un viaje muy malo, estuvo lloviendo **desde** Madrid.* [Hasta un lugar no especificado.]
  [Estuvo lloviendo ~~de~~ Madrid.]
- *Tenemos vacaciones **hasta** el tres de septiembre.* [Desde un momento no especificado.]
  [Tenemos vacaciones ~~al~~ tres de septiembre.]

3 A2-B1 **Relaciona cada enunciado de la izquierda con la interpretación más adecuada.**

→ a. Un viaje **desde** Sevilla. — b. Dirección: otra ciudad.
b. Un viaje **a** Sevilla. — a. Dirección: Sevilla.

1. a. Un taxi ocupado **del** aeropuerto. | a. El cliente ha llegado en avión.
   b. Un taxi ocupado **al** aeropuerto. | b. El cliente va a tomar un avión.
2. a. Subir **a** la planta segunda. | a. El objetivo es llegar a la planta 2.
   b. Subir **de** la planta segunda. | b. El objetivo es llegar a la planta 3.
3. a. **Hasta** su abuelo cantó. | a. En homenaje a su abuelo.
   b. Cantó **a** su abuelo. | b. Su abuelo también.
4. a. Un novio **desde** los 30 años. | a. Cuando tenía 30 años.
   b. Un novio **a** los 30 años. | b. De los 30 años en adelante.
5. a. Un piso **desde** 450.000 euros. | a. Que vale esa cantidad o más.
   b. Un piso **de** 450.000 euros. | b. Que vale esa cantidad.
6. a. Espérame **hasta** las seis. | a. Las seis es la hora de la cita.
   b. Espérame **a** las seis. | b. Las seis es el límite de la espera.
7. a. Una carta **de** Granada. | a. Quiere enviar una carta.
   b. Una carta **a** Granada. | b. Ha recibido una carta.
8. a. Un tren **hasta** Santiago de Compostela. | a. Su destino final es Santiago de Compostela.
   b. Un tren **de** Santiago de Compostela. | b. Su origen es Santiago de Compostela.

4 A2-B1 **Busca la terminación adecuada para estas frases.**

→ El pobrecito Pepe ha estado estudiando... — a. de agosto. / b. desde agosto. (b)

1. Al final, he aprobado... — a. desde las matemáticas. / b. hasta las matemáticas.
2. Mi abuela no murió... — a. hasta los 93 años. / b. desde los 93 años.
3. Mi abuelo vivió... — a. a los 93 años. / b. hasta los 93 años.
4. El viaje ha sido horroroso. Ha llovido... — a. desde el principio. / b. del principio.
5. Para reservar el hotel tienen tiempo... — a. hasta la segunda quincena de mayo. / b. a la segunda quincena de mayo.
6. El crucero va de Barcelona... — a. en Egipto. / b. a Egipto.

C *En, entre.*

■ La preposición ***en*** indica que algo está dentro del espacio definido o delimitado por otra cosa (un lugar, un objeto, una superficie, un conjunto, un período de tiempo, un proceso, una idea, etc.):

- *Irene está **en** el trabajo, **en** su mesa, pero ¿qué hay **en** su mente?*

EN

- *Las flores están **en** el florero.*
- *El florero, **en** la mesa.*
- *La mesa, **en** el centro de la habitación.*
- *El sillón, **en** el rincón.*
- *El cuadro, **en** la pared.*
- *La lámpara, **en** el techo.*
- *Los muebles, **en** la habitación.*
- *La habitación, **en** la mente de Irene.*

Por tanto, con la preposición ***en*** podemos situar algo en un espacio más concreto o más abstracto:

*En casa, **en** Málaga, **en** coche, **en** el cajón, **en** el pasillo, **en** la cola, **en** vacaciones, **en** el trabajo, **en** la conversación, **en** ese sentido,* etc.

■ Con la preposición ***en*** indicamos:

EL MEDIO DE TRANSPORTE	EL MODO COMO HACEMOS ALGUNAS COSAS	EL INTERIOR DE UN PERÍODO DE TIEMPO	EL TIEMPO QUE TARDAMOS EN TERMINAR DE HACER ALGO
***En** autobús, **en** coche, **en** metro, **en** tren, **en** barco, **en** avión, **en** taxi, **en** camello,* etc. 👁 Pero: ***a** caballo, **a** pie...* [~~en~~ caballo, ~~en~~ pie]	***En** general, **en** serio, **en** broma, **en** público, **en** resumen, **en** secreto,* etc.	***En** septiembre, **en** 2009, **en** Navidad, **en** verano, **en** ese momento,* etc.	***En** tres horas, **en** cinco minutos:* • *Escribió el informe **en** tres horas.* [Tardó tres horas.] • *Llegaremos **en** cinco minutos.* [No más tarde de cinco minutos después.]

👁 No se usa ***en*** cuando hablamos del lugar de destino. Usamos ***a***:

- ***En** Italia he ido **a** muchos sitios.* [He ido a muchos sitios dentro de Italia.]
  [He ido muchas veces ~~en~~ a Italia.]

■ ***Entre*** indica los límites del espacio en el que se encuentra u ocurre algo:

- *La B está **entre** la A y la C.*
- ***Entre** abril y mayo aquí llueve mucho.*
- *Málaga está **entre** Granada y Cádiz.*

■ Los límites señalados por ***entre*** pueden ser dos o más de dos:

- *Hay una heladería **entre** el quiosco y el bar.*
- *Esto tiene que terminarlo **entre** hoy y mañana.*
- *Las llaves están **entre** esos papeles.*

ENTRE

■ Con ***entre*** también expresamos que varios sujetos colaboran para hacer algo:

- *Lo hacemos **entre** Iñaqui, tú y yo, ¿no?*
- ***Entre** todos podéis arreglar ese problema.*

5 A1-A2 **Nacho y Carolina son muy activos y hacen muchas cosas. Completa el texto con las preposiciones *en* o *a*.**

1. Carolina nunca va ➜ en autobús ni .... metro. Siempre va .... pie a todas partes.
2. Sin embargo, Nacho va mucho .... moto, pero los fines de semana, por las mañanas, monta .... caballo.
3. Pero Carolina prefiere pasar todo el fin de semana paseando .... bicicleta.
4. .... verano van .... barco y nadan muchísimo.
5. .... invierno esquían. Van .... los Pirineos .... coche.
6. Y .... Semana Santa hacen senderismo. Recorren unos 150 kilómetros .... pie.
7. Solo se quedan en casa .... Navidad para estar con toda su familia.

Va a Barcelona con avión.

Va a Barcelona en avión.

6 A1-A2 **¿Dónde puede estar el libro de gramática de Zeina? Las cuatro frases correctas indican los cuatro lugares posibles. Señala en cada frase si es correcta (C) o incorrecta (I).**

La gramática de Zeina puede estar...

➜ ... a un banco de la calle. (I)
1. ... entre las mochilas de sus compañeros. (..............)
2. ... al interior de su mochila. (..............)
3. ... en dos diccionarios. (..............)
4. ... entre unas sillas, en el suelo. (..............)
5. ... en la estantería. (..............)
6. ... entre una hoja de periódico. (..............)
7. ... en la papelera del pasillo. (..............)

7 A2-B1 **En la familia Ortiz todos son muy desordenados. Completa con las preposiciones *en* o *entre* y relaciona.**

➜ Mis botas estaban en el armario de la entrada y ya no están. ¿Alguien sabe dónde están?
1. ¿Y mi vestido de fiesta de Capriche? Ya no está .... mi armario.
2. ¿Alguien ha visto una camiseta negra que me compré el otro día y que dejé .... mi armario?
3. Dios mío, ¿y mis camisas nuevas? No están .... ninguna parte. ¡Qué desastre!
4. ¿Qué es esto que está aquí, ... mis dos bolsos Blandik?
5. No encuentro mi crema superhidratante. Ayer la dejé .... el estante del armario del baño.
6. ¿Y mi anillo de brillantes? No lo veo .... el joyero.

➜ Sí, las tomó Cuca ayer por la noche y las puso en la terraza porque estaban mojadas.

a. Yo las vi ayer .... la entrada, ... una bolsa.
b. Está .... la lavadora. Estaba muy sucia y decidí lavarla.
c. Sí que está allí. Búscalo bien. Está .... el de Cuchi y el de Ermani.
d. A ver... Ah, es un juguete de Pitita.
e. La tiene mamá. Ayer se puso un poco y la dejó .... el frigorífico.
f. Seguro que está .... tu mesa del estudio, ... todos tus papeles. Y como es pequeño...

D *Para, por.*

■ ***Para*** indica el objetivo final al que se dirige algo:

■ ***Por*** indica el espacio que se recorre para llegar de un sitio a otro:

*Vamos **para** Alicante **por** la carretera de la costa.*

■ Con ***para*** indicamos:

FINALIDAD O PROPÓSITO

- *Vamos a Madrid **para** ver el Museo del Prado.*
- *Las toallas sirven **para** secarse.*

DESTINATARIO

- *No es una película **para** niños.*
- *¿**Para** quién es este pastel?*

DIRECCIÓN A UN DESTINO

- *Vamos **para** casa.*

PLAZO TEMPORAL

- *El trabajo de clase es **para** la semana que viene.*

No es necesario usar preposiciones para hablar de la duración de una situación. Es suficiente la expresión de tiempo:

- *Estuve **dos meses** en Alemania.*
- *Voy a estar en Praga **dos semanas**.*

■ Con ***por*** indicamos:

LOCALIZACIÓN INDETERMINADA

EN EL ESPACIO

- *Me he dado una vuelta **por** el parque del Retiro.* [Recorriendo el Retiro o cerca del Retiro.]
- *La panadería está **por** aquí.* [En algún punto de este lugar o próximo a este lugar.]

EN EL TIEMPO

***Por** la mañana/tarde/noche, **por** mayo, **por** vacaciones, **por** Semana Santa,* etc.

- *Vendremos **por** Navidad.* [Pueden ser los días de Navidad o próximos a Navidad.]

CAUSA

- *Nos fuimos de la playa **por** el viento.*
- *¿Y **por** qué has invitado a Lidia?*
- *Muchas gracias **por** el regalo.*

DISTRIBUCIÓN

- *Son 43 euros **por** persona/pareja.*

MEDIO

- *Hemos hablado **por** teléfono.*
- *Le ha enviado las fotos **por** e-mail.*
- *Me he enterado **por** mi hermano.*

INTERCAMBIO

- *He cambiado el ordenador viejo **por** un portátil.*
- *Lo compramos solo **por** 20 euros.*

8 B1 **Completa con *por* o *para*.**

→ Voy a Matalascañas para ver a mi novia.

1. Nos perdimos Por un bosque y tardamos cuatro horas en encontrar el camino.
2. Si tenemos 8 euros y somos 4 personas, tenemos 2 euros Por persona.
3. Encontrar este piso fue una suerte. Lo compramos Por la mitad de lo que vale ahora.
4. Rafael dice que ha dejado los estudios Por su novia, pero yo creo que lo ha hecho Por él, solo Por él.
5. ¿Para quién son estos regalos?
6. Queremos hablar con la directora Para ver qué nos dice.
7. Oye, no iremos a la playa Por aquella carretera que tiene tantas curvas, ¿verdad?
8. Vale, perfecto, ¿por qué no me lo envías Por correo?
9. ¿Puedes firmar tú Por mí? Es que me duele muchísimo la mano y no puedo escribir.
10. El libro va a tardar un poquito, pero llegará a tiempo Para ese día.
11. ¿Quedamos mañana Por la mañana?
12. Señoras, señores: les estoy muy agradecida Por este homenaje. Gracias, de verdad.

9 B1 **Relaciona cada fragmento de la izquierda con la interpretación más adecuada.**

➜ a. Vamos en taxi **para** el aeropuerto de Barajas...	a. Dando vueltas en Barajas.
b. Vamos en taxi **por** el aeropuerto de Barajas...	b. Con dirección al aeropuerto.
1. a. Hemos visto unas flores **por** la ventana...	a. Han visto las flores al otro lado de la ventana.
b. Hemos visto unas flores **para** la ventana...	b. Han visto las flores en la tienda.
2. a. Buscamos un documento **para** internet...	a. Lo vamos a poner en internet.
b. Buscamos un documento **por** internet...	b. Lo buscamos en internet.
3. a. Está en prisión **para** espiar a un mafioso...	a. Es un agente de la policía.
b. Está en prisión **por** espiar a un mafioso...	b. Es un delincuente de una banda rival.
4. a. Compuso una canción **para** Elisa...	a. Elisa ha sido la causa de esta canción.
b. Compuso una canción **por** Elisa...	b. Dedicada a Elisa.

10 B1 **La policía ha detenido a cuatro sospechosos de robar en la mansión del conde Lorénsez. Pero dos son inocentes. El ladrón y su cómplice no siempre saben usar *por* y *para*. Busca los errores, corrígelos y sabrás quiénes son.**

1. Mire, inspector, yo vine de Madrid a esta ciudad **para** ➜ ...... trabajar en una empresa. Vine **para** (1) ...... pasar tres meses pero, **por** (2) ...... problemas de trabajo, tuve que quedarme un mes más. Vivo en un hotelito que está **por** (3) ...... la zona de la playa. Ayer tenía que volver a Madrid pero, **por** (4) ...... culpa de este robo, me he tenido que quedar aquí. Espero estar libre **para** (5) ...... poder volver cuanto antes.

3. No sé **por** (15) ...... qué estoy aquí. Yo no he hecho nada, absolutamente nada. Estaba paseando tranquilamente **por** (16) ...... el centro de la ciudad y, de repente, me entero **por** (17) ...... unos amigos de que han robado la mansión del conde Lorénsez. Voy **para** (18) ...... casa y allí me encuentro a la policía y me traen aquí **para** (19) ...... interrogarme. ¿Pero **por** (20) ...... qué a mí? Yo creo que la policía no sabe nada... Y si la policía detiene a inocentes, ¿**para** (21) ...... qué sirve? Y ahora, **por** (22) ...... este horrible asunto, voy a tener que dormir en la prisión.

2. Yo me vine a esta ciudad **por** (6) ...... mi hermano, que ya trabajaba aquí. Cuando llegué, me propuso cambiar su negocio **para** (7) ...... el mío. Me quedé a vivir en su casa. Se la compré **para** (8) ...... 400.000 euros. Estoy muy a gusto. Mi trabajo es como un juego **por** (9) ...... mí. Es muy fácil. **Por** (10) ...... la mañana, envío paquetes **para** (11) ...... correo y **para** (12) ...... la tarde los recojo. Me enteré del robo de la mansión del conde Lorénsez **para** (13) ...... mi hermano, que me llamó **por** (14) ...... el móvil. Yo no conocía de nada al conde. Solo le había entregado un paquete.

4. Ayer **por** (23) ...... la tarde yo estaba **por** (24) ...... el centro de la ciudad, comprando una alfombra **por** (25) ...... mi casa. Una alfombra muy bonita, realmente, que al final compré **para** (26) ...... 580 euros. Cuando salía de la tienda **para** (27) ...... llevar la alfombra al coche, la policía me detuvo como sospechosa de un robo. ¿Pero cuándo fue eso? Hasta ayer **para** (28) ...... la mañana yo estuve en la habitación de mi hotel **para** (29) ...... la gripe. Salí **para** (30) ...... comprar la alfombra y dicen que yo soy la culpable. Esto es una locura. Es una broma, ¿no?

11 B1 **Tu ayuda con los ejercicios de preposiciones ha sido muy útil. Ahora la policía ya sabe quiénes son los culpables. Tacha la opción incorrecta.**

→ La policía ya sabe quién es el ladrón **por/~~para~~** tu ayuda.

1. Todo lo ha descubierto **por/para** los problemas con las preposiciones.
2. Los inocentes ya pueden volver **por/para** sus casas.
3. Pero los culpables tienen que ir a la prisión **por/para** ser juzgados.
4. El juicio está previsto **por/para** dentro de un mes.
5. La policía está muy agradecida **por/para** tu trabajo y te van a nombrar policía de honor de la ciudad.

E *Con, sin.*

■ ***Con*** indica asociación. Sirve para decir que una cosa acompaña a otra, o que es un componente o instrumento de otra. También indica la manera en que se hace algo:

- *Está **con** el novio.*

CON

■ ***Sin*** es la negación de ***con***:

- *Está **sin** el novio.*

SIN

A los dos les gusta:

- *El gazpacho **con** ajo...*
- *Dormir **con** pijama...*
- *Comer **con** palillos...*
- *Viajar **con** amigos...*
- *Las ciudades **con** mar...*

*... y el café **sin** azúcar.*
*... y **sin** calcetines.*
*... y cenar **sin** mantel.*
*... y pasear **sin** prisa.*
*... pero las playas **sin** gente.*
*No pueden vivir el uno **sin** el otro.*

También usamos el gerundio (*cantando, comiendo, viviendo*, etc.) para hablar del modo de hacer algo. En ese caso, la negación se hace con ***sin*** + INFINITIVO:

- *Sí, vale, ha corrido diez kilómetros, pero **descansando** y **bebiendo** agua.*
- *¡Ha corrido diez kilómetros **sin** descansar y **sin** beber nada!*

[~~sin~~ bebiendo, ~~sin~~ descansando]

→ **20.** Formas no personales

12 A1-A2 **Todos tenemos ideas muy claras sobre algunas cosas. Completa con *con* o *sin*, y subraya cómo te gustan las cosas a ti.**

→ El café, ¿ con azúcar o sin azúcar?
1. La cerveza, ¿........ alcohol o .... alcohol?
2. Las series, ¿........ final feliz?
3. La playa, ¿........ o .... gente?
4. Los paseos por la ciudad, ¿comprando o .... comprar?
5. Un piso para vivir, ¿........ terraza o .... terraza?
6. Los macarrones, ¿........ o .... pan?
7. La ensalada, ¿........ vinagre o .... vinagre?
8. Las películas, ¿........ subtítulos o .... subtítulos?
9. El café, ¿........ cafeína o normal?
10. Conducir tu propio coche, ¿en silencio o .... música?
11. La tortilla de patatas, ¿........ cebolla o .... cebolla?
12. Las fotos, ¿sonriendo o .... sonreír?
13. Ir al cine, ¿........ amigos o solo?

F *Contra, hacia.*

■ ***Contra*** sirve para indicar que un elemento se opone a otro, que ofrece cierta resistencia:

CONTRA

- *Chocamos **contra** el escaparate.*
- *Votarán **contra** nuestra propuesta.*
- *¿**Contra** quién juega su equipo?*
- *Corre **contra** el viento.*

■ ***Hacia*** indica el punto, espacial o temporal, al que se orienta algo:

HACIA

- *¿**Hacia** dónde apunta una brújula?*
- *El meteorito se dirige **hacia** aquí.*
- *Mira **hacia** la derecha y dime qué ves.*
- *Empezamos a comer **hacia** las tres.*
  [A las tres aproximadamente.]

13 A2-B1 **Joseba es ecologista y está componiendo una canción de protesta. Escoge *contra* o *hacia* según el significado.**

→ Contra el consumo,
hacia la libertad,
juntos vamos
con este cantar.

1. Juntos vamos
con este cantar,
.... los colorantes,
.... lo natural.

2. .... la contaminación,
.... la purificación,
todos tenemos
mejor vegetación.

3. ¿................ dónde vamos?,
me preguntas.
.... el arco iris,
.... la verdad.

4. .... un verde futuro,
.... una mejor vida,
.... un aire puro,
.... una utopía.

5. .... las marcas,
.... lo auténtico,
todos podemos vivir un
mejor momento.

39. Preposiciones (II): *encima (de), debajo (de)...*

A *Encima (de), debajo (de), delante (de), detrás (de)...*

Para indicar la posición de un objeto en relación con otro usamos estas frases preposicionales: ***encima (de), debajo (de), detrás (de), delante (de), enfrente (de), al lado (de), cerca (de), lejos (de), a la derecha (de), a la izquierda** (de), **alrededor** (de)*:

[La flecha azul va hacia la derecha si la mira Colón, pero va a la izquierda si la mira esta chica o la miras tú.]

👁 El significado de ***a la derecha (de)*** y ***a la izquierda (de)*** depende del punto de vista que adoptamos: el del objeto que sirve de referencia o el de la persona que observa.

Cuando usamos estas expresiones, **podemos mencionar el punto de referencia** (en ese caso usamos la preposición ***de***) **o no mencionarlo** si ya está claro por el contexto:

• *Creo que te has dejado las gafas* ***encima de*** *la mesa del despacho.*	[Tenemos que mencionar el punto de referencia.]
○ *¿En la mesa? No las veo...*	[No mencionamos el punto de referencia. Ya está claro: *la mesa del despacho*.]
• *Sí,* ***encima.***	
• *Ahí está el coche, pero ¿qué es eso que hay* ***debajo****?*	[No necesitamos mencionar *el coche* otra vez.]
• *Los ladrones salieron corriendo y el joyero* ***detrás.***	[Detrás de *los ladrones*.]

1 A1-A2 **Ambrosio y Luisa llevan casados treinta años. Nunca están de acuerdo: siempre dicen lo contrario de lo que dice el otro.**

→ Ambrosio: Cariño, siéntate ahí **a la izquierda**.
Luisa: No, mejor me voy a sentar a la derecha.

1. A.: Aparca el coche **detrás del** autobús.
   L.: Ahí no cabe, mejor aparco ....
2. L.: ¿Ponemos el retrato de mi madre **delante de** los libros?
   A.: Yo prefiero ....
3. L.: Pon las toallas **encima de** las sábanas, por favor.
   A.: Mejor voy a ponerlas ....
4. A.: La tele está demasiado **cerca de** la mesa.
   L.: Pues yo creo que está demasiado ....
5. A.: Coloca las latas **debajo de** los cartones de leche.
   L.: No, las voy a poner ....

2 A2-B1 **Un terremoto ha cambiado de sitio las cosas del metódico Rigoberto Severo. Completa lo que falta fijándote en los dibujos (a veces hay más de una posibilidad; recuerda que: *de* + *el*= *del*).**

Aquella noche, como todas las noches, Rigoberto comprobó que todo estaba en su sitio. La cama estaba justo → enfrente del / delante del el espejo, por supuesto, y la silla (1) al lado .... Los zapatos estaban (2) debajo de .... la cama; el despertador estaba preparado: (3) encima de .... la mesita de noche y a las seis en punto, como siempre. La ropa estaba en orden: la camisa planchada y los calcetines limpios estaban (4) encima de .... la silla, con los pantalones. Puso su reloj de pulsera (5) ~~delante~~ al lado del .... el despertador y le dio un beso a la foto de su mujer. Comprobó que la linterna que había (6) encima de .... la estantería tenía pilas. Por último, miró por la ventana. "Mañana lloverá", pensó. Y se acostó.

De pronto, todo se empezó a mover. Cuando se levantó, vio que los zapatos ya no estaban (7) debajo de .... la cama sino (8) debajo de .... la mesita de noche. (9) encima de .... la cama estaban los libros y la foto de su mujer, en perfecto estado. No había nada (10) encima de .... la mesita de noche. La camisa estaba en el suelo; los dos relojes estaban ahora (11) encima de .... la camisa. Además había un calcetín (12) encima de .... la lámpara del techo y los pantalones estaban (13) detrás de .... la puerta. Rigoberto se puso (14) delante del .... el espejo para comprobar si seguía vivo.

B ¿*Delante (de)*, *detrás (de)* o *enfrente (de)*?

- Usamos ***delante (de)*** para localizar algo en el lado frontal de un objeto. Usamos ***detrás (de)*** para localizar algo en el espacio posterior de un objeto:
  - *El coche azul está **delante del** amarillo. El de color amarillo está **detrás del** azul y **delante del** verde. El verde está **detrás de** todos. El coche azul está **delante** y el verde **detrás**.*

- También usamos ***delante (de)*** o ***detrás (de)*** para situar objetos en una posición anterior ***(delante de)*** o posterior ***(detrás de)*** en nuestra línea de observación:
  - *Los coches están **delante del** autobús. El autobús está **detrás de** los coches.*

■ Usamos ***enfrente (de)*** cuando los objetos que localizamos se encuentran cara a cara:

- *El coche rojo está **enfrente del** camión azul, el coche naranja está **enfrente del** coche de color lila y el camión está **enfrente del** coche rojo.*

Usamos la preposición ***de*** solo cuando tenemos que mencionar el punto de referencia:

- *El coche lila no está **al lado del** naranja, está **enfrente**.*

3 A1-A2 Ejercicio de lógica. Completa lo que falta. Cuidado con *al* y *del*.

→ Si Iván está enfrente de María, María está enfrente de Iván.

1. Pero si Iván está delante de María, María está ....
2. Si el Banco Capital está enfrente del Banco Fortis, el Banco Fortis está ....
3. Si mi vecina vive enfrente de mi casa, yo vivo ....
4. Si tenéis un coche rojo delante del vuestro, vosotros estáis ....
5. Si una moto está a la derecha de un árbol, el árbol está ....
6. Si en el cine estás sentado detrás de una persona muy alta, tienes una persona muy alta .... ti.
7. Si miras la cara de la estatua de Colón, estás ....
8. No puedo ver bien la tele porque Marisa se ha puesto .... mí.
9. Si en el teatro María está a mi derecha y Felipe detrás de mí, yo estoy .... María y .... Felipe.
10. Si las gafas están encima de los libros, los libros están .... las gafas.

C *Al principio (de), al final (de), dentro (de), después (de)...*

■ Otras frases preposicionales que sirven para localizar son ***al principio (de), al final (de), en el centro (de), en medio (de), al otro lado (de), al fondo (de), dentro (de), fuera (de), antes (de), después (de)***:

- *Un hotel **al final de** la calle.*
- *Unos árboles **al fondo del** parque.*
- *Un parque **al otro lado de** la plaza.*
- *Una estatua **en el centro de**/**en medio de** la plaza.*
- *Un museo **antes de** la plaza.* [Si nos movemos hacia la plaza, primero nos encontramos el museo y luego la plaza.]
- *Un pato **dentro del** estanque y otro **fuera**.*
- *Una escuela **después del** paso de peatones.* [Si nos movemos hacia la plaza, primero encontramos el paso de peatones y luego la escuela.]
- *Un paso de peatones **al principio de** la calle.*

■ Con estas frases preposicionales solo usamos la preposición ***de*** cuando mencionamos **el punto de referencia**:

- *Hay una zapatería **dentro de** ese centro comercial.*
  [El punto de referencia es el centro comercial. Tenemos que mencionarlo.]
- *Siga recto. Allí verá una plaza. Pues justo **antes**, está correos.*
  [Antes de la plaza. No necesitamos mencionarlo.]
- *¿Ve esa calle? Pues el Banco Estragox está **al final**.*
  [Al final de la calle.]

4 A2-B1 **Los famosos arqueólogos Jones e Indiana saben que hay un tesoro en el centro de una conocida ciudad española. Para encontrarlo tienen que seguir estas instrucciones, pero no están claras. Si miras el mapa, puedes completarlas con las expresiones del recuadro.** (Cuidado: *de* + *el*= *del*).

al final (de)
al final (de)
al fondo (de)
al otro lado (de) ✓
al principio (de) ✓
antes (de) ✓
dentro (de)
dentro (de)
dentro (de)
dentro (de)
después (de)
después (de)
en el centro (de)
en medio (de)
fuera (de)

A ver... Tenéis que ir ➜ al principio de la Gran Vía, al número 1. Seguid por esa calle hasta la tercera a la derecha. Tomad esa calle y allí, (1) al fondo, hay una plaza. Entrad en ella y, (2) al otro lado, en una esquina, veréis una estatua. Cruzad la plaza hacia la estatua, pero (3) antes de llegar a la estatua, tomad la calle que hay a la derecha y enseguida veréis una plaza pequeña con una fuente (4) en el centro. Inmediatamente (5) después de la fuente, a la izquierda, hay una calle. Tomad esa calle y, (6) al final, hay un parque. Entrad. (7) Dentro encontraréis árboles y bancos para sentarse. (8) En medio hay un lago y un pequeño templo. Pues bien, el tesoro está (9) dentro del ~~el~~ templo. Llegaréis a él (10) después de atravesar un largo pasillo. Pero eso no es todo: el tesoro está (11) dentro de un cofre. Para abrir el cofre, necesitáis una llave que está escondida (12) fuera del ~~el~~ templo. Salid de allí cuanto antes y entrad en el laberinto. (13) Al final del ~~el~~ laberinto hay una estatua. La llave está (14) dentro del el ojo izquierdo de la estatua. Ah, y una cosa fundamental: quiero la mitad del valor del tesoro...

SECCIÓN 6

Oraciones

40. Preguntar y exclamar.

A Preguntas sí/no: *¿Vienes con nosotros?*

■ En español, las preguntas que pueden responderse con *sí/no* no tienen una estructura especial. Para distinguirlas de las frases afirmativas, la entonación es ascendente al final:

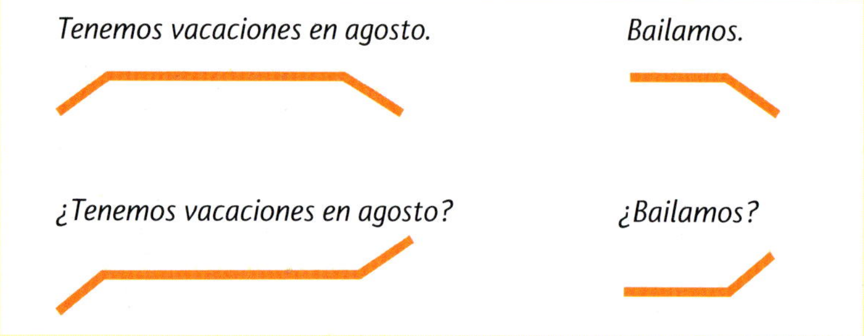

Cuando escribimos, ponemos signos de interrogación al principio y al final (**¿...?**).

■ Podemos hacer preguntas para confirmar una posibilidad entre varias:

- *¿Vienes o te quedas?*
- *Voy contigo, claro.*
- *¿Continuamos o descansamos un poco?*
- *Yo prefiero descansar. Estoy agotado.*

■ Con las preguntas ***¿no?*** y ***¿verdad?*** pedimos confirmación a algo que decimos antes:

- *Tienes amigos en Alemania,* ***¿no?***
- *Sí, en Baden-Baden.*
- *Gabriel García Márquez es un escritor colombiano,* ***¿verdad?***
- *Creo que sí.*

1 A1 **Pon signos de interrogación a esta transcripción de un interrogatorio policial.**

P.: **Policía;** ***J.:*** **Javier Rosales**

P.: Usted se llama Javier Rosales, ¿verdad?

J.: Sí, efectivamente.

P.: Trabaja en la universidad de verano de Laponia, no.

J.: Sí, así es.

P.: Es evidente que entre Mercedes Roldán y usted hay una relación.

J.: Somos simplemente amigos.

P.: Sabe que Mercedes Roldán tiene dinero en el extranjero.

J.: No tengo ni idea. Tampoco me importa.

P.: Ha estado esta mañana en la casa de Mercedes Roldán.

J.: Tengo que contestar a eso. Es mi vida privada.

P.: Es mejor colaborar. Créame.

J.: De acuerdo. He estado de compras. Aquí tiene el recibo. Puedo irme ya, verdad.

B Lugar, tiempo y modo: *¿Dónde...? ¿Cuándo...? ¿Cómo...?*

■ Usamos ***dónde***, ***cuándo*** y ***cómo*** para preguntar por el **lugar**, el **tiempo** y el **modo**:

EL LUGAR →	***dónde***	• *¿**Dónde** vive Julián ahora?*
EL TIEMPO →	***cuándo***	• *¿**Cuándo** tienes tu próxima reunión en línea?*
EL MODO →	***cómo***	• *¿**Cómo** vamos a Madrid? ¿En tren o en coche?*

👁 Estos interrogativos van al principio de la pregunta.

■ Podemos usar ***qué tal***, en lugar de *cómo*, cuando pedimos una valoración general sobre alguien o algo:

• *¿**Qué tal** se vive en Barcelona?* [¿Cómo se vive en Barcelona?]

○ *Muy bien, aunque es una ciudad un poco cara.*

• *¿**Qué tal** está tu madre?* [¿Cómo está tu madre?]

○ *Bien, está muy bien ahora.*

■ Los interrogativos pueden usarse solos si está claro de qué hablamos:

• *Hemos hablado con Rafael.*

○ ***¿Cuándo?*** [¿Cuándo habéis hablado?]

• *¿Nos vemos el sábado por la tarde?*

○ *Vale. **¿Dónde?*** [¿Dónde nos vemos?]

• *Ya he arreglado el ordenador.*

○ ***¿Cómo?** ¿Tú solo?* [¿Cómo lo has arreglado?]

• *Hola, **¿qué tal?*** [¿Cómo estás?]

○ *Muy bien, ¿y tú?*

👁 ***Qué tal*** puede usarse sin verbo cuando está claro de qué hablamos:

• *¿**Qué tal** la película?*
[¿Cómo es / Qué te ha parecido la película?]
[~~¿Cómo la película?~~]

• *¿**Qué tal** anoche?*
[¿Cómo fue / Cómo lo pasasteis anoche?]
[~~¿Cómo anoche?~~]

2 A1 **Completa con *dónde, cuándo, cómo* las preguntas del siguiente test sobre España y relaciona, después, cada pregunta con su respuesta.**

→ ¿ Cómo se llama el río que pasa por Valladolid? — c
1. ¿.......... se celebra la Semana Santa?
2. ¿.......... está el Teide?
3. ¿.......... se llama el baile típico de Aragón?
4. ¿.......... es el día de la Constitución?
5. ¿.......... está la Alhambra?

a. En Granada.
b. La jota.
c. Pisuerga.
d. Entre marzo y abril. Depende del año.
e. En Tenerife. En las Canarias.
f. El 6 de diciembre.

3 A1 **Completa con *qué tal* o *cómo* en el lugar más adecuado. A veces las dos formas son posibles.**

→ ¿ Cómo hacemos el arroz? ¿Con pescado?
1. ¿.......... te encuentras? ¿Mejor?
2. ¿.......... funciona el microondas? Hay tantos botones...
3. ¿.......... tus padres? Hace mucho que no los veo.
4. ¿.......... han venido? ¿En tren o en autobús?
5. ¿.......... te ha salido el examen? ¿Ha sido difícil?
6. ¿.......... el viaje? ¿Habéis esperado mucho rato en el aeropuerto?
7. ¿.......... la clase de yoga? ¿Es muy difícil? ¿Es aburrida?

C Cantidad: *¿Cuánto...?*

■ Para preguntar por la **cantidad**, usamos:

Cuánto (invariable) + VERBO

- *¿**Cuánto** cuestan estos abrigos?*
- *¿**Cuánto** dura el viaje en coche hasta Cuenca?*

Cuánto/-a (singular) + SUSTANTIVO NO CONTABLE

- *¿**Cuánto** dinero sacamos del banco?*
- *¿**Cuánta** gasolina le queda al coche?*

Cuántos/-as (plural) + SUSTANTIVO CONTABLE

- *¿**Cuántos** años tienes?*
- *¿**Cuántas** entradas compro?*

¿Cuántos estudiantes están conectados en el Zoom?

👁 ***Cuánto/-a/-os/-as*** y la palabra a la que se refieren (verbo o sustantivo) van al principio de la frase.

■ ***Cuánto/-a*** y ***cuántos/-as*** pueden usarse sin sustantivo cuando está claro de qué estamos hablando:

- *Hay que ir al banco: no tenemos dinero en casa.*
- *Vale, ¿y **cuánto** sacamos?*

- *He comprado pasteles esta tarde y ya no quedan.*
- *¡Ah! ¿Sí? ¿**Cuántos** nos hemos comido?*

4 A1-A2 **Completa con *cuánto/-a/-os/-as* estas otras preguntas del mismo test y relaciona con las respuestas.**

→ ¿Cuántos colores tiene la bandera de España? — e.
1. ¿.................. dura el viaje en avión de Madrid a Barcelona?
2. ¿.................. lenguas oficiales se hablan en España?
3. ¿.................. vocales hay en español?
4. ¿.................. tiempo duró la dictadura de Franco?
5. ¿.................. metros mide el Teide, la montaña más alta de España?
6. ¿.................. provincias tiene Andalucía?
7. ¿.................. comunidades autónomas tiene España?

a. 36 años
b. 4
c. 8
d. 3.718 m
e. 2
f. 50 minutos
g. 17
h. 5

5 A2 **Completa las siguientes preguntas con *cuánto/-a/-os/-as*.**

→ ● ¿Cuántos pisos tiene tu casa?
○ Tres: el sótano, la planta principal y un ático.

1. ● ¿.................. se tarda hasta Zaragoza?
○ No sé... Unas dos o tres horas en coche.

2. ● ¿.................. sal le pongo a la ensalada?
○ Poca, poca, que Ramón casi no toma sal.

3. ● ¿Tiene plátanos?
○ Sí, ¿.................. quiere?

4. ● ¿.................. agua le pongo a las plantas?
○ Bastante, que están muy secas.

5. ● ¿.................. horas necesitas para acabar el trabajo?
○ Un par de horas.

6. ● ¿.................. es?
○ 64 euros.

7. ● ¿Tenéis vasos de papel?
○ Sí, ¿.................. necesitas?

8. ● ¿.................. vale cada rosa?
○ Tres euros. ¿.................. quiere?

9. ● No podemos pasar. Está lleno.
○ ¿En serio? ¿.................. gente crees que hay?

D Causa: *¿Por qué...?*

■ Para preguntar por la **causa** de algo, usamos ***por qué***:

- *¿**Por qué** no ha venido Alberto?*
- *No lo sé, pero creo que ha tenido un problema con el coche.*

A diferencia de la explicación de la causa, que se escribe con una palabra y sin tilde (*porque*), la pregunta sobre la causa se escribe en dos palabras y con tilde (*por qué*):

- *¿**Por qué** hay tantos coches parados?*
- ***Porque** ha habido un accidente.*

→ **42.** Unir frases

■ ***¿Por qué no...?*** sirve, también, para **proponer** una actividad a alguien:

- *¿**Por qué no** vamos a cenar esta noche a una pizzería?*
- *¿Y **por qué no** cenamos en casa y salimos después?*

6 A1-A2 **Completa con *por qué*, *porque* o *por qué no*.**

→ ● ¿ Por qué .... has cerrado la ventana? Hace mucho calor.
○ Porque .... hay muchísimo ruido y así no se puede trabajar.

1. ● ¿.......................... me ayudas a hacer la cena?
○ Oye, ¿y .... pedimos una pizza esta noche?
2. ● ¿.......................... comes yogur?
○ .... soy alérgica a los lácteos. Si tomo algo con leche, me encuentro fatal.
3. ● ¿.......................... estás enfadada otra vez con tu hermana?
○ Pues .... no me deja jugar con ella.
4. ● ¿.......................... ha venido Ana a la boda de Pepa?
○ Pues no lo sé, pero es extraño, ... son muy amigas.
5. ● Estoy completamente agotada. No puedo más.
○ ¿.......................... descansas un rato?

7 A2 **Completa con *¿dónde?, ¿cómo?, ¿cuánto?, ¿cuándo?, ¿por qué?* o *¿por qué no?* A veces son posibles dos soluciones.**

→ ● No va a venir la tía Lola a cenar.
○ ¿Por qué?
● No sé, creo que está muy cansada.

1. ● El concierto de esta noche es a las ocho.
○ ....
● En el Teatro Calderón, como siempre.
2. ● Nos vamos a Madrid esta noche.
○ Ah, ¿sí? ....
● En autobús, en tren era imposible.
3. ● ¿Sabes que María y Luis se casan?
○ ....
● Este domingo.
4. ● ¿Me puedes dejar algo de dinero?
○ Sí, claro, ...
● 20 euros es suficiente.
5. ● ¿Sabes? Este año no voy de vacaciones.
○ ....
● Tengo que terminar un trabajo la primera semana de septiembre.
6. ● Yo, a la fiesta de Toni, no pienso ir.
○ .... ¿Ya no sois amigos?
● Hemos discutido.
7. ● ¿Sabes que Carlos se ha roto un brazo y una pierna?
○ ¿De verdad? ....
● Pues escalando el Monte Perdido.

E Cosas: *¿Qué compramos? ¿Qué disco compramos? ¿Cuál compramos?*

- Usamos ***qué*** cuando preguntamos por cosas:

- Usamos ***qué*** + SUSTANTIVO cuando queremos mencionar **la clase de cosa** por la que preguntamos:

- Usamos ***cuál/-es*** cuando preguntamos por una cosa (o varias) de un **conjunto ya identificado** porque lo hemos mencionado antes o está claro en el contexto:

Podemos usar ***qué*** junto a un sustantivo (*¿Qué vestido...?, ¿Qué película...?*), pero no podemos usar ***cuál*** junto a un sustantivo porque ya sabemos de qué sustantivo se trata:

¿~~Cuál vestido~~...? ¿~~Cuál película~~...?

- ***Cuál*** es singular y ***cuáles***, plural:
  - *Te regalo uno de estos cuadros. ¿**Cuál** te gusta?*
  - *Te regalo dos de estos cuadros. ¿**Cuáles** te gustan?*

8 A2-B1 **Completa con *qué*, *cuál* o *cuáles*.**

→ ● ¿ *Qué* te apetece cenar?

1. ○ No sé. ¿.................. hay en el frigorífico?
   ● Nada.
   ○ Vale. ¿A .... restaurante vamos?
   ● A uno cerca, estoy muy cansada.
   ○ Ya, pero ¿a ....?
2. ● ¿Me prestas unos pantalones?
   ○ Depende. ¿.................. quieres?
   ● Los vaqueros.
3. ● ¿Me dejas un momento ese bolígrafo?
   ○ ¿.................. bolígrafo?
   ● El que está ahí encima.
   ○ Hay tres. ¿.................. quieres?
4. ● ¿Sabes que he aprobado el examen?
   ○ ¿.................. examen?
   ● El de conducir.
5. ● Ese radiador no funciona.
   ○ ¿.................. radiador? ¿El de debajo de la ventana?
6. ● Y a tu padre, ¿.................. le compramos?
   ○ Una botella de aceite de oliva puede estar bien.
   ● Sí, vale, pero ¿..................? Hay de muchos tipos.
   ○ ¿.................. te gusta más a ti?
7. ● Pásame las sábanas.
   ○ ¿..................? ¿Estas?
   ● Sí, sí, esas.

F Personas: *¿Quién? ¿Qué niño? ¿Cuál?*

■ Usamos ***quién/quiénes*** cuando preguntamos por personas:

■ Usamos ***qué*** + SUSTANTIVO cuando queremos mencionar **la clase** de persona por la que preguntamos:

■ También usamos ***quién/-es*** o ***cuál/-es*** cuando preguntamos por una persona o varias de un **conjunto ya identificado** porque lo hemos mencionado antes o está claro en el contexto:

👁 ***Quién*** y ***cuál*** son singular; ***quiénes*** y ***cuáles***, plural:

- *¿**Quién** tiene la llave?*
- *¿**Quiénes** tienen la llave?*
- *Necesito un psicólogo. ¿**Cuál** es el mejor?*
- *Necesito dos psicólogos. ¿**Cuáles** son los mejores?*

👁 ~~¿Cuál médico...?~~ ~~¿Cuál chica...?~~

9 A2-B1 **Completa con *quién, quiénes, qué, cuál* o *cuáles*. A veces son posibles dos soluciones.**

→ ● Ha venido Ana.
○ ¿Ana? ¿ Qué Ana?
● ¡Ah! No sé, tú sabrás.

1. ● ¿.................. ciclista español ha ganado el Tour más de siete veces?
○ Ninguno, creo.

2. ● De tus tres hijos, ¿.................. es el más estudioso?
○ El pequeño. Se parece mucho a mí.

3. ● ¿Qué? ¡Pero, Juan, por Dios, eso es un secreto...! ¿A .... se lo has dicho?

4. ● ¿ .... es el hijo de Odín, heredero de Asgard y dueño del poderoso Mjölnir?
○ Thor.

5. ● ¿.................. son Melchor, Gaspar y Baltasar?
○ Los Reyes Magos.

6. ● A ver, niños. ¿.................. ha escrito eso en la pizarra?
○ Ha sido Álvaro, señorita. Yo lo he visto.

7. ● De todos tus amigos, ¿.................. viven más o menos cerca?
○ ¿Por qué?
● Para saberlo.

8. ● Oiga, por favor, ¿.................. atiende aquí?
○ El señor de las gafas, pero ahora está ocupado. Espere en la cola.
● Perdone, pero hay dos señores con gafas. ¿A .... se refiere?

9. ● ¿.................. es el hombre más rico del mundo?
○ Willy Puertas, creo.

10. ● Los dos cuadros me encantan.
○ Pero ¿.................. prefieres?

10 A2-B1 **Completa cada enunciado con las palabras del recuadro y relaciónalo con su continuación.**

qué ✓
quién
qué
quiénes
qué
cuál
cuáles
qué

→ ¿ Qué es eso? — d
1. ¿.................. vais al viaje?
2. ¿.................. comes?
3. ¿.................. es?
4. ¿.................. música pongo?
5. No acabo de decidirme. ¿.................. de los dos me recomienda usted?
6. ¿Viste ayer los premios de cine? De todas las películas, ¿.................. ganaron más premios?
7. ¿.................. equipo ha ganado la Liga?

a. Todos: Edu, Ana, Lucía y Merche.
b. Soy yo, Nuria. Abre la puerta.
c. Ensalada de col. ¿Quieres?
d. No sé. Parece un regalo para alguien.
e. El Betis.
f. *Noche zombie en La Mancha* y *Rambo 50*.
g. El salmón está más fresco que el atún.
h. Una tranquila, si no te importa.

11 B1 **Escribe las preguntas que un periodista le hace a Francisco Zapatero sobre un suceso extraordinario.**

→ ● ¿ Cuándo la encontró usted?
○ Ayer por la noche, después de cenar.

1. ● ¿Y .... la encontró?
○ Pues en un armario. Yo me acabo de mudar a esta casa y nunca había entrado en esa habitación.

2. ● Bueno, ¿y .... es exactamente?
○ Una momia, una momia en perfecto estado.

3. ● Increíble. ¿.................. es? ¿Lo sabe usted?
○ Sí, sí, por supuesto. Es la tatarabuela de mi prima Casilda.

4. ● Ajá. ¿Y .... años calcula que tiene?
○ Tendrá unos doscientos años, más o menos.

5. ● ¿.................. estaba vestida? ¿Llevaba alguna ropa?
○ No, no. Estaba envuelta en vendas: igual que las egipcias, igual.

6. ● ¿.................. piensa usted que la guardaron en el armario?
○ No tengo ni idea. Quizá porque fue una mujer muy querida por la familia. Era muy buena.

7. ● ¿Y usted .... se encuentra?
○ Un poco sorprendido, la verdad.

8. ● ¿Y .... va a hacer con la momia?
○ Pues creo que voy a llevarla al Museo Arqueológico de la ciudad. Es una joya.

G ¿Cuál es la capital de Perú? / ¿Qué es Tegucigalpa?

■ Para pedir la **identificación** de algo o alguien podemos usar ***¿Cuál/-es*** + ***ser*** + SUSTANTIVO DEFINIDO***?***:

Si nos referimos a personas, también se puede usar ***¿Quién/-es...?***

COSAS	PERSONAS
• *¿**Cuáles** son <u>tus defectos y tus cualidades</u>?* [Entre todos los defectos y cualidades, identifica los tuyos]	• *¿**Cuál** es <u>el profesor</u>?* [Entre la gente del grupo, identifica al profesor.]
• *¿**Cuál** es <u>el signo de Maite</u>?* [Entre los signos del Zodiaco, identifica el de Maite.]	• *¿**Quién** es <u>tu hermana</u>?* [Entre estas personas, identifica a tu hermana.]
• *¿**Cuál** es <u>la oferta más barata</u>?* [Entre las ofertas de hoy, identifica la más barata.]	• *¿**Quiénes** eran <u>tus cantantes preferidos</u>?* [Entre los cantantes, identifica a tus preferidos.]

■ Para preguntar por la **definición** o la **clasificación** de algo o alguien, usamos ***¿Qué*** + ***ser*** + SUSTANTIVO***?***:

• *¿**Qué** es Lima?*
○ *Una ciudad. La capital de Perú.*

• *¿**Qué** es un neurólogo?*
○ *Un médico especialista en el sistema nervioso.*

12 A2-B1 **Si completas este test, descubrirás algunas cosas, verdaderas o de ficción, sobre el cosmos.**

→ **(I)** ¿Qué es una galaxia? — **a.** Un inmenso conjunto de estrellas, gas y polvo.
(II) ¿Cuál es la galaxia más cercana a la Vía Láctea? — **b.** Andrómeda.

1. **(I)** ¿Quién es Marte?
(II) ¿Qué es Marte?

2. **(I)** ¿Quién fue Laika?
(II) ¿Qué era Laika?

3. **(I)** ¿Qué son los satélites?
(II) ¿Cuáles son los satélites más grandes de Júpiter?

4. **(I)** ¿Qué es un robot?
(II) ¿Quiénes son los robots que acompañan a Luke Skywalker en sus aventuras?

5. **(I)** ¿Quiénes fueron Armstrong, Aldrin y Collins?
(II) ¿Qué eran Armstrong, Aldrin y Collins?

6. **(I)** ¿Cuál es el planeta más grande del sistema solar?
(II) ¿Quién es Júpiter?

7. **(I)** ¿Qué era Darth Vader?
(II) ¿Quién era Darth Vader?

c. Uno de los planetas del sistema solar.
d. El dios de la guerra.

e. El primer animal que fue al espacio en 1957 en una nave.
f. Una perrita.

g. Ío, Europa y Calisto.
h. Astros sin luz propia que giran alrededor de un planeta.

i. C-3PO y R2-D2.
j. Una máquina que hace cosas automáticamente.

k. Astronautas.
l. Los primeros seres humanos que viajaron a la Luna.

m. Júpiter.
n. El rey del Universo, el soberano de todos los dioses.

o. El padre de Luke Skywalker.
p. Un caballero *jedi* convertido al lado oscuro de la Fuerza.

13 A2-B1 **¿Serías compatible con esta persona? Completa las preguntas y responde al cuestionario.**

→ ¿ Cuál es tu comida preferida? ○ El pescado crudo.
1. ¿............ prefieres? ¿El frío o el calor? ○ El frío.
2. ¿............ es tu pintor preferido? ○ Miquel Barceló.
3. ¿............ te gusta más? ¿El día o la noche? ○ El día.
4. ¿............ es tu color preferido? ○ El negro.
5. ¿En .... ciudad te gustaría vivir? ○ En Londres.
6. ¿............ prefieres? ¿Una película o una serie? ○ Una buena serie.
7. ¿............ son tus manías? ○ El orden y la puntualidad.
8. ¿............ tipo de música prefieres? ○ El jazz.

H ¿De dónde...? ¿Hasta cuándo...? ¿Por cuánto...? ¿Para qué...?

■ ***Cuándo, dónde, cuánto/-a/-os/-as, qué, quién, cuál*** se usan con una **preposición delante** si el elemento por el que preguntamos va introducido por preposición:

- *Trabajo en Desfalcosa desde XCVZ.*
- ○ *¿**Desde cuándo**?*
- *¿**De dónde** es tu mujer?*
- ○ *De Ávila, pero sus padres son de Burgos.*
- *¿**A cuántos** kilómetros está Málaga de aquí?*
- ○ *A doscientos cincuenta, más o menos.*
- *¿**Con quién** has quedado esta tarde?*
- ○ *Con una persona que no conoces.*
- *Creo que los ladrones se fueron por KHJHKK.*
- ○ *¿**Por dónde**?*
- *¿**Con cuántos** chicos has salido?*
- ○ *Uf, con muchos, pero en serio solo con dos.*
- *¿**Para qué** has sacado la caja de herramientas?*
- ○ *Para arreglar la puerta.*
- *Estamos en un hotel.*
- ○ *¿**En cuál**?*

👁 Para preguntar *¿a qué lugar?* podemos usar la forma ***adónde*** (preposición ***a*** + ***dónde***) o simplemente ***dónde***:
- *¿**Adónde** vais? / ¿**Dónde** vais?*
- ○ *Al cine. La película empieza dentro de cinco minutos.*

14 A2-B1 **A Natalia le han sacado cuatro muelas y no puede hablar muy bien. Pregunta por los elementos que no se entienden.**

→ He visto a SKSK en el supermercado. — ¿ A quién has visto?
1. Me acuerdo mucho de mis WWW. Viven tan lejos... — ¿.................... te acuerdas?
2. El coche ha chocado contra un KKJKJH y está destrozado. — ¿.................... ha chocado?
3. Después de ver muchos pisos, al final me he decidido por el YLHL. — ¿.................... te has decidido?
4. Las películas de dibujos animados son de HTYFRJJJ. — ¿.................... son las películas de dibujos?
5. Abrieron la puerta con una KJHKYYG. — ¿.................... la abrieron?
6. Pienso en KKJJH y en su forma de hablar constantemente. — ¿.................... piensas?
7. Al final se casó con IIKKKJHHJ. — ¿.................... se casó?

15 B1 **En las siguientes noticias de última hora faltan algunos datos. ¿Qué preguntas habría que hacer para obtenerlos?**

EFE. A las 19:30 de hoy, un avión de la compañía Zigzagair que se dirigía hacia (→) ***** con (1) ***** pasajeros a bordo, ha desaparecido en pleno vuelo.

REUTERS. El tenor español Agapito Vozarrón permanecerá en nuestra ciudad hasta (2) *****. Ese mismo día se trasladará a (3) *****, donde tiene programado un recital.

AGENCIAS. El Banco de Argentina ha comprado la empresa InterGas por (4) ***** millones de dólares. InterGas pertenece al empresario Carlos Etéreo desde (5) *****.

→ ¿Hacia dónde se dirigía el avión?
1. ....
2. ....
3. ....
4. ....
5. ....

I Preguntas indirectas: *No sé si te conozco. No sé cómo te llamas.*

■ Podemos expresar **una pregunta de forma indirecta** introduciéndola con verbos como ***decir***, ***saber***, ***preguntar***, etc.:

- *Cristina no <u>sabe</u> **quién** ha ganado el premio.*
- *Los niños <u>preguntan</u> **dónde** estáis **los abuelos** y **tú**.*
- *<u>No sé</u> **cuándo** os va a llamar **Alberto**, pero me ha dicho que pronto.*
- *¿Tú <u>tienes idea</u> de **cómo** funciona **la lavadora**?*
- *¿Puedes <u>decirme</u> **cuánto** tiempo vas a necesitar **el ordenador**? Es que lo necesito yo.*

En estas preguntas indirectas el interrogativo también lleva tilde (*qué, quién, dónde, cuándo...*) y el SUJETO va después del verbo:

- *Pablo sabe qué le vamos a regalar **nosotros**.*

Pablo sabe qué ~~nosotros~~ le vamos a regalar. └─nosotros

■ Para referirnos indirectamente a **preguntas que no tienen interrogativo**, usamos ***si***:

- *Iñaqui quiere saber <u>**si** la lavadora funciona bien</u>.*
- *No sé <u>**si** Alberto os va a llamar</u>.*
- *Me gustaría saber <u>**si** necesitas el ordenador mucho tiempo más</u>.*
- *Mari Paz ha preguntado <u>**si** tus amigos van a ir a la fiesta</u>.*

En las preguntas indirectas introducidas por ***si*** el orden de las palabras no cambia.

16 B1 **Julie y Enrique tienen una cita a ciegas. Completa sus pensamientos como en el ejemplo.**

cómo ✓ cómo si si cuál si
cuánto dónde cuál qué qué

si cómo si cuáles cuántos cómo
si qué cómo cuál si

No sé...

→ cómo tiene las manos.
1. en .... trabaja.
2. .... tiempo lleva sin pareja.
3. .... vive.
4. .... tiene hermanos.
5. .... será su familia.
6. .... es su actriz favorita.
7. .... películas le gustan.
8. .... es su comida preferida.
9. .... lleva camiseta interior o no.
10. .... vive con sus padres.

No sé...

11. .... años tiene.
12. .... son sus ojos.
13. .... besa.
14. .... tiene coche.
15. .... perfume usa.
16. .... es su deporte preferido.
17. .... vive en mi barrio.
18. .... le gustan los chicos como yo.
19. .... son sus aficiones.
20. .... ha tenido malas experiencias en el amor.
21. .... saldrá la cita.

J Exclamar: *¡Ha nevado esta noche! ¡Qué raro!*

■ Cualquier enunciado puede ser exclamativo. Para distinguirlo, la **entonación** es muy ascendente al principio y cae de forma brusca al final:

- *¡Ha llegado Carlos!*
- *¡No vengas!*
- *¡Luis tiene novia!*

- *¡Está lloviendo!*
- *¡Sal de aquí!*
- *¡No!*

Cuando escribimos, ponemos signos de admiración al principio y al final (**¡....!**).

■ Para exclamar sobre la **intensidad**, la **cantidad** o el **modo** usamos ***qué***, ***cuánto*** y ***cómo***:

LA INTENSIDAD →	***Qué***
LA CANTIDAD →	***Cuánto/-a/-os/-as***
EL MODO →	***Cómo***

- *¡**Qué** feo!*
- *¡**Cuánta** gente hay!*
- *¡**Cómo** canta Carla!*

■ ***Qué*** puede referirse a un **adjetivo**, un **adverbio** o un **sustantivo**:

- *¡Qué simpática es la novia de Carlos!* [Es muy simpática.]
- *¡Qué rápido pasa el tiempo!* [Pasa muy rápido.]
- *¡Qué ojos tiene Andrés!* [Sus ojos son muy bonitos.]

■ En este tipo de construcciones, ***qué***, ***cuánto***, ***cómo*** van **al principio**:

- *¡**Qué** inteligente es tu hija!*
- *¡**Cómo** grita el entrenador!*

Y el SUJETO de la frase, cuando es necesario mencionarlo, **al final**.

■ Cuando sabemos de qué estamos hablando, no es necesario mencionarlo:

- *¡**Qué** bonito!* [es el jersey]
- *¡**Cómo** duerme!* [el bebé]
- *¡**Cuánto** sabe!* [el conferenciante]

17 A2-B1 **¿De qué está hablando Claudia? Relaciona cada exclamación con el tema.**

→ ¡Qué vieja! — a. Una casa
1. ¡Qué bonitos!
2. ¡Cómo cocina!
3. ¡Qué rico!
4. ¡Cuántos libros!
5. ¡Cuánta gente!
6. ¡Cuánto lo quiero!
7. ¡Cómo ladra!
8. ¡Qué rápido!
9. ¡Qué vestido!
10. ¡Qué saladas!
11. ¡Qué jardín!

a. Una casa
b. Un bocadillo de calamares
c. El chef de un restaurante
d. Unos zapatos nuevos
e. Su novio
f. Un concierto de rock
g. La perrita de los vecinos
h. La biblioteca de un amigo
i. La casa de la vecina
j. Una modelo
k. Un coche de carreras
l. Las patatas fritas

- Usamos ***cuánto*** para destacar la **cantidad** referida a un **verbo**:
  - *¡**Cuánto** fuma Luisa!* [Luisa fuma mucho.]
  - *¡**Cuánto** come tu hijo!* [Tu hijo come mucho.]

- Usamos ***cuánto/-a*** (con sustantivos no contables) y ***cuántos/-as*** (con sustantivos contables) para destacar la **cantidad** referida a un **sustantivo**:
  - *¡**Cuánta** gente hay en la cola!* [Hay mucha gente en la cola.]
  - *¡**Cuántos** libros tienes en casa!* [Tienes muchos libros en casa.]
  - *¡**Cuántas** novelas ha escrito Plácido!* [Plácido ha escrito muchas novelas.]

El sustantivo concuerda con ***cuánto/-a/-os/-as*** en género y número.

- Para expresar la idea contraria, usamos ***qué poco*** (con verbos), ***qué poco/-a*** (con sustantivos no contables), ***qué pocos/-as*** (con sustantivos contables):
  - *¡**Qué poco** come este niño!*
  - *¡**Qué poca** agua hay en el río!*
  - *¡**Qué pocos** libros tienes en casa!*
  - *¡**Qué pocas** galletas han quedado!*

18 B1-B2 **Lee el siguiente texto sobre Romualdo Vargas y formula después las exclamaciones que hacen los vecinos. Tienes que usar *cuánto/-a/-os/-as* o *qué poco/-a/-os/-as*. Fíjate en los elementos destacados.**

Romualdo (→) se ha casado siete veces y tiene (1) 14 hijos. (2) Antes pesaba 132 Kg y dormía muchísimo, más de doce horas al día. Ahora está a régimen y (3) come muy poco (solo ensaladas y zumos) y duerme solo cuatro horas al día. A Romualdo (4) le gusta mucho la música y también el cine: tiene una discoteca enorme con más de mil (5) discos de vinilo y lo (6) sabe todo sobre actores, directores y películas. Pero ahora casi nunca (7) va al cine: solo una vez al mes.

→ ¡Cuántas veces se ha casado!
1. ....
2. ....
3. ....
4. ....
5. ....
6. ....
7. ....

- Usamos ***cómo*** para destacar el **modo** en el que se realiza una acción:
  - *¡**Cómo** canta tu hijo!* [Me sorprende cómo canta tu hijo: muy bien o muy mal.]
  - *¡**Cómo** vive mi tío Alberto!* [Me sorprende cómo vive mi tío Alberto: muy bien o muy mal, o de un modo extraño.]

19 B1-B2 **La madre de Romualdo, doña Rosario, va a pasar unos días a casa de su hijo y se sorprende de los cambios que ha habido desde la última vez que estuvo. Formula las exclamaciones con *cómo*.**

→ Romualdo ha adelgazado de forma sorprendente. ¡Cómo ha adelgazado Romualdo!
1. Clara, su hija, ha crecido mucho. ....
2. Rufo, el perro, ladra sin parar. ....
3. La cocina está muy desordenada y sucia. ....
4. El jardín también está sucio y sin cuidar. ....
5. Los precios en el supermercado han subido mucho. Todo cuesta el doble. ....

41. Comparar.

A ¿*Más* o *menos*?

- Para comparar dos cosas que son diferentes en algo, usamos:

VERBO → *más* / *menos* → *que*

más / *menos* → ADJETIVO / ADVERBIO / SUSTANTIVO → *que*

- *En la ciudad la gente se estresa **más que** en el campo.*
- *En la ciudad los niños juegan **menos que** en el campo.*

- *La ciudad es **más** ruidosa **que** el campo.*
- *En el campo la gente se acuesta **más** temprano **que** en la ciudad.*
- *En el campo hay **menos** contaminación **que** en la ciudad.*

- Para ser más precisos en la comparación, usamos cuantificadores como ***un poco, bastante*** o ***mucho/muchísimo*** antes de ***más/menos***:
  - *Sevilla es **bastante** más grande que Granada.*
  - *Jaime ha comido **un poco** menos que Ángel.*
  - *Ir en avión es **mucho** más rápido que en barco.*

→ **11.** Cuantificadores

- Cuando está claro de qué estamos hablando, no expresamos el segundo término de la comparación:
  - *Tu jefa gana **más que** tú.*
  - *Sí, aunque yo trabajo **más**.* [que ella]
  - *El radiador nuevo es **más** grande, pero calienta **menos**.* [que el viejo]

- Cuando el segundo término de la comparación es un pronombre sin preposición, siempre usamos las formas de sujeto:
  - *Tu hermano habla más que **tú**.* [~~Tú hermano habla más que ti.~~]
  - *Tu hermano habla más de mí que de **ti**.*

→ **13.** Pronombres sujeto

→ **14.** Pronombres con preposición

1 A1-A2 **Aquí tienes algunos datos sobre el aspecto y la vida cotidiana de los habitantes de dos planetas de la galaxia Pelambres. Compáralos como en los ejemplos.**

	Rizus	Lisus	Más/menos
N.º de antenas	6	1	→ Los Rizus tienen *más antenas que los Lisus.*
N.º de ojos	2	6	1. Los Rizus tienen ....
Altura media	220 cm	150 cm	2. Los Rizus son .... altos ....
Coeficiente intelectual	170	60	3. Los Lisus son .... inteligentes ....
Hora de levantarse	Entre 10 y 11 a. m.	Entre 6 y 7 a. m.	4. Los Lisus se levantan .... temprano ....
Hora de acostarse	00:00	22:00	5. Los Rizus se acuestan .... tarde ....
Litros de café por habitante y año	420 litros	1 litro	6. Los Rizus beben ....
Expectativa de vida	123 años	67 años	7. Los Lisus viven ....

2 A2-B1 **Piensa en lo que dirían esta ancianita y esta joven.**

1. La vida ser tranquila. ....
2. Los trenes ir despacio. ....
3. La gente casarse joven. ....
4. La fruta tener sabor. ....
5. Haber igualdad entre hombres y mujeres. ....
6. La gente divorciarse. ....
7. La gente vivir años. ....
8. La gente viajar. ....

B *Igual, tan/tanto, el mismo...*

■ Para decir que dos cosas son **equivalentes**, usamos:

CON ADJETIVOS Y ADVERBIOS

igual de	ADJETIVO ADVERBIO	*que*
tan		*como*

- *Paco es igual de <u>activo</u> que José.*
- *Paco no baila igual de <u>bien</u> que José.*

- *Paco es tan <u>activo</u> como José.*
- *Paco no baila tan <u>bien</u> como José.*

Y también:

- *Paco y José son igual de <u>activos</u>.*
- *Paco y José no bailan igual de <u>bien</u>.*

CON VERBOS

...	*igual que*	...
	tanto como	

Igual que
(DE MANERA O CANTIDAD EQUIVALENTE)

- *Alicia <u>duerme</u> igual que Jorge.* [De idéntica manera (boca arriba) o igual cantidad de horas.]
- *Alicia no <u>ronca</u> igual que Jorge.*

Y también: • *Alicia y Jorge <u>duermen</u>* ***igual****.*

Tanto como
(CANTIDAD EQUIVALENTE)

- *Alicia <u>duerme</u> tanto como Jorge.* [Misma cantidad de horas.]
- *Alicia no <u>ronca</u> tanto como Jorge.*

👁 Cuando nos referimos al complemento de un verbo, también usamos ***lo mismo** (que)* para indicar "la misma cantidad" o "la/s misma/s cosa/s":

- *Mis dos hijos estudian **lo mismo**: arquitectura y piano.*
- *He dormido **lo mismo** que tú, doce horas.*
- *Pidieron **lo mismo** que vosotros: una subida de sueldo.*

■ Cuando está claro de qué estamos hablando, no expresamos el segundo término de la comparación:

- *El hotel Plasta es **igual de** caro **que** el Jilton e **igual de** cómodo.* [que el Jilton]

👁 Pero con ***tanto*** eliminamos el segundo término **solo cuando la frase es negativa**:

- *Paco trabaja **tanto como** José pero <u>no</u> gana **tanto**.* [como José]
  [Paco trabaja tanto como José y gana tanto.] como él.

3 A2-B1 **Lola Menta y Carmen Druga son dos actrices famosas muy parecidas, pero no iguales. Utiliza los adjetivos y adverbios del recuadro y forma frases usando *igual de... y tan... como* para describir en qué se parecen y en qué no.**

alta   deportista   joven ✓   rica   rápido   tarde   cerca

	Lola	Carmen
Edad	35	45
Altura	173 cm	173 cm
Horas de deporte	3 horas al día	1 hora al día
Hora de desayunar	12:00	12:00
Velocidad conduciendo	170 km/h	170 km/h
Distancia de casa al trabajo	5 km	30 km
Dinero	2 millones de euros/año	10 millones de euros/año

→ Carmen no es tan joven como Lola. / Carmen no es igual de joven que Lola.
1. ....
2. ....
3. ....
4. ....
5. ....
6. ....

4 A2-B1 **Compara lo que hacen Lola Menta y Carmen Druga usando *igual que, tanto como* y *lo mismo (que)*. Cuidado, solo podrás usar *tanto como* cuando se comparan cantidades.**

→ Lola corre todos los días 10 km. Carmen solo 3.
→ Carmen no corre lo mismo que Lola. / Carmen no corre tanto como Lola.

1. Lola duerme 9 horas al día. Carmen también.
1. ....

2. Lola habla con una voz muy grave. Carmen también.
2. ....

3. Lola trabaja ocho horas al día. Carmen también. 3. ....

4. Lola se pinta los ojos, los labios y las uñas de las manos. Carmen también. 4. ....

5. Lola duerme con antifaz y en colchón de agua. Carmen también. 5. ....

6. Lola desayuna dos docenas de ostras, salchichas y huevos. Carmen desayuna café solo. 6. ....

CON SUSTANTIVOS

IDENTIDAD Y CANTIDAD	*el mismo* *la misma* *los mismos* *las mismas*	SUSTANTIVO	*que*
SOLO CANTIDAD	***tanto*** ***tanta*** ***tantos*** ***tantas***		***como***

IDENTIDAD / IGUAL CANTIDAD
CONTABLES Y NO CONTABLES

- *Pedro lleva **el mismo** móvil **que** Juan.*
- *Pedro usa **la misma** talla **que** Juan.*
- *Pedro tiene **los mismos** gustos **que** Juan.*
- *Pedro tiene **las mismas** amigas **que** Juan.*
  [Idénticas amigas o igual número de amigas.]
- *Pedro bebe **el mismo** vino **que** Juan.*
  [Idéntica marca de vino o igual cantidad.]
- *Pedro no lleva **el mismo** jersey **que** Juan.*

Y también:

- *Pedro y Juan tienen **el mismo** móvil.*
- *Pedro y Juan tienen **la misma** talla.*
- *Pedro y Juan tienen **los mismos** gustos.*
- *Pedro y Juan tienen **las mismas** amigas.*

IGUAL CANTIDAD
NO CONTABLES: singular

- *Tomo **tanto** café **como** mi marido.*
- *Esa casa tiene **tanta** luz **como** la vuestra.*
- *Ya no tengo **tanto** pelo **como** antes.*

CONTABLES: plural

- *Tengo **tantos** problemas **como** tú.*
- *Este hotel tiene **tantas** habitaciones **como** el de la playa.*
- *Tú no tienes **tantos** problemas **como** yo, ¿no?*

■ Cuando está claro de qué estamos hablando, no expresamos el segundo término de la comparación.

- *Federico vive en **el mismo** barrio **que** Laura y tiene **el mismo** coche.* [que Laura]
- *Pedro tiene **la misma** chaqueta **que** Juan y se ha comprado **los mismos** zapatos.* [que Juan]

Pero con ***tanto/-a/-os/-as***, podemos no expresar el segundo término solo cuando la frase es negativa:

- *Mi ordenador tiene **tanta** memoria **como** el tuyo, pero no pesa **tanto**.* [como el tuyo.]

Mi ordenador tiene tanta memoria como el tuyo y pesa tanto. └ como el tuyo.

5 A2-B1 **Aquí tienes unos datos sobre las actrices Lola Menta y Carmen Druga. Completa las frases siguientes como en el ejemplo.**

	Lola	**Carmen**
Maridos	4	4
Mascotas	15 (gatos)	2 (gatos)
Agua mineral	Vichí	Vichí
Yates	3	3
Peluquera personal	Paquí Tijeras	Rocío Mechas
Entrenador personal	Jesús Cachas	Jesús Cachas
Amigas íntimas	Cari, Bea y Ana	Luci, Rosa y Pepi
Tazas de café al día	5 tazas (colombiano)	5 tazas (brasileño)

→ Lola ha tenido [tantos] maridos como Carmen.

1. Carmen bebe .... agua que Lola.
2. Carmen tiene .... entrenador personal que Lola.
3. Carmen toma .... café .... Lola, pero no toma ....
4. Lola tiene las mismas .... que Carmen, pero no tiene ....
5. Lola y Carmen tienen .... yates.
6. Lola tiene tantas .... como Carmen pero no ....
7. Carmen no tiene .... peluquera .... Lola.

6 A2-B1 **Pablo y Paula se acaban de conocer, pero ya han descubierto que son el uno para el otro.**

→ Van a [los mismos] restaurantes: vegetarianos.

1. Se duchan ....: con agua fría.
2. Los dos son .... tímidos: no hablan con nadie.
3. Los dos tienen .... trabajo: son fontaneros.
4. Los dos cocinan .... bien: hacen maravillas.
5. Oyen .... tipo de música: jazz y zarzuela.
6. Les gustan .... películas: japonesas y turcas.
7. Los dos son .... altos: miden 1,72.
8. Tienen .... terapeuta, pero lo van a dejar.
9. Les gusta .... batido de chocolate: Cuela-Cao.
10. Los dos se acuestan .... tarde: a las 2 de la mañana.
11. Los dos tienen .... manía: morderse las uñas.

C Superlativo relativo: *El hombre más rápido del mundo.*

■ Cuando queremos destacar a una persona o una cosa frente a todas las demás de un conjunto, usamos:

el/la/los/las → (SUSTANTIVO) → ***más/menos*** → ADJETIVO → ***de*** + CONJUNTO / ***que*** + FRASE

- *El edificio azul es **el** rascacielos **más** alto **de** la ciudad.*
- *Es **el** (rascacielos) **más** alto **que** he visto en mi vida.*

■ Cuando está claro por el contexto, no es necesario mencionar el conjunto de referencia:

- *Me has dicho quién es la más simpática de tus amigas, pero no quién es **la más inteligente**.* [La más inteligente de tus amigas.]

7 A2-B1 **Une los elementos de las tres columnas.**

→ Mi novio es	**a.** la menor	**a.** de la clase.
1. El Quijote es	**b.** el tren más rápido	**b.** que conozco.
2. Antoñito es	**c.** el libro más emocionante	**c.** de toda nuestra vida.
3. El AVE es	**d.** el hombre más guapo	**d.** de las cinco hermanas.
4. Los tres primeros años son	**e.** el niño más alto	**e.** que he leído.
5. Sofía es	**f.** los más importantes	**f.** de España.
6. Los Polos son	**g.** el cuadro más famoso	**g.** de los últimos cinco años.
7. Este verano ha sido	**h.** la habitación más tranquila	**h.** del planeta.
8. Su dormitorio es	**i.** el peor día	**i.** de la semana.
9. El *Guernica* es	**j.** el más seco	**j.** de la casa.
10. El lunes es	**k.** las zonas más frías	**k.** de Picasso.

D Superlativo absoluto: *Una persona cariñosísima.*

■ Para expresar que algo muestra un grado muy alto en cierto aspecto, pero sin relacionarlo con otros objetos de su clase, usamos:

ADJETIVO / ADVERBIO → *-**ísimo**/-**a**/-**os**/-**as***

- *Este rascacielos es alt**ísimo**.*
- *El sitio está bien, pero la cafetería es car**ísima**.*
- *Lola siempre llega tard**ísimo**.*

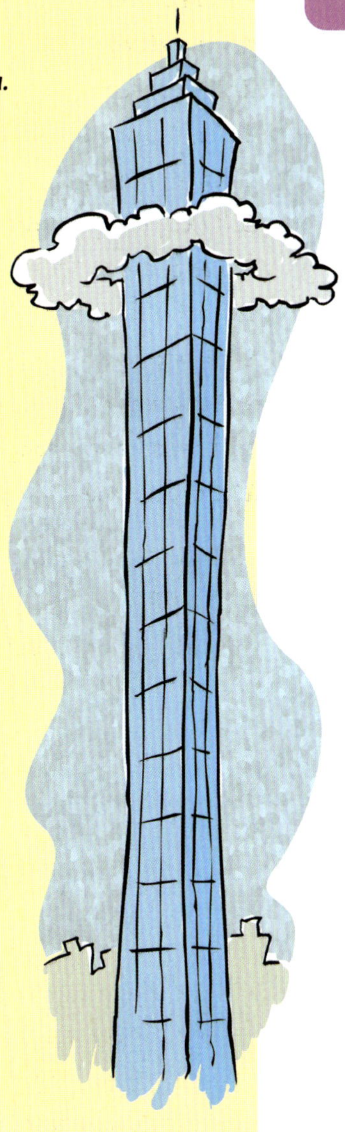

■ Cuando ***-ísimo*** se añade a un adjetivo, concuerda en género y número con el sustantivo al que se refiere:

- *Tus hijos están altísim**os**.*
- *¡Qué barbaridad! Es una tienda carísim**a**.*

Con adjetivos que ya expresan mucha intensidad (como ***precioso, horrible, magnífico, estupendo, espantoso*** o ***maravilloso***) no se suele usar ***-ísimo***.

■ La terminación ***-ísimo*** se une a la forma singular de los adjetivos y a algunos adverbios:

Si el adjetivo o el adverbio termina en **vocal**, se sustituye la vocal por ***-ísimo***:

alto/-a → *alt**ísimo**/-a*	*interesante* → *interesant**ísimo**/-a*
temprano → *tempran**ísimo***	*tarde* → *tard**ísimo***

Si el adjetivo o el adverbio termina en **consonante**, se añade ***-ísimo***:

útil → *util**ísimo**/-a*	*fácil* → *facil**ísimo**/-a*	*difícil* → *dificil**ísimo**/-a*

Si el adjetivo termina en ***-ble***:

*ama**ble*** → *amabil**ísimo**/-a*	*sensi**ble*** → *sensibil**ísimo**/-a*

Con los **adverbios** terminados en ***-mente*** (formados con **el femenino singular de un adjetivo**) se añade ***-ísima-*** a la forma del adjetivo:

lentamente → *lent**ísima**mente*	*rápidamente* → *rapid**ísima**mente*

ADJETIVOS
joven → *joven**c**ísimo*
nuevo → *nov**ísimo**/nuev**ísimo***
poco → *po**qu**ísimo*
fuerte → *fort**ísimo**/fuert**ísimo***
*anti**guo*** → *anti**qu**ísimo*
*fres**co*** → *fres**qu**ísimo*

ADVERBIOS
cerca → *cer**qu**ísima*
lejos → *le**j**ísimos*

→ **44.** Acentuación

8 A2-B1 Pon la terminación *-ísimo/-a/-os/-as* a estos adjetivos, manteniendo la concordancia.

pocas	poquísimas	feliz	......	salado	......
simpáticos	......	joven	......	interesantes	......
antipático	......	amables	......	fácil	......
secas	......	agradable	......	divertido	......

9 A2-B1 Escribe los adjetivos correspondientes a estas formas.

fortísimos	fuertes	fragilísimo	......	tontísimos	......
jovencísimas	......	grandísima	......	felicísimas	......
amabilísimo	......	blanquísimo	......	agradabilísimo	......

10 A2-B1 Pon la terminación *-ísimo* a estos adverbios.

cerca	cerquísima	mucho	......	recientemente	......
lejos	......	poco	......	claramente	......
tarde	......	lentamente	......	fácilmente	......
pronto	......	tranquilamente	......	temprano	......

11 A2-B1 Ana y Puri son muy exageradas. Comentan la última serie de extraterrestres que están viendo. Tienes que poner las palabras entre paréntesis en la forma *-ísimo/-a/-os/-as*. Pero, atención, algunas no aceptan esa forma. Y cuidado con la concordancia.

Ana: Es que KCT9744 es (guapo) → guapísimo, (1. alto) ...... y (2. azul) .... Me encanta. Y además es (3. listo) ...... y (4. bueno) .... El otro, ATA815, es (5. malo) ......, (6. feo) ...... y va siempre (7. sucio) .... Tiene una cabeza (8. horrorosa) ......, (9. llena) ...... de antenas y (10. roja) ....

Puri: ¿Y qué me dices de la detective marciana LAGO2020? Esa sí que es (11. genial) ....

Ana: Sí, sí. (12. inteligente) ......, (13. elegante) ......, (14. simpática) ...... y (15. morada) .... Aunque siempre se mete en unos líos (16. espantosos) ....

Puri: Sí, porque, por ejemplo, ahora está en un momento (17. horrible) ......, pero seguro que lo arregla (18. pronto) ....

Ana: Es una serie (19. magnífica) ...... e (20. interesante) ......, la verdad. Salen unas naves (21. maravillosas) ...... y unos paisajes de Marte (22. preciosos) ....

Contesta a estas preguntas: ¿qué personajes les gustan a Ana y a Puri? ......
¿Qué personaje no les gusta? ......

12 A2-B1 Completa como en el ejemplo. En dos casos tienes que repetir el adjetivo en lugar de usar el superlativo.

→ ● El profesor es muy agradable, ¿verdad?
○ Sí, es agradabilísimo.

1. ● No, prefiero no comprar este perfume... Es muy caro.
○ Sí, es ....

2. ● Basta, no quiero ver más a José. Es muy creído.
○ Sí, es .... Me cae fatal.

3. ● ¿Qué pensáis? A mí me parece muy feo.
○ Es ......, la verdad.

4. ● Es un cuadro precioso. ¿Te gusta?
○ Sí, es ....

5. ● Es una situación horrible.
○ Sí, es .... ¿Nos vamos?

E *Mejor, peor, mayor, menor.*

Los adjetivos ***bueno, malo, grande, pequeño***, y los adverbios ***bien, mal*** tienen formas especiales para expresar un grado mayor:

Mejor = (más + bueno) / (más + bien)

- *El aceite de oliva es **mejor** que la mantequilla.*
- *Mi madre cocina **mejor** que tú.*
- *Es el **mejor** libro que he leído.*

Peor = (más + malo) / (más + mal)

- *La película es **peor** que el libro.*
- *Mi marido conduce **peor** que tú.*
- *¿Cuál es el **peor** día de la semana para ti?*

Mayor = más grande (de más edad)

- *Mi hermana es un poco **mayor** que yo.*
- *Es el **mayor** de todos mis primos.*

Menor = más pequeño (de menos edad)

- *Tu novio es bastante **menor** que tú, ¿no?*
- *Solo conozco al **menor** de los hermanos.*

Cuando ***mejor, peor, mayor*** y ***menor*** son adjetivos, solo concuerdan en número:

- *Las bromas de José son **mejores** que las de Álex.*

13 A2-B1 **Completa con *mejor, peor, mayor y menor*. Cuidado con la concordancia.**

→ ¿Cuántos años tiene tu hermano? Recuerdo que es bastante mayor que tú, ¿no?

1. No me ha gustado nada la película. El libro es mucho ....
2. El hotel era muchísimo .... que el del año pasado. Había cucarachas y ratones. Lo hemos pasado fatal.
3. Doctor, me siento mucho .... Estas pastillas son fabulosas.
4. ¡Claro que Jesús es .... que yo! Él tiene 28 y yo 37.
5. En mi país los autobuses son .... : son más puntuales y más cómodos.
6. Aquellos cursos fueron bastante .... que los de otros años. No aprendimos nada. Un desastre.
7. Está claro que estas gambas son .... Aunque son más baratas, están bastante más frescas.

14 A2-B1 **Fernando se pasa el día comparándose con su mejor amigo del cole, Jorge. Lee esta página de su diario y suprime el segundo término de la comparación siempre que puedas.**

Querido diario:

Hoy voy a hablar de mi amigo Jorge. → Su padre es muy simpático, pero el mío es más divertido ~~que el suyo~~. (1) A mí me hacen más regalos en Navidad que a él porque soy más bueno que él. (2) Cuando hacemos carreras yo corro tanto como él, pero cuando jugamos al fútbol yo no meto tantos goles como él. (3) Yo me tengo que ir a la cama a las nueve y no entiendo por qué Jorge se acuesta más tarde que yo. No es justo. (4) Como vamos a la misma clase, nos mandan los mismos deberes, pero yo no tardo tanto como él en hacerlos. Yo soy mucho más rápido que él. (5) Él vive tan cerca del colegio como yo, pero siempre va en coche. Yo voy andando o en autobús. (6) A Jorge y a mí nos gusta la misma niña, Susana, pero ella me mira a mí más que a él. (7) Yo soy mejor que él con los videojuegos, pero él es mejor que yo con las canicas. (8) Los dos hemos pasado la gripe a la vez. Un día me llamó y me dijo que tenía tanta fiebre como yo y que le dolía la garganta tanto como a mí, pero que él no lloraba tanto como yo, que era más valiente que yo. (9) Jorge es mi mejor amigo y yo soy su mejor amigo. La verdad es que no sé si a Susana la quiero más que a él, pero cuando estamos de vacaciones me acuerdo más de Jorge que de ella.

42. Unir frases: *y, o, pero, sino, porque, cuando, si, que...*

A *Y, o, ni.*

- Con ***y*** añadimos un elemento a otro elemento:
  - *Han venido Luis **y** María a vernos.*
  - *Vamos a cenar **y** a ver una película.*
  - *Fuimos a la fiesta **y** lo pasamos muy bien.*

- Cuando hay más de dos elementos, la ***y*** se suele poner solo antes del último:
  - *Tenemos que comprar patatas, tomates, lechuga **y** ajos.*
  - *Me levanto, me ducho, desayuno **y** voy a trabajar.*

Pero también es posible decir:

- *Hay que comprar patatas **y** tomates **y** ajos.*

👁 Usamos ***e*** (en lugar de ***y***), sobre todo en textos escritos, cuando la palabra siguiente comienza por ***i-*** o ***hi-***:

- *En el barrio viven paquistaníes **e** **i**ndios.*
- *Tienen que ir a la reunión padres **e** **hi**jos.*

- Con ***o*** señalamos una **alternativa** entre dos o más elementos:
  - *¿Sacas tú la basura **o** la saco yo?*
  - *De regalo, quiere unos guantes **o** un collar.*
  - *Podemos ir al cine esta noche. ¿**O** vamos al teatro?*
  - ***O** a una discoteca. Tengo ganas de bailar.*

O puede ponerse antes de **todos** los elementos que relacionamos, excepto en las preguntas:

- *Iré el jueves **o** el viernes, aún no lo sé.*

Y también:

- *Iré **o** el jueves **o** el viernes, aún no lo sé.*

Pero: ¿~~O~~ te apetece un té o prefieres un café?

👁 Usamos ***u*** (en lugar de ***o***), sobre todo en textos escritos, cuando la palabra siguiente comienza por ***o-*** u ***ho-***:

- *Enrique tiene siete **u** **o**cho gatos.*
- *¿Vertical **u** **ho**rizontal?*

1 A1 **Relaciona las dos partes de cada enunciado.**

→ Están aquí Clara **y** — b.
1. Vamos a ir a cenar **y**
2. Tenemos clase esta tarde **y**
3. Ha venido la vecina **y**
4. Julián habla muy bien francés **e**
5. Esta mañana salgo de casa **y**

a. después al cine.
b. sus amigas del colegio.
c. inglés. Es traductor.
d. mañana por la tarde.
e. me encuentro con Ana.
f. ha traído un pastel buenísimo.

6. ¿Quieres un café **o**
7. El viaje dura dos **o**
8. ¿Vamos al campo **o**
9. Lola quiere visitar Bélgica **u**
10. Y Paco quiere visitar Italia **o**
11. Vamos a estar siete **u**
12. Setenta **u**

g. a la playa?
h. Holanda. No me acuerdo.
i. Alemania, me parece.
j. ocho horas en el avión.
k. un refresco?
l. tres horas en barco.
m. ochenta personas son demasiadas.

- Con ***ni*** añadimos un elemento negativo a otro elemento negativo:
  - *<u>No</u> ha venido Juan.*
  - ***Ni*** *María. ¡Qué raro!*
  - *<u>No</u> quiero té **ni** café.*
  - *Luis <u>no</u> sabe inglés **ni** quiere aprenderlo.*

Podemos usar ***ni*** antes de todos los elementos que unimos. Así indicamos, desde el principio, que todos esos elementos serán negativos:

- ***Ni*** *ha venido* ***ni*** *ha llamado.*
- ***Ni*** *tengo coche* ***ni*** *quiero tenerlo.*

2 A1-A2 **Carmen y su madre compran regalos para la familia. ¿Cuántas cosas van a comprar a cada persona?**

→ Para Ana, un perfume, o un bolso y una camiseta. ....1 o 2....
1. Para Mercedes, ni juguetes ni dulces: un cuento. ....
2. Para Antonio, una colonia, un póster o un disco. ....
3. Para Julia, un marco de fotos o un cuadro. ....
4. Para Elisa, ni un piano ni una guitarra ni nada. ....
5. Para Carla, una camisa y un chaleco, o unos pantalones y un cinturón. ....
6. Para Juan, un albornoz y un jabón. ....
7. Para Jordi, una planta y un disco, o unos zapatos. ....
8. Para Menchu, ni libros ni discos. Un collar o una pulsera. ....

3 A1-A2 **Unos amigos proponen planes para el fin de semana. Completa con *y, ni, o*.**

Carla: El sábado → ...o... el domingo por la mañana podemos ir al zoo (1) .... después a pasear por el campo.

Goyo: No hay tiempo para las dos cosas: (2) .... vamos al zoo (3) .... vamos al campo.

Merche: A mí no me apetece (4) .... una cosa (5) .... la otra. ¿Por qué no vamos a pasar el día a casa de Tomás?

Carla: ¿A casa de Tomás (6) .... a casa de Luis? La casa de Luis es más grande y tiene jardín.

Goyo: Pero (7) .... Luis (8) .... Tomás saben nada de nuestros planes. En vez de eso, podemos ir todo el fin de semana a la playa a tomar el sol (9) .... a descansar.

Merche: Sí, mejor. A la playa por la mañana (10) .... a bailar por la noche, ¿de acuerdo?

4 A1-A2 **Fíjate en los dibujos, completa las descripciones con *y, ni*. ¿Sabes quién es el marido de Cristina?**

El tipo de hombre ideal de Cristina...

→ No lleva ..ni.. barba ..ni.. bigote.
1. Tiene el pelo corto ...... liso.
2. Lleva chaqueta ...... corbata.
3. No es ...... muy alto ...... muy delgado.
4. No tiene los ojos azules ...... el pelo rubio.

El marido de Cristina...

5. Lleva barba ...... bigote.
6. No tiene el pelo ...... corto ...... liso.
7. No lleva ...... chaqueta ...... corbata.
8. No es ...... muy bajo ...... muy gordo.
9. Tiene los ojos azules ...... el pelo rubio.

B *Pero, sino.*

■ ***Pero*** introduce una idea que **contrasta** con otra anterior o la **limita**:

- *Tengo una piscina en casa, **pero** no sé nadar.*
- *Me gusta mucho el campo, **pero** prefiero vivir en la ciudad.*
- *Tu hermano no ha llegado, **pero** sí tu cuñada.*
- *La casa de Luisa es fantástica, **pero** un poco cara.*

5 A1 **Relaciona las dos partes de cada enunciado.**

→ Ana quiere ser doctora
y .... ayudar a las personas.
o .... enfermera.
pero .... le da miedo la sangre.

√**1.** Los López tienen una casa en la playa
pero .... siempre van a la montaña.
o .... en la montaña. No me acuerdo.
y .... otra en la montaña.

√**2.** Rogelio está enamorado de Marta
o .... de Alicia. No estoy seguro.
y .... de Clara al mismo tiempo.
pero .... no quiere irse a vivir con ella.

√**3.** El nuevo empleado trabaja muy bien
o .... trabaja muy mal, depende del día.
y .... mucho. Es el mejor de todos.
pero .... poco: sale siempre el primero.

√**4.** Mañana vamos al cine
pero .... no antes de las 7 porque tengo que trabajar.
o ...., mejor, a dar una vuelta si no llueve.
y .... a cenar después.

√**5.** Rosa todos los días va al gimnasio
o .... hace ejercicio en casa, una de dos.
pero .... no está mucho rato.
y ...., además, come solo frutas y verduras.

■ Podemos usar ***pero*** para **añadir una idea** que **contrasta** con otra idea negativa anterior:

*Jane no habla español, **pero** lo comprende.*

- *Tú no has pedido jamón, ¿verdad?*
- *No, no he pedido jamón, **pero** me lo han traído.*
- *No tengo azúcar, **pero** tengo miel.*
- *No has hecho bien el examen, **pero** has aprobado.*

■ Usamos ***sino*** para corregir. **Negamos** un elemento de una idea y lo **sustituimos** por otro:

*Jane no habla español **sino** inglés.*

- *Usted ha pedido jamón, ¿verdad?*
- *No, yo no he pedido jamón, **sino** salmón.*
- *Esas galletas no llevan azúcar, **sino** miel.*
- *En el examen no has sacado un 6, **sino** un 8.*

- Cuando ***sino*** introduce un verbo conjugado, usamos ***sino que***:
  - *El ladrón no huyó por la ventana, **sino que** estuvo escondido en la casa hasta que llegó la policía.*
  - *Y esta tarde no vas al parque, **sino que** te vas a quedar en casa y sin televisión.*

[Mopa no pasea con su dueño, ~~pero~~ sino con su dueña.]

6 B1-B2 **La actriz Guadalupe Chamorro está perdiendo la memoria. Ayuda a sus hijos a corregir las informaciones que le da a un periodista. Tienes que usar *sino* o *sino que*.**

→ Nací en Reus en 1943.
(Nació en Barcelona en 1943).
No nació en Reus, sino en Barcelona.

√ **1.** En 1964 me casé. Mi marido se llamaba Paco Frutales.
(Su marido se llamaba Antonio Frutales).
Su marido no se llamaba Paco, sino Antonio

√ **2.** En 1975 rodó dos películas en Hollywood.
(En 1975 hizo una serie en España).
No rodó dos películas, sino que hizo una serie

√ **3.** Mi primera película fue un gran éxito.
(En realidad fue un fracaso).
Su primera película no fue un gran éxito, sino un fracaso

√ **4.** En el 62 fui la protagonista de *Historia de G.*
(Tuvo un papel secundario en la película).
No fui la protagonista, sino que tuvo un papel secundario

√ **5.** Tengo siete hijos.
(Tiene solo tres hijos).
No tiene siete hijos, sino tres hijos

√ **6.** Mi hijo mayor, Julián, es director de cine.
(Julián trabaja en el circo).
Julián no es director, sino que trabaja en el circo

√ **7.** Gané un Óscar por la película *José y yo*.
(Ganó el premio Ciudad de Teruel).
No ganó un Óscar, sino el premio Ciudad de Teruel

7 B1-B2 **Guadalupe Chamorro es también muy pesimista y olvida contarle al periodista las cosas positivas de su vida. Ayuda otra vez a sus hijos a completar la información de Guadalupe.**

→ No tengo ninguna hija.
(Tiene cinco nietas preciosas).
No tiene ninguna hija, pero tiene cinco nietas preciosas.

√ **1.** Ya no tengo casa en Hollywood.
(Tiene casas en París y en Roma).
No tiene casa en Hollywood, pero tiene casas en París y en Roma

pero **2.** Almo Tóvar nunca me ha llamado para sus películas.
(Participó en la primera película dirigida por una mujer).
....

pero **3.** Nunca he tenido una buena crítica.
(Ha ganado mucho dinero en el cine).
....

8 B1-B2 **El periodista que ha hecho la entrevista a Guadalupe está aprendiendo español, pero todavía no sabe usar muy bien *sino*. Corrige sus errores (hay 5 más).**

→ No tiene siete hijos, ~~pero~~ (sino) tres. No es joven, pero (✓) todavía es muy activa.

√ **1.** No se casó en 1974, pero (sino) en 1964.

√ **2.** No tiene avión privado, pero (✓) la productora le regaló un barco de recreo.

√ **3.** Su primera película no fue *Historia de G* pero (sino) *Las aventuras del conde Drácula.*

√ **4.** No es una buena actriz, pero (✓) ha ganado mucho dinero.

√ **5.** Su hijo no trabaja en el cine, pero (sino) en el circo.

✗ **6.** No le gustan los periodistas, pero (✓) a veces habla con ellos.

√ **7.** Ahora no vive en Barcelona, pero (sino) en Reus.

√ **8.** No vive sola, pero (sino) con su hermana pequeña.

C Porque, como, es que.

■ Con ***porque*** explicamos la causa de algo:

[Jaime explica la causa por la que tiene que irse a casa: su hija está enferma.]

La causa introducida con ***porque*** normalmente se pone después:

- *No puedo ir a la fiesta de Jimena **porque** me voy a Madrid.*

■ Con ***como*** presentamos un hecho en el que hay que pensar antes para poder comprender después otro hecho:

[Si la chica tiene en cuenta la lluvia, comprenderá la propuesta del chico.]

La causa presentada con ***como*** normalmente se pone antes:

- ***Como** trabaja tanto, Raquel no tiene tiempo para su familia.*

A diferencia de la pregunta sobre la causa, que se escribe en dos palabras y con tilde (***por qué***), la explicación de la causa se escribe con una palabra y sin tilde (***porque***):

- *¿**Por qué** no vas a trabajar?*
- ***Porque** tengo 39 de fiebre.*

→ **40.** Preguntar y exclamar

■ ***Es que*** sirve para presentar una causa como la justificación de algo:

- *No he hecho los deberes. **Es que** no he tenido tiempo en toda la semana.* [Se justifica.]
- *Me gustaría ir al cine contigo esta noche, pero no puedo. **Es que** mañana tengo que madrugar.* [Se disculpa.]

9 A2-B1 **Completa estas frases con la explicación más adecuada. Ten cuidado con el orden de los elementos.**

- como no hay nada interesante en el cine
- porque me he quedado sin batería en el móvil
- como ya teníamos las entradas para el concierto
- porque se han ido al parque con sus amigos
- como Catalina sabe latín
- porque esta se nos ha quedado pequeña
- como el banco estaba cerrado
- porque necesitábamos seis

→ Como no hay nada interesante en el cine, mejor alquilamos una película. ....

→ .... D~~d~~entro de un mes nos mudamos de casa porque esta se nos ha quedado pequeña.

1. Como Catalina sabe latín le he pedido que me ayude con la traducción ....
2. .... los niños no están en casa porque se han ido al parque con sus amigos
3. Como el banco estaba cerrado he tenido que pedirle dinero a mi hermano ....
4. .... no te he llamado por teléfono Porque me he quedado sin batería en el móvil
5. Como ya teníamos las entradas... no tuvimos que hacer cola ....
6. .... hemos puesto un ejemplo más Porque necesitábamos seis

10 A2-B1 **Completa cada diálogo con la opción más adecuada según el sentido.**

Pues porque María no me invitó. ✓ Sí, porque, si no, se va a enfriar el pescado. ✓ Es que mi madre es de Milán. No, porque no hay mucho que hacer en la oficina. ✓ Es que no tenemos a nadie con quien dejar al niño. Es que no tengo cepillo. ✓ Porque ya estamos en junio y los días son más largos. ✓ Es que no había huevos.

→ ● ¿Por qué no viniste a la fiesta anoche?
○ Pues porque María no me invitó.

1. ● ¿No has preparado la tortilla?
○ Es que no había huevos

2. ● ¿Podemos empezar a comer ya nosotros?
○ Sí, porque, si no se va a enfriar el pescado

3. ● ¿Vas a trabajar este fin de semana?
○ No, porque no hay mucho que hacer en la oficina

4. ● ¿Por qué no te has lavado los dientes?
○ Es que no tengo cepillo

5. ● ¿Vais a venir esta noche a casa?
○ Es que no tenemos a nadie con quien dejar al niño

6. ● Oye, ¡qué bien hablas italiano!
○ Es que mi madre es de Milán

7. ● ¿Por qué amanece (woke up) tan pronto?
○ Porque ya estamos en junio y los días son más largos

D *Que, donde, como, cuando.*

■ Podemos usar frases para **dar información** sobre objetos, personas o lugares que nombramos con un **sustantivo**. Para unir las frases a los sustantivos usamos los relativos ***que*** (con objetos y personas) y ***donde*** (con lugares):

- *Ese perro se llama Bruch.*

- *Ese perro **que** tiene Ana en brazos se llama Bruch.*

[Ese perro se llama Bruch. Ana tiene a ese perro en brazos.]

- *La novela es fantástica.*

- *La novela **que** me regalaste es fantástica.*

[La novela es fantástica. Tú me regalaste la novela.]

- *El hotel está en la playa.*

- *El hotel **donde** trabaja Carlos está en la playa.*

[El hotel está en la playa. Carlos trabaja en ese hotel.]

→ **33.** ¿Indicativo o subjuntivo?

11 A2-B1 **En la carta que Ángela le escribe a los Reyes Magos se han borrado algunas frases. ¿Puedes ayudar a los Reyes Magos a reconstruirlas? En el recuadro encontrarás los elementos que faltan.**

Queridos Reyes Magos:

Este año quiero el libro de los animales *que tiene mi amiga* Sandra; la muñeca de Juguetosa (1) .... sola y (2) .... muchas canciones de Los Changuitos; la película de dibujos animados (3) .... con mis padres (es de una princesa india (4) .... con un marinero (5) .... muy lejano); el disco del cantante (6) .... del Primavera Sound este año; y un traje de enfermera. Para mi hermana Lucía, (7) ...., os pido la bicicleta (8) .... para ir al colegio.

que tiene mi amiga ✓
que vive en un país
que puede andar
que tiene nueve años
que se enamora y se casa
que ha ganado el festival
que vi ayer en el cine
que quiere
que canta

12 A2-B1 **Gianni, que está aprendiendo español, escribe cosas curiosas sobre su familia, pero tiene algunos problemas para construir frases con *que*. ¿Puedes ayudarlo?**

→ Mi tío Umberto tiene una casa preciosa. La casa de mi tío está en la costa.
Mi tío Umberto tiene una casa preciosa que está en la costa.

1. Un primo mío está casado con una japonesa. La japonesa se llama Machiko.
....
2. Mi madre es traductora en una empresa. La empresa está a 10 km de nuestra casa.
....
3. Paola, mi hermana, escribe novelas. Las novelas de mi hermana tienen mucho éxito.
....
4. Ferdinando, mi hermano, tiene una cámara y se dedica a la fotografía. La cámara era de mi abuelo.
....
5. Y yo tengo un trabajo, pero también tengo tiempo para estudiar español. Mi trabajo no me gusta nada.
....

13 A2-B1 **Cuando Gianni escribe sobre sus amigos tiene problemas para construir las frases con *donde*.**

→ Giancarlo trabaja en un cine. En ese cine ponen muchas películas en versión original.
Giancarlo trabaja en un cine donde ponen muchas películas en versión original.

1. Bianca es directora de un banco y también profesora de danza oriental. En el banco gana mucho dinero.
....
2. Silvia trabajaba antes en una editorial, pero ahora se dedica a escribir guías de viaje. Yo trabajé también en esa editorial.
....
3. Luca vive todo el año en un hotel de Milán. En el hotel no pueden entrar mascotas.
....
4. Piero vive en un pueblecito de la India. En ese pueblo todavía no hay luz eléctrica ni teléfono.
....
5. Francesca es profesora en una escuela, pero quiere dejar la enseñanza. En la escuela solo hay veinte estudiantes.
....

■ Cuando el sujeto o el complemento de un verbo es una frase **subordinada** con un **verbo conjugado**, usamos ***que*** para introducir esa frase:

- *Tu hermana me ha dicho **que** viene el fin de semana.*
- *He visto **que** te has comprado un coche nuevo.*
- *La jefa quiere **que** trabajemos el sábado.*
- *Me gusta **que** me rasquen la espalda.*
- *Es importante **que** llevemos ropa de abrigo.*

No usamos ***que*** cuando el verbo de la frase subordinada es un **infinitivo**:

- *La jefa quiere **trabajar** el sábado.*
- *Me gusta **jugar** con mi amigo Sebastián.*
- *Es importante **llevar** ropa de abrigo.*

→ **20.** Formas no personales

→ **33.** ¿Indicativo o subjuntivo?

14 B1 **¿En qué frases es necesario incluir *que*? Señala con ↓ dónde debe ponerse.**

→ No soporto llevar zapatos de tacón. Me duelen mucho los pies. (✓)

→ No soporto ↓ leas el periódico en el desayuno. (que)

1. Quieren cenemos esta noche en un restaurante argentino. (........)
2. Quieren cenar en un restaurante argentino. (........)
3. ¿Es necesario llevar traje de etiqueta? (........)
4. ¿Es necesario lleve corbata? (........)
5. Le gusta le den masajes en los pies. (........)
6. Le gusta dar masajes en los pies. (........)
7. Últimamente no consigo dormir. Estoy muy nerviosa. (........)
8. Últimamente no consigo duerma. Está muy nerviosa. (........)
9. En momentos como estos, es importante tener amigos. (........)
10. En momentos como estos, es importante tengas amigos. (........)

■ Igualmente, podemos referirnos con una frase al **modo**, al **lugar** o al **tiempo** en que se realiza una acción:

MODO:

Como

- *Prohibieron fumar en los bares **como** habían hecho en otros países.*
- *Voy a hacer la tortilla **como** me has dicho, sin cebolla y con ajo.*
- *Termina este trabajo **como** puedas, pero termínalo pronto.*

LUGAR:

Donde

- *Al abuelo lo enterramos **donde** nos había dicho.*
- *Mis gafas no están **donde** las he dejado. ¿Las has visto?*
- *Aparca **donde** encuentres un sitio, pero no en doble fila.*

TIEMPO:

Cuando

- *Nos encontramos con Daniel **cuando** íbamos al instituto.*
- *Me pongo muy nerviosa **cuando** hay tormenta.*
- *Iremos a visitaros **cuando** tengamos unos días libres.*

→ **33.** ¿Indicativo o subjuntivo?

15 B1 ***¿Donde, como* o *cuando*?**

→ He colgado el cuadro	donde	me has dicho, con dos clavos finos.
	como	me has dicho, al lado del espejo.
	cuando	no había nadie en casa.
1. Marga hizo una fiesta	donde	solo ella sabe hacerla: fantástica.
	como	se fueron sus padres de viaje.
	cuando	vive ahora, en casa de sus padres.
2. Hoy he comido	donde	he terminado de hacer cosas en el banco.
	como	siempre, con prisa.
	cuando	come Carlos, un restaurante estupendo.
3. En el concierto de ayer, Ravinof tocó el piano	donde	suele tocar los sábados, en el Auditorio General.
	como	nadie se lo esperaba: ¡en la pausa!
	cuando	suele tocar: fatal.
4. Me compré un traje	donde	lo hiciste tú, por internet.
	como	empezaron las rebajas.
	cuando	se lo compró tu madre. Es una tienda preciosa.

16 B1-B2 **Carlota y Arnau son adolescentes y siempre evitan contestar directamente a sus padres. Relaciona las preguntas con las respuestas y escribe *donde, como* o *cuando* según corresponda.**

→ ¿Dónde vais de excursión?
1. ¿Cuándo pensáis volver?
2. ¿Dónde vais a dormir?
3. ¿Cómo vais a ir? ¿En coche?
4. ¿Cuándo tienes los exámenes del instituto?
5. ¿Cómo piensas aprobar si no estudias nada este fin de semana?

→ ¿Cuándo vamos a conocer a tu novio?
6. ¿Y cómo se llama?
7. ¿Dónde vive el tal David?
8. ¿Cómo os conocisteis?
9. ¿Cuándo empezó a trabajar?

→ ...Donde... vamos siempre, al campo.
a. ( ) .... podamos, no sé, en el coche de la madre de Pedro o en el de su padre.
b. ( ) .... encontremos sitio, en casa de los padres de Eric o en la de Rubén.
c. ( ) .... siempre. Ya estudiaré la semana que viene.
d. ( ) .... nos cansemos del campo, dentro de unos días.
e. ( ) .... acabe el curso, a finales de junio.

→ ...Cuando... él pueda. Es que tiene mucho trabajo ahora.
f. ( ) .... vivía la tía Lou, por allí cerca.
g. ( ) No sé, ... dejó el Instituto, supongo.
h. ( ) .... te he dicho mil veces, mamá: David.
i. ( ) Pues .... he conocido a todos mis novios: chateando, en la cola de un concierto. No me acuerdo.

E Cuando, hasta que, en cuanto, mientras, siempre que, antes de (que), después de (que).

■ ***Cuando*** sirve para expresar que dos hechos están conectados temporalmente. Estos dos hechos pueden ser simultáneos o suceder uno antes y otro después:

Cuando	HECHOS SIMULTÁNEOS	UN HECHO ANTES Y OTRO DESPUÉS

- *Jenaro canta ópera **cuando** se ducha.*
  [Canta y se ducha al mismo tiempo.]
- ***Cuando** llueve y hay sol, sale el arco iris.*
- *Siempre escuchaba música **cuando** estudiaba.*

- ***Cuando** terminó la película, nos acostamos.*
- *Esther se levanta de mal humor **cuando** duerme poco.*

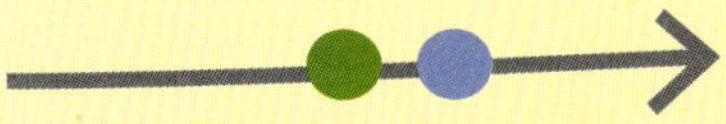

- ***Cuando** nos acostamos, la película ya había terminado.*
  [Primero termina la película. Después nos acostamos.]

→ **33.** ¿Indicativo o subjuntivo?

17 A2-B1 **Lee estas frases sobre los hábitos de Belén. Después ordena las acciones en la columna de la derecha. Cuidado: algunas acciones son simultáneas.**

a. Se levanta cuando suena el despertador.
b. Cuando sale de casa, apaga la tele.
c. Cuando se ha duchado, se viste.
d. Desayuna cuando está vestida.
e. Se ducha cuando se levanta.
f. Cuando termina el desayuno, sale de casa.
g. Ve la tele cuando desayuna.

→ Primero suena el despertador;
después se levanta;
1. después Se ducha;
2. luego se viste;
3. a continuación desayuna y Ve la tele;
4. después apaga la tele;
5. y, por último, sale de casa.

18 A2-B1 **Relaciona, elige tu opción y comprueba los resultados de este cuestionario.**

→ Cuando no puedo dormir,
A. Cuando hace mucho calor,
B. Cuando rompo con mi novio/-a,
C. Cuando estoy en un atasco,

I a. dejo un tiempo antes de conocer a otro/-a.
b. estoy un poco triste durante un tiempo.
c. me tomo un café.

II a. cuento ovejas.
b. me levanto y como.
c. me tomo un café.

III a. miro a las personas de los coches cercanos.
b. me pongo nervioso/-a.
c. me tomo un café.

IV a. me tomo algo fresco.
b. me doy un baño en cubitos de hielo.
c. me tomo un café.

Mayoría de a:	Eres una persona más o menos normal, no te preocupes.
Mayoría de b:	Eres genial, sigue así.
Mayoría de c:	Eres adicto/-a al café.

Para conectar hechos temporalmente podemos emplear también ***en cuanto***, ***siempre que***, ***hasta que*** o ***mientras***.

En cuanto

UN HECHO ES INMEDIATAMENTE POSTERIOR A OTRO.

- ***En cuanto*** *supo que su abuela estaba enferma, tomó un avión y se fue.*
- *Salimos corriendo de clase* ***en cuanto*** *suena el timbre.*
- *Dímelo* ***en cuanto*** *lo sepas, por favor, tengo mucha curiosidad.*

- ***En cuanto*** *suena el despertador, me levanto.*

Desde que / Hasta que

UN HECHO ES EL LÍMITE TEMPORAL DE OTRO.

- *Estuvo esperando* ***hasta que*** *lo llamé.*
- *Por las mañanas,* ***hasta que*** *me tomo un café, no puedo hacer nada.*
- *Por favor,* ***hasta que*** *yo te lo diga, no cuentes nada de nuestra relación.*
- *No he comido nada* ***desde que*** *me he levantado.*
- *No paro de arreglar cosas* ***desde que*** *vivo en este piso.*
- *No comeré nada* ***desde que*** *salga* ***hasta que*** *vuelva.*

- *No me levanto* ***desde que*** *me acuesto* ***hasta que*** *suena el despertador.*

Siempre que

TODAS LAS VECES QUE SE DA UN HECHO, SE DA EL OTRO.

- *Antes íbamos al cine* ***siempre que*** *ponían algo interesante.*
- ***Siempre que*** *quedamos con mis padres, te pones enfermo.*
- ***Siempre que*** *vengas a Barcelona, ya sabes que puedes quedarte en casa.*

- ***Siempre que*** *paseo, escucho la radio.*

Mientras

DOS HECHOS SUCEDEN AL MISMO TIEMPO.

- ***Mientras*** *ella veía la tele nosotros jugábamos a las cartas.*
- *¿Tú hablas con el móvil* ***mientras*** *conduces?*
- *No podrás comer verdura* ***mientras*** *tengas problemas de estómago.*

- ***Mientras*** *conduzco, canto.*

→ **33.** ¿Indicativo o subjuntivo?

19 B1-B2 **El pequeño Luis cuenta algunas cosas de su vida, pero todavía no sabe hablar bien. Ayúdalo a elegir la opción más apropiada en cada caso.**

→ Juego con mis amigos en el parque **en cuanto/desde que/hasta que** mi madre me lleva a casa.

1. Pero no puedo ir al parque **mientras/ siempre que/hasta que** quiero. Solo una vez al día.
2. Me lavo las manos y la cara con jabón **en cuanto/mientras/hasta que** llego a casa porque me ensucio mucho.
3. A veces lloro y lloro **desde que/siempre que/hasta que** me compran un caramelo. ¡Es que me encantan los caramelos!
4. Mi padre me da la merienda **desde que/mientras/hasta que** vemos juntos la tele.
5. **Mientras/Siempre que/Hasta que** comemos coles de Bruselas me pongo triste. Y las comemos cada semana.
6. Por las mañanas, me quedo en casa de mis abuelos unas horas **en cuanto/ mientras/hasta que** mis padres están trabajando.
7. Voy a la guardería **desde que/ mientras/hasta que** cumplí dos años. Pero no me gusta nada. Yo prefiero jugar en el parque.

Luis

Antes de (que) / Después de (que)

UN HECHO ES ANTERIOR O POSTERIOR A OTRO.

- *¿Por qué no limpiamos un poco **antes de que** lleguen los invitados?*
- *Tuvimos que limpiar un poco **antes de que** llegaran los invitados.*
- ***Antes de** apagar las velas, pide un deseo.*
- ***Después de que** se fueran los invitados, la casa estaba más sucia que **antes de** limpiar.*
- *Cenaré **después de** ducharme y saldré **antes de que** sean las diez.*

Con *antes de (que)* y *después de (que)* usamos subjuntivo o infinitivo.

20 B1-B2 **Paco y Juan nos cuentan su experiencia con la calvicie. Completa con *en cuanto, siempre que, desde que, hasta que, antes de (que)* o *después de (que)* según corresponda por el sentido.**

Paco

→ *En cuanto* perdí el primer pelo, con 22 años, me puse en manos de un dermatólogo.

1. De hecho, ... yo naciera, mi padre ya estaba completamente calvo. Es cosa de familia.
2. Estuve haciendo el tratamiento veinticinco años: .... cumplí los 22 hasta los 47.
3. .... iba al peluquero, le pedía que me cortara mucho para fortalecer el cabello.
4. Y .... no pasó el peligro, no probé ni una gota de café.
5. .... terminar el tratamiento, no se me ha vuelto a caer ni un pelo. Ha sido un milagro.

Juan

6. No fui a un médico .... un niño me llamó calvo por la calle.
7. .... me quedé completamente calvo, me hice un peluquín, pero estaba muy feo, así que me compré una gorra.
8. .... perder el pelo, yo nunca llevaba gorra; pero ahora, si no me la pongo, me resfrío o se me quema la calva.
9. .... gastarme todo mi dinero en operaciones y trasplantes que no sirvieron de nada, decidí aceptarme como soy.
10. Además, ... mi novia me dijo que los hombres calvos le parecen muy atractivos, soy feliz.

F Expresar condiciones con *si*: *Si tienes tiempo, llámame.*

■ Usamos ***si*** para introducir una condición:

- *Podemos ir juntos al cine esta tarde **si** os apetece.*
- ***Si** te compras un coche nuevo, ¿me dejarás conducirlo a mí?*
- *¿Vendréis a vernos en Semana Santa **si** encontráis un billete barato?*
- ***Si** llamaran del banco, dígales que he salido.*

■ Cuando pensamos que la condición puede realizarse (en el presente o en el futuro), porque la vemos probable, usamos **Presente de indicativo** en la frase introducida por ***si***:

- ***Si** me <u>suben</u> el sueldo, vamos a dar una fiesta para celebrarlo.*
- *Llámame por teléfono **si** <u>ves</u> algún problema.*
- ***Si** <u>tenéis</u> vacaciones en julio, ¿vendréis con nosotros de viaje?*

No se usa ni Futuro ni Presente de subjuntivo en la oración introducida por ***si*** condicional:

El domingo, si ~~lloverá~~ llueve, nos quedaremos en casa.

Si ~~quiera~~ quiere venir con nosotros, la invitaremos.

→ **33.** ¿Indicativo o subjuntivo?

21 B1 **Ramón Eurales, un anciano multimillonario, ha hecho testamento. Además, ha puesto algunas condiciones para que sus herederos puedan repartirse el dinero y las propiedades. Completa cada una de las frases con los verbos de los recuadros.**

→ Mi hijo mayor, Juan, *será* director de la empresa si *termina* la carrera de Derecho. Mi hija Marta (1) .... con la casa de Santander si (2) .... de Ibiza y (3) .... a vivir aquí. Mi mujer (4) .... 200.000 euros cada año, pero solo si (5) .... una parte a obras benéficas y no (6) .... nuestra casa de campo. Mi sobrino Luis (7) .... la editorial Eurol si (8) .... de viajar y (9) .... la cabeza. Mi hermano Pedro (10) .... vivir en la casa de la isla el resto de su vida si (11) .... un cuadro mío en el salón y (12) .... una fiesta en mi honor todos los años.

ser terminar
volver quedarse quedarse
vender dedicar recibir
dirigir dejar sentar
colgar poder celebrar

■ Cuando creemos que la condición no puede realizarse o es improbable, usamos **Imperfecto de subjuntivo** en la frase introducida por ***si***:

- ***Si** volviera a nacer, me gustaría ser como tú.*
  [Pero no puedo volver a nacer.]
- *Llámame por teléfono **si** vieras algún problema.*
  [Pero seguramente no habrá problemas.]
- ***Si** tuviera el dinero que me pides, te lo dejaría, pero no lo tengo.*

■ En la **parte de la oración que no va introducida por *si*,** la forma verbal que usamos depende de lo que queramos decir: un petición, una afirmación, una suposición, una pregunta, etc.:

- ***Si** vas a Barcelona el mes que viene,...*
  [Considero muy probable que vayas.]
- ***Si** fueras a Barcelona el mes que viene,...*
  [Considero poco probable que vayas.]

... tienes que ver a Montse.
... llámame por teléfono.
... no olvides traerme algo de allí.
... conocerás a Álex y a Lourdes.
... yo te podría acompañar.
... ¿visitarías la Sagrada Familia?

22 B1-B2 **Señala en cada frase ↓ dónde debe colocarse *si* y escribe después quién se la dice a Florentino Peláez: ¿su jefe (J), su mujer (M), su hija (H)?**

→ ↓ no **vuelves** muy tarde, nos vamos a cenar fuera. M

1. **tendrá** que venir el sábado hoy no **pudiera** trabajar ....
2. te **vas** de viaje, **tráeme** algún juguete ....
3. **acabara** el informe antes de las dos, le **invito** a comer ....
4. ¿me **vas** a llevar de viaje contigo **saco** buenas notas? ....
5. **terminaras** pronto, **pasa** por el banco a sacar dinero ....
6. no me **podré** dormir no me **lees** un cuento ....
7. **dejamos** a la niña con mis padres, **podríamos** salir esta noche ....
8. **llámeme tuviera** algún problema el sábado en la oficina ....

23 B1-B2 **Félix es siempre mucho más optimista que Tristán. Decide quién dice cada una de estas frases, ¿Félix o Tristán? Relaciona después con el final más adecuado.**

→ Félix Si mañana empiezo a hacer ejercicio,
Tristán Si mañana empezara a hacer ejercicio,

1. .... Si estudiara un poco más cada día,
   .... Si estudio un poco más cada día,
2. .... Si Marta vuelve conmigo,
   .... Si Laura volviera conmigo,
3. .... Si gana este partido el Motril Fútbol Club,
   .... Si ganara este partido el Velilla Fútbol Club,
4. .... Si comiera menos bocadillos de calamares,
   .... Si como menos bocadillos de calamares,
5. .... Si adelgazo cinco kilos,
   .... Si adelgazara cinco kilos,

a. a lo mejor aprendo inglés en unos meses.
b. seguramente dejaría de dolerme la espalda.
c. nos vamos todos a la playa a celebrarlo.
d. me gustaría ir con ella de vacaciones a Maldivas.
e. no tendría que comprarme ropa nueva para el verano.
f. mi estómago lo agradecería, seguro.

24 B1-B2 **Tristán acaba de heredar una fortuna de su tía Gloria y hace planes para el futuro. Pero piensa que algunas cosas son posibles y otras no. Ayúdalo a formularlas y escribe cada frase donde corresponda.**

Piensa que es posible:	Piensa que es muy difícil:
→ Conseguir el amor de Laura	→ Tener un yate
Comprarles una casa a sus padres	Poder comprar todas las casas de su pueblo
Mudarse a Madrid	Vivir en Nueva York
Dejar de trabajar un año	Dejar de trabajar para siempre
Hacer muchos viajes a París	Perder el miedo a los aviones

→ *Si consigo el amor de Laura*, a lo mejor algún día nos casamos.
→ *Si tuviéramos un yate*, pasaríamos el verano navegando por el Mediterráneo.
1. ...., no pasa nada, ya trabajaré en el futuro.
2. ...., seguro que Laura se viene conmigo.
3. ...., podré aprender francés y hacer muchas compras.
4. ...., vivirán con más comodidad que ahora.
5. ...., en pocos años volvería a ser pobre.
6. ...., haría una urbanización de lujo.
7. ...., podría ir a Cuba, a Tailandia, a China...
8. ...., tendría un apartamento en la Quinta Avenida.

■ Cuando en la condición introducida por ***si*** hablamos de un pasado imposible, que ya no puede ser verdad porque sucedió otra cosa, usamos **Pluscuamperfecto de subjuntivo** en la frase introducida por ***si***.

Y, luego, declaramos algo usando el **Condicional compuesto** para hablar de una realidad pasada hipotética y el **Condicional simple** para hablar de un presente o futuro hipotéticos:

- ***Si** hubiera encendido la vela, habría estallado el gas. Afortunadamente no encontró las cerillas.*
- ***Si** hubiera estudiado más, aprobaría el examen de mañana. Seguro que suspendo.*

→ **30.** Condicional
→ **31.** Condicional compuesto
→ **32.** Formas del subjuntivo

25 B1-B2 **Completa esta historia con las frases del recuadro y con las formas verbales adecuadas. Añade *si* cuando sea necesario.**

Mi padre iba en un taxi. Hacía calor y abrió la ventanilla del taxi. Entró una abeja y le picó. Mi padre era alérgico a las picaduras de abeja y se puso muy enfermo. El taxista lo llevó al hospital. Mi padre se enamoró de la doctora que lo curó. Se casó con ella. Yo nací a los nueve meses. Por eso ahora estoy aquí y puedo contaros esta historia.

Era una tarde de verano, mi padre había tomado un taxi porque llegaba tarde al trabajo. → *Si no hubiera hecho mucho calor*, (1) .... la ventanilla del taxi. Si no hubiera abierto la ventanilla del taxi, (2) .... una abeja. (3) .... a las picaduras de abeja, no (4) .... muy enfermo. (5) .... muy enfermo, (6) el taxista .... al hospital. (7) .... al hospital, (8) .... de la doctora que lo curó. (9) .... de la doctora que lo curó, (10) .... con ella. Si (11) ...., yo (12) .... Si yo (13) .... nueve meses después, ahora (14) .... aquí y (15) .... esta historia.

SECCIÓN 7

Ortografía

43. Letras y sonidos.

- El alfabeto español está formado por las letras siguientes:

A a	**B b**	**C c**	**D d**	**E e**	**F f**	**G g**	**H h**
a	*be*	*ce*	*de*	*e*	*efe*	*ge*	*hache*
I i	**J j**	**K k**	**L l**	**M m**	**N n**	**Ñ ñ**	**O o**
i	*jota*	*ka*	*ele*	*eme*	*ene*	*eñe*	*o*
P p	**Q q**	**R r**	**S s**	**T t**	**U u**	**V v**	**W w**
pe	*cu*	*erre*	*ese*	*te*	*u*	*uve*	*uve doble*
X x	**Y y**	**Z z**					
equis	*i griega, ye*	*zeta*					

- Las letras son femeninas:
  - *Aquí tienes que poner **una** be, no **una** uve.*

- En general, en español hay bastante correspondencia entre la escritura y la pronunciación.
  La ***h*** no se pronuncia.

A Grupos de letras que representan un solo sonido.

- Además de las letras del alfabeto, existen grupos de dos letras que representan un solo sonido:

ch [tʃ]	***ll*** [ʎ]	***rr*** [ʀ]
che	*elle*	*erre*
***ch**ampú* ***ch**ocolate*	***ll**a* ***ll**ave*	*pe**rr**o* *co**rr**er*
***Ch**icago* *he**ch**o*	***ll**eno*	

- La letra ***q*** **siempre** forma un grupo con la letra ***u*** (la *u* no se pronuncia). Este grupo se combina **siempre** con ***e*** y con ***i***:

qu [K]

que**so* ***qui**ero* *a**quí ***que***

[~~q~~uatro] [~~q~~uota] (c) (c)

1 A1-A2 **En español hay muchos nombres de comidas con grupos de letras que representan un solo sonido. Completa las palabras para descubrirlas.**

→ A mí me encanta el ch ocolate caliente.

1. Es extraño, pero a Joaquín no le gusta el ......eso.
2. La pae......a es un plato de mediodía. Los españoles no la toman para cenar.
3. ¡Qué buena está la torti......a de patatas!
4. En Madrid es típico tomar ......urros en el desayuno.
5. ¿Otra vez po......o? ¿Por qué no comemos una buena ......uleta un día de estos?
6. Las ......irimoyas son una fruta de invierno, ¿verdad?
7. Prueba las alca......ofas con ......orizo de ese restaurante. Están buenísimas.

B Letras que pueden representar sonidos diferentes.

LETRAS		SONIDOS
g + a, o, u	*gato*, *gota*, *gustar*, *apagar*, *gorra*, *agua*, *amiga*, *mago*, *antiguo*	[g]
gu + e, i	*guerra*, *guitarra*, *juguete*, *conseguir* 👁 En algunas palabras (muy pocas) se pronuncia la ***u***. En estos casos la ***u*** se escribe con diéresis: bilingüismo, nicaragüense, pingüino, vergüenza...	[g]
g + e, i	*gerundio*, *gitano*, *ángel*, *frágil*	[χ]
c + a, o, u	*casa*, *comer*, *cuñado*, *escapar*, *poco*, *oscuro*	[k]
c + e, i	*cenar*, *cocina*, *hacer*, *encima* 👁 La mayoría de hispanohablantes pronuncian la **c** como [s] cuando se combina con **e** o con **i**: *cenar* [sena´r]; *cocina* [cosı´na]...	[θ]
rr	Va siempre entre vocales y se pronuncia de modo **fuerte**: *carro*, *perro*, *erre*, *hierro*	[ʀ]
r	Se pronuncia de modo **fuerte** al principio de palabra: *ropa*, *reír*, *río*, *Roma* Y cuando va después de ***l***, ***n*** o ***sub-***: *Enrique*, *alrededor*, *subrayar* 👁 [Enrique] [alrededor]	[ʀ]
r	Se pronuncia de modo **suave** en los demás casos: *caro*, *crece*, *señor*, *mejorar*, *gracias*, *flor*, *empezar*, *abrazo*, *pero*, *ahora*, *salir*, *poder*, *transporte*, *aprendo*	[r]
y	Al principio de palabra y entre vocales: *yo*, *ayer*, *yate*, *haya*, *yedra*, *leyendo*	[ʎ]
y	Al final de palabra o sola: *hoy*, *hay*, *rey*, *Paraguay*, *detrás y delante*	[i]

2 A1-A2 **Guillermo Alfredo, un loro muy estudioso, quiere ordenar estas palabras según sus sonidos. Ayúdalo.**

a. Subraya las letras con sonido [r] y rodea con un círculo las que tengan sonido [R].

claro	carro	risa	escribir	Roma	rosa	alrededor
rincón	roto	ratón	Sara	familiar	recibir	calor
sierra	raro	aparcar	caro	revolución	subrayar	toro

b. Subraya las letras con sonido [k] y rodea con un círculo las que tengan sonido [θ] o [s].

cosa	cielo	cola	velocidad	conoces	práctico	felices
casco	acusar	costa	cerrar	cuscús	crema	casa
encerrar	canción	círculo	conciencia	oscuro	claro	cien

c. Subraya las letras con sonido [g] y rodea con un círculo las que tengan sonido [χ].

guerra	gitano	antiguo	lengua	gesto	gente	ceguera
guapo	gris	dirigir	agenda	tragedia	generoso	gas
gato	guitarra	gorro	ágil	gracioso	cirugía	gustar

d. Subraya las letras con sonido [ʎ] y rodea con un círculo las que tengan sonido [i].

yo	ayer	haya	hay	y	ya	rey
reyes	jersey	playa	ley	leyes	hoy	trayendo

C Letras diferentes que representan el mismo sonido.

LETRAS			SONIDOS
c + *a, o, u*	*cama*, *correr*, *cubierto*, *poca*, *loco*, *oscuro*		[k]
qu + *e, i*	*querer*, *quise*, *quedar*, *equipo*		[k]
k + *vocal*	*Alaska*, *keroseno* (o *queroseno*), *kilo* (o *quilo*), *whisky* (o *güisqui*), *kurdo* (o *curdo*)	En español hay muy pocas palabras que se escriben con *k* y muchas de ellas se escriben también con *c* o *qu*.	[k]
c + *e, i*	*cerrar*, *canción*, *pertenece*, *encima*	La mayoría de los hispanohablantes pronuncian en estos casos el sonido [θ] como [s]: *cerrar* [seʀa´r]; *plaza* [pla´sa]...	[θ]
z + *a, o, u*	*zapato*, *zoo*, *zumo*, *plaza*, *zorro*, *zurdo*	Son muy pocas las palabras que se escriben con *ze*/*zi*: *zeta*, *zigzag*...	[θ]
b	*broma*, *Barcelona*, *obtener*, *cambio*		[b]
v	*vaso*, *volver*, *enviar*		[b]

LETRAS				SONIDOS
g, j + e, i	*gente* *girar*	*mujer* *jirafa*		[χ]
ll	*llueve*	*llamar*	*pollo*	[ʎ]
y	*haya*	*playa*	*yo*	

3 A1-A2 **Ayuda a Guillermo Alfredo a decidir. Usa el diccionario si lo necesitas.**

¿g o j?

masa.....e	pá.....ina	ló.....ico	.....irafa
extran.....ero	mensa.....e	má.....ico	gara.....e
ener.....ía	tra.....e	.....igante	ur.....ente
frá.....il	corre.....imos	vie.....o	reco.....emos

¿b o v?

fa.....uloso	.....er	ha.....lar	.....aso
.....ino	ha.....itación	.....otella	.....i.....o
cam.....iamos	posi.....le	.....itamina	.....uelo
ru.....io	mó.....il	.....oca.....ulario	sam.....a
.....erde	a.....razo	.....oca	o.....jeti.....o
o.....tener	.....om.....a	hier.....a	ca.....allo

¿ll o y?

.....ueve	a.....er	estre.....a	.....oga
.....o	.....amar	.....egamos	le.....endo
.....a	pla.....a	.....orar	be.....a
.....evas	.....eno	.....egua	ba.....a

4 A1-A2 **Completa las palabras que corresponden a estas definiciones. En todas hay al menos una *c* o una *z*.**

→ Una verdura que hace llorar. CeboLLA
1. Mineral azul y muy duro. ..... a ..... ir .....
2. Lugar donde podemos ver animales de sitios muy diferentes. .... o l ó g i ....
3. Parte del cuerpo donde tenemos el cerebro. ..... a ..... e ..... a
4. Antiguo emperador de Rusia. ..... a .....
5. Forma geométrica redonda. ..... í .... u l .....
6. Persona que no puede ver. ..... i e g .....
7. Número igual a nada. .... r o
8. Ciudad más importante de un país. .... p ..... t l
9. Espectáculo con payasos y fieras. ..... i r ....

5 A2-B1 **¿Puedes corregir las palabras que no están correctamente escritas?**

D La *ñ*.

■ La *ñ* es una letra característica del español:

ñ [ɲ]

español *niño* *enseñar* *bañera*

6 A1-A2 **Muchas de las palabras que hay aquí no tienen ene, sino eñe. ¿Puedes ponerlas?**

→ En español tenemos muchas eñes, una letra típica de esta lengua.

1. Los suenos que no nos gustan se llaman pesadillas.
2. Tienes que poner primero el nombre de usuario y, después, la contrasena.
3. Tiene solo cuatro anos. Es muy pequeno.
4. Cuando algo nos duele, decimos que nos hace mucho dano.
5. Nos banamos en el mar y en baneras.
6. En esta escuela ensena un profesor caribeno.
7. En Espana celebran el ano nuevo comiendo doce uvas.

7 A1-A2 **Busca en esta sopa de letras las palabras que corresponden a las definiciones (pueden aparecer vertical u horizontalmente).**

→ Pronombre de primera persona singular.

1. Animal que tiene el cuello muy largo.
2. Animal que ladra.
3. Sirve para borrar.
4. Número entre el 3 y el 5.
5. Mucha gente lo toma por las mañana, sobre todo si es de naranja.
6. A los ratones les encanta comerlo.
7. Femenino de 'él'.
8. Gran corriente de agua que va al mar.
9. Lo usamos para lavarnos el pelo.
10. Lo contrario de 'barato'.
11. Última comida del día.
12. El día anterior a hoy.

Q	M	J	I	R	A	F	A	S	S
U	T	G	I	V	C	E	Y	O	C
E	H	X	Z	Z	H	C	E	N	A
S	B	O	C	U	A	T	R	O	R
O	F	C	Q	M	M	R	W	G	O
D	T	R	Í	O	P	E	I	O	M
E	L	L	A	X	Ú	V	K	M	V
P	E	R	R	O	P	F	C	A	C

44. Acentuación.

A El acento de la palabra.

■ Las palabras están formadas por sílabas. Una sílaba es un grupo de sonidos que pronunciamos a la vez, en un solo golpe de voz:

ven	*ho-ja*	*plan-ta*	*co-ci-na*	*e-jem-plo*	*or-de-na-dor*	*im-pre-sio-nan-te*
[1 sílaba]	[2 sílabas]	[2 sílabas]	[3 sílabas]	[3 sílabas]	[4 sílabas]	[5 sílabas]

■ En español hay palabras formadas por:

UNA SÍLABA (MONOSÍLABOS)	DOS SÍLABAS	TRES O MÁS SÍLABAS
y, de, mi, pan, ten, col, sin, sal, ver, flor, luz...	*li-bro, me-sa, lá-piz, go-ma, co-che, dis-co...*	*sen-ci-llo, tran-qui-lo, bo-te-lla, te-le-vi-sor, im-pre-sio-nan-te, in-te-re-san-tí-si-mo...*

■ Todas las palabras tienen **un acento**. Una de las sílabas, la **sílaba tónica**, se pronuncia con **más intensidad**:

… □ □ □ ■	… □ □ ■ □	… □ ■ □ □	… □ ■ □ □ □
yo	*e-llos*	*sá-ba-do*	*quí-ta-se-lo*
so-fá	*do-min-go*	*po-lí-ti-cos*	*re-ga-lán-do-se-las*
se-ma-nal	*con-tro-la-da*	*fri-go-rí-fi-co*	
re-pro-duc-tor	*ma-ra-vi-lla-dos*		
des-tor-ni-lla-dor			

En español, la mayor parte de las palabras tiene el ritmo … □ □ ■ □

■ En español solo hay un acento gráfico (o tilde): (´). Se escribe siempre sobre las vocales de la sílaba tónica: ***á, é, í, ó, ú*** (*ca-fé, mó-vil, mé-di-co...*), teniendo en cuenta el ritmo y la terminación de la palabra:

… □ □ □ ■		… □ □ ■ □		… □ ■ □ □	… □ ■ □ □ □
Si terminan en CONSONANTE (excepto *-n* o *-s*):	Si terminan en VOCAL, *-n* o *-s*:	Si terminan en VOCAL, *-n* o *-s*:	Si terminan en CONSONANTE (excepto *-n* o *-s*):		
SIN TILDE	CON TILDE	SIN TILDE	CON TILDE	CON TILDE SIEMPRE	CON TILDE SIEMPRE
can-tad	*so-fá*	*ma-pa*	*có-mic*	*mú-si-ca*	
re-loj	*es-quí*	*ma-pas*	*cés-ped*	*plá-ta-no*	
con-trol	*hin-dú*	*ha-bla*	*ár-bol*	*rá-pi-do*	
ha-blar	*jar-dín*	*ha-blas*	*fá-cil*	*sí-la-ba*	
sa-lir	*sa-lón*	*sa-len*	*ál-bum*	*mé-di-co*	
sa-lid	*sa-lí*	*sa-les*	*Ló-pez*	*plás-ti-co*	
ac-triz	*qui-zás*	*di-ce*	*cán-cer*	*cás-ca-ra*	
an-da-luz	*ja-rrón*	*ha-blan*	*dó-lar*	*fan-tás-ti-co*	
es-cri-tor	*de-trás*	*en-tra-da*	*lá-piz*	*gra-má-ti-ca*	
a-mis-tad	*fran-cés*	*can-ta-bas*	*a-zú-car*	*ki-ló-me-tros*	*pá-sa-me-lo*
pa-si-vi-dad	*can-ta-rás*	*fran-ce-sa*	*di-fí-cil*	*te-lé-fo-no*	*pí-de-se-las*
ro-tu-la-dor	*ca-ta-lán*	*es-cri-to-ra*	*por-tá-til*	*an-ti-pá-ti-cos*	*co-mén-ta-se-lo*
des-tor-ni-lla-dor	*co-mu-ni-ca-rán*	*de-mo-cra-cia*	*re-fe-rén-dum*	*de-mo-crá-ti-cos*	*to-mán-do-se-las*

■ Las palabras monosílabas, por regla general, no llevan acento gráfico:

con, en, por...
pan, ser, sal, sol...
di, haz, pon, ten...

1 A1-A2 **Jaime está enseñando a escribir a su loro Guillermo Alfredo, pero tiene problemas con los acentos gráficos. Ayúdalo: pon la tilde donde sea necesario.**

gustan árbol pajaro llevamelo menu calor cadaver
mejor coñac abril kilometro examen caracter ademas
angel hotel imbecil ojala agenda haz daselos palabra
dormir dormid sin camisa llamalo fin velocidad
saltatela subir suben descontrol descontrolados tomala
callad callado rayo doctor tranquilidad goma sal
botella bebetelos primo escribir alegre inteligente
papel papeles salud conductor conductora

2 A2-B1 **En la Academia Herodes tienen un examen de tildes. Rodrigo no sabe muy bien las reglas y no ha puesto ninguna. Pon las diez tildes (además del ejemplo) que faltan.**

➜ La moneda española es el euro y la de Estados Unidos es el dólar.
1. Los Reyes Magos me van a traer un camion de madera y lo van a dejar en la cocina.
2. En el jardin de mis primos hay un arbol muy grande y siempre nos subimos.
3. Este verano voy a ir a Granada en tren y voy a pasar por un tunel.
4. Yo quiero tener un movil, pero mis padres no me dejan.
5. Ayer tuve una discusion con mi hermano mayor porque no me llevaba de excursion.
6. Prefiero sentarme en el sofa y ver la television que hacer deberes.
7. Esto de poner acentos es muy dificil.

■ Cuando añadimos pronombres a un infinitivo, un gerundio o un imperativo positivo, el acento se mantiene en la misma sílaba, pero, como la posición de la sílaba tónica es distinta, a veces hay que poner tilde:

Pon + *la* ➜ *ponla*
Pasar + *lo* ➜ *pasarlo*

PERO:

Pon + *se* + *la* ➜ *pónsela*
Pasar + *me* + *lo* ➜ *pasármelo*
Entreguen + *se* + *las* ➜ *entréguenselas*
Explicando + *se* + *lo* ➜ *explicándoselo*

➜ **16.** Posición y combinación
➜ **34.** Imperativo

■ En los adverbios formados por ADJETIVO + ***-mente***, si el adjetivo lleva tilde cuando se usa solo, también lleva tilde en el adverbio:

claramente [cla-ra + men-te]
igualmente [i-gual + men-te]

fácilmente [fá-cil + men-te]
cómodamente [có-mo-da + men-te]

3 A2-B1 **Escribe en una sola palabra estas combinaciones de verbos y pronombres. Pon la tilde donde sea necesario.**

➜ comprando + se + la comprándosela
1. escribid + nos + la ....
2. secar + lo ....
3. canta + la ....
4. pon + se + lo ....
5. mira + me + lo ....
6. haz + los ....
7. devolver + me + la ....
8. preparad + lo ....
9. resolviendo + lo ....
10. solucionar + la ....
11. pintando + nos + las ....
12. levantar + las ....
13. di + lo ....
14. haz + se + los ....
15. di + se + lo ....

4 A2-B1 **Sustituye la parte de la frase subrayada por un adverbio y ponle tilde si es necesario.**

unicamente	seguramente	normalmente	estupidamente ✓	tontamente	ultimamente

→ Se comportó como un imbécil. Yo creo que perdió los nervios, porque él no es así.

estúpidamente

1. Todas las noches me tomo un vaso de leche antes de acostarme.

   ....

2. Ha engordado un poco en estos tres meses. Está mejor.

   ....

3. Casi con toda probabilidad mañana nos dan los resultados del examen. ¡Qué nervios!

   ....

4. Van a trabajar solo con nosotras.

   ....

5. Me caí de una forma absurda: iba con el móvil y no vi la piel de plátano en el suelo.

   ....

B Diptongos.

■ Cuando en una palabra hay **dos vocales seguidas**, pueden formar dos sílabas distintas o una sola sílaba. Forman **dos sílabas** cuando se combinan ***a***, ***e*** y ***o***:

a-é-re-o *o-cé-a-no* *a-ho-ra* *ma-es-tro* *po-e-ta* *le-o* *te-a-tro*

■ Forman **una sola sílaba** cuando se combinan ***a***, ***e***, ***o*** con ***i***, ***u***, o cuando se combinan ***i*** y ***u***. Estas uniones de vocales en una sílaba se llaman **diptongos**:

-ai-, -au-: **-io-, -uo-:** **-iu-, -ui-:**	*ai-re, au-la* *sa-bio, cuo-ta* *ciu-dad, rui-do*	**-ie-, -ue-:** **-ei-, -eu-:** **-oi-:**	*pien-so, rue-da* *pei-ne, eu-ro* *oi-go*	**-ia-, -ua-:**	*pia-no, a-gua*

■ Cuando la sílaba tónica de una palabra contiene un diptongo, el acento está en las vocales ***a***, ***e***, ***o***, o en la segunda vocal de las combinaciones ***-iu-***, ***-ui-***:

sa-béis	*rue-da*	*cui-dan*	*cons-trui-do*
au-la	*bue-no*	*diur-no*	*viu-do*
biom-bo	*pia-no*		

■ En algunas palabras, el acento tónico no está en ***a***, ***e***, ***o***, sino en ***i*** o ***u***. En estos casos la combinación de vocales forma dos sílabas y debemos escribir acento gráfico sobre ***i*** o ***u*** para indicarlo:

Ma-rí-a *dí-a* *rí-o* *grú-a* *a-hí* *le-í-do* *o-í-do*

5 A2-B1 **Guillermo Alfredo tiene problemas con los diptongos. Ayúdalo a poner la tilde donde sea necesaria.**

puerta viaje suavidad erais paella línea sauna diez pais leon
cuidala caida Ruiz raiz sabeis contais seis nueve veintiseis
infierno feo reuniamos devolveis soy buho Raul cliente fiel
confiabamos siguiendolos cruel diente sueño huir ibais jerseis
vais prohibo reisteis siguientes teorico feisimo cien igual siesta
duo via huevo guion ingenuo sabia sabia sintiendo pie riesgo
luego fuimos quereis hay

C Distinguir el significado de las palabras por la tilde: *te/té.*

■ Algunas palabras son fonéticamente iguales, pero no significan lo mismo. Por esa razón, cuando las escribimos, hay que distinguirlas con una tilde:

PALABRAS MONOSÍLABAS	
SIN TILDE	**CON** TILDE
de [preposición]	*dé* [Presente de subjuntivo del verbo *dar*]
el [artículo]	*él* [pronombre]
mi [posesivo]	*mí* [pronombre]
que [conjunción, relativo]	*qué* [interrogativo o exclamativo]
se [pronombre]	*sé* [Presente de indicativo del verbo *saber*]
te [pronombre]	*té* [sustantivo: bebida]
tu [posesivo]	*tú* [pronombre]
si [conjunción: *Si quieres, voy.*]	*sí* [adverbio afirmativo: *Sí, ven.*]
	sí [pronombre reflexivo: *Se defendió a sí mismo.*]

OTRAS PALABRAS	
SIN TILDE	**CON** TILDE
como [comparativo, conjunción]	*cómo* [interrogativo]
cuando [conjunción]	*cuándo* [interrogativo]
quien, quienes [relativos: *Es él quien viene.*]	*quién, quiénes* [interrogativos: *¿Quién viene?*]
donde [relativo]	*dónde* [interrogativo]

→ **6.** Demostrativos

6 A2-B1 **Luisito está escribiendo su primera carta de amor, pero tiene problemas con algunas tildes. Ayúdalo a ponerlas.**

Querida Susana:

El otro día en casa de tu madre, cuando ella tomaba el té y tú buscabas un juego, te miré a los ojos y buf, fue genial.
Para mí eres la chica más estupenda que he visto en mi vida. No sé, eres fantástica....
¿Vienes este domingo a patinar conmigo?
Tengo unos patines nuevos. Aquellos que te gustaban tanto se rompieron. Si quieres venir, me mandas un mensaje. Pon solo una palabra: si.
Y entonces yo estaré muy contento porque no pasaré la horrible tarde del domingo solo.

Luis

7 A2-B1 **Susana también tiene problemas con las tildes. Esto es lo que escribe en su diario.**

Querido diario:
Hace muchos días que no te escribo.
El domingo pasado salí con Luis y bueno, fue un poco rollo. El no habló casi nada y, como yo hablo tanto, no se qué pensar... ¿Se aburrió? ¿Se divirtió? No se.... Me escuchó, eso si, pero no se si me escuchó con ganas (yo a veces no escucho mucho si algo no me interesa mucho).
Ah, Luis tiene unos patines nuevos...
Me gustan mucho más estos que los otros que tenía antes... Estos son mucho más chulos...
Pero yo a aquellos les tenía cariño...
Y el final fue horrible... Sobre todo cuando el me dijo: "Susana, tu a mi me gustas mucho. Y yo, ¿yo te gusto a ti?".
Y yo le dije: "¿Tu a mi?".
Y entonces me puse muy nerviosa, tomé mis patines y me fui.... Si le gusto, volverá....
¿Verdad que si?

Verbos conjugados

Verbos conjugados

A Verbos regulares

HABLAR Se conjugan como ***hablar*** todos los verbos regulares terminados en -***ar***.

INDICATIVO

Presente
Hablo
Hablas
Habla
Hablamos
Habláis
Hablan

Pretérito pluscuamp.
Había hablado
Habías hablado
Había hablado
Habíamos hablado
Habíais hablado
Habían hablado

Futuro perfecto
Habré hablado
Habrás hablado
Habrá hablado
Habremos hablado
Habréis hablado
Habrán hablado

Pretérito perfecto
He hablado
Has hablado
Ha hablado
Hemos hablado
Habéis hablado
Han hablado

Pretérito indefinido
Hablé
Hablaste
Habló
Hablamos
Hablasteis
Hablaron

Condicional
Hablaría
Hablarías
Hablaría
Hablaríamos
Hablaríais
Hablarían

Pretérito imperfecto
Hablaba
Hablabas
Hablaba
Hablábamos
Hablabais
Hablaban

Futuro
Hablaré
Hablarás
Hablará
Hablaremos
Hablaréis
Hablarán

Cond. compuesto
Habría hablado
Habrías hablado
Habría hablado
Habríamos hablado
Habríais hablado
Habrían hablado

SUBJUNTIVO

Presente
Hable
Hables
Hable
Hablemos
Habléis
Hablen

Pretérito pluscuamp.
Hubiera (-se) hablado
Hubieras (-ses) hablado
Hubiera (...) hablado
Hubiéramos hablado
Hubierais hablado
Hubieran hablado

Pretérito perfecto
Haya hablado
Hayas hablado
Haya hablado
Hayamos hablado
Hayáis hablado
Hayan hablado

Pretérito imperfecto
Hablara (-se)
Hablaras (-ses)
Hablara (...)
Habláramos
Hablarais
Hablaran

GERUNDIO
Hablando

PARTICIPIO
Hablado

IMPERATIVO

Positivo/Negativo
Habla /No hables
Hable/ No hable
Hablad /No habléis
Hablen /No hablen

COMER Se conjugan como ***comer*** todos los verbos regulares terminados en -***er***.

INDICATIVO

Presente
Como
Comes
Come
Comemos
Coméis
Comen

Pretérito pluscuamp.
Había comido
Habías comido
Había comido
Habíamos comido
Habíais comido
Habían comido

Futuro perfecto
Habré comido
Habrás comido
Habrá comido
Habremos comido
Habréis comido
Habrán comido

Pretérito perfecto
He comido
Has comido
Ha comido
Hemos comido
Habéis comido
Han comido

Pretérito indefinido
Comí
Comiste
Comió
Comimos
Comisteis
Comieron

Condicional
Comería
Comerías
Comería
Comeríamos
Comeríais
Comerían

Pretérito imperfecto
Comía
Comías
Comía
Comíamos
Comíais
Comían

Futuro
Comeré
Comerás
Comerá
Comeremos
Comeréis
Comerán

Cond. compuesto
Habría comido
Habrías comido
Habría comido
Habríamos comido
Habríais comido
Habrían comido

SUBJUNTIVO

Presente
Coma
Comas
Coma
Comamos
Comáis
Coman

Pretérito pluscuamp.
Hubiera (-se) comido
Hubieras (-ses) comido
Hubiera (...) comido
Hubiéramos comido
Hubierais comido
Hubieran comido

Pretérito perfecto
Haya comido
Hayas comido
Haya comido
Hayamos comido
Hayáis comido
Hayan comido

Pretérito imperfecto
Comiera (-se)
Comieras (-ses)
Comiera (...)
Comiéramos
Comierais
Comieran

GERUNDIO
Comiendo

PARTICIPIO
Comido

IMPERATIVO

Positivo/Negativo
Come / No comas
Coma / No coma
Comed / No comáis
Coman / No coman

VIVIR Se conjugan como ***vivir*** todos los verbos regulares terminados en *-ir*.

INDICATIVO

Presente	Pretérito pluscuamp.	Futuro perfecto
Vivo	Había vivido	Habré vivido
Vives	Habías vivido	Habrás vivido
Vive	Había vivido	Habrá vivido
Vivimos	Habíamos vivido	Habremos vivido
Vivís	Habíais vivido	Habréis vivido
Viven	Habían vivido	Habrán vivido

Pretérito perfecto	Pretérito indefinido	Condicional
He vivido	Viví	Viviría
Has vivido	Viviste	Vivirías
Ha vivido	Vivió	Viviría
Hemos vivido	Vivimos	Viviríamos
Habéis vivido	Vivisteis	Viviríais
Han vivido	Vivieron	Vivirían

Pretérito imperfecto	Futuro	Cond. compuesto
Vivía	Viviré	Habría vivido
Vivías	Vivirás	Habrías vivido
Vivía	Vivirá	Habría vivido
Vivíamos	Viviremos	Habríamos vivido
Vivíais	Viviréis	Habríais vivido
Vivían	Vivirán	Habrían vivido

SUBJUNTIVO

Presente	Pretérito pluscuamp.
Viva	Hubiera (-se) vivido
Vivas	Hubieras (-ses) vivido
Viva	Hubiera (...) vivido
Vivamos	Hubiéramos vivido
Viváis	Hubierais vivido
Vivan	Hubieran vivido

Pretérito perfecto
Haya vivido
Hayas vivido
Haya vivido
Hayamos vivido
Hayáis vivido
Hayan vivido

Pretérito imperfecto
Viviera (-se)
Vivieras (-ses)
Viviera (...)
Viviéramos
Vivierais
Vivieran

GERUNDIO

Viviendo

PARTICIPIO

Vivido

IMPERATIVO

Positivo/Negativo

Vive / No vivas
Viva / No viva
Vivid / No viváis
Vivan / No vivan

B Verbos con dos o más irregularidades

ANDAR

INDICATIVO

Presente	Pretérito pluscuamp.	Futuro perfecto
Ando	Había andado	Habré andado
Andas	Habías andado	Habrás andado
Anda	Había andado	Habrá andado
Andamos	Habíamos andado	Habremos andado
Andáis	Habíais andado	Habréis andado
Andan	Habían andado	Habrán andado

Pretérito perfecto	Pretérito indefinido	Condicional
He andado	Anduve	Andaría
Has andado	Anduviste	Andarías
Ha andado	Anduvo	Andaría
Hemos andado	Anduvimos	Andaríamos
Habéis andado	Anduvisteis	Andaríais
Han andado	Anduvieron	Andarían

Pretérito imperfecto	Futuro	Cond. compuesto
Andaba	Andaré	Habría andado
Andabas	Andarás	Habrías andado
Andaba	Andará	Habría andado
Andábamos	Andaremos	Habríamos andado
Andabais	Andaréis	Habríais andado
Andaban	Andarán	Habrían andado

SUBJUNTIVO

Presente	Pretérito pluscuamp.
Ande	Hubiera (-se) andado
Andes	Hubieras (-ses) andado
Ande	Hubiera (...) andado
Andemos	Hubiéramos andado
Andéis	Hubierais andado
Anden	Hubieran andado

Pretérito perfecto
Haya andado
Hayas andado
Haya andado
Hayamos andado
Hayáis andado
Hayan andado

Pretérito imperfecto
Anduviera (-se)
Anduvieras (-ses)
Anduviera (...)
Anduviéramos
Anduvierais
Anduvieran

GERUNDIO

Andando

PARTICIPIO

Andado

IMPERATIVO

Positivo/Negativo

Anda / No andes
Ande / No ande
Andad / No andéis
Anden / No anden

CABER

INDICATIVO

Presente
Quepo
Cabes
Cabe
Cabemos
Cabéis
Caben

Pretérito pluscuamp.
Había cabido
Habías cabido
Había cabido
Habíamos cabido
Habíais cabido
Habían cabido

Futuro perfecto
Habré cabido
Habrás cabido
Habrá cabido
Habremos cabido
Habréis cabido
Habrán cabido

Pretérito perfecto
He cabido
Has cabido
Ha cabido
Hemos cabido
Habéis cabido
Han cabido

Pretérito indefinido
Cupe
Cupiste
Cupo
Cupimos
Cupisteis
Cupieron

Condicional
Cabría
Cabrías
Cabría
Cabríamos
Cabríais
Cabrían

Pretérito imperfecto
Cabía
Cabías
Cabía
Cabíamos
Cabíais
Cabían

Futuro
Cabré
Cabrás
Cabrá
Cabremos
Cabréis
Cabrán

Cond. compuesto
Habría cabido
Habrías cabido
Habría cabido
Habríamos cabido
Habríais cabido
Habrían cabido

SUBJUNTIVO

Presente
Quepa
Quepas
Quepa
Quepamos
Quepáis
Quepan

Pretérito pluscuamp.
Hubiera (-se) cabido
Hubieras (-ses) cabido
Hubiera (...) cabido
Hubiéramos cabido
Hubierais cabido
Hubieran cabido

Pretérito perfecto
Haya cabido
Hayas cabido
Haya cabido
Hayamos cabido
Hayáis cabido
Hayan cabido

Pretérito imperfecto
Cupiera (-se)
Cupieras (-ses)
Cupiera (...)
Cupiéramos
Cupierais
Cupieran

GERUNDIO
Cabiendo

PARTICIPIO
Cabido

IMPERATIVO

Positivo/Negativo

[No se usan.]

CAER

INDICATIVO

Presente
Caigo
Caes
Cae
Caemos
Caéis
Caen

Pretérito pluscuamp.
Había caído
Habías caído
Había caído
Habíamos caído
Habíais caído
Habían caído

Futuro perfecto
Habré caído
Habrás caído
Habrá caído
Habremos caído
Habréis caído
Habrán caído

Pretérito perfecto
He caído
Has caído
Ha caído
Hemos caído
Habéis caído
Han caído

Pretérito indefinido
Caí
Caíste
Cayó
Caímos
Caísteis
Cayeron

Condicional
Caería
Caerías
Caería
Caeríamos
Caeríais
Caerían

Pretérito imperfecto
Caía
Caías
Caía
Caíamos
Caíais
Caían

Futuro
Caeré
Caerás
Caerá
Caeremos
Caeréis
Caerán

Cond. compuesto
Habría caído
Habrías caído
Habría caído
Habríamos caído
Habríais caído
Habrían caído

SUBJUNTIVO

Presente
Caiga
Caigas
Caiga
Caigamos
Caigáis
Caigan

Pretérito pluscuamp.
Hubiera (-se) caído
Hubieras (-ses) caído
Hubiera (...) caído
Hubiéramos caído
Hubierais caído
Hubieran caído

Pretérito perfecto
Haya caído
Hayas caído
Haya caído
Hayamos caído
Hayáis caído
Hayan caído

Pretérito imperfecto
Cayera (-se)
Cayeras (-ses)
Cayera (...)
Cayéramos
Cayerais
Cayeran

GERUNDIO
Cayendo

PARTICIPIO
Caído

IMPERATIVO

Positivo/Negativo

Cae / No caigas
Caiga / No caiga

Caed / No caigáis
Caigan / No caigan

■ Se conjugan como *caer*: *decaer, recaer.*

CONDUCIR

INDICATIVO			SUBJUNTIVO	
Presente	**Pretérito pluscuamp.**	**Futuro perfecto**	**Presente**	**Pretérito pluscuamp.**
Conduzco	Había conducido	Habré conducido	Conduzca	Hubiera (-se) conducido
Conduces	Habías conducido	Habrás conducido	Conduzcas	Hubieras (-ses) conducido
Conduce	Había conducido	Habrá conducido	Conduzca	Hubiera (...) conducido
Conducimos	Habíamos conducido	Habremos conducido	Conduzcamos	Hubiéramos conducido
Conducís	Habíais conducido	Habréis conducido	Conduzcáis	Hubierais conducido
Conducen	Habían conducido	Habrán conducido	Conduzcan	Hubieran conducido
Pretérito perfecto	**Pretérito indefinido**	**Condicional**	**Pretérito perfecto**	GERUNDIO
He conducido	Conduje	Conduciría	Haya conducido	Conduciendo
Has conducido	Condujiste	Conducirías	Hayas conducido	
Ha conducido	Condujo	Conduciría	Haya conducido	PARTICIPIO
Hemos conducido	Condujimos	Conduciríamos	Hayamos conducido	Conducido
Habéis conducido	Condujisteis	Conduciríais	Hayáis conducido	
Han conducido	Condujeron	Conducirían	Hayan conducido	
				IMPERATIVO
Pretérito imperfecto	**Futuro**	**Cond. compuesto**	**Pretérito imperfecto**	**Positivo/Negativo**
Conducía	Conduciré	Habría conducido	Condujera (-se)	
Conducías	Conducirás	Habrías conducido	Condujeras (-ses)	Conduce / No conduzcas
Conducía	Conducirá	Habría conducido	Condujera (...)	Conduzca / No conduzca
Conducíamos	Conduciremos	Habríamos conducido	Condujéramos	
Conducíais	Conduciréis	Habríais conducido	Condujerais	Conducid / No conduzcáis
Conducían	Conducirán	Habrían conducido	Condujeran	Conduzcan / No conduzcan

■ Se conjugan como *conducir*: *introducir, producir, reducir, traducir...*

CONFIAR

INDICATIVO			SUBJUNTIVO	
Presente	**Pretérito pluscuamp.**	**Futuro perfecto**	**Presente**	**Pretérito pluscuamp.**
Confío	Había confiado	Habré confiado	Confíe	Hubiera (-se) confiado
Confías	Habías confiado	Habrás confiado	Confíes	Hubieras (-ses) confiado
Confía	Había confiado	Habrá confiado	Confíe	Hubiera (...) confiado
Confiamos	Habíamos confiado	Habremos confiado	Confiemos	Hubiéramos confiado
Confiáis	Habíais confiado	Habréis confiado	Confiéis	Hubierais confiado
Confían	Habían confiado	Habrán confiado	Confíen	Hubieran confiado
Pretérito perfecto	**Pretérito indefinido**	**Condicional**	**Pretérito perfecto**	GERUNDIO
He confiado	Confié	Confiaría	Haya confiado	Confiando
Has confiado	Confiaste	Confiarías	Hayas confiado	
Ha confiado	Confió	Confiaría	Haya confiado	PARTICIPIO
Hemos confiado	Confiamos	Confiaríamos	Hayamos confiado	Confiado
Habéis confiado	Confiasteis	Confiaríais	Hayáis confiado	
Han confiado	Confiaron	Confiaría	Hayan confiad	
				IMPERATIVO
Pretérito imperfecto	**Futuro**	**Cond. compuesto**	**Pretérito imperfecto**	**Positivo/Negativo**
Confiaba	Confiaré	Habría confiado	Confiara (-se)	
Confiabas	Confiarás	Habrías confiado	Confiaras (-ses)	Confía / No confíes
Confiaba	Confiará	Habría confiado	Confiara (...)	Confíe / No confíe
Confiábamos	Confiaremos	Habríamos confiado	Confiáramos	
Confiabais	Confiaréis	Habríais confiado	Confiarais	Confiad / No confiéis
Confiaban	Confiarán	Habrían confiado	Confiaran	Confíen / No confíen

■ Se conjugan como *confiar*: *desconfiar, enfriar, enviar, esquiar, guiar, variar...*

CONOCER

INDICATIVO

Presente	Pretérito pluscuamp.	Futuro perfecto
Conozco	Había conocido	Habré conocido
Conoces	Habías conocido	Habrás conocido
Conoce	Había conocido	Habrá conocido
Conocemos	Habíamos conocido	Habremos conocido
Conocéis	Habíais conocido	Habréis conocido
Conocen	Habían conocido	Habrán conocido

Pretérito perfecto	Pretérito indefinido	Condicional
He conocido	Conocí	Conocería
Has conocido	Conociste	Conocerías
Ha conocido	Conoció	Conocería
Hemos conocido	Conocimos	Conoceríamos
Habéis conocido	Conocisteis	Conoceríais
Han conocido	Conocieron	Conocerían

Pretérito imperfecto	Futuro	Cond. compuesto
Conocía	Conoceré	Habría conocido
Conocías	Conocerás	Habrías conocido
Conocía	Conocerá	Habría conocido
Conocíamos	Conoceremos	Habríamos conocido
Conocíais	Conoceréis	Habríais conocido
Conocían	Conocerán	Habrían conocido

SUBJUNTIVO

Presente	Pretérito pluscuamp.
Conozca	Hubiera (-se) conocido
Conozcas	Hubieras (-ses) conocido
Conozca	Hubiera (...) conocido
Conozcamos	Hubiéramos conocido
Conozcáis	Hubierais conocido
Conozcan	Hubieran conocido

Pretérito perfecto	GERUNDIO / PARTICIPIO
Haya conocido	GERUNDIO: Conociendo
Hayas conocido	
Haya conocido	PARTICIPIO: Conocido
Hayamos conocido	
Hayáis conocido	
Hayan conocido	

Pretérito imperfecto	IMPERATIVO Positivo/Negativo
Conociera (-se)	
Conocieras (-ses)	Conoce / No conozcas
Conociera (...)	Conozca / No conozca
Conociéramos	
Conocierais	Conoced / No conozcáis
Conocieran	Conozcan / No conozcan

■ Se conjugan como conocer: ***desconocer*, *reconocer*, *aparecer*, *desaparecer*, *agradecer*, *apetecer*, *crecer*, *establecer*...**

CONSTRUIR

INDICATIVO

Presente	Pretérito pluscuamp.	Futuro perfecto
Construyo	Había construido	Habré construido
Construyes	Habías construido	Habrás construido
Construye	Había construido	Habrá construido
Construimos	Habíamos construido	Habremos construido
Construís	Habíais construido	Habréis construido
Construyen	Habían construido	Habrán construido

Pretérito perfecto	Pretérito indefinido	Condicional
He construido	Construí	Construiría
Has construido	Construiste	Construirías
Ha construido	Construyó	Construiría
Hemos construido	Construimos	Construiríamos
Habéis construido	Construisteis	Construiríais
Han construido	Construyeron	Construirían

Pretérito imperfecto	Futuro	Cond. compuesto
Construía	Construiré	Habría construido
Construías	Construirás	Habrías construido
Construía	Construirá	Habría construido
Construíamos	Construiremos	Habríamos construido
Construíais	Construiréis	Habríais construido
Construían	Construirán	Habrían construidoo

SUBJUNTIVO

Presente	Pretérito pluscuamp.
Construya	Hubiera (-se) construido
Construyas	Hubieras (-ses) construido
Construya	Hubiera (...) construido
Construyamos	Hubiéramos construido
Construyáis	Hubierais construido
Construyan	Hubieran construido

Pretérito perfecto	GERUNDIO / PARTICIPIO
Haya construido	GERUNDIO: Construyendo
Hayas construido	
Haya construido	PARTICIPIO: Construido
Hayamos construido	
Hayáis construido	
Hayan construido	

Pretérito imperfecto	IMPERATIVO Positivo/Negativo
Construyera (-se)	
Construyeras (-ses)	Construye / No construyas
Construyera (...)	Construya / No construya
Construyéramos	
Construyerais	Construid / No construyáis
Construyeran	Construyan / No construyan

■ Se conjugan como ***construir*: *atribuir*, *concluir*, *constituir*, *contribuir*, *destruir*, *disminuir*, *distribuir*, *excluir*, *huir*, *incluir*, *influir*, *instruir*, *reconstruir*, *sustituir*...**

CREER

INDICATIVO			SUBJUNTIVO	
Presente	**Pretérito pluscuamp.**	**Futuro perfecto**	**Presente**	**Pretérito pluscuamp.**
Creo	Había creído	Habré creído	Crea	Hubiera (-se) creído
Crees	Habías creído	Habrás creído	Creas	Hubieras (-ses) creído
Cree	Había creído	Habrá creído	Crea	Hubiera (...) creído
Creemos	Habíamos creído	Habremos creído	Creamos	Hubiéramos creído
Creéis	Habíais creído	Habréis creído	Creáis	Hubierais creído
Creen	Habían creído	Habrán creído	Crean	Hubieran creído
Pretérito perfecto	**Pretérito indefinido**	**Condicional**	**Pretérito perfecto**	GERUNDIO
He creído	Creí	Creería	Haya creído	Creyendo
Has creído	Creíste	Creerías	Hayas creído	
Ha creído	Creyó	Creería	Haya creído	PARTICIPIO
Hemos creído	Creímos	Creeríamos	Hayamos creído	Creído
Habéis creído	Creísteis	Creeríais	Hayáis creído	
Han creído	Creyeron	Creerían	Hayan creído	
				IMPERATIVO
Pretérito imperfecto	**Futuro**	**Cond. compuesto**	**Pretérito imperfecto**	**Positivo/Negativo**
Creía	Creeré	Habría creído	Creyera (-se)	
Creías	Creerás	Habrías creído	Creyeras (-ses)	Cree / No creas
Creía	Creerá	Habría creído	Creyera (...)	Crea / No crea
Creíamos	Creeremos	Habríamos creído	Creyéramos	
Creíais	Creeréis	Habríais creído	Creyerais	Creed / No creáis
Creían	Creerán	Habrían creído	Creyeran	Crean / No crean

■ Se conjugan como *creer*: ***leer***, ***poseer***.

DAR

INDICATIVO			SUBJUNTIVO	
Presente	**Pretérito pluscuamp.**	**Futuro perfecto**	**Presente**	**Pretérito pluscuamp.**
Doy	Había dado	Habré dado	Dé	Hubiera (-se) dado
Das	Habías dado	Habrás dado	Des	Hubieras (-ses) dado
Da	Había dado	Habrá dado	Dé	Hubiera (...) dado
Damos	Habíamos dado	Habremos dado	Demos	Hubiéramos dado
Dais	Habíais dado	Habréis dado	Deis	Hubierais dado
Dan	Habían dado	Habrán dado	Den	Hubieran dado
Pretérito perfecto	**Pretérito indefinido**	**Condicional**	**Pretérito perfecto**	GERUNDIO
He dado	Di	Daría	Haya dado	Dando
Has dado	Diste	Darías	Hayas dado	
Ha dado	Dio	Daría	Haya dado	PARTICIPIO
Hemos dado	Dimos	Daríamos	Hayamos dado	Dado
Habéis dado	Disteis	Daríais	Hayáis dado	
Han dado	Dieron	Darían	Hayan dado	
				IMPERATIVO
Pretérito imperfecto	**Futuro**	**Cond. compuesto**	**Pretérito imperfecto**	**Positivo/Negativo**
Daba	Daré	Habría dado	Diera (-se)	
Dabas	Darás	Habrías dado	Dieras (-ses)	Da / No des
Daba	Dará	Habría dado	Diera (...)	Dé / No dé
Dábamos	Daremos	Habríamos dado	Diéramos	
Dabais	Daréis	Habríais dado	Dierais	Dad / No deis
Daban	Darán	Habrían dado	Dieran	Den / No den

DECIR

INDICATIVO

Presente	Pretérito pluscuamp.	Futuro perfecto
Digo	Había dicho	Habré dicho
Dices	Habías dicho	Habrás dicho
Dice	Había dicho	Habrá dicho
Decimos	Habíamos dicho	Habremos dicho
Decís	Habíais dicho	Habréis dicho
Dicen	Habían dicho	Habrán dicho

Pretérito perfecto	Pretérito indefinido	Condicional
He dicho	Dije	Diría
Has dicho	Dijiste	Dirías
Ha dicho	Dijo	Diría
Hemos dicho	Dijimos	Diríamos
Habéis dicho	Dijisteis	Diríais
Han dicho	Dijeron	Dirían

Pretérito imperfecto	Futuro	Cond. compuesto
Decía	Diré	Habría dicho
Decías	Dirás	Habrías dicho
Decía	Dirá	Habría dicho
Decíamos	Diremos	Habríamos dicho
Decíais	Diréis	Habríais dicho
Decían	Dirán	Habrían dicho

SUBJUNTIVO

Presente	Pretérito pluscuamp.
Diga	Hubiera (-se) dicho
Digas	Hubieras (-ses) dicho
Diga	Hubiera (...) dicho
Digamos	Hubiéramos dicho
Digáis	Hubierais dicho
Digan	Hubieran dicho

Pretérito perfecto
Haya dicho
Hayas dicho
Haya dicho
Hayamos dicho
Hayáis dicho
Hayan dicho

Pretérito imperfecto
Dijera (-se)
Dijeras (-ses)
Dijera (...)
Dijéramos
Dijerais
Dijeran

GERUNDIO

Diciendo

PARTICIPIO

Dicho

IMPERATIVO

Positivo/Negativo

Di / No digas
Diga / No diga

Decid / No digáis
Digan / No digan

■ Se conjugan como *decir*: ***contradecir, predecir...***

DORMIR

INDICATIVO

Presente	Pretérito pluscuamp.	Futuro perfecto
Duermo	Había dormido	Habré dormido
Duermes	Habías dormido	Habrás dormido
Duerme	Había dormido	Habrá dormido
Dormimos	Habíamos dormido	Habremos dormido
Dormís	Habíais dormido	Habréis dormido
Duermen	Habían dormido	Habrán dormido

Pretérito perfecto	Pretérito indefinido	Condicional
He dormido	Dormí	Dormiría
Has dormido	Dormiste	Dormirías
Ha dormido	Durmió	Dormiría
Hemos dormido	Dormimos	Dormiríamos
Habéis dormido	Dormisteis	Dormiríais
Han dormido	Durmieron	Dormirían

Pretérito imperfecto	Futuro	Cond. compuesto
Dormía	Dormiré	Habría dormido
Dormías	Dormirás	Habrías dormido
Dormía	Dormirá	Habría dormido
Dormíamos	Dormiremos	Habríamos dormido
Dormíais	Dormiréis	Habríais dormido
Dormían	Dormirán	Habrían dormido

SUBJUNTIVO

Presente	Pretérito pluscuamp.
Duerma	Hubiera (-se) dormido
Duermas	Hubieras (-ses) dormido
Duerma	Hubiera (...) dormido
Durmamos	Hubiéramos dormido
Durmáis	Hubierais dormido
Duerman	Hubieran dormido

Pretérito perfecto
Haya dormido
Hayas dormido
Haya dormido
Hayamos dormido
Hayáis dormido
Hayan dormido

Pretérito imperfecto
Durmiera (-se)
Durmieras (-ses)
Durmiera (...)
Durmiéramos
Durmierais
Durmieran

GERUNDIO

Durmiendo

PARTICIPIO

Dormido

IMPERATIVO

Positivo/Negativo

Duerme / No duermas
Duerma / No duerma

Dormid / No durmáis
Duerman / No duerman

ENTENDER

INDICATIVO

Presente	Pretérito pluscuamp.	Futuro perfecto
Entiendo	Había entendido	Habré entendido
Entiendes	Habías entendido	Habrás entendido
Entiende	Había entendido	Habrá entendido
Entendemos	Habíamos entendido	Habremos entendido
Entendéis	Habíais entendido	Habréis entendido
Entienden	Habían entendido	Habrán entendido

Pretérito perfecto	Pretérito indefinido	Condicional
He entendido	Entendí	Entendería
Has entendido	Entendiste	Entenderías
Ha entendido	Entendió	Entendería
Hemos entendido	Entendimos	Entenderíamos
Habéis entendido	Entendisteis	Entenderíais
Han entendido	Entendieron	Entenderían

Pretérito imperfecto	Futuro	Cond. compuesto
Entendía	Entenderé	Habría entendido
Entendías	Entenderás	Habrías entendido
Entendía	Entenderá	Habría entendido
Entendíamos	Entenderemos	Habríamos entendido
Entendíais	Entenderéis	Habríais entendido
Entendían	Entenderán	Habrían entendido

SUBJUNTIVO

Presente	Pretérito pluscuamp.
Entienda	Hubiera (-se) entendido
Entiendas	Hubieras (-ses) entendido
Entienda	Hubiera(...) entendido
Entendamos	Hubiéramos entendido
Entendáis	Hubierais entendido
Entiendan	Hubieran entendido

Pretérito perfecto
Haya entendido
Hayas entendido
Haya entendido
Hayamos entendido
Hayáis entendido
Hayan entendido

Pretérito imperfecto
Entendiera (-se)
Entendieras (-ses)
Entendiera (...)
Entendiéramos
Entendierais
Entendieran

GERUNDIO

Entendiendo

PARTICIPIO

Entendido

IMPERATIVO

Positivo/Negativo

Entiende / No entiendas
Entienda / No entienda
Entended / No entendáis
Entiendan / No entiendan

Se conjugan como ***entender***: ***atender, defender, encender, extender, perder, tender, verter...***

ESTAR

INDICATIVO

Presente	Pretérito pluscuamp.	Futuro perfecto
Estoy	Había estado	Habré estado
Estás	Habías estado	Habrás estado
Está	Había estado	Habrá estado
Estamos	Habíamos estado	Habremos estado
Estáis	Habíais estado	Habréis estado
Están	Habían estado	Habrán estado

Pretérito perfecto	Pretérito indefinido	Condicional
He estado	Estuve	Estaría
Has estado	Estuviste	Estarías
Ha estado	Estuvo	Estaría
Hemos estado	Estuvimos	Estaríamos
Habéis estado	Estuvisteis	Estaríais
Han estado	Estuvieron	Estarían

Pretérito imperfecto	Futuro	Cond. compuesto
Estaba	Estaré	Habría estado
Estabas	Estarás	Habrías estado
Estaba	Estará	Habría estado
Estábamos	Estaremos	Habríamos estado
Estabais	Estaréis	Habríais estado
Estaban	Estarán	Habrían estado

SUBJUNTIVO

Presente	Pretérito pluscuamp.
Esté	Hubiera (-se) estado
Estés	Hubieras (-ses) estado
Esté	Hubiera (...) estado
Estemos	Hubiéramos estado
Estéis	Hubierais estado
Estén	Hubieran estado

Pretérito perfecto
Haya estado
Hayas estado
Haya estado
Hayamos estado
Hayáis estado
Hayan estado

Pretérito imperfecto
Estuviera (-se)
Estuvieras (-ses)
Estuviera (...)
Estuviéramos
Estuvierais
Estuvieran

GERUNDIO

Estando

PARTICIPIO

Estado

IMPERATIVO

Positivo/Negativo

Está / No estés
Esté / No esté
Estad / No estéis
Estén / No estén

FREÍR

INDICATIVO			SUBJUNTIVO	
Presente	**Pretérito pluscuamp.**	**Futuro perfecto**	**Presente**	**Pretérito pluscuamp.**
Frío	Había frito	Habré frito	Fría	Hubiera (-se) frito
Fríes	Habías frito	Habrás frito	Frías	Hubieras (-ses) frito
Fríe	Había frito	Habrá frito	Fría	Hubiera (...) frito
Freímos	Habíamos frito	Habremos frito	Friamos	Hubiéramos frito
Freís	Habíais frito	Habréis frito	Friáis	Hubierais frito
Fríen	Habían frito	Habrán frito	Frían	Hubieran frito
Pretérito perfecto	**Pretérito indefinido**	**Condicional**	**Pretérito perfecto**	GERUNDIO
He frito	Freí	Freiría	Haya frito	Friendo
Has frito	Freíste	Freirías	Hayas frito	
Ha frito	Frió	Freiría	Haya frito	PARTICIPIO
Hemos frito	Freímos	Freiríamos	Hayamos frito	Frito
Habéis frito	Freísteis	Freiríais	Hayáis frito	
Han frito	Frieron	Freirían	Hayan frito	
				IMPERATIVO
Pretérito imperfecto	**Futuro**	**Cond. compuesto**	**Pretérito imperfecto**	**Positivo/Negativo**
Freía	Freiré	Habría frito	Friera (-se)	
Freías	Freirás	Habrías frito	Frieras (-ses)	Fríe / No frías
Freía	Freirá	Habría frito	Friera (...)	Fría / No fría
Freíamos	Freiremos	Habríamos frito	Friéramos	
Freíais	Freiréis	Habríais frito	Frierais	Freíd / No friáis
Freían	Freirán	Habrían frito	Frieran	Frían / No frían

■ ***Freír*** tiene un participio regular ***freído***, poco usado.

HABER

INDICATIVO			SUBJUNTIVO	
Presente	**Pretérito pluscuamp.**	**Futuro perfecto**	**Presente**	**Pretérito pluscuamp.**
He	Había habido	Habré habido	Haya	Hubiera (-se) habido
Has	Habías habido	Habrás habido	Hayas	Hubieras (-ses) habido
Ha (Hay)	Había habido	Habrá habido	Haya	Hubiera (...) habido
Hemos	Habíamos habido	Habremos habido	Hayamos	Hubiéramos habido
Habéis	Habíais habido	Habréis habido	Hayáis	Hubierais habido
Han	Habían habido	Habrán habido	Hayan	Hubieran habido
Pretérito perfecto	**Pretérito indefinido**	**Condicional**	**Pretérito perfecto**	GERUNDIO
He habido	Hube	Habría	Haya habido	Habiendo
Has habido	Hubiste	Habrías	Hayas habido	
Ha habido	Hubo	Habría	Haya habido	PARTICIPIO
Hemos habido	Hubimos	Habríamos	Hayamos habido	Habido
Habéis habido	Hubisteis	Habríais	Hayáis habido	
Han habido	Hubieron	Habrían	Hayan habido	
				IMPERATIVO
Pretérito imperfecto	**Futuro**	**Cond. compuesto**	**Pretérito imperfecto**	**Positivo/Negativo**
Había	Habré	Habría habido	Hubiera (-se)	
Habías	Habrás	Habrías habido	Hubieras (-ses)	[No se usan.]
Había	Habrá	Habría habido	Hubiera (...)	
Habíamos	Habremos	Habríamos habido	Hubiéramos	
Habíais	Habréis	Habríais habido	Hubierais	
Habían	Habrán	Habrían habido	Hubieran	

HACER

INDICATIVO			SUBJUNTIVO	
Presente	**Pretérito pluscuamp.**	**Futuro perfecto**	**Presente**	**Pretérito pluscuamp.**
Hago	Había hecho	Habré hecho	Haga	Hubiera (-se) hecho
Haces	Habías hecho	Habrás hecho	Hagas	Hubieras (-ses) hecho
Hace	Había hecho	Habrá hecho	Haga	Hubiera (...) hecho
Hacemos	Habíamos hecho	Habremos hecho	Hagamos	Hubiéramos hecho
Hacéis	Habíais hecho	Habréis hecho	Hagáis	Hubierais hecho
Hacen	Habían hecho	Habrán hecho	Hagan	Hubieran hecho
Pretérito perfecto	**Pretérito indefinido**	**Condicional**	**Pretérito perfecto**	GERUNDIO
He hecho	Hice	Haría	Haya hecho	Haciendo
Has hecho	Hiciste	Harías	Hayas hecho	
Ha hecho	Hizo	Haría	Haya hecho	PARTICIPIO
Hemos hecho	Hicimos	Haríamos	Hayamos hecho	Hecho
Habéis hecho	Hicisteis	Haríais	Hayáis hecho	
Han hecho	Hicieron	Haría	Hayan hecho	
				IMPERATIVO
Pretérito imperfecto	**Futuro**	**Cond. compuesto**	**Pretérito imperfecto**	**Positivo/Negativo**
Hacía	Haré	Habría hecho	Hiciera (-se)	
Hacías	Harás	Habrías hecho	Hicieras (-ses)	Haz / No hagas
Hacía	Hará	Habría hecho	Hiciera (...)	Haga / No haga
Hacíamos	Haremos	Habríamos hecho	Hiciéramos	
Hacíais	Haréis	Habríais hecho	Hicierais	Haced / No hagáis
Hacían	Harán	Habrían hecho	Hicieran	Hagan / No hagan

■ Se conjugan como *hacer*: ***deshacer***, ***rehacer***, ***satisfacer***.

IR

INDICATIVO			SUBJUNTIVO	
Presente	**Pretérito pluscuamp.**	**Futuro perfecto**	**Presente**	**Pretérito pluscuamp.**
Voy	Había ido	Habré ido	Vaya	Hubiera (-se) ido
Vas	Habías ido	Habrás ido	Vayas	Hubieras (-ses) ido
Va	Había ido	Habrá ido	Vaya	Hubiera (...) ido
Vamos	Habíamos ido	Habremos ido	Vayamos	Hubiéramos ido
Vais	Habíais ido	Habréis ido	Vayáis	Hubierais ido
Van	Habían ido	Habrán ido	Vayan	Hubieran ido
Pretérito perfecto	**Pretérito indefinido**	**Condicional**	**Pretérito perfecto**	GERUNDIO
He ido	Fui	Iría	Haya ido	Yendo
Has ido	Fuiste	Irías	Hayas ido	
Ha ido	Fue	Iría	Haya ido	PARTICIPIO
Hemos ido	Fuimos	Iríamos	Hayamos ido	Ido
Habéis ido	Fuisteis	Iríais	Hayáis ido	
Han ido	Fueron	Irían	Hayan ido	
				IMPERATIVO
Pretérito imperfecto	**Futuro**	**Cond. compuesto**	**Pretérito imperfecto**	**Positivo/Negativo**
Iba	Iré	Habría ido	Fuera (-se)	
Ibas	Irás	Habrías ido	Fueras (-ses)	Ve / No vayas
Iba	Irá	Habría ido	Fuera (...)	Vaya / No vaya
Íbamos	Iremos	Habríamos ido	Fuéramos	
Ibais	Iréis	Habríais ido	Fuerais	Id / No vayáis
Iban	Irán	Habrían ido	Fueran	Vayan / No vayan

JUGAR

INDICATIVO

Presente	Pretérito pluscuamp.	Futuro perfecto
Juego	Había jugado	Habré jugado
Juegas	Habías jugado	Habrás jugado
Juega	Había jugado	Habrá jugado
Jugamos	Habíamos jugado	Habremos jugado
Jugáis	Habíais jugado	Habréis jugado
Juegan	Habían jugado	Habrán jugado
Pretérito perfecto	**Pretérito indefinido**	**Condicional**
He jugado	Jugué	Jugaría
Has jugado	Jugaste	Jugarías
Ha jugado	Jugó	Jugaría
Hemos jugado	Jugamos	Jugaríamos
Habéis jugado	Jugasteis	Jugaríais
Han jugado	Jugaron	Jugarían
Pretérito imperfecto	**Futuro**	**Cond. compuesto**
Jugaba	Jugaré	Habría jugado
Jugabas	Jugarás	Habrías jugado
Jugaba	Jugará	Habría jugado
Jugábamos	Jugaremos	Habríamos jugado
Jugabais	Jugaréis	Habríais jugado
Jugaban	Jugarán	Habrían jugado

SUBJUNTIVO

Presente	Pretérito pluscuamp.
Juegue	Hubiera (-se) jugado
Juegues	Hubieras (-ses) jugado
Juegue	Hubiera (...) jugado
Juguemos	Hubiéramos jugado
Juguéis	Hubierais jugado
Jueguen	Hubieran jugado
Pretérito perfecto	GERUNDIO
Haya jugado	Jugando
Hayas jugado	
Haya jugado	PARTICIPIO
Hayamos jugado	Jugado
Hayáis jugado	
Hayan jugado	
	IMPERATIVO
Pretérito imperfecto	**Positivo/Negativo**
Jugara (-se)	
Jugaras (-ses)	Juega / No juegues
Jugara (...)	Juegue / No juegue
Jugáramos	
Jugarais	Jugad / No juguéis
Jugaran	Jueguen / No jueguen

■ El sonido [g] se escribe ***g*** antes de los sonidos [o] y [a] , y ***gu*** antes del sonido [e]

MORIR

INDICATIVO

Presente	Pretérito pluscuamp.	Futuro perfecto
Muero	Había muerto	Habré muerto
Mueres	Habías muerto	Habrás muerto
Muere	Había muerto	Habrá muerto
Morimos	Habíamos muerto	Habremos muerto
Morís	Habíais muerto	Habréis muerto
Mueren	Habían muerto	Habrán muerto
Pretérito perfecto	**Pretérito indefinido**	**Condicional**
He muerto	Morí	Moriría
Has muerto	Moriste	Morirías
Ha muerto	Murió	Moriría
Hemos muerto	Morimos	Moriríamos
Habéis muerto	Moristeis	Moriríais
Han muerto	Murieron	Morirían
Pretérito imperfecto	**Futuro**	**Cond. compuesto**
Moría	Moriré	Habría muerto
Morías	Morirás	Habrías muerto
Moría	Morirá	Habría muerto
Moríamos	Moriremos	Habríamos muerto
Moríais	Moriréis	Habríais muerto
Morían	Morirán	Habrían muerto

SUBJUNTIVO

Presente	Pretérito pluscuamp.
Muera	Hubiera (-se) muerto
Mueras	Hubieras (-ses) muerto
Muera	Hubiera (...) muerto
Muramos	Hubiéramos muerto
Muráis	Hubierais muerto
Mueran	Hubieran muerto
Pretérito perfecto	GERUNDIO
Haya muerto	Muriendo
Hayas muerto	
Haya muerto	PARTICIPIO
Hayamos muerto	Muerto
Hayáis muerto	
Hayan muerto	
	IMPERATIVO
Pretérito imperfecto	**Positivo/Negativo**
Muriera (-se)	
Murieras (-ses)	Muere / No mueras
Muriera (...)	Muera / No muera
Muriéramos	
Murierais	Morid / No muráis
Murieran	Mueran / No mueran

MOVER

INDICATIVO			SUBJUNTIVO	
Presente	**Pretérito pluscuamp.**	**Futuro perfecto**	**Presente**	**Pretérito pluscuamp.**
Muevo	Había movido	Habré movido	Mueva	Hubiera (-se) movido
Mueves	Habías movido	Habrás movido	Muevas	Hubieras (-ses) movido
Mueve	Había movido	Habrá movido	Mueva	Hubiera(...) movido
Movemos	Habíamos movido	Habremos movido	Movamos	Hubiéramos movido
Movéis	Habíais movido	Habréis movido	Mováis	Hubierais movido
Mueven	Habían movido	Habrán movido	Muevan	Hubieran movido
Pretérito perfecto	**Pretérito indefinido**	**Condicional**	**Pretérito perfecto**	GERUNDIO
He movido	Moví	Movería	Haya movido	Moviendo
Has movido	Moviste	Moverías	Hayas movido	PARTICIPIO
Ha movido	Movió	Movería	Haya movido	Movido
Hemos movido	Movimos	Moveríamos	Hayamos movido	
Habéis movido	Movisteis	Moveríais	Hayáis movido	
Han movido	Movieron	Moverían	Hayan movido	IMPERATIVO
Pretérito imperfecto	**Futuro**	**Cond. compuesto**	**Pretérito imperfecto**	**Positivo/Negativo**
Movía	Moveré	Habría movido	Moviera (-se)	
Movías	Moverás	Habrías movido	Movieras (-ses)	Mueve / No muevas
Movía	Moverá	Habría movido	Moviera (...)	Mueva / No mueva
Movíamos	Moveremos	Habríamos movido	Moviéramos	
Movíais	Moveréis	Habríais movido	Movierais	Moved / No mováis
Movían	Moverán	Habrían movido	Movieran	Muevan / No muevan

■ Se conjugan como ***mover***: ***cocer***, ***conmover***(***se***), ***doler***, ***llover***, ***oler*** (en este verbo se escriben con ***h-*** las formas con *-**ue**-*: ***huelo***)...

OÍR

INDICATIVO			SUBJUNTIVO	
Presente	**Pretérito pluscuamp.**	**Futuro perfecto**	**Presente**	**Pretérito pluscuamp.**
Oigo	Había oído	Habré oído	Oiga	Hubiera (-se) oído
Oyes	Habías oído	Habrás oído	Oigas	Hubieras (-ses) oído
Oye	Había oído	Habrá oído	Oiga	Hubiera (...) oído
Oímos	Habíamos oído	Habremos oído	Oigamos	Hubiéramos oído
Oís	Habíais oído	Habréis oído	Oigáis	Hubierais oído
Oyen	Habían oído	Habrán oído	Oigan	Hubieran oído
Pretérito perfecto	**Pretérito indefinido**	**Condicional**	**Pretérito perfecto**	GERUNDIO
He oído	Oí	Oiría	Haya oído	Oyendo
Has oído	Oíste	Oirías	Hayas oído	PARTICIPIO
Ha oído	Oyó	Oiría	Haya oído	Oído
Hemos oído	Oímos	Oiríamos	Hayamos oído	
Habéis oído	Oísteis	Oiríais	Hayáis oído	
Han oído	Oyeron	Oirían	Hayan oído	IMPERATIVO
Pretérito imperfecto	**Futuro**	**Cond. compuesto**	**Pretérito imperfecto**	**Positivo/Negativo**
Oía	Oiré	Habría oído	Oyera (-se)	
Oías	Oirás	Habrías oído	Oyeras (-ses)	Oye / No oigas
Oía	Oirá	Habría oído	Oyera (...)	Oiga / No oiga
Oíamos	Oiremos	Habríamos oído	Oyéramos	
Oíais	Oiréis	Habríais oído	Oyerais	Oíd / No oigáis
Oían	Oirán	Habrían oído	Oyeran	Oigan / No oigan

■ Se conjuga como ***oír***: ***desoír***.

PEDIR

INDICATIVO			SUBJUNTIVO	
Presente	**Pretérito pluscuamp.**	**Futuro perfecto**	**Presente**	**Pretérito pluscuamp.**
Pido	Había pedido	Habré pedido	Pida	Hubiera (-se) pedido
Pides	Habías pedido	Habrás pedido	Pidas	Hubieras (-ses) pedido
Pide	Había pedido	Habrá pedido	Pida	Hubiera (...) pedido
Pedimos	Habíamos pedido	Habremos pedido	Pidamos	Hubiéramos pedido
Pedís	Habíais pedido	Habréis pedido	Pidáis	Hubierais pedido
Piden	Habían pedido	Habrán pedido	Pidan	Hubieran pedido
Pretérito perfecto	**Pretérito indefinido**	**Condicional**	**Pretérito perfecto**	GERUNDIO
He pedido	Pedí	Pediría	Haya pedido	Pidiendo
Has pedido	Pediste	Pedirías	Hayas pedido	
Ha pedido	Pidió	Pediría	Haya pedido	PARTICIPIO
Hemos pedido	Pedimos	Pediríamos	Hayamos pedido	Pedido
Habéis pedido	Pedisteis	Pediríais	Hayáis pedido	
Han pedido	Pidieron	Pedirían	Hayan pedido	
				IMPERATIVO
Pretérito imperfecto	**Futuro**	**Cond. compuesto**	**Pretérito imperfecto**	**Positivo/Negativo**
Pedía	Pediré	Habría pedido	Pidiera (-se)	
Pedías	Pedirás	Habrías pedido	Pidieras (-ses)	Pide / No pidas
Pedía	Pedirá	Habría pedido	Pidiera (...)	Pida / No pida
Pedíamos	Pediremos	Habríamos pedido	Pidiéramos	
Pedíais	Pediréis	Habríais pedido	Pidierais	Pedid / No pidáis
Pedían	Pedirán	Habrían pedido	Pidieran	Pidan / No pidan

■ Se conjugan como *pedir*: *corregir*, *elegir*, *reír*, *repetir*, *seguir*, *servir*...

PENSAR

INDICATIVO			SUBJUNTIVO	
Presente	**Pretérito pluscuamp.**	**Futuro perfecto**	**Presente**	**Pretérito pluscuamp.**
Pienso	Había pensado	Habré pensado	Piense	Hubiera (-se) pensado
Piensas	Habías pensado	Habrás pensado	Pienses	Hubieras (-ses) pensado
Piensa	Había pensado	Habrá pensado	Piense	Hubiera (...) pensado
Pensamos	Habíamos pensado	Habremos pensado	Pensemos	Hubiéramos pensado
Pensáis	Habíais pensado	Habréis pensado	Penséis	Hubierais pensado
Piensan	Habían pensado	Habrán pensado	Piensen	Hubieran pensado
Pretérito perfecto	**Pretérito indefinido**	**Condicional**	**Pretérito perfecto**	GERUNDIO
He pensado	Pensé	Pensaría	Haya pensado	Pensando
Has pensado	Pensaste	Pensarías	Hayas pensado	
Ha pensado	Pensó	Pensaría	Haya pensado	PARTICIPIO
Hemos pensado	Pensamos	Pensaríamos	Hayamos pensado	Pensado
Habéis pensado	Pensasteis	Pensaríais	Hayáis pensado	
Han pensado	Pensaron	Pensarían	Hayan pensado	
				IMPERATIVO
Pretérito imperfecto	**Futuro**	**Cond. compuesto**	**Pretérito imperfecto**	**Positivo/Negativo**
Pensaba	Pensaré	Habría pensado	Pensara (-se)	
Pensabas	Pensarás	Habrías pensado	Pensaras (-ses)	Piensa / No pienses
Pensaba	Pensará	Habría pensado	Pensara (...)	Piense / No piense
Pensábamos	Pensaremos	Habríamos pensado	Pensáramos	
Pensabais	Pensaréis	Habríais pensado	Pensarais	Pensad / No penséis
Pensaban	Pensarán	Habrían pensado	Pensaran	Piensen / No piensen

■ Se conjugan como *pensar*: *cerrar*, *comenzar*, *despertar(se)*, *empezar*, *sentar(se)*...

PODER

INDICATIVO

Presente	Pretérito pluscuamp.	Futuro perfecto
Puedo	Había podido	Habré podido
Puedes	Habías podido	Habrás podido
Puede	Había podido	Habrá podido
Podemos	Habíamos podido	Habremos podido
Podéis	Habíais podido	Habréis podido
Pueden	Habían podido	Habrán podido

Pretérito perfecto	Pretérito indefinido	Condicional
He podido	Pude	Podría
Has podido	Pudiste	Podrías
Ha podido	Pudo	Podría
Hemos podido	Pudimos	Podríamos
Habéis podido	Pudisteis	Podríais
Han podido	Pudieron	Podrían

Pretérito imperfecto	Futuro	Cond. compuesto
Podía	Podré	Habría podido
Podías	Podrás	Habrías podido
Podía	Podrá	Habría podido
Podíamos	Podremos	Habríamos podido
Podíais	Podréis	Habríais podido
Podían	Podrán	Habrían podido

SUBJUNTIVO

Presente	Pretérito pluscuamp.
Pueda	Hubiera (-se) podido
Puedas	Hubieras (-ses) podido
Pueda	Hubiera (...) podido
Podamos	Hubiéramos podido
Podáis	Hubierais podido
Puedan	Hubieran podido

Pretérito perfecto	Pretérito imperfecto
Haya podido	Pudiera (-se)
Hayas podido	Pudieras (-ses)
Haya podido	Pudiera (...)
Hayamos podido	Pudiéramos
Hayáis podido	Pudierais
Hayan podido	Pudieran

GERUNDIO

Pudiendo

PARTICIPIO

Podido

IMPERATIVO

Positivo/Negativo

[No se usan.]

PONER

INDICATIVO

Presente	Pretérito pluscuamp.	Futuro perfecto
Pongo	Había puesto	Habré puesto
Pones	Habías puesto	Habrás puesto
Pone	Había puesto	Habrá puesto
Ponemos	Habíamos puesto	Habremos puesto
Ponéis	Habíais puesto	Habréis puesto
Ponen	Habían puesto	Habrán puesto

Pretérito perfecto	Pretérito indefinido	Condicional
He puesto	Puse	Pondría
Has puesto	Pusiste	Pondrías
Ha puesto	Puso	Pondría
Hemos puesto	Pusimos	Pondríamos
Habéis puesto	Pusisteis	Pondríais
Han puesto	Pusieron	Pondrían

Pretérito imperfecto	Futuro	Cond. compuesto
Ponía	Pondré	Habría puesto
Ponías	Pondrás	Habrías puesto
Ponía	Pondrá	Habría puesto
Poníamos	Pondremos	Habríamos puesto
Poníais	Pondréis	Habríais puesto
Ponían	Pondrá	Habrían puesto

SUBJUNTIVO

Presente	Pretérito pluscuamp.
Ponga	Hubiera (-se) puesto
Pongas	Hubieras (-ses) puesto
Ponga	Hubiera (...) puesto
Pongamos	Hubiéramos puesto
Pongáis	Hubierais puesto
Pongan	Hubieran puesto

Pretérito perfecto	Pretérito imperfecto
Haya puesto	Pusiera (-se)
Hayas puesto	Pusieras (-ses)
Haya puesto	Pusiera (...)
Hayamos puesto	Pusiéramos
Hayáis puesto	Pusierais
Hayan puesto	Pusieran

GERUNDIO

Poniendo

PARTICIPIO

Puesto

IMPERATIVO

Positivo/Negativo

Pon / No pongas
Ponga / No ponga

Poned / No pongáis
Pongan / No pongan

■ Se conjugan como *poner*: ***componer***, ***presuponer***, ***proponer***, ***suponer***...

PROHIBIR

INDICATIVO

Presente	Pretérito pluscuamp.	Futuro perfecto
Prohíbo	Había prohibido	Habré prohibido
Prohíbes	Habías prohibido	Habrás prohibido
Prohíbe	Había prohibido	Habrá prohibido
Prohibimos	Habíamos prohibido	Habremos prohibido
Prohibís	Habíais prohibido	Habréis prohibido
Prohíben	Habían prohibido	Habrán prohibido

Pretérito perfecto	Pretérito indefinido	Condicional
He prohibido	Prohibí	Prohibiría
Has prohibido	Prohibiste	Prohibirías
Ha prohibido	Prohibió	Prohibiría
Hemos prohibido	Prohibimos	Prohibiríamos
Habéis prohibido	Prohibisteis	Prohibiríais
Han prohibido	Prohibieron	Prohibirían

Pretérito imperfecto	Futuro	Cond. compuesto
Prohibía	Prohibiré	Habría prohibido
Prohibías	Prohibirás	Habrías prohibido
Prohibía	Prohibirá	Habría prohibido
Prohibíamos	Prohibiremos	Habríamos prohibido
Prohibíais	Prohibiréis	Habríais prohibido
Prohibían	Prohibirán	Habrían prohibido

SUBJUNTIVO

Presente	Pretérito pluscuamp.
Prohíba	Hubiera (-se) prohibido
Prohíbas	Hubieras (-ses) prohibido
Prohíba	Hubiera (...) prohibido
Prohibamos	Hubiéramos prohibido
Prohibáis	Hubierais prohibido
Prohíban	Hubieran prohibido

Pretérito perfecto	Pretérito imperfecto
Haya prohibido	Prohibiera (-se)
Hayas prohibido	Prohibieras (-ses)
Haya prohibido	Prohibiera (...)
Hayamos prohibido	Prohibiéramos
Hayáis prohibido	Prohibierais
Hayan prohibido	Prohibieran

GERUNDIO

Prohibiendo

PARTICIPIO

Prohibido

IMPERATIVO

Positivo/Negativo

Prohíbe / No prohíbas
Prohíba / No prohíba

Prohibid / No prohibáis
Prohíban / No prohíban

■ Se conjuga como ***prohibir***: ***reunir***.

QUERER

INDICATIVO

Presente	Pretérito pluscuamp.	Futuro perfecto
Quiero	Había querido	Habré querido
Quieres	Habías querido	Habrás querido
Quiere	Había querido	Habrá querido
Queremos	Habíamos querido	Habremos querido
Queréis	Habíais querido	Habréis querido
Quieren	Habían querido	Habrán querido

Pretérito perfecto	Pretérito indefinido	Condicional
He querido	Quise	Querría
Has querido	Quisiste	Querrías
Ha querido	Quiso	Querría
Hemos querido	Quisimos	Querríamos
Habéis querido	Quisisteis	Querríais
Han querido	Quisieron	Querrían

Pretérito imperfecto	Futuro	Cond. compuesto
Quería	Querré	Habría querido
Querías	Querrás	Habrías querido
Quería	Querrá	Habría querido
Queríamos	Querremos	Habríamos querido
Queríais	Querréis	Habríais querido
Querían	Querrán	Habrían querido

SUBJUNTIVO

Presente	Pretérito pluscuamp.
Quiera	Hubiera (-se) querido
Quieras	Hubieras (-ses) querido
Quiera	Hubiera (...) querido
Queramos	Hubiéramos querido
Queráis	Hubierais querido
Quieran	Hubieran querido

Pretérito perfecto	Pretérito imperfecto
Haya querido	Quisiera (-se)
Hayas querido	Quisieras (-ses)
Haya querido	Quisiera (...)
Hayamos querido	Quisiéramos
Hayáis querido	Quisierais
Hayan querido	Quisieran

GERUNDIO

Queriendo

PARTICIPIO

Querido

IMPERATIVO

Positivo/Negativo

Quiere / No quieras
Quiera / No quiera

Quered / No queráis
Quieran / No quieran

SABER

INDICATIVO			SUBJUNTIVO	
Presente	**Pretérito pluscuamp.**	**Futuro perfecto**	**Presente**	**Pretérito pluscuamp.**
Sé	Había sabido	Habré sabido	Sepa	Hubiera (-se) sabido
Sabes	Habías sabido	Habrás sabido	Sepas	Hubieras (-ses) sabido
Sabe	Había sabido	Habrá sabido	Sepa	Hubiera (...) sabido
Sabemos	Habíamos sabido	Habremos sabido	Sepamos	Hubiéramos sabido
Sabéis	Habíais sabido	Habréis sabido	Sepáis	Hubierais sabido
Saben	Habían sabido	Habrán sabid	Sepan	Hubieran sabido
Pretérito perfecto	**Pretérito indefinido**	**Condicional**	**Pretérito perfecto**	GERUNDIO
He sabido	Supe	Sabría	Haya sabido	Sabiendo
Has sabido	Supiste	Sabrías	Hayas sabido	
Ha sabido	Supo	Sabría	Haya sabido	PARTICIPIO
Hemos sabido	Supimos	Sabríamos	Hayamos sabido	Sabido
Habéis sabido	Supisteis	Sabríais	Hayáis sabido	
Han sabido	Supieron	Sabrían	Hayan sabido	
				IMPERATIVO
Pretérito imperfecto	**Futuro**	**Cond. compuesto**	**Pretérito imperfecto**	**Positivo/Negativo**
Sabía	Sabré	Habría sabido	Supiera (-se)	
Sabías	Sabrás	Habrías sabido	Supieras (-ses)	Sabe / No sepas
Sabía	Sabrá	Habría sabido	Supiera (...)	Sepa / No sepa
Sabíamos	Sabremos	Habríamos sabido	Supiéramos	
Sabíais	Sabréis	Habríais sabido	Supierais	Sabed / No sepáis
Sabían	Sabrán	Habrían sabido	Supieran	Sepan / No sepan

SALIR

INDICATIVO			SUBJUNTIVO	
Presente	**Pretérito pluscuamp.**	**Futuro perfecto**	**Presente**	**Pretérito pluscuamp.**
Salgo	Había salido	Habré salido	Salga	Hubiera (-se) salido
Sales	Habías salido	Habrás salido	Salgas	Hubieras (-ses) salido
Sale	Había salido	Habrá salido	Salga	Hubiera (...) salido
Salimos	Habíamos salido	Habremos salido	Salgamos	Hubiéramos salido
Salís	Habíais salido	Habréis salido	Salgáis	Hubierais salido
Salen	Habían salido	Habrán salido	Salgan	Hubieran salido
Pretérito perfecto	**Pretérito indefinido**	**Condicional**	**Pretérito perfecto**	GERUNDIO
He salido	Salí	Saldría	Haya salido	Saliendo
Has salido	Saliste	Saldrías	Hayas salido	
Ha salido	Salió	Saldría	Haya salido	PARTICIPIO
Hemos salido	Salimos	Saldríamos	Hayamos salido	Salido
Habéis salido	Salisteis	Saldríais	Hayáis salido	
Han salido	Salieron	Saldrían	Hayan salido	
				IMPERATIVO
Pretérito imperfecto	**Futuro**	**Cond. compuesto**	**Pretérito imperfecto**	**Positivo/Negativo**
Salía	Saldré	Habría salido	Saliera (-se)	
Salías	Saldrás	Habrías salido	Salieras (-ses)	Sal / No salgas
Salía	Saldrá	Habría salido	Saliera (...)	Salga / No salga
Salíamos	Saldremos	Habríamos salido	Saliéramos	
Salíais	Saldréis	Habríais salido	Salierais	Salid / No salgáis
Salían	Saldrá	Habrían salido	Salieran	Salgan / No salgan

- Se conjugan como *salir*: ***sobresalir***, ***equivaler***, ***valer*** (con las terminaciones de los verbos en -*er*).

SENTIR

INDICATIVO			SUBJUNTIVO	
Presente	**Pretérito pluscuamp.**	**Futuro perfecto**	**Presente**	**Pretérito pluscuamp.**
Siento	Había sentido	Habré sentido	Sienta	Hubiera (-se) sentido
Sientes	Habías sentido	Habrás sentido	Sientas	Hubieras (-ses) sentido
Siente	Había sentido	Habrá sentido	Sienta	Hubiera (...) sentido
Sentimos	Habíamos sentido	Habremos sentido	Sintamos	Hubiéramos sentido
Sentís	Habíais sentido	Habréis sentido	Sintáis	Hubierais sentido
Sienten	Habían sentido	Habrán sentido	Sientan	Hubieran sentido
Pretérito perfecto	**Pretérito indefinido**	**Condicional**	**Pretérito perfecto**	GERUNDIO
He sentido	Sentí	Sentiría	Haya sentido	Sintiendo
Has sentido	Sentiste	Sentirías	Hayas sentido	
Ha sentido	Sintió	Sentiría	Haya sentido	PARTICIPIO
Hemos sentido	Sentimos	Sentiríamos	Hayamos sentido	Sentido
Habéis sentido	Sentisteis	Sentiríais	Hayáis sentido	
Han sentido	Sintieron	Sentirían	Hayan sentido	
				IMPERATIVO
Pretérito imperfecto	**Futuro**	**Cond. compuesto**	**Pretérito imperfecto**	**Positivo/Negativo**
Sentía	Sentiré	Habría sentido	Sintiera (-se)	
Sentías	Sentirás	Habrías sentido	Sintieras (-ses)	Siente / No sientas
Sentía	Sentirá	Habría sentido	Sintiera (...)	Sienta / No sienta
Sentíamos	Sentiremos	Habríamos sentido	Sintiéramos	
Sentíais	Sentiréis	Habríais sentido	Sintierais	Sentid / No sintáis
Sentían	Sentirán	Habrían sentido	Sintieran	Sientan / No sientan

■ Se conjugan como *sentir*: ***divertir(se)***, ***mentir***, ***preferir***, ***presentir***, ***sugerir***...

SER

INDICATIVO			SUBJUNTIVO	
Presente	**Pretérito pluscuamp.**	**Futuro perfecto**	**Presente**	**Pretérito pluscuamp.**
Soy	Había sido	Habré sido	Sea	Hubiera (-se) sido
Eres	Habías sido	Habrás sido	Seas	Hubieras (-ses) sido
Es	Había sido	Habrá sido	Sea	Hubiera (...) sido
Somos	Habíamos sido	Habremos sido	Seamos	Hubiéramos sido
Sois	Habíais sido	Habréis sido	Seáis	Hubierais sido
Son	Habían sido	Habrán sido	Sean	Hubieran sido
Pretérito perfecto	**Pretérito indefinido**	**Condicional**	**Pretérito perfecto**	GERUNDIO
He sido	Fui	Sería	Haya sido	Siendo
Has sido	Fuiste	Serías	Hayas sido	
Ha sido	Fue	Sería	Haya sido	PARTICIPIO
Hemos sido	Fuimos	Seríamos	Hayamos sido	Sido
Habéis sido	Fuisteis	Seríais	Hayáis sido	
Han sido	Fueron	Serían	Hayan sido	
				IMPERATIVO
Pretérito imperfecto	**Futuro**	**Cond. compuesto**	**Pretérito imperfecto**	**Positivo/Negativo**
Era	Seré	Habría sido	Fuera (-se)	
Eras	Serás	Habrías sido	Fueras (-ses)	Sé / No seas
Era	Será	Habría sido	Fuera (...)	Sea / No sea
Éramos	Seremos	Habríamos sido	Fuéramos	
Erais	Seréis	Habríais sido	Fuerais	Sed / No seáis
Eran	Serán	Habrían sido	Fueran	Sean / No sean

TENER

INDICATIVO

Presente	Pretérito pluscuamp.	Futuro perfecto
Tengo	Había tenido	Habré tenido
Tienes	Habías tenido	Habrás tenido
Tiene	Había tenido	Habrá tenido
Tenemos	Habíamos tenido	Habremos tenido
Tenéis	Habíais tenido	Habréis tenido
Tienen	Habían tenid	Habrán tenido

Pretérito perfecto	Pretérito indefinido	Condicional
He tenido	Tuve	Tendría
Has tenido	Tuviste	Tendrías
Ha tenido	Tuvo	Tendría
Hemos tenido	Tuvimos	Tendríamos
Habéis tenido	Tuvisteis	Tendríais
Han tenido	Tuvieron	Tendrían

Pretérito imperfecto	Futuro	Cond. compuesto
Tenía	Tendré	Habría tenido
Tenías	Tendrás	Habrías tenido
Tenía	Tendrá	Habría tenido
Teníamos	Tendremos	Habríamos tenido
Teníais	Tendréis	Habríais tenido
Tenían	Tendrán	Habrían tenido

SUBJUNTIVO

Presente	Pretérito pluscuamp.
Tenga	Hubiera (-se) tenido
Tengas	Hubieras (-ses) tenido
Tenga	Hubiera (...) tenido
Tengamos	Hubiéramos tenido
Tengáis	Hubierais tenido
Tengan	Hubieran tenido

Pretérito perfecto
Haya tenido
Hayas tenido
Haya tenido
Hayamos tenido
Hayáis tenido
Hayan tenido

Pretérito imperfecto
Tuviera (-se)
Tuvieras (-ses)
Tuviera (...)
Tuviéramos
Tuvierais
Tuvieran

GERUNDIO

Teniendo

PARTICIPIO

Tenido

IMPERATIVO

Positivo/Negativo
Ten / No tengas
Tenga / No tenga
Tened / No tengáis
Tengan / No tengan

■ Se conjugan como *tener*: ***contener***, ***mantener***, ***obtener***...

TRAER

INDICATIVO

Presente	Pretérito pluscuamp.	Futuro perfecto
Traigo	Había traído	Habré traído
Traes	Habías traído	Habrás traído
Trae	Había traído	Habrá traído
Traemos	Habíamos traído	Habremos traído
Traéis	Habíais traído	Habréis traído
Traen	Habían traído	Habrán traído

Pretérito perfecto	Pretérito indefinido	Condicional
He traído	Traje	Traería
Has traído	Trajiste	Traerías
Ha traído	Trajo	Traería
Hemos traído	Trajimos	Traeríamos
Habéis traído	Trajisteis	Traeríais
Han traído	Trajeron	Traerían

Pretérito imperfecto	Futuro	Cond. compuesto
Traía	Traeré	Habría traído
Traías	Traerás	Habrías traído
Traía	Traerá	Habría traído
Traíamos	Traeremos	Habríamos traído
Traíais	Traeréis	Habríais traído
Traían	Traerán	Habrían traído

SUBJUNTIVO

Presente	Pretérito pluscuamp.
Traiga	Hubiera (-se) traído
Traigas	Hubieras (-ses) traído
Traiga	Hubiera (...) traído
Traigamos	Hubiéramos traído
Traigáis	Hubierais traído
Traigan	Hubieran traído

Pretérito perfecto
Haya traído
Hayas traído
Haya traído
Hayamos traído
Hayáis traído
Hayan traído

Pretérito imperfecto
Trajera (-se)
Trajeras (-ses)
Trajera (...)
Trajéramos
Trajerais
Trajeran

GERUNDIO

Trayendo

PARTICIPIO

Traído

IMPERATIVO

Positivo/Negativo
Trae / No traigas
Traiga / No traiga
Traed / No traigáis
Traigan / No traigan

■ Se conjugan como *traer*: ***abstraer***, ***atraer***, ***distraer***, ***extraer***...

VENIR

INDICATIVO

Presente	Pretérito pluscuamp.	Futuro perfecto
Vengo	Había venido	Habré venido
Vienes	Habías venido	Habrás venido
Viene	Había venido	Habrá venido
Venimos	Habíamos venido	Habremos venido
Venís	Habíais venido	Habréis venido
Vienen	Habían venido	Habrán venido

Pretérito perfecto	Pretérito indefinido	Condicional
He venido	Vine	Vendría
Has venido	Viniste	Vendrías
Ha venido	Vino	Vendría
Hemos venido	Vinimos	Vendríamos
Habéis venido	Vinisteis	Vendríais
Han venido	Vinieron	Vendrían

Pretérito imperfecto	Futuro	Cond. compuesto
Venía	Vendré	Habría venido
Venías	Vendrás	Habrías venido
Venía	Vendrá	Habría venido
Veníamos	Vendremos	Habríamos venido
Veníais	Vendréis	Habríais venido
Venían	Vendrán	Habrían venido

SUBJUNTIVO

Presente	Pretérito pluscuamp.
Venga	Hubiera (-se) venido
Vengas	Hubieras (-ses) venido
Venga	Hubiera (...) venido
Vengamos	Hubiéramos venido
Vengáis	Hubierais venido
Vengan	Hubieran venido

Pretérito perfecto	Pretérito imperfecto
Haya venido	Viniera (-se)
Hayas venido	Vinieras (-ses)
Haya venido	Viniera (...)
Hayamos venido	Viniéramos
Hayáis venido	Vinierais
Hayan venido	Vinieran

GERUNDIO

Viniendo

PARTICIPIO

Venido

IMPERATIVO

Positivo/Negativo

Ven / No vengas
Venga / No venga
Venid / No vengáis
Vengan / No vengan

■ Se conjugan como *venir*: ***convenir, provenir...***

VER

INDICATIVO

Presente	Pretérito pluscuamp.	Futuro perfecto
Veo	Había visto	Habré visto
Ves	Habías visto	Habrás visto
Ve	Había visto	Habrá visto
Vemos	Habíamos visto	Habremos visto
Veis	Habíais visto	Habréis visto
Ven	Habían visto	Habrán visto

Pretérito perfecto	Pretérito indefinido	Condicional
He visto	Vi	Vería
Has visto	Viste	Verías
Ha visto	Vio	Vería
Hemos visto	Vimos	Veríamos
Habéis visto	Visteis	Veríais
Han visto	Vieron	Verían

Pretérito imperfecto	Futuro	Cond. compuesto
Veía	Veré	Habría visto
Veías	Verás	Habrías visto
Veía	Verá	Habría visto
Veíamos	Veremos	Habríamos visto
Veíais	Veréis	Habríais visto
Veían	Verán	Habrían visto

SUBJUNTIVO

Presente	Pretérito pluscuamp.
Vea	Hubiera (-se) visto
Veas	Hubieras (-ses) visto
Vea	Hubiera (...) visto
Veamos	Hubiéramos visto
Veáis	Hubierais visto
Vean	Hubieran visto

Pretérito perfecto	Pretérito imperfecto
Haya visto	Viera (-se)
Hayas visto	Vieras (-ses)
Haya visto	Viera (...)
Hayamos visto	Viéramos
Hayáis visto	Vierais
Hayan visto	Vieran

GERUNDIO

Viendo

PARTICIPIO

Visto

IMPERATIVO

Positivo/Negativo

Ve / No veas
Vea / No vea
Ved / No veáis
Vean / No vean

■ Se conjugan como *ver*: ***prever.***

VOLAR

INDICATIVO

Presente	Pretérito pluscuamp.	Futuro perfecto
Vuelo	Había volado	Habré volado
Vuelas	Habías volado	Habrás volado
Vuela	Había volado	Habrá volado
Volamos	Habíamos volado	Habremos volado
Voláis	Habíais volado	Habréis volado
Vuelan	Habían volado	Habrán volado

Pretérito perfecto	Pretérito indefinido	Condicional
He volado	Volé	Volaría
Has volado	Volaste	Volarías
Ha volado	Voló	Volaría
Hemos volado	Volamos	Volaríamos
Habéis volado	Volasteis	Volaríais
Han volado	Volaron	Volarían

Pretérito imperfecto	Futuro	Cond. compuesto
Volaba	Volaré	Habría volado
Volabas	Volarás	Habrías volado
Volaba	Volará	Habría volado
Volábamos	Volaremos	Habríamos volado
Volabais	Volaréis	Habríais volado
Volaban	Volarán	Habrían volado

SUBJUNTIVO

Presente	Pretérito pluscuamp.
Vuele	Hubiera (se) volado
Vueles	Hubieras (-ses) volado
Vuele	Hubiera (...) volado
Volemos	Hubiéramos volado
Voléis	Hubierais volado
Vuelen	Hubieran volado

Pretérito perfecto	Pretérito imperfecto
Haya volado	Volara (-se)
Hayas volado	Volaras (-ses)
Haya volado	Volara (...)
Hayamos volado	Voláramos
Hayáis volado	Volarais
Hayan volado	Volaran

GERUNDIO

Volando

PARTICIPIO

Volado

IMPERATIVO

Positivo/Negativo

Vuela / No vueles
Vuele / No vuele

Volad / No voléis
Vuelen / No vuelen

■ Se conjugan como *volar*: ***acostar(se), costar, probar, recordar, soñar...***

VOLVER

INDICATIVO

Presente	Pretérito pluscuamp.	Futuro perfecto
Vuelvo	Había vuelto	Habré vuelto
Vuelves	Habías vuelto	Habrás vuelto
Vuelve	Había vuelto	Habrá vuelto
Volvemos	Habíamos vuelto	Habremos vuelto
Volvéis	Habíais vuelto	Habréis vuelto
Vuelven	Habían vuelto	Habrán vuelto

Pretérito perfecto	Pretérito indefinido	Condicional
He vuelto	Volví	Volvería
Has vuelto	Volviste	Volverías
Ha vuelto	Volvió	Volvería
Hemos vuelto	Volvimos	Volveríamos
Habéis vuelto	Volvisteis	Volveríais
Han vuelto	Volvieron	Volverían

Pretérito imperfecto	Futuro	Cond. compuesto
Volvía	Volveré	Habría vuelto
Volvías	Volverás	Habrías vuelto
Volvía	Volverá	Habría vuelto
Volvíamos	Volveremos	Habríamos vuelto
Volvíais	Volveréis	Habríais vuelto
Volvían	Volverán	Habrían vuelto

SUBJUNTIVO

Presente	Pretérito pluscuamp.
Vuelva	Hubiera (-se) vuelto
Vuelvas	Hubieras (-ses) vuelto
Vuelva	Hubiera (...) vuelto
Volvamos	Hubiéramos vuelto
Volváis	Hubierais vuelto
Vuelva	Hubieran vuelto

Pretérito perfecto	Pretérito imperfecto
Haya vuelto	Volviera (-se)
Hayas vuelto	Volvieras (-ses)
Haya vuelto	Volviera (...)
Hayamos vuelto	Volviéramos
Hayáis vuelto	Volvierais
Hayan vuelto	Volvieran

GERUNDIO

Volviendo

PARTICIPIO

Vuelto

IMPERATIVO

Positivo/Negativo

Vuelve / No vuelvas
Vuelva / No vuelva

Volved / No volváis
Vuelvan / No vuelvan

■ Se conjugan como *volver*: ***devolver, envolver, resolver...***

C Verbos con una irregularidad

ABRIR

- Se conjuga como *vivir*.
  Participio irregular: abierto.
  Se conjugan como *abrir*: ***entreabrir*, *reabrir***.

CUBRIR

- Se conjuga como *vivir*.
  Participio irregular: cubierto.
  Se conjugan como **cubrir**: ***descubrir*, *encubrir*, *recubrir***.

ESCRIBIR

- Se conjuga como **vivir**.
  Participio irregular: escrito.
  Se conjuga como *escribir*: ***describir*, *inscribir*, *reescribir*, *suscribir*...**

IMPRIMIR

- Se conjuga como *vivir*.
  Dos formas de participio, una regular y otra irregular: imprimido, impreso.

ROMPER

- Se conjuga como *comer*.
  Participio irregular: roto.

D Lista de verbos irregulares

- Los verbos de la izquierda se conjugan como los verbos modelo que aparecen a su derecha. La información entre [ ] se refiere a aspectos ortográficos del verbo. La información entre ( ) se refiere a alguna peculiaridad de la conjugación. Los verbos señalados con (*) solo se usan en algunas de sus formas.

Abrir: 282
Abstraer: *traer*, 279
Acertar: *pensar*, 274
Acordar: *volar*, 281
Acostar: *volar*, 281
Adquirir: *sentir*, 278
Advertir: *sentir*, 278
Almorzar: *volar*, 281
[pr. subj.: almuerce...; pret. indef.: almorcé; imp.: almuerce...]
Andar: 263
Ansiar: *confiar*, 265
Anteponer: *poner*, 275
Aparecer: *conocer*, 266
Apetecer: *conocer*, 266
Apretar: *pensar*, 274
Aprobar: *volar*, 281
Arrepentirse: *sentir*, 278
Ascender: *entender*, 269
Atender: *entender*, 269
Atraer: *traer*, 279
Atravesar: *pensar*, 274
Atribuir: *construir*, 266
Avergonzar: *volar*, 281

Bendecir: *decir*, 268
(part.: bendecido; fut.: bendeciré...; cond.: bendeciría...)

Caber: 264
Caer: 264
Calentar: *pensar*, 274
Carecer: *conocer*, 266
Cerrar: *pensar*, 274
Cocer: *mover*, 273
[pr. ind.: cuezo, cueces...; pr. subj.: cueza...; imp.: cuece, cueza...]
Colgar: *volar*, 281
[pr. subj.: cuelgue...; pret. indef.: colgué; imp.: cuelgue...]
Comenzar: *pensar*, 274
[pr. subj.: comience...; pret. indef.: comencé; imp.: comience...]
Compadecer: *conocer*, 266
Competir: *pedir*, 274
Complacer: *conocer*, 266
Componer: *poner*, 275
Comprobar: *volar*, 281
Concebir: *pedir*, 274
Concluir: *construir*, 266
Conducir: 265
Confesar: *pensar*, 274
Confiar: 265
Conmover: *mover*, 273
Conocer: 266
Conseguir: *pedir*, 274
[pr. ind.: consigo, consigues...; pr. subj.: consiga...; imp.: consigue, consiga...]
Consentir: *sentir*, 278
Consolar: *volar*, 281
Constituir: *construir*, 266
Construir: 266
Contar: *volar*, 281
Contener: *tener*, 279
Contradecir: *decir*, 268
Contraer: *traer*, 279
Contraponer: *poner*, 275
Contribuir: *construir*, 266
Convenir: *venir*, 280
Convertir: *sentir*, 278
Corregir: *pedir*, 274
[pr. ind.: corrijo, corriges...; pr. subj.: corrija...; imp.: corrige, corrija...]
Costar: *volar*, 281
Crecer: *conocer*, 266
Creer: 267
Criar: *confiar*, 265
Cubrir: 282

Dar: 267
Decaer: *caer*, 264
Decir: 268
Deducir: *conducir*, 265
Defender: *entender*, 269
Demostrar: *volar*, 281
Desafiar: *confiar*, 265
Desaparecer: *conocer*, 266
Desaprobar: *volar*, 281
Desatender: *entender*, 269
Descender: *entender*, 269
Descolgar: *volar*, 281
[pr. subj.: descuelgue...; imp.: descuelgue...]
Descomponer: *poner*, 275
Desconfiar: *confiar*, 265
Desconocer: *conocer*, 266
Describir: *vivir*, 263
(part.: descrito)
Desentenderse: *entender*, 269
Desenvolver: *volver*, 281
Deshacer: *hacer*, 271
Desliar: *confiar*, 265
Desmentir: *pedir*, 274
Desmerecer: *conocer*, 266
Desobedecer: *conocer*, 266
Desoír: *oír*, 273
Despedir: *pedir*, 274
Despertar: *pensar*, 274
Destituir: *construir*, 266
Desviar: *confiar*, 265
Descubrir: *vivir*, 263
(part.: descubierto)
Detener: *tener*, 279

Claves de las actividades

1. Sustantivo. Género de las cosas.

Página 14

1 1. bolígrafo, goma 2. piso, casa 3. marido, regalo 4. familia

2 1. vaso 2. gafas 3. casa 4. zapatos

Página 15

3 1. **brazo** es masculina y las otras son femeninas.
2. **impresora** es femenina y las otras son masculinas.
3. **crema** es femenina y las otras son masculinas.
4. **canción** es femenina y las otras son masculinas.
5. **garaje** es masculina y las otras son femeninas.

4 **Masculino**: El salón. El sobre. El taxi. El microondas. El café. El pie. El árbol. El sol. El lavavajillas.
Femenino: La crisis. La imagen. La tesis. La clase. La calle. La tarde. La sal. La leche. La nariz. La carne.

Página 16

5 1. el 2. la 3. el 4. el 5. el 6. el 7. la 8. el 9. el 10. la 11. el 12. el 13. la, el 14. el 15. la 16. el 17. el 18. la 19. la 20. la 21. el 22. el 23. la 24. la 25. la 26. la

6 **I**. el coche, el garaje, el ordenador, la clase
II. el traje, el champú, el paraguas, el jersey
III. un problema, la moto, las llaves
IV. un error, la traducción
V. del tema, de la reunión
VI. el sillón, una reunión, una parte, de la tarde, al móvil

2. Sustantivo. Género gramatical de personas y animales.

Página 17

1 1. abuela 2. primas 3. amigos 4. hermanos 5. hermanas 6. niña

2 1. g, moderna 2. d, nervioso 3. h, fantástica 4. a, comprensiva 5. c, extraordinaria 6. f, vestida 7. e, **un** artista

Página 18

3 1. padre, padre/madre 2. madre, padre/madre 3. hermana, padre/madre 4. hija 5. hermano, padre/madre 6. padre, marido/esposo/mujer/esposa 7. madre, marido/esposo/mujer/esposa 8. hijo 9. hija 10. hijo

4 1. pianista 2. pianista 3. policía 4. taxista 5. profesora 6. periodista 7. cantante 8. actriz 9. actor 10. veterinario 11. futbolista

Página 19

5 **Marca de masculino/femenino**: gato/gata, cerdo/cerda, tigre/tigresa, gallo/gallina
Una palabra diferente para cada sexo: caballo/yegua
Invariable femenino: jirafa, tortuga, hormiga, gamba
Invariable masculino: cocodrilo, dinosaurio, calamar, caracol, mejillón

6 1.1 ¿esto es un **canguro macho** o un **canguro hembra**?
1.2 ¿es un **ratón** o una **ratona**?
2.1 ¿un **camaleón macho** o un **camaleón hembra**?
2.2 ¿un **pato** o una **pata**?
3.1 ¿Es una **serpiente macho** o una **serpiente hembra**?
3.2 ¿una **lechuza macho** o una **lechuza hembra**?

3. Sustantivo. Número.

Página 21

1 1. peces 2. sofás 3. relojes 4. botones 5. jerséis

2 1. papeles 2. sartenes 3. tenedores 4. luces 5. lápices 6. bolígrafos 7. rotuladores 8. árboles 9. bebés

3 1. paraguas 2. lavadora 3. abrebotellas 4. sofá 5. cuadro 6. cafetera 7. abrelatas 8. microondas 9. secadora 10. florero

Página 22

4 1. ~~la luz~~ / las luces 2. agua / ~~aguas~~ 3. carne / ~~carnes~~ 4. música / ~~músicas~~ 5. té / ~~tés~~

5 1. e, aplauden entusiasmados 2. c, están muy interesadas 3. d, parece muy contento 4. b, está preocupada

6 1. Dos relojes de pared 2. Dos abrelatas 3. Dos tijeras de cocina 4. Dos gafas de sol 5. Dos paraguas

7 1. pastel 2. pez 3. jersey 4. luz 5. café

4. Adjetivo.

Página 24

1 1. cariñosa 2. vaga 3. guapa 4. superficial 5. dormilona 6. ecologista 7. tímido 8. alegre 9. trabajador 10. independiente 11. puntual 12. nerviosa 13. fuerte 14. optimista 15. inteligente 16. fea 17. pedante

2 1. italiano (es el único adjetivo de género variable)
2. contento (es el único adjetivo de género variable)
3. lista (es el único adjetivo de género variable)
4. hermosa (es el único adjetivo de género variable)
5. joven (es el único adjetivo de género invariable)

3 1. cinco flores lilas 2. tres perros felices 3. dos lagos azules 4. cuatro edificios grises 5. dos niños mayores 6. dos soles brillantes

Página 25

4 1. a, elegante 2. a, pequeña y ruidosa
3. b, amplia y luminosa 4. d, lento y pequeño
5. a, grande y rápido 6. b, económicos
7. a, impresionantes

5 1. estadounidense 2. colombiano 3. turcas
4. argentino 5. japonesa 6. holandeses
7. senegalés 8. suizos 9. finlandesa 10. españoles
11. china

6 1. ... son asturian**os**...
2. ... son maravillos**os**...
3. ... son medios de comunicación más objetiv**os**...
4. ... son más ecológic**as**.
5. ... están mojad**os**...

Página 26

7 1. Hay una ventana abierta.
2. Lleva siempre ropa naranja.
3. Hay una casa vacía
4. Trae la ropa sucia.
5. Mete la botella llena
6. Es un coche familiar.
7. Vivo en una residencia universitaria
8. Los vuelos internacionales
9. Está en un sobre cerrado

Página 27

8 1. destaca 2. distingue 3. distingue 4. destaca
5. destaca 6. distingue 7. destaca 8. distingue

9 1. ~~industrial~~ edificio: edificio **industrial**
2. ~~redondo~~ objeto: objeto **redondo**
3. ~~japonés~~ reloj: reloj **japonés**
4. ~~oficial~~ coche: coche **oficial**
5. ~~vacía~~ casa: casa **vacía**

Página 28

10 1. **segundo** curso 2. profesora **budista**
3. ejercicios **respiratorios** 4. **tercer** curso
5. profesor **rockero** 6. guitarra **eléctrica**
7. **futuras** clases 8. **nuevos** amigos 9. **antiguos** compañeros

11 1. mal 2. primer, gran 3. tercera, mala 4. mala
5. buenas 6. mal 7. buen

5. Artículos: *un, el, ø...*

Página 30

1 1. Unas, una, una 2. Una, un 3. Unos, un 4. Una
5. Las, la, al 6. La, la 7. Los, del 8. La

Página 31

2 1. un 2. la 3. las 4. una 5. las
6. El 7. Las 8. el 9. las

Página 32

3 1. b 2. a 3. a 4. b 5. a 6. b 7. b 8. a

4 1. el, una 2. una, un 3. el 4. unos, los 5. el, un, el

5 1. sí 2. no 3. no 4. no 5. no 6. sí 7. sí

Página 33

6 1. el, d 2. Ø, f 3. Ø, c 4. el, e 5. un, b 6. el, g
7. Ø, l 8. un, j 9. el, i 10. Ø/, k 11. el, h

Página 34

7 1. huevos 2. agua 3. café 4. pilas 5. aspirinas
6. dinero

Página 35

8 1a. III, 1b. I, 1c. II 2a. I, 2b. III, 2c. II 3a. III, 3b. II, 3c. I 4a. I, 4b. III, 4c. II 5a. III, 5b. I, 5c. II

9 1. el abanico 2. Los cajeros 3. carne 4. los helados
5. Las hormigas 6. El/Un té, el/un café 7. el/un ratón 8. el/un carrito 9. agua

10 1. Después de una noche de terror nos duele **la** garganta, pero **el** doctor Jek nos da zumo de aspirinas.
2. **Los** monstruos quieren ser como **los** seres humanos y respetan **la** naturaleza. En realidad, solo comen plantas y frutos secos.
3. A **los** monstruos les gusta mirar **el** cielo gris mientras **el** viejo vampiro Vlad toca en **el** órgano canciones tristes.
4. Para **los** monstruos **el** miedo es **el** sentimiento más hermoso, por eso ven películas de zombis y visitan **la** "Casa Terror".
5. **Los** monstruos hacen magia negra y bailan **la** danza de **los** muertos vivientes cuando sale **la** luna llena.
6. Todas **las** noches de tormenta **los** esqueletos salen de **las** tumbas para celebrar **la** gran fiesta del trueno. **Los** monstruos se divierten como locos.
7. **Los** vampiros no se ven en **el** espejo, pero saben que son guapos por **los** selfis.

Página 36

11 1. unas ~~gafas de sol~~
2. los ~~sobres~~ amarillos, los ~~sobres~~ que están ahí
3. una ~~cerveza~~ 4. un*o* ~~reloj~~ que tiene wifi
5. la ~~chica~~ de las gafas, la ~~chica~~ alta, la ~~chica~~

que está de pie 6. unos ~~amigos~~ que conocí en la discoteca 7. ¿El ~~libro~~ grande? ¿El ~~libro~~ de física? 8. un*o* ~~café~~ solo, un*o* ~~café~~ con leche

12 1. lleva peluca 2. guantes largos 3. pistola 4. delgado 5. pañuelo de lunares 6. está cantando 7. guapísimas

6. Demostrativos: *este, ese, aquel... esto, eso, aquello*

Página 38

1 1. estas 2. Estos 3. esta 4. ese 5. esa 6. esas 7. esos 8. aquella 9. aquellos 10. aquellas 11. aquel

2 1. D 2. B 3. C

3 1. Estos 2. esas 3. aquel 4. aquella 5. esos

Página 39

4 1. d 2. c 3. a 4. f 5. b

5 1. hombres 2. hoja 3. cuadro 4. papel 5. pendientes

Página 41

6 1. esto 2. esto 3. eso 4. eso 5. eso 6. aquello 7. aquello

7 1. f 2. c 3. g 4. b 5. d 6. e
No sabe el nombre: 1, 3 No importa el nombre: 5, 6
No es un objeto: 2, 4

Página 42

8 1. Eso 2. eso 3. Esto 4. aquello 5. eso

9 1. aquello 2. Esa chica / Eso 3. esa carta 4. esa 5. ese señor 6. aquella chica 7. aquello 8. este mueble / esto 9. Ese

7. Posesivos: *mi, tu, su... mío, tuyo, suyo...*

Página 44

1 1. nuestras, nuestros 2. tu, tu, tu, tus, tus 3. mi, mis, mis, mi, mis 4. vuestro, vuestras, vuestras 5. su, su, su, su, sus, su, su

2 1. mis 2. tus 3. tus 4. mi 5. tu 6. tu 7. mis 8. mi 9. tu 10. tu 11. tu

Página 45

3 1. f/suyos 2. e/vuestra 3. c/míos 4. d/suyos 5. b/vuestros

4 1. ~~de ti~~ tuyo 2. ~~de vosotros~~ vuestro 3. ~~de ti~~ tuyo 4. ~~de nosotros~~ nuestra

Página 47

5 1. a 2. b 3. b 4. b 5. b 6. b 7. a

6 1. **mis** camisones de seda 2. **mi** dentadura postiza 3. **nuestras** dieciocho maletas 4. **nuestros** seis abrigos 5. **nuestros** gorros de dormir 6. **su** magnífica colección de pipas 7. **mi** esposa 8. **su** último cumpleaños 9. **tu** ordenador portátil 10. **tus** doce palos de golf preferidos 11. algunos objetos **suyos** 12. **su** ordenador 13. varios poemas **suyos** 14. algunas joyas **suyas** 15. **su** anillo 16. Dos pipas **suyas** 17. **sus** doce palos de golf 18. dos camisones **suyos** 19. **una** maleta suya 20. **su** dentadura postiza 21. **tu** pijama

Páginas 48 y 49

7 1. Me gusta más su dentista que **la nuestra**. Es más delicada.
2. Mi móvil se ha quedado sin batería. ¿Me dejas **el tuyo**?
3. Estas son mis toallas. **Las tuyas** están en el armario.
4. El barrio donde vivo no está mal, pero **el suyo** es más tranquilo.
5. Mi sueldo es más alto que **el vuestro**. Pero es que trabajo mucho más que vosotros.
6. Yo tengo una letra muy difícil de leer, pero **la tuya** no se entiende nada.
7. Entre la bicicleta de David y **la nuestra**, prefiero la de David.
8. Tenemos el mismo coche, pero **el suyo** dos puertas más.
9. Prefiero mi café **al tuyo**. Tú lo preparas demasiado fuerte.

8 1. nuestro 2. suyo 3. mío 4. suyas 5. mías 6. Mía 7. mío 8. suya 9. mía/nuestra 10. mía 11. Nuestras 12. mías 13. vuestras 14. nuestros 15. nuestro 16. vuestros 17. nuestra

9 1. el 2. las 3. la 4. la 5. el 6. las 7. las 8. los 9. las 10. la 11. la 12. el
1. C 2. D 3. B

8. Indefinidos: *todos, algunos, alguien, nada, otros...*

Página 51

1 1. algunas, ninguna, todas 2. algunas, ningunas, Todas 3. algunos, ninguno, todos 4. algunos, ninguno, todos 5. Algunas, ninguna, todas 6. algunos, Ninguno, Todos 7. algunos, ninguno, Todos 8. Algunas, ninguna, Todas

2 1. algunas 2. Algunos 3. todos, ninguno 4. Ningún 5. algún 6. ningún 7. todas 8. alguna 9. algún

3 1. Algunos 2. algunos 3. ninguno 4. algunas

5. todas 6. Algunos 7. ninguno 8. todos 9. Todas 10. todos 11. Algunos

Página 52

4 1. perezos**a** 2. barat**o** 3. negr**o** 4. sincer**o** 5. rápid**o**

5 1. algo 2. Nadie 3. algo 4. nada 5. todo 6. nada 7. alguien 8. algo 9. nada 10. algo 11. nadie 12. nada 13. alguien 14. nadie 15. todo 16. algo 17. algo

Página 53

6 1. ninguno, nadie/ninguno, nada 2. algo, nada, algo, nada 3. algo, algunas 4. algunas, ninguna 5. alguien, Algún 6. algo, ningún, Ninguno, nada 7. algo, alguno, algún, algún 8. alguno/algunos, algo, nada, alguno/algunos, alguna

Página 54

7 1. *correcto* 2. Bueno, yo esperaba tu ayuda, pero si no puedes, **no** pasa nada. 3. *correcto* 4. Dicen que Rosa y aquel chico se besaron, pero yo **no** vi nada. 5. Tiene cuatro gatos, pero **no** quiere regalarme ninguno. 6. ¿Son hermanos? **No** se parecen en nada.

Página 55

8 1. b/otro 2. a/otra 3. d/otras 4. c/otros

9 1. otras 2. otros tres 3. otro 4. otras dos 5. otra 6. otras dos

10 1. (~~una~~, casa, otra) otra casa 2. (otra, la, parte) la otra parte 3. (otra, su, hija) su otra hija 4. (hijos, otros, dos) otros dos hijos 5. (ternero, ~~un~~, otro) otro ternero 6. (tres, casas, otras) otras tres casas 7. (chico, otro, aquel) aquel otro chico

11 1. *correcto*
2. ¿Por qué te fijas en ~~unos~~ otros si me tienes a mí?
3. Fránkez, yo no miro ~~unos~~ otros ojos, no miro ~~una~~ otra boca, no miro otras manos. Yo solo te miro a ti.
4. Eso deseo yo, Tristicia. Porque tú eres mi dulce cucaracha y no hay en todo el mundo ninguna otra. Nunca podrá haber ~~una~~ otra. Solo te quiero a ti.

9. Numerales cardinales: *uno, dos, tres...*

Página 56

1 1. diez 2. dos 3. seis 4. doce 5. catorce 6. ocho 7. diez 8. cuatro 9. dos

2 1. Dos, uno 2. una, tres 3. Una, un 4. Un, una 5. Tres, dos, uno 6. Dos, una, un

Página 57

3 quince - ocho = siete, nueve + cuatro = trece, nueve - dos = siete, dos + nueve = once, trece - seis = siete, diez + cuatro = catorce, quince - tres = doce, siete + cinco = doce

4 1. noventa y siete 2. setenta y cuatro 3. sesenta y dos 4. cincuenta y seis 5. cuarenta y uno 6. treinta y nueve 7. veintitrés

Página 58

5 1. setenta y una 2. sesenta y tres 3. ochenta y uno 4. tres 5. nueve 6. cincuenta y dos 7. cinco 8. dos

6 1. diecisiete 2. setenta y nueve 3. noventa y seis 4. treinta y tres 5. veintiuno 6. cuarenta y cinco 7. sesenta y uno 8. ochenta y dos

7 **Cuaderno de Ana** (€): doscient**os** cincuenta (250), ochocient**os** (800), setecient**os** dos (702), novecient**os** veintidós (922)
Cuaderno de Julie (£): seiscient**as** doce (612), quinient**as** treinta y una (531), setecient**as** (700), cuatrocient**as** cincuenta (450)

Página 59

8 Electricidad: 281 euros, doscientos ochenta y uno
Seguro de casa: 789 euros, setecientos ochenta y nueve
Móvil: 411 euros, cuatrocientos once
Agua: 576 euros, quinientos setenta y seis
Droguería: 125 euros, ciento veinticinco

9 1. (4.179) cuatro mil ciento setenta y nueve
2. (95.167) noventa y cinco mil ciento sesenta y siete
3. (5.021) cinco mil veintiuno
4. (81.184) ochenta y un mil ciento ochenta y cuatro
5. (31.901) treinta y un mil novecientos uno
6. (27.432) veintisiete mil cuatrocientos treinta y dos

Página 60

10 1. ciento veintisiete millones quinientos setenta y cinco mil quinientos veintinueve habitantes
2. dieciocho millones novecientos cincuenta y dos mil treinta y ocho habitantes
3. cuarenta y siete millones setenta y seis mil setecientos ochenta y un habitantes
4. treinta y dos millones quinientos diez mil cuatrocientos cincuenta y tres habitantes
5. once millones trescientos treinta y tres mil cuatrocientos ochenta y tres habitantes
6. veintiocho millones quinientos quince mil ochocientos veintinueve habitantes

11 1. Cuarenta y dos mil ciento ~~y~~ cinco (42.105)
2. Tres millones ~~y~~ ochenta y ocho mil trescientos ~~y~~ cuarenta y seis (3.088.346)
3. Cuatrocientos ~~y~~ cinco mil sesenta y uno (405.061)

4. Cincuenta y nueve mil ~~y~~ once (59.011)
5. Noventa y dos mil trescientos ~~y~~ quince (92.315)
6. Ochocientos ~~y~~ cinco mil quinientos ~~y~~ ochenta (805.580) 7. Trescientos ~~y~~ veintiséis (326)
8. Setecientos ~~y~~ setenta mil (770.000)
9. Cien mil ~~y~~ doscientos ~~y~~ ochenta y ocho (100.288)

12 Golandia tiene una superficie de seiscientos quince mil km^2 y un total de **dos millones quinientos sesenta y cinco mil** habitantes. La capital, Gola City, está situada al norte del país y tiene **ochocientos cuarenta y nueve mil trescientos** habitantes; la segunda ciudad importante de Golandia es Rúcola, con **trescientos siete mil** habitantes. El monte principal de la isla es El Golón con una altura de **cuatro mil cincuenta y ocho** metros, y tiene dos ríos principales: el Gologolo, de **cuatrocientos setenta y nueve** kilómetros, y el Golín, de **doscientos treinta y cinco** kilómetros.

10. Numerales ordinales: *primero, segundo...*

Página 61

1 Carlos es el **tercero**; María es la **quinta**; Juan es el **sexto**; Francisco es el **cuarto**; Laura es la **segunda** y Ricardo es el **séptimo**.

2 1. Segunda 2. Noveno 3. Octavo 4. Primera 5. Tercer 6. Cuarta 7. Tercera 8. Primer

Página 62

3 1. cuarto 2. sexto 3. décimo 4. segunda 5. trece

4 El primer día, la orquesta va a tocar el **segundo** concierto para piano de Brahms y la **cuarta** sinfonía de Bruckner. El **segundo** día, el **cuarto** concierto para violín de Mozart y la **octava** sinfonía de Mahler. Y el **tercer** día va a tocar el **quinto** concierto para piano de Beethoven y la **sexta** sinfonía de Tchaikovsky.

Página 63

5 Primero, se corta una rebanada de pan. **Segundo**, se unta con tomate. **Tercero**, se echa sal y aceite de oliva. **Cuarto**, se ponen unas lonchas de jamón.

6 1. 69.° 2. 46.° 3. 91.° 4. 18.° 5. 11.° 6. 82.° 7. 76.° 8. 34.° 9. 50.° 10. 12.° 11. 99.°

7 1. cuadragésimo quinto 2. vigésimo sexto 3. décimo novena 4. trigésimo primera

11. Cuantificadores: *demasiado, mucho, bastante...*

Página 64

1 1. Hay **mucha** agua y **pocos** cubitos.
2. Hay **bastante** agua y **bastantes** cubitos.
3. No hay **nada de** agua y **demasiados** cubitos.
4. Hay **demasiada** agua y **ningún** cubito.

Página 65

2 1. nada de 2. nada de 3. ninguna 4. ningún 5. nada de 6. ningún 7. ninguna

3 1. Bonifacio 2. Dolores 3. Dolores 4. Bonifacio 5. Bonifacio 6. Dolores 7. Dolores

4 1. un poco de 2. poca 3. un poco de 4. poco 5. un poco de 6. poco 7. un poco de 8. un poco de 9. poco

Página 66

5 1. Demasiadas 2. bastante 3. Demasiados 4. muy 5. demasiado 6. Demasiado 7. poco 8. Demasiado 9. bastante

6 1. demasiado 2. bastante 3. poco 4. demasiados, poco 5. demasiadas

12. Pronombres personales. Introducción.

Página 69

1 1. Leonor 2. María 3. Dolores 4. Elisabeth 5. Eduardo 6. Paco 7. agua 8. el desayuno 9. la comida y la cena 10. a los pequeños 11. la ropa 12. al bebé 13. la compra 14. a las plantas 15. a sus hermanos pequeños 16. a todos

2 1. El secretario anota siempre: a/CD
El secretario le anota sus citas: b/CI
2. Olivia les enseña música: b/CI
Olivia enseña: a/CD
3. El hijo les lava y les plancha la ropa: a/CI
La lavadora lava y seca en dos horas: b/CD
4. Paco pone en la mesa: a/CD
Paco le pone la comida: b/CI

Página 70

3 1a. a 1b. b/reflexivo 2a. a/reflexivo 2b. b 3a. b/reflexivo 3b. a

4 1a. la cabeza 1b. El gato
2a. los helados 2b. Marina y Enric
3a. ese problema 3b. nosotros
4a. Tu padre 4b. los niños
5a. el ruido 5b. Algunos electrodomésticos
6a. Mis amigas 6b. la música pop
7a. La tele 7b. Tu hermana

13. Pronombres sujeto: *yo, tú, él...*

Página 71

1 1. nosotras 2. nosotros 3. ellos 4. tú 5. él 6. ella 7. ellas 8. vosotros 9. vosotras

2 1. tú, g 2. tú, b 3. usted, d 4. usted, a 5. tú, f 6. usted, e

Página 72

3 1. a, b 2. a, b 3. a, b 4. b, a 5. a, b

14. Pronombres con preposición: *a mí, para ti...*

Página 73

1 1. vosotras, b, nosotras 2. usted, a, mí 3. tú, f, ti 4. vosotros, d, nosotros 5. mí, ustedes, e, vosotros

Página 74

2 1. ti 2. él 3. él 4. nosotros 5. contigo 6. mí 7. conmigo 8 ti

3 1. conmigo 2. contigo 3. para ellos 4. a ti 5. entre tú y yo 6. sin nosotras 7. de mí 8. Hasta yo 9. de ti 10. según tú 11. por mí 12. sobre/de ti

15. Pronombres complemento: *me, te, nos...*

Página 75

1 1. Me 2. Nos 3. Nos 4. Os 5. te 6. te 7. nos 8. os, os

Página 77

2 1. las 2. lo 3. los 4. la 5. los 6. la 7. las

3 1. Les 2. le 3. les 4. Le 5. le

4 1. le 2. lo 3. Le 4. la 5. Les 6. Les 7. los 8. lo 9. la 10. los 11. las

Página 78

5 1. b (N) 2. b (N) 3. a (M) 4. b (N) 5. b (N) 6. b (N) 7. a (M)

16. Posición y combinación de pronombres.

Página 79

1 **I**. Mayordomo (d)
1. ¿Le reservo mesa en su restaurante de siempre?
2. ¿Lo llevo a alguna parte?
3. ¿Le preparo un baño caliente?
II. Pareja en el coche (c)
4. ¿Te llevo al trabajo?
5. ¿Te pongo música?
6. ¿Te enciendo el aire acondicionado?
7. ¿Te ayudo con el cinturón de seguridad?
III. Hablando con extraterrestres (a)
8. ¿Os laváis los dientes?
9. ¿Os acostáis temprano?
10. ¿Os ponen vacunas?
11. ¿Os hacen regalos en Navidad?
IV. Grupo musical (b)
12. Nos han aplaudido durante veinte minutos.
13. Me han tirado muchas cosas al escenario.
14. Nos han pedido muchos autógrafos.
15. Me han hecho miles de fotos.

Página 80

2 1. los 2. la 3. lo 4. me la 5. Os los 6. nos lo 7. te la

Página 81

3 1. se lo 2. se la, Se la 3. se los 4. se lo 5. se lo

4 1. se las he devuelto 2. te los limpio 3. os lo pongo 4. nos lo lees 5. se lo he dado 6. Te la doy 7. os la doy 8. nos las hemos lavado 9. se la he echado, se la 10. se lo he dado

Página 82

5 1a. moviéndolas, 1b. moviéndoselas 2a. doblándolas, 2b. doblándoselas 3a. girándola, 3b. Girándosela 4a. Moviéndolas, 4b. moviéndoselas 5a. subiéndola, 5b. Subiéndosela 6a. Moviéndolo, 6b. Moviéndoselo

6 1. hábla**le** 2. tóca**lo** 3. tóma**le** 4. desperta**os** (desperta~~d~~os) 5. levanta**os** (levanta~~d~~os) 6. pruéba**le** 7. pon**le** 8. míra**la** 9. tíra**le** 10. Di**le**

Página 83

7 1. estuve esperándo**te**/**te** estuve esperando
2. **me** estás regañando/estás regañándo**me**
3. **me** puedes dejar / puedes dejar**me** 4. cómpra**te**
5. **nos** tenemos que decir / tenemos que decir**nos**
6. **nos** puede ayudar / puede ayudar**nos** 7. **me** tienes que avisar / tienes que avisar**me**

8 1. **los** quieres recoger / quieres recoger**los**
2. **los** vas a recoger / vas a recoger**los**
3. **los** tienes que recoger / tienes que recoger**los**
4. **los** estoy recogiendo / estoy recogiéndo**los**
5. **te** vas a tomar / vas a tomar**te**
6. **me la** estoy tomando / estoy tomándo**mela**
7. Apága**la**
8. **la** tienes que apagar / tienes que apagar**la**
9. **La** vas a apagar / Vas a apagar**la**

10. **la** estoy apagando / estoy apagándo**la**

9 1. le 2. Me los 3. Les 4. Le 5. Nos las 6. nos 7. os

17. Presencia y reduplicación de pronombres.

Página 84

1 1. lo 2. la 3. las 4. lo, lo 5. le 6. se la 7. les, Le 8. Se las, se

Página 85

2 1. *correcto* 2. ~~La~~ He abierto la ventana. Hace un poco de calor. 3. *correcto* 4. *correcto* 5. *correcto* 6. *correcto* 7. ~~La~~ He preparado la ensaladilla y la he puesto en el frigorífico. 8. *correcto* 9. No ~~las~~ he metido las camisas en la lavadora. Las he lavado a mano porque son muy delicadas.

Página 86

3 1.I-b, 1.II-a 2.I-a, 2.II-b 3.I-a, 3.II-b 4.I-a, 4.II-b 5.I-b, 5.II-a

4 1. lo 2. Me, os 3. nos 4. nos 5. os

5 1. **Nos** pasa algo ~~a nosotros~~. 2. Antes **nos** besábamos ~~a nosotros~~... 3. *correcto* 4. *correcto* 5. Pues si **nos** queremos tanto ~~a nosotros~~... 6. ¿por qué no **nos** compramos ~~a nosotros~~...?

6 1. a, d 2. b, c, e 3. b, c 4. a, b, c, d, e 5. a, c 6. b, d

18. Construcciones reflexivas y valorativas.

Página 87

1 1. *No hay verbo reflexivo* 2. Te acuestas 3. *No hay verbo reflexivo* 4. se pone 5. *No hay verbo reflexivo* 6. Nos vestimos 7. *No hay verbo reflexivo* 8. *No hay verbo reflexivo* 9. os ponéis 10. *No hay verbo reflexivo* 11. se levantan

2 1a. b, 1b. a 2a. a, 2b. b 3a. b, 3b. a 4a. a, 4b. b

Página 88

3 1. se duch**a** 2. se acuest**an** 3. se duerm**en** 4. nos met**emos** 5. nos levant**amos** 6. se despiert**a** 7. me levant**o** 8. me vist**o** 9. se afeit**a** 10. se bañ**a**, se pein**a** 11. te levant**as**

Página 89

4 1. se, las 2. se, las 3. Se, los 4. Se, el 5. Se, las 6. Se, los 7. Se, el

5 1. f 2. g 3. a 4. c 5. h 6. b 7. e 8. k 9. m 10. p 11. j 12. i 13. l 14. n 15. o

6 1. Nos 2. os 3. nos 4. os 5. nos 6. se enamoraron 7. se cayeron 8. se besaron 9. se entienden

Página 91

7 El hombre invisible abre la puerta. Entra silenciosamente y enciende la luz. El niño mira asustado. El hombre invisible conecta la radio. Hay un vaso en la mesita de noche. El hombre invisible llena el vaso de agua. Después acerca el vaso a la cama del niño y luego aleja la mesita de la cama. Todo esto asusta muchísimo al niño. Ahora el hombre invisible eleva el vaso sobre la cama del niño, derrama el agua sobre la manta y rompe el vaso. El niño está a punto de gritar cuando el hombre invisible desconecta la radio, apaga la luz, cierra la puerta y se va.
1. La radio se conecta. 2. El vaso de agua se llena. 3. El vaso se acerca a la cama. 4. La mesita se aleja de la cama. 5. El vaso se eleva sobre la cama. 6. El agua se derrama sobre la manta. 7. El vaso se rompe. 8. La radio se desconecta. 9. La luz se apaga. 10. La puerta se cierra.

8 1. se cura / curar 2. te vas a mojar / vas a mojar 3. me alegré / alegran 4. os acostáis / acostáis 5. instalar / se instala 6. Seca / se seca 7. nos despertamos / despertamos 8. cansa / me he cansado

Página 93

9 1. ir 2. llevar 3. traer 4. ir 5. venir 6. venir 7. llevarle 8. ir

10 1. A otro lugar. 2. A donde ella está. 3. A otro lugar. 4. A donde ella está. 5. A otro lugar. 6. A donde está ella. 7. A otro lugar. 8. A donde ella está.

11 1. voy/vamos, llevar 2. Venís, traéis 3. vienes 4. voy 5. viniste 6. Vienes

Página 94

12 1.b; 2.a; 3.a; 4.a; 5.a; 6.a; 7.a.

Página 95

13 1. *correcto, correcto* 2. *correcto* 3. ir, *correcto* 4. *correcto, correcto* 5. Me voy 6. *correcto* 7. *correcto* 8. vienen 9. *correcto*, llevar 10. Me he traído

Página 96

14 1. Comer 2. Comerse 3. Comerse 4. Comer 5. Comer 6. Comer 7. Comer 8. Comerse 9. Comerse 10. Comer 11. Comerse 12. Comer 13. Comer 14. Comer 15. Comerse 16. Comer

15 1. comer 2. comerte 3. comer, comemos 4. comerte 5 me como 6. come 7. se comió 8. comer, se comió

16 1. te bebes 2. comemos 3. tomo 4. comiendo 5. tomo 6. tomarte 7. beber 8. tómate 9. te tomas 10. te la tragas

Página 98

17 1. Se dan clases de baile. 2. Se compra oro. 3. Se hacen fotocopias. 4. Se alquilan motos de agua. 5. Se venden billetes de lotería. 6. Se cuida a personas enfermas. 7. Se regalan dos perritos. 8. Se prohíbe tirar basura. 9. Se arregla ropa. 10. Se hacen tatuajes. 11. No se admiten devoluciones.

Página 99

18 1. se necesitan 2. se crean 3. se respeta 4. se habla 5. Se busca 6. se dan 7. se ve 8. se sabe / Se piensa 9. se comen 10. se esperan / se obtienen

19 1. Se cubren 2. Se tapa 3. Se pone 4. Se mezclan 5. Se pone 6. Se deja. 7. Se saca / se lava 8. Se mezcla 9. Se añaden 10. Se puede

20 1. En un maratón se llega agotado a la meta. 2. En España se habla mucho de fútbol. 3. En mi casa se habla bastante alto. 4. En la secundaria se estudia mucho y luego se tiene la prueba de acceso a la universidad. 5. Aquí por las tardes se pasea por ese parque. 6. Donde se está bien de verdad es en casa.

Página 100

21 1. *A mi madre* no ***le*** gusta**n** los productos lácteos.
2. *A mis hermanas* ***les*** gusta **salir** por la noche.
3. *A mí* ***me*** encanta**n** los viajes. Mejor exóticos.
4. *A todos nosotros* ***nos*** gusta mucho **el queso** francés.
5. *A todos nosotros* ***nos*** duel**e** a menudo **la cabeza**.
6. ¿*A tus padres* ***les*** molest**a** **el ruido**?
7. ¿*A tus hermanos* ***les*** interes**a** **la ecología**?
8. ¿*A vosotros* ***os*** gusta **la paella**?
9. ¿*A vosotros* ***os*** molesta**n** **los gatos**?
10. ¿*A tu hermana* ***le*** gust**a** **esquiar**?

Página 101

22 1. encanta, a. (gusta) 2. gustan, b. (encanta) 3. apetece, b. (apetece) 4. gusta, a. (gusta) 5. preocupan, b. (interesa) 6. encantan, a. (caen) 7. apetece, a. (gusta) 8. gustan, b. (gusta) 9. molesta, b. (da) 10. da, a. (importa)

23 1. les fastidia... 2. nos encantan... 3. Te interesa... 4. Me parece estupendo... 5. os duele... 6. Me gustan... 7. le da igual..., Me da rabia..., me da pena... 8. les encanta... 9. Me cae muy mal... 10. Me encanta...

Página 102

24 1. gusto 2. gustan 3. gustamos 4. gustáis 5. gustas

25 1. Me da rabia 2. Me alegran 3. Me cae fatal 4. Me apasionan 5. Me parece espantoso 6. Me dan alergia

A Fránkez le da rabia llevar cadenas y asustar a la gente. **Le alegran** la luna llena en el cementerio y mis ojos. **Le cae fatal** Lobezna, la sobrina menor del Hombre Lobo.

A Tristicia le apasionan la Noche de Difuntos, viajar en escoba y mis ojos. **Le parece espantoso** lavarse los dientes y visitar al doctor Chéquil. **Le dan alergia** los yogures de hormigas negras y el champú.

19. Conjugación. Elementos básicos.

Página 104

1 **Verbos en -*ar***: entrar, llamar, levantarse, sentarse, afeitarse, acostarse, ducharse
Verbos en -*er*: poner, ser, tener, poder, aprender, haber, perderse, ponerse
Verbos en -*ir*: salir, conducir, oír, decir, reproducir, partir, irse, vestirse

Página 105

2 **Verbos en -*ar***: cocinar (cocina), estar (estás), trabajar (trabajan), sentar (sentamos), cantar (cantas)
Verbos en -*er*: aprender (aprenden), ver (vemos), beber (bebe), traer (traen), comer (comemos), leer (lee)
Verbos en -*ir*: salir (salís), escribir (escribimos), pedir (pedís), dormir (dormís), vivir (vivimos), sentir (sentimos)

3 Abri**r**, termin**ar**, escrib**ir**, aprend**er**, com**er**, pod**er**, conduc**ir**, ped**ir**, recib**ir**, sal**ir**, quer**er**, nac**er**, encant**ar**, romp**er**, soñ**ar**, dorm**ir**, pens**ar**

Página 106

4 **yo**: creo **tú**: escribes, envías, sabes
él, ella, usted: sabe **nosotros/-as**: salimos, tenemos, cantamos, sabemos, saldremos **vosotros/-as**: hacéis, comunicáis, venís **ellos, ellas, ustedes**: llamarán, fueron, decían, tradujeron, estaban

5 1. estamos 2. llegas, sales 3. cenan 4. llevamos 5. pueden 6. tenéis

20. Formas no personales: *hablar, hablando...*

Página 107

1 1. saltar 2. contar 3. soñar 4. salir 5. entrar 6. dirigir 7. vender 8. hacer 9. sentir 10. gustar 11. amar 12. correr 13. volver 14. ver

Página 108

2 1. ~~Conduciendo motos~~
2. ~~Corriendo mañana~~
3. ~~Dando un paseo~~
4. ~~Hablando en público~~
5. ~~Durmiendo mucho~~

3 1. no girar a la derecha 2. no tocar el claxon 3. no adelantar 4. no comer 5. no nadar 6. no jugar a la pelota 7. no dormir

Página 109

4 1. Yo 2. Cristina 3. yo 4. En general 5. Tus amigos 6. Vosotros 7. Yo 8. En general 9. Yo 10. Vosotras 11. Tú / En general

5 1. nadando 2. haciendo 3. poniendo 4. mordiendo

Página 110

6 1. repetir (irregular): rep**i**tiendo
2. dormir (irregular): d**u**rmiendo
3. reír (irregular): r**i**endo
4. abrir: abriendo
5. oír (irregular): o**y**endo
6. decidir: decidiendo
7. ir (irregular): **y**endo
8. pedir (irregular): p**i**diendo
9. producir: produciendo
10. mentir (irregular): m**i**ntiendo

7 1. ... cuando **estaba entrando** al cine.
2. Ilsa **está estudiando** español...
3. Yo **estuve compartiendo** un piso con...
4. Yo ya me **estaba yendo**, cuando...
5. **Estuve trabajando** en esa empresa...

8 1. a 2. e 3. c 4. d 5. b

Página 111

9 1. ~~viniendo~~ venir
2. ~~Jugando~~ Jugar 3. *correcto*
4. *correcto* 5. ~~buscando~~ buscar
6. *correcto* 7. ~~hablando~~ hablar
8. ~~estando~~ estar 9. *correcto*

Página 112

10 1. he **visto**: *correcto*, He **cerrado**: *correcto*, se ha **ido**: *correcto*, ha ~~volvido~~: **vuelto**, se ha ~~morido~~: **muerto**
2. ha ~~ponido~~: **puesto**, **frito**: *correcto*, he **comido**: *correcto* 3. He ~~rompido~~: **roto**, han **ido**: *correcto*, han ~~descubrido~~: **descubierto** 4. He **encontrado**: *correcto*, he ~~abrido~~: **abierto**, ha ~~escribido~~: **escrito**

11 1. puesta 2. dicho 3. rotos 4. hechas 5. sorprendidos 6. resueltas 7. estudiada (la mitad de...) / estudiados (los temas de...)

Página 113

12 1. rotas 2. rota 3. rotas 4. roto 5. abierta 6. abierto 7. abiertas 8. abierta 9. resuelto 10. resueltos 11. resuelto 12. resuelto

13 1. Los científicos han **resuelto** bien el problema.
2. Elena no me había **convencido** con su explicación.
3. ¿Todavía no has **devuelto** los libros?
4. Pedro la habrá **asustado** con sus teorías.
5. Los economistas habían **previsto** una crisis.

21. Presente de indicativo.

Página 114

1 1. com**o**, cen**o**: *yo* 2. pued**e**, estudi**a**, le**e**, escrib**e**, practic**a**: *usted / el amigo de Hans*
3. viv**es**, com**es**: *tú* 4. sub**es**, llam**as**, abr**es**, entr**as**: *tú*
5. mir**áis**: *vosotros tres* 6. cant**an**: *Lucía y Sole / usted y su marido*, bail**amos**: *Elena y yo*
7. viv**ís**: *vosotros tres*

2 1. toc**o**, toc**as**, dej**as**, dedic**as** 2. signific**a**, levant**as**, signific**a**, madrug**as** 3. pas**a** 4. march**o**, esper**an**, tom**amos** 5. lleg**as**, signific**a** 6. habl**áis**, habl**amos**, practic**amos** 7. trabaj**áis**, viv**ís**

Página 115

3 1. Pierden 2. Empiezo 3. Prefieren 4. cierras 5. entendéis 6. sentimos 7. duele 8. Recordáis 9. mueren 10. Jugamos 11. encuentro 12. Duermes 13. Cuesta 14. vuelves 15. Volamos

Página 116

4 1. ríen 2. pedimos 3. siguen 4. elegimos 5. visten 6. corregimos

5 1. hablo, ~~sabo~~ **sé** 2. parece, ~~parezo~~ **parezco**
3. ~~conozo~~ **conozco** 4. ~~salo~~ **salgo**, ~~caio~~ **caigo** 5. ~~cabo~~ **quepo** 6. desaparezco 7. doy 8. ~~Supono~~ **Supongo**

Página 117

6 1. aparezco (O) 2. quepo (H) 3. salgo (O) 4. parezco (O) 5. desapareces (H) 6. sé (O) 7. ves (H) 8. caigo (H) 9. atraes (O)

7 1. digo, dices, decimos 2. tengo, tienes, tenemos
3. oigo, oyes, oímos 4. estoy, estás, estamos
5. vienes, estoy, digo, oyes, estás, tengo

Página 118

8 1. sois 2. voy, hemos, vamos 3. hay, hay 4. Has, He 5. es, son 6. vais

Página 119

9 1. Es verdad 2. No lo sabemos 3. Es verdad 4. No lo sabemos 5. Es verdad 6. No lo sabemos 7. No lo sabemos
10 tengo, vuelven, es, tengo, es, voy, tengo

Página 120

11 1. P 2. F 3. F 4. G 5. F 6. G 7. F
12 1. c/piensa 2. a/siente 3. e/gasta, invita 4. b/se ríe 5. d/ve
13 puede, tienen, ayuda, Pueden, Miden, Pesan, alimentan, mantiene, ama, necesita, encanta, nada

22. Pretérito perfecto de indicativo.

Página 121

1 1. Yo 2. Sus hermanos 3. Alejandro y tú 4. Su novia 5. Tú
2 1. Habéis hecho (E) 2. He encendido (F) 3. has metido (H) 4. ha tenido (A) 5. has bebido (B) 6. Hemos ganado (G) 7. Ha salido (C)

Página 122

3 1. e 2. a 3. g 4. f 5. d 6. b
4 1. Han bailado toda la noche. 2. Han comido muchos dulces. 3. Ha ganado el gordo de la lotería. 4. Han ido a la playa. 5. Ha salido en televisión muchas veces.

Página 123

5 1. Pedro siempre (a) **ha conseguido buenos trabajos** hasta ahora. Ángel (b) **ha tenido trabajos** difíciles muchas veces.
2. Pedro (b) **ha ganado mucho dinero** en los últimos años. Ángel (a) **ha perdido mucho dinero** últimamente.
3. Pedro (b) **ha tenido muy buena salud** este año. Ángel (a) **se ha puesto enfermo tres veces** en los últimos meses.
4. Pedro (a) **ha conocido a una chica fantástica** esta semana. Ángel (b) **no ha conocido a nadie** esta semana.
5. Pedro (a) **ha encontrado** cincuenta euros en la calle esta mañana. Ángel (b) **ha perdido** cincuenta euros en la calle esta mañana.

Página 124

6 1. Pasado 2. Futuro 3. Pasado 4. Pasado 5. Futuro 6. Pasado 7. Futuro 8. Pasado
7 1. Sí 2. No 3. No 4. Sí 5. Sí 6. No

23. Pretérito indefinido.

Página 125

1 1. abriste 2. cerramos 3. bailó 4. canté 5. *indefinido* 6. oíste 7. hablé 8. decidí 9. *indefinido* 10. invitaste 11. salió 12. comimos 13. *indefinido* 14. terminaron 15. vivimos 16. creyó 17. leyó 18. *indefinido* 19. encontraste 20. entraron 21. *indefinido* 22. construyeron 23. *indefinido* 24. estudiasteis 25. escondiste

Página 126

2 1. Presente 2. Indefinido 3. Indefinido 4. Presente 5. Presente 6. Indefinido 7. Indefinido 8. Presente
3 1. ~~veniste~~ **viniste**, ~~Hacimos~~ **Hicimos**, bañamos
2. ~~conducíó~~ **condujo**, quise, ~~podí~~ **pude**, quitó
3. ~~dició~~ **dijo**, compraste, ~~teniste~~ **tuviste**

Página 127

4 1. introduje, produjo 2. dije, viniste, quisiste 3. tuvimos, condujo 4. traduje, pude 5. hubo, hice
5 1. (irr.) repitió, repitieron 2. (irr.) eligió, eligieron 3. (r.) discutió, discutieron 4. (irr.) oyó, oyeron 5. (irr.) impidió, impidieron 6. (irr.) midió, midieron 7. (r.) salió, salieron 8. (r.) repartió, repartieron 9. (irr.) mintió, mintieron 10. (r.) decidió, decidieron 11. (irr.) prefirió, prefirieron 12. (irr.) persiguió, persiguieron 13. (irr.) rio, rieron 14. (irr.) presintió, presintieron 15. (irr.) compitió, compitieron

Página 128

6 1. Fuimos, dio 2. fuimos, fuimos, fuimos 3. dimos, Fue
7 1. oí 2. Llamaste 3. llegó 4. tomé
8 1. Hablaste 2. comimos 3. influyeron 4. oísteis

24. ¿Perfecto o Indefinido? *Ha salido / Salió.*

Página 130

1 1. b 2. a 3. b 4. a 5. a 6. b 7. b
2 1. has arreglado, he tenido 2. hemos pasado, fue 3. has ido, fui, he estado 4. has hecho, salí, casamos

Página 131

3 1. 'AQUÍ' 2. 'AQUÍ' 3. 'ALLÍ' 4. 'AQUÍ' 5. 'AQUÍ' 6. 'ALLÍ' 7. 'ALLÍ' 8. 'ALLÍ' 9. 'ALLÍ' 10. 'ALLÍ' 11. 'ALLÍ' 12. 'AQUÍ' 13. 'ALLÍ' 14. 'ALLÍ' 15. 'AQUÍ'
4 1. ha funcionado, dio 2. he dicho, has dicho, dijiste 3. pasaron, se casó, he pasado 4. hemos tenido, estuvimos, dijo 5. se enfadó, cambió

5 1. En los años 2000 **ganamos** siete veces el campeonato de fútbol.
2. En los últimos diez años **hemos ganado** dos veces el concurso de levantar piedras.
3. En las fiestas del verano pasado **perdimos** la carrera de sacos.
4. Casi siempre en los últimos años **hemos perdido** el concurso de platos tradicionales.
5. Siempre hasta ahora **hemos perdido** la competición de dominó.
6. En el año 2019 **empatamos** en el concurso de paellas de marisco.
7. Últimamente, **hemos empatado** muchas veces en el concurso de bandas de música.

Página 132

6 1. hemos traído 2. recordé 3. he olvidado 4. vi 5. Ha empezado 6. has mojado 7. tapé 8. has cerrado 9. cerré 10. hemos tenido 11. encontré

25. Pretérito imperfecto de indicativo.

Página 133

1 1. No le gustaba ir a los restaurantes. Nunca come en casa. 2. Llevaba una ropa muy clásica. Viste muy moderno. 3. No tenía amigos. Sale todas las noches con sus amigos. 4. Quería tener muchos hijos. Tiene tres perros.

Página 134

2 1. paraba 2. Había 3. estaban 4. estaba 5. reía 6. dormían 7. tenía 8. estaban
3 1. Ella 2. Usted 3. Él/Ella 4. Ella 5. Yo 6. Yo/Él 7. Yo 8. Él/Ella 9. Yo

Página 135

4 1. iba 2. era 3. erais 4. veía 5. eran 6. veíais 7. éramos 8. ibais

Página 136

5 1. Tenía, Había, Era 2. era, se parecía, iba, llevaba 3. Se llamaba, Tenía, gustaba, sabía 4. Era, Costaba, llegaba, gastaba

6 1. cocinábamos, era, tenemos 2. podemos, veíamos 3. buscábamos, compramos 4. estamos, pasábamos, hacíamos

Página 137

7 1. Estaba en la oficina. Estaba hablando con la jefa. 2. Estaba en casa. Estaba comiendo solo. 3. Estaba en unos grandes almacenes. Estaba comprando ropa. 4. Estaba en la cama. Estaba leyendo una novela.

8 1. Eran 2. Era 3. Hacía 4. había 5. cantaban 6. paseaba 7. corrían 8. estaba 9. miraba 10. era 11. conocía 12. parecía 13. bailaba 14. miraba 15. podía 16. Era 17. estaba 18. quería 19. gustaba

26. ¿Imperfecto, Indefinido o Pretérito perfecto?

Página 139

1 1a. volvimos 1b. volvíamos 2a. llevamos 2b. llevábamos 3a. supe 3b. sabía 4a. pareció 4b. parecía 5a. escondían 5b. escondieron

Página 140

2 1. estuve, estaba 2. estuvo, estaba 3. estábamos, estuvisteis, estuvimos 4. estabas, estaba, Estuve 5. estaba, estuve 6. estábamos, Estuvimos

Página 141

3 1. ¿Cómo **era** tu primera casa? 2. ¿Cómo **fue** el partido de fútbol? 3. ¿Cómo **era** el perrito que tenías? 4. ¿Cómo **era** la falda que llevaba Elena? 5. ¿Cómo **fue** tu primer día de trabajo? 6. ¿Cómo **era** tu hermana de pequeña? 7. ¿Cómo **era** el ladrón? 8. ¿Cómo **fue** la conferencia? 9. ¿Cómo **era** el hotel donde dormiste? 10. ¿Cómo **fue** el viaje? 11. ¿Cómo **fue** el curso de alemán? 12. ¿Cómo **era** el reloj que te regalaron?
4 1. era 2. Fue 3. estuvo 4. estaba 5. era 6. fue 7. se llamó 8. se llamaba 9. trabajó 10. trabajaba

Página 142

5 1a. fui (hecho completo) 1b. iba (situación regular) 2a. estuvimos (hecho completo) 2b. estábamos (situación regular) 3a. llamaron (hecho completo) 3b. llamaban (situación regular) 4a. llevaba (situación regular) 4b. llevó (hecho completo) 5a. fue (hecho completo) 5b. eran (situación regular)

Página 143

6 Ayer yo **caminaba** tranquilamente por el cementerio, porque **iba** al castillo de Tristicia para llevarle pasteles de serpiente y, de pronto, en el camino, un hombre lobo muy malo **salió** de detrás de un árbol y **se puso** enfrente de mí, enseñándome los dientes. Yo **estaba** muerto de miedo, pero **salí** corriendo y, al final, **conseguí** escapar de él. **Podía** hacer dos cosas: o **volvía** a mi casa o **intentaba** llegar al castillo de Tristicia, a pesar de todo. **Decidí** seguir andando para visitarla.

Cuando **entré** en el castillo, ella **estaba** en la cama, pero **tenía** una cara muy extraña y peluda. Por eso yo, rápidamente, **dejé** la comida al lado de su cama y **volví** a mi castillo corriendo. Yo soy Fránkez, no soy Brus Güilis.

7 1a. llevábamos 1b. hemos llevado 2a. sabía 2b. he sabido 3a. ha parecido 3b. parecía

Página 144

8 1. ha estado, estaba 2. habéis estado, hemos estado, estábamos 3. estabas, estaba, He estado

Página 145

9 1. he ido 2. era 3. he hablado 4. ha invitado 5. quería 6. he ido 7. conocía 8. he dicho 9. era 10. ha creído 11. ha sido 12. estaba 13. he tenido 14. se han hecho

10 1. estudiaba 2. trabajaba 3. era 4. tenía 5. preguntó 6. dije 7. estaba 8. pensaba 9. estaba 10. quería 11. invitó 12. propuso 13. sabía 14. llamé 15. fuimos 16. dije 17. era 18. puso 19. hicieron

27. Pluscuamperfecto de indicativo.

Página 146

1 1. **habíais** dejado (b) 2. **había** ido (d) 3. **habían** quedado (e) 4. **había** quedado (f) 5. **había** visto (a)

Página 147

2 1. habían arreglado 2. había preparado 3. había sido 4. había estudiado 5. habíamos dejado 6. había ido

Página 148

3 1. habían comprado 2. había contado 3. había estudiado 4. había hecho 5. habían estado

4 1. *correcto* 2. ~~había viajado~~ **viajé** 3. ~~había regalado~~ **regaló** 4. *correcto* 5. *correcto* 6. ~~había venido~~ **vino** 7. *correcto*

28. Futuro.

Página 149

1 1. P 2. F 3. P 4. F 5. F 6. P

Página 150

2 1. volverá 2. cambiaré 3. comeremos 4. dolerá 5. invitarás 6. hablaré 7. Estaréis 8. estarán

3 1. ~~deciré~~ **diré**, ~~venirá~~ **vendrá,** estará, dará 2. volverá, ~~ponerá~~ **pondrá** 3. ~~saliré~~ **saldré**, jugaré 4. iré, ~~saberé~~ **sabré,** ~~poderé~~ **podré**

Página 151

4 1. Sabrán 2. Harán 3. Vendrán 4. Saldrán 5. Cabrán 6. Valdrán 7. Querrán 8. Habrá

5 1. a 2. d 3. g 4. h 5. b 6. e 7. c

Página 152

6 1. conocerás, sentirás 2. cambiará 3. abandonará 4. Ganarás 5. querrá 6. Tendrás/Tendréis 7. morirás

7 1. Tendrá nuevos amigos. 2. Se enamorará de él. 3. Se quedarán sin dinero. 4. La próxima Navidad no estarán juntos. 5. Se separarán.

Página 153

8 1. tienes, tendrá 2. eres, será 3. conoces, conocerá 4. gusta, gustará 5. usas, usará 6. Sales, Saldrá 7. das, dará 8. importa, importará

9 1. Tendrá 2. sabrá 3. Tendrá 4. gustarán 5. Vendrá 6. Estará 7. querrá 8. sabrá 9. Tendrá

10 1. b 2. b 3. a 4. b 5. a 6. b 7. b

29. Futuro perfecto.

Página 154

1 1. Habrás trabajado 2. habré puesto 3. Habremos tomado 4. habrá olvidado 5. habrán perdido 6. Habrá salido

Página 155

2 1. (Lo supone) 2. (Lo sabe) 3. (Lo supone) 4. (Lo supone) 5. (Lo sabe) 6. (Lo supone) 7. (Lo sabe) 8. (Lo supone) 9. (Lo sabe) 10. (Lo supone)

3 1. (Sí) 2. (No) 3. (No) 4. (Sí) 5. (No) 6. (Sí)

30. Condicional.

Página 156

1 1. ~~sabería~~ **sabría**, podría 2. ~~salería~~ **saldría**, pasearía, ~~hacería~~ **haría**, ~~venirías~~ **vendrías** 3. sería, daría, ~~deciría~~ **diría** 4. ~~querería~~ **querría**, ~~ponería~~ **pondría**, ~~habería~~ **habría**, sería 5. reiría, ~~Poderías~~ **Podrías**

Página 157

2 1. sabría 2. estaría 3. tendría 4. apetecería

Página 158

3 1. Era 2. estaban 3. vería 4. Estaban 5. Estaba 6. tenía 7. Querrían

4 1. gusta/~~gustaría~~ 2. ~~serás~~/serías 3. ~~llevaréis~~/llevaríais 4. ~~cambiaré~~/cambiaría 5. ~~sabré~~/sabría 6. ~~será~~/sería 7. ~~diré~~/diría 8. importa/importaría 9. Puedes/Podrías 10. debemos/deberíamos 11. encantaría/~~encanta~~ 12. Podríamos/Podemos

31. Condicional compuesto.

Página 159

1 2. habría dicho 4. habría quedado 5. habrían dado

Página 160

2 1. habría equivocado 2. habría puesto 3. habría tenido 4. habría olvidado

3 1. habría llamado 2. habría tirado 3. habría dicho 4. habría ido 5. habría pedido 6. habría hecho

32. Formas del subjuntivo: *hablé.*

Página 161

1 1. I, bebas 2. I, camine 3. I, perdone 4. I, rompa 5. I, viváis 6. I, miréis 7. limpias, S 8. I, cocine 9. cuida, S 10. caminas, S 11. corres, S 12. rompéis, S 13. I, limpiemos 14. miras, S 15. perdona, S 16. I, partamos 17. beben, S 18. I, corra 19. I, mejoren 20. saludamos, S

Página 162

2 1. sonreímos, sonriamos 2. amáis, sintáis 3. competimos, compitamos 4. preferís, prefiráis 5. dormimos, durmamos

Página 163

3 1. ~~ponamos~~ **pongamos**, traiga 2. ~~salamos~~ **salgamos**, ~~tena~~ **tenga**, ~~vena~~ **venga** 3. ~~conduza~~ **conduzca**, oiga

Página 164

4 1. veáis 2. seáis 3. estéis 4. vayáis 5. haya

Página 165

5 1. vivieron, viviera 2. comieron, comiéramos 3. mintieron, mintiera 4. vinieron, viniéramos 5. decidieron, decidiéramos 6. rieron, riera 7. pudieron, pudieras 8. condujeron, condujera 9. quisieron, quisieras 10. escaparon, escapara

6 1. **tuvisteis**: es la única forma que no es subjuntivo 2. **vieron**: es la única forma que no es subjuntivo 3. **conduzca**: es la única forma que es presente de subjuntivo 4. **cayese**: es la única forma que es subjuntivo 5. **oyera**: es la única forma que es subjuntivo

Página 166

7 1. hayáis encontrado 2. haya llegado 3. hayas terminado 4. haya perdido 5. hayamos acertado

8 1. hubieras(-ses) cortado 2. hubiera(-se) ido 3. hubiera(-se) cambiado 4. hubiéramos(-semos) decidido

33. ¿Indicativo o subjuntivo?

Página 168

1 1. no 2. sí 3. sí 4. sí 5. no 6. no 7. no 8. no 9. no 10. no

Página 169

2 **Columna izquierda**:
Me parece que..., Estamos seguros de que..., Todos imaginan que... Sé que..., Me han contado que..., Pensamos que...,
Columna derecha:
¿Me permite que...?, Es fundamental que..., ¿No preferís que...?, ¿Me recomiendas que...?, ¿Necesitas que...?, No me puedes pedir que

Página 170

3 1. Nosotros/-as 2. Tú 3. En general 4. Tú 5. Nosotros/-as 6. Vosotros/-as 7. En general. 8. Tú 9. Nosotros/-as

4 1. cambiar 2. que me vaya 3. ver 4. que vista 5. llevar 6. que vayamos 7. que me acepten 8. tener 9. que sepa 10. hacer

5 1. que quieras 2. que es 3. que dejes 4. que seas 5. que te compres 6. que vayas 7. que es 8. que eres 9. estudiar 10. que pidas 11. que estaré/estoy 12. que tengas

Página 171

6 1. cumplas, *g* 2. tengas, *b* 3. diviertas, *a* 4. descanses, *c* 5. tengas, *f* 6. pases, *d*

7 1. Que no hagas cosas peligrosas.
2. Que te comas tu bocadillo entero.
3. Que vayas siempre cerca de la maestra.

Página 173

8 **Introducimos una afirmación**: Es evidente que..., Te aseguro que...
Introducimos una suposición: Suponen que..., A ellas les parece que..., Sospecho que...
Consideramos una posibilidad: Me parece probable que..., Es bastante posible que..., Existe la posibilidad de que...
Rechazamos una idea: No es cierto que..., Es falso que...

Página 174

9 1. son, tienen 2. sean, tengan 3. aprenden, son, tienen 4. aprendan, sean, tengan 5. aprendan, sean, tengan 6. aprenden, sean, tengan

10 1. ... **llevan** su casa en la espalda. 2. ... **son** muy lentos. 3. ... **son** muy pacíficos. 4. ... **puedan** ver la comida a varios kilómetros de distancia. 5. ... **tengan** una inteligencia muy parecida a la humana.
6. ... se **suban** encima de la cabeza de las palomas.

Página 175

11 1. baile, baila 2. no quiere 3. no quiere 4. tenga 5. no diga 6. parezco 7. soy 8. sea 9. puede 10. ando, ande

Página 177

12 **Columna izquierda**:
Me imagino que..., Su marido piensa que..., He oído que..., ¿Ana te ha contado que...?, Yo he visto que..., Me parece que...
Columna derecha:
Es difícil que..., Es estupendo que..., Es verdaderamente extraño que..., ¿Crees que es importante que...?, No me importa que..., Odio que...

13 (posibles respuestas)
1. *Es curioso/...* que Groenlandia **suspenda** su festival de nieve por una ola de calor.
2. *Me parece preocupante/...* que dos exladrones **presenten** un programa de televisión sobre robos.
3. *Me parece muy justo/...* que más de la mitad de los ministros del Gobierno español **sean** mujeres.
4. *Está muy bien/...* que los japoneses ya **puedan** pagar en los supermercados con la huella dactilar.
5. *Me parece absurdo/...* que una conocida marca de helados **investigue** en la fabricación de un helado para perros.
6. *Me parece exagerado/...* que un juez **mande** a prisión a un hombre por hacer chistes sexistas.
7. *A mí me da igual/...* que un perro **espere** diez días en la puerta del hospital hasta que sale su amo.
8. *Yo pienso que es lógico/...* que el Gobierno **pague** 500 euros mensuales por cada hijo.

Página 178

14 1. Tú 2. Ellos/-as/Ustedes 3. Yo 4. Usted 5. Los niños 6. Tú 7. En general 8. En general

Página 179

15 1. b 2. a 3. b 4. a 5. b

Página 180

16 1. a 2. c 3. c 4. c

17 1. estás / ~~estés~~ 2. dice / ~~diga~~ 3. ~~dice~~ / diga 4. dicen / ~~digan~~ 5. ~~quieres~~ / quieras 6. ~~puede~~ / pueda 7. dice / ~~diga~~ 8. lleva / ~~lleve~~ 9. ~~puedo~~ / pueda

Página 181

18 1. P 2. H 3. H 4. H 5. F 6. H 7. F

19 1. H, puedo 2. P, podía 3. H, tomo 4. P, tomaba 5. F, tome 6. P, hacíamos 7. F, hagan 8. H, hago

Página 182

20 1. dijera/-se 2. encuentre 3. tenga 4. visitara/-se 5. hubiéramos/-semos comido 6. haya querido 7. hayan pensado 8. vayas 9. hubiera/-se quedado 10. pensaras/-ses

21 1. sea 2. haya ocultado 3. fuera/-se 4. inventara/-se 5. pueda 6. haya estado 7. haya sido

34. Imperativo.

Página 183

1 1. ruego 2. orden 3. instrucción 4. dar permiso 5. invitación 6. consejo

Página 184

2 1. Enciende 2. Llora 3. Sube, baja 4. Bebe 5. Baila 6. Traduce 7. Canta 8. Sé 9. Ven 10. Ve 11. Pon 12. Di 13. Propón 14. Haz 15. Sal

3 1. Id 2. Seguid 3. Tened 4. Tomad 5. Haced 6. Sed 7. venid

Página 185

4 1. salga 2. traduzca 3. Hablen 4. Tenga 5. Hagan 6. Ponga 7. Vengan

5 1. fumes 2. salgas 3. comas 4. conduzcas 5. pienses 6. tengas 7. creas

Página 186

6 1. fuméis 2. salgáis 3. comáis 4. conduzcáis
5. penséis 6. tengáis 7. creáis

7 1. Escríbele, léeselas 2. Llámala 3. Díselo
4. Acompáñala 5. Perdónaselas 6. Házsela
7. Dúchate, ponte

8 Segunda fila: No **se las deis** No **se las dé**
No **se las den**
Tercera fila: **Piénsalo** No **lo pienses**
No **lo penséis** **Piénselo** **Piénsenlo**
Cuarta fila: **Siéntate** No **te sientes** **Sentaos**
Siéntese No **se siente** No **se sienten**
Quinta fila: No **nos lo traigas** **Traédnoslo**
No **nos lo traigáis** **Tráiganoslo** No **nos lo traiga** **Tráigannoslo** No **nos lo traigan**

35. *Ser y estar.*

Página 187

1 Mis guantes son de lana. Son rojos.
Son pequeñísimos.
Mis gafas son de sol. Son muy oscuras.
Son cuadradas.
Mi móvil es rojo. Es Ricson. Es un poco antiguo.

Página 188

2 1. están 2. están 3. está 4. estoy 5. Estoy
6. están 7. están 8. está

Página 189

3 1a. está 1b. (*incorrecto*)
2a. es 2b. (*incorrecto*)
3a. (*incorrecto*) 3b. es
4a. son 4b. (*incorrecto*)
5a. (*incorrecto*) 5b. es
6a. (*incorrecto*) 6b. está
7a. (*incorrecto*) 7b. están
8a. está 8b. (*incorrecto*)
9a. es 9b. (*incorrecto*)
10a. (*incorrecto*) 10b. está
11a. es 11b. (*incorrecto*)

4 **Juan** está contento. Está sentado. Es moreno.
Es mayor. Es alto. Es oficinista.
Pedro es un chico. Es joven. Es rubio. Es deportista.
Está triste. Es bajo.

5 1. Estábamos 2. era 3. soy 4. Tenía
5. estaba 6. es 7. está 8. es 9. están
10. son 11. Son 12. es 13. Era 14. está
15. está 16. es 17. es 18. Estaba

36. *Haber y estar.*

Página 191

1 1. hay, ha (i) 2. ha (d) 3. hay (g) 4. Han (c)
5. Habéis (e) 6. hay (b) 7. hay (h) 8. hemos (f)

2 1. ~~habían~~ había coches, ~~hubieron~~ hubo muchos cambios, hay muchos coches 2. había silencio, ~~habían~~ había ruidos 3. *correcto* 4. ~~han habido~~ ha habido unas fiestas 5. habrán habrá más espectáculos.
6. *correcto*

Página 192

3 1. En Vepiturno hay árboles.
En Marsatón no hay árboles, pero hay plantas.
2. En Vepiturno hay un río.
En Marsatón no hay ríos, pero hay dos mares.
3. En Vepiturno hay casas. En Marsatón no hay casas, pero hay rascacielos.
4. En Vepiturno hay niños. En Marsatón no hay niños, solo hay personas mayores.

Página 193

4 1. hay 2. están 3. hay 4. están
5. hay 6. hay 7. hay 8. hay 9. están
10. hay 11. hay 12. hay 13. está
14. está 15. hay 16. Hay

Página 194

5 Queridos Reyes Magos: Este año hemos cambiado de casa y quiero explicaros dónde ~~hay~~/**está** la nueva. En Barcelona **hay**/~~está~~ una calle que se llama Vía Layetana. En esta calle no ~~hay~~/**está** mi casa. Es una calle muy larga que va al mar. En esta calle **hay**/~~están~~ muchos edificios bastante altos. A mitad de la calle, **hay**/~~está~~ un trozo de las murallas romanas. Enfrente de las murallas romanas **hay**/~~está~~ una callecita muy estrecha y en la esquina ~~hay~~/**está** La Colmena, que es una pastelería muy buena. Bueno, pues al lado de esa pastelería **hay**/~~está~~ un portal muy grande, de madera. Esa es la puerta de mi casa. Cuando entras, **hay**/~~está~~ una puerta de hierro muy grande. Es la puerta del ascensor. Tenéis que subir al quinto piso. Al salir **hay**/~~están~~ dos puertas, una, a la derecha, y otra, a la izquierda. La de la derecha es la de mi casa. En mi casa **hay**/~~están~~ cuatro dormitorios. Mucho cuidado, mi dormitorio ~~hay~~/**está** al final del pasillo. En la puerta **hay**/~~está~~ un cartel que pone "Anita". Yo soy Anita. Traedme muchos regalos, que he sido muy buena este año. Un beso para los tres. Anita

37. Perífrasis verbales

Página 195

1 1. Va a suspender. 2. Van a entrar. 3. Va a llover. 4. Va a explotar. 5. Va a saltar.

2 1. vais a estudiar 2. vas a comer 3. vas a volver 4. vas a comprar

Página 196

3 1. iba a suspender 2. íbamos a entrar 3. iba a llover 4. iba a explotar 5. iba a saltar

Página 197

4 1. **tienes que** / ~~hay que~~ 2. **tienes que** / **hay que** 3. **tienes que** / **hay que** 4. **tenía que** / ~~había que~~ 5. **ha tenido que** / ~~ha habido que~~ 6. **tienes que** / ~~no hay que~~ 7. ~~Habéis tenido que~~ / **Ha habido que**

Página 198

5 1. Estamos aparcando, *e* 2. está sonriendo, *b* 3. están durmiendo, *d* 4. estoy planchando, *c*

Página 199

6 1. **dan** / ~~están dando~~ (d) ~~Están reflejando~~ / **Reflejan** 2. **hierve** / ~~está hirviendo~~ (f) 3. **está hirviendo** / ~~hierve~~ (a) 4. **Estamos dando** / ~~Damos~~ (e) 5. ~~estoy leyendo~~ / **leo** (g) ~~están doliendo~~ / **le duelen** 6. (c) **Estaba guardando** / ~~Guardaba~~ 7. **íbamos** / ~~estábamos yendo~~ (h) **Guardábamos** / ~~Estábamos guardando~~

7 1. parece 2. Estáis haciendo, tiene 3. estamos viendo, Es 4. estaba 5. estaba cortando, Estaba 6. querías, estaba haciendo, sabía

Página 200

8 1. no 2. no 3. sí 4. no

9 1. Hicieron / ~~Estuvieron haciendo~~
2. ~~estuvo naciendo~~ / nació
3. He estado leyendo / ~~He leído~~
4. ~~había estado perdiendo~~ / había perdido
5. Estuve escribiendo / ~~Escribí~~
6. ~~estuvieron entrando~~ / entraron

38. Preposiciones (I): *de, a, desde, hasta, en...*

Página 203

1 1. *correcto* 2. Tengo un billete ~~a~~ **de** autobús ~~en~~ **a** Madrid en 30 minutos. 3. *correcto* 4. *correcto* 5. Escribo todas las explicaciones ~~en~~ **a** mano. 6. ¿Has ido ~~en~~ **a** la secretaría? 7. *correcto* 8. Hay una librería cerca ~~a~~ **de** aquí.

2 1. de/en 2. de 3. de 4. de 5. de 6. a 7. en 8. de 9. de 10. del 11. de 12. a 13. de 14. a 15. de 16. a 17. en 18. de 19. de 20. a 21. a 22. a 23. a 24. de 25. en 26. de 27. de 28. a

Página 204

3 1a. a 1b. b 2a. a 2b. b 3a. b 3b. a 4a. b 4b. a 5a. a 5b. b 6a. b 6b. a 7a. b 7b. a 8a. a 8b. b

4 1. b 2. a 3. b 4. a 5. a 6. b

Página 206

5 1. en, a 2. en, a 3. en 4. En, en 5. En, a, en 6. en, a 7. en

6 1. *correcta* 2. *incorrecta* (~~al~~ **en** el interior de...) 3. *incorrecta* (~~en~~ **entre** dos diccionarios...) 4. *correcta* 5. *correcta* 6. *incorrecta* (entre unas hojas...) 7. *correcta*

7 1. en, *c.* entre 2. en, *b.* en 3. en, *a.* en, en 4. entre, *d.* 5. en, *e.* en 6. en, *f.* en, entre

Página 207

8 1. por 2. por 3. por 4. por, por, por 5. Para 6. para 7. por 8. por 9. por 10. para 11. por 12. por

Página 208

9 1a. a 1b. b 2a. a 2b. b 3a. a 3b. b 4a. b 4b. a

10 1. correcto 2. correcto 3. correcto 4. correcto 5. correcto 6. correcto 7. incorrecto: por 8. incorrecto: por 9. incorrecto: para 10. correcto 11. incorrecto: por 12. incorrecto: por 13. incorrecto: por 14. correcto 15. correcto 16. correcto 17. correcto 18. correcto 19. correcto 20. correcto 21. correcto 22. correcto 23. correcto 24. correcto 25. incorrecto: para 26. incorrecto: por 27. correcto 28. incorrecto: por 29. incorrecto: por 30. correcto

Página 209

11 1. Todo lo ha descubierto **por**/~~para~~ los problemas con las preposiciones. 2. Los inocentes ya pueden volver ~~por~~/**para** sus casas. 3. Pero los culpables tienen que ir a la prisión ~~por~~/**para** ser juzgados. 4. El juicio está previsto ~~por~~/**para** dentro de un mes. 5. La policía está muy agradecida **por**/~~para~~ tu trabajo y te van a nombrar policía de honor de la ciudad.

Página 210

12 1. con, sin 2. con 3. con, sin 4. sin 5. con, sin 6. con, sin 7. con, sin 8. con, sin 9. sin 10. con 11. con, sin 12. sin 13. con

13 1. contra, hacia 2. Contra, hacia 3. Hacia, Hacia, hacia 4. Hacia, hacia, hacia, hacia 5. Contra, hacia

39. Preposiciones (II): *encima (de), debajo (de)...*

Página 212

1 1. delante 2. detrás 3. debajo 4. lejos 5. encima

2 1. al lado / a la derecha 2. debajo de 3. encima de 4. encima de 5. al lado del / a la izquierda del 6. encima de 7. debajo de 8. debajo de 9. Encima de 10. encima de 11. encima de 12. encima de 13. detrás de 14. delante del

Página 213

3 1. detrás de Iván 2. enfrente del Banco Capital 3. enfrente de mi vecina 4. detrás del coche rojo 5. a la izquierda de la moto 6. delante de 7. enfrente de Colón 8. delante de 9. a la izquierda de, delante de 10. debajo de

4 1. al fondo 2. al otro lado 3. antes de 4. en el centro 5. después de 6. al final 7. Dentro 8. En medio 9. dentro del 10. después de 11. dentro de 12. fuera del 13. Al final del 14. dentro del

40. Preguntar y exclamar

Página 216

1 P.: Usted se llama Javier Rosales, **¿verdad?**
J.: Sí, efectivamente.
P.: Trabaja en la universidad de verano de Laponia, **¿no?**
J.: Sí, así es.
P.: Es evidente que entre Mercedes Roldán y usted hay una relación.
J.: Somos simplemente amigos.
P.: **¿Sabe que Mercedes Roldán tiene dinero en el extranjero?**
J.: No tengo ni idea. Tampoco me importa.
P.: **¿Ha estado esta mañana en la casa de Mercedes Roldán?**
J.: **¿Tengo que contestar a eso?** Es mi vida privada.
P.: Es mejor colaborar. Créame.
J.: De acuerdo. He estado de compras. Aquí tiene el recibo. Puedo irme ya, **¿verdad?**

Página 217

2 1. Cuándo, *d* 2. Dónde, *e* 3. Cómo, *b* 4. Cuándo, *f* 5. Dónde, *a*

3 1. Cómo/Qué tal 2. Cómo 3. Qué tal 4. Cómo 5. Cómo/Qué tal 6. Qué tal 7. Qué tal

Página 218

4 1. Cuánto, *f* 2. Cuántas, *b* 3. Cuántas, *h* 4. Cuánto, *a* 5. Cuántos, *d* 6. Cuántas, *c* 7. Cuántas, *g*

5 1. Cuánto 2. Cuánta 3. Cuántos 4. Cuánta 5. Cuántas 6. Cuánto 7. Cuántos 8. Cuánto / Cuántas 9. Cuánta

Página 219

6 1. Por qué no, por qué no 2. Por qué no, Porque 3. Por qué, porque 4. Por qué no, porque 5. Por qué no

7 1. ¿Dónde? 2. ¿Cómo? 3. ¿Cuándo? 4. ¿cuánto? 5. ¿Por qué?/¿Por qué no? 6. ¿Por qué?/¿Por qué no? 7. ¿Cómo?

Página 221

8 1. Qué, qué, cuál 2. Cuáles 3. Qué, Cuál 4. Qué 5. Qué 6. qué, cuál, Cuál 7. Cuáles

Página 222

9 1. Qué 2. quién/cuál 3. quién 4. Quién 5. Quiénes 6. quién 7. quiénes/cuáles 8. quién, cuál 9. Quién 10. cuál

10 1. Quiénes, *a* 2. Qué, *c* 3. Quién, *b* 4. Qué, *h* 5. Cuál, *g* 6. cuáles, *f* 7. Qué, *e*

11 1. dónde 2. qué 3. Quién 4. cuántos 5. Cómo 6. Por qué 7. cómo/qué tal 8. qué

Página 223

12 1. I d, II c 2. I e, II f 3. I h, II g 4. I j, II i 5. I l, II k 6. I m, II n 7. I p, II o

Página 224

13 1. Qué 2. Cuál 3. Qué 4. Cuál 5. qué 6. Qué 7. Cuáles 8. Qué

14 1. De quiénes 2. Contra qué 3. Por cuál 4. De quién 5. Con qué 6. En quién 7. Con quién

15 1. ¿**Con cuántos** pasajeros a bordo?
2. ¿**Hasta cuándo** permanecerá en nuestra ciudad?
3. ¿**Adónde/Dónde** se trasladará ese mismo día?
4. ¿**Por cuántos millones** la ha comprado?
5. ¿**Desde cuándo** pertenece Intergas a Carlos Etéreo?

Página 225

16 1. qué 2. cuánto 3. dónde 4. si 5. cómo 6. cuál 7. qué 8. cuál 9. si 10. si 11. cuántos 12. cómo 13. cómo 14. si 15. qué 16. cuál 17. si 18. si 19. cuáles 20. si 21. cómo

Página 226

17 1. d 2. c 3. b 4. h 5. f 6. e 7. g 8. k 9. j 10. l 11. i

Página 227

18 1. ¡Cuántos hijos tiene! 2. ¡Cuánto pesaba y dormía antes! 3. ¡Qué poco come y duerme ahora! 4. ¡Cuánto le gustan la música y el cine! 5. ¡Cuántos discos tiene! 6. ¡Cuánto sabe sobre actores, directores y películas! 7. ¡Qué poco va al cine!

19 1. ¡Cómo ha crecido Clara! 2. ¡Cómo ladra el perro! 3. ¡Cómo está la cocina! 4. ¡Cómo está el jardín! 5. ¡Cómo están los precios!

41. Comparar

Página 228

1 1. ... menos ojos que los Lisus. 2. ... más altos que los Lisus. 3. ... menos inteligentes que los Rizus. 4. ... más temprano que los Rizus. 5. ... más tarde que los Lisus. 6. ... más café que los Lisus. 7. ... menos que los Rizus.

Página 229

2 1. La vida era más tranquila que ahora. 2. Los trenes iban más despacio que ahora. 3. La gente se casaba más joven que ahora. 4. La fruta tenía más sabor que ahora. 5. Hay más igualdad entre hombres y mujeres que antes. 6. La gente se divorcia más que antes. 7. La gente vive más años que antes. 8. La gente viaja más que antes.

Página 230

3 1. Lola (Carmen) es tan alta como Carmen (Lola). / Lola (Carmen) es igual de alta que Carmen (Lola). / Lola y Carmen (Carmen y Lola) son igual de altas. 2. Carmen no es tan deportista como Lola. / Carmen no es igual de deportista que Lola. / Lola y Carmen (Carmen y Lola) no son igual de deportistas. 3. Lola (Carmen) desayuna tan tarde como Carmen (Lola). / Lola (Carmen) desayuna igual de tarde que Carmen (Lola). / Lola y Carmen (Carmen y Lola) desayunan igual de tarde. 4. Lola (Carmen) conduce tan rápido como Carmen (Lola). / Lola (Carmen) conduce igual de rápido que Carmen (Lola). / Lola y Carmen (Carmen y Lola) conducen igual de rápido. 5. Carmen no vive tan cerca del trabajo como Lola. / Carmen no vive igual de cerca del trabajo que Lola. / Carmen y Lola (Lola y Carmen) no viven igual de cerca del trabajo. 6. Lola no gana al año tanto como Carmen.

4 1. Carmen duerme tanto como Lola. / Carmen duerme lo mismo que Lola. 2. Carmen habla igual que Lola. 3. Carmen trabaja tanto como Lola. / Carmen trabaja lo mismo que Lola. 4. Carmen se pinta tanto como Lola. / Carmen se pinta lo mismo que Lola. / Carmen y Lola se pintan lo mismo. 5. Carmen duerme igual que Lola. 6. Carmen no desayuna tanto como Lola. / Carmen no desayuna lo mismo que Lola. / Carmen y Lola no desayunan lo mismo.

Página 232

5 1. la misma 2. el mismo 3. tanto, como, el mismo 4. mascotas, tantas 5. los mismos 6. amigas, las mismas 7. la misma, que

6 1. igual 2. igual de 3. el mismo 4. igual de 5. el mismo 6. las mismas 7. igual de 8. el mismo 9. el mismo 10. igual de 11. la misma

Página 233

7 1. c, e 2. e, a 3. b, f 4. f, c 5. a, d 6. k, h 7. j, g 8. h, j 9. g, k 10. i, i

Página 234

8 felicísimo/-a saladísimo simpatiquísimos jovencísimo/-a interesantísimos/-as antipatiquísimo amabilísimos/-as facilísimo/-a sequísimas agradabilísimo/-a divertidísimo

9 frágil tontos jóvenes grande felices amable blanco agradable

10 muchísimo recientísimamente lejísimos poquísimo clarísimamente tardísimo lentísimamente facilísimamente prontísimo tranquilísimamente tempranísimo

11 1. altísimo 2. azulísimo 3. listísimo 4. buenísimo 5. malísimo 6. feísimo 7. sucísimo 8. horrorosa 9. llenísima 10. rojísima 11. genial 12. Inteligentísima 13. elegantísima 14. simpatiquísima 15. moradísima 16. espantosos 17. horrible 18. prontísimo 19. magnífica 20. interesantísima 21. maravillosas 22. preciosos
Primera pregunta: KCT9744 y LAGO 2020
Segunda pregunta: ATA 815

12 1. carísimo 2. creidísimo 3. feísimo 4. precioso 5. horrible

Página 235

13 1. mejor 2. peor 3. mejor 4. menor 5. mejores 6. peores 7. mejores

14 1. ~~que a él~~, ~~que él~~ 2. como él, ~~como él~~ 3. ~~que yo~~ 4. ~~como él~~, ~~que él~~ 5. como yo 6. ~~que a él~~ 7. ~~que él~~, ~~que yo~~ 8. como yo, como a mí, ~~como yo~~, ~~que yo~~ 9. ~~que a él~~, ~~que de ella~~

42. Unir frases: *y, o, pero, sino, porque, cuando...*

Página 236

1 1. a 2. d 3. f 4. c 5. e 6. k 7. l 8. g 9. h 10. i 11. j 12. m

Página 237

2 1. 1 2. 1 3. 1 4. 0 5. 2 o 2 6. 2 7. 2 o 1 8. 1

3 1. y 2. o 3. o 4. ni 5. ni 6. o 7. ni 8. ni 9. y 10. y

4 1. y 2. y 3. ni, ni 4. ni 5. y 6. ni, ni 7. ni, ni 8. ni, ni 9. y

Página 238

5 1. pero, o, y 2. o, y, pero 3. o, y, pero 4. pero, o, y 5. o, pero, y

Página 239

6 1. Su marido no se llamaba Paco Frutales, sino Antonio Frutales. 2. No rodó dos películas en Hollywood, sino que hizo una serie en España. 3. Su primera película no fue un gran éxito, sino un fracaso. 4. No fue la protagonista de *Historia de G* sino que tuvo un papel secundario. 5. No tiene siete hijos, sino tres. 6. Su hijo Julián no es director de cine, sino que trabaja en un circo. 7. No ganó un Óscar por la película *José y yo* sino el premio Cuidad de Teruel.

7 1. No tiene casa en Hollywood, pero tiene casas en París y en Roma. 2. Almo Tóvar nunca la ha llamado para sus películas, pero participó en la primera película dirigida por una mujer. 3. Nunca ha tenido una buena crítica, pero ha ganado mucho dinero en el cine.

8 1. ~~pero~~ **sino** 2. *correcto* 3. ~~pero~~ **sino** 4. *correcto* 5. ~~pero~~ **sino** 6. *correcto* 7. ~~pero~~ **sino** 8. ~~pero~~ **sino**

Página 240

9 1. *Como Catalina sabe latín,* le he pedido que me ayude con la traducción. 2. Los niños no están en casa *porque se han ido al parque con sus amigos.* 3. *Como el banco estaba cerrado,* he tenido que pedirle dinero a mi hermano. 4. No te he llamado por teléfono *porque me he quedado sin batería en el móvil.* 5. *Como ya teníamos las entradas para el concierto,* no tuvimos que hacer cola. 6. Hemos puesto un ejemplo más *porque necesitábamos seis.*

Página 241

10 1. Es que no había huevos. 2. Sí, porque, si no, se va a enfriar el pescado. 3. No, porque no hay mucho que hacer en la oficina. 4. Es que no tengo cepillo. 5. Es que no tenemos a nadie con quien dejar al niño. 6. Es que mi madre es de Milán. 7. Porque ya estamos en junio y los días son más largos.

Página 242

11 1. que puede andar 2. que canta 3. que vi ayer en el cine 4. que se enamora y se casa 5. que vive en un país 6. que ha ganado el festival 7. que tiene nueve años 8. que quiere

12 1. Un primo mío está casado con una japonesa *que se llama Machiko.* 2. Mi madre es traductora en una empresa *que está a 10 km de nuestra casa.* 3. Paola, mi hermana, escribe novelas *que tienen mucho éxito.* 4. Ferdinando, mi hermano, tiene una cámara *que era de mi abuelo* y se dedica a la fotografía. 5. Y yo tengo un trabajo *que no me gusta nada,* pero también tengo tiempo para estudiar español.

13 1. Bianca es directora de un banco *donde gana mucho dinero* y también profesora de danza oriental. 2. Silvia trabajaba antes en una editorial *donde yo trabajé también,* pero ahora se dedica a escribir guías de viaje. 3. Luca vive todo el año en un hotel de Milán *donde no pueden entrar mascotas.* 4. Piero vive en un pueblecito de la India *donde todavía no hay luz eléctrica ni teléfono.* 5. Francesca es profesora en una escuela *donde solo hay veinte estudiantes,* pero quiere dejar la enseñanza.

Página 243

14 1. Quieren **que** cenemos esta noche en un restaurante argentino. 2. *correcto* 3. *correcto* 4. ¿Es necesario **que** lleve corbata? 5. Le gusta **que** le den masajes en los pies. 6. *correcto* 7. *correcto* 8. Últimamente no consigo **que** duerma. Está muy nerviosa. 9. *correcto* 10. En momentos como estos, es importante **que** tengas amigos.

Página 244

15 1. ... donde vive ahora, en casa de sus padres. ... como solo ella sabe hacerla: fantástica. ... cuando se fueron sus padres de viaje. 2. ... donde come Carlos, un restaurante estupendo. ... como siempre, con prisa. ... cuando he terminado de hacer las cosas en el banco. 3. ... donde suele tocar los sábados: en el Auditorio General. ... como suele tocar: fatal. ... cuando nadie se lo esperaba: ¡en la pausa! 4. ... donde se lo compró tu madre. Es una tienda preciosa. ... lo hiciste tú, por Internet. ... cuando empezaron las rebajas.

16 1. (d) Cuando 2. (b) Donde 3. (a) Como 4. (e) Cuando 5. (c) Como 6. (h) Como 7. (f) Donde 8. (i) como 9. (g) cuando

Página 245

17 1. se ducha 2. se viste 3. desayuna, ve la tele 4. apaga la tele 5. sale de casa

18 A. IV B. I C. III

Página 247

19 1. siempre que 2. en cuanto 3. hasta que 4. mientras 5. Siempre que 6. mientras 7. desde que

20 1. antes de que 2. desde que 3. Siempre que 4. hasta que 5. Después de 6. hasta que 7. En cuanto 8. Antes de 9. Después de 10. desde que

Página 248

21 1. se quedará 2. vuelve 3. se queda 4. recibirá 5. dedica 6. vende 7. dirigirá 8. deja 9. sienta 10. podrá 11. cuelga 12. celebra

Página 249

22 1. Tendrá que venir el sábado **si** hoy no pudiera trabajar. (J) 2. **Si** te vas de viaje, tráeme algún juguete. (H) 3. **Si** acabara el informe antes de las dos, le invito a comer. (J) 4. ¿Me vas a llevar de viaje contigo **si** saco buenas notas? (H) 5. **Si** terminaras pronto, pasa por el banco a sacar dinero. (M) 6. No me podré dormir **si** no me lees un cuento. (H) 7. **Si** dejamos a la niña con mis padres, podríamos salir esta noche. (M) 8. Llámeme **si** tuviera algún problema el sábado en la oficina. (J)

23 1. Tristán, Félix, a 2. Félix, Tristán, d 3. Félix, Tristán, c 4. Tristán, Félix, f 5. Félix, Tristán, e

Página 250

24 1. Si dejo de trabajar un año... 2. Si me mudo a Madrid... 3. Si hago muchos viajes a París... 4. Si les compro una casa a mis padres... 5. Si dejara/-se de trabajar para siempre... 6. Si pudiera/-se comprar todas las casas de mi pueblo... 7. Si perdiera/-se el miedo a los aviones... 8. Si viviera/-se en Nueva York...

25 1. mi padre no habría abierto 2. no habría entrado y no le habría picado 3. Si mi padre no hubiera / -se sido alérgico 4. se habría puesto 5. Si no se hubiera/-se puesto 6. no lo habría llevado 7. Si no lo hubiera/-se llevado 8. no se habría enamorado 9. Si no se hubiera/-se enamorado 10. no se habría casado 11. no se hubiera/-se casado con ella 12. no habría nacido a los nueve meses 13. no hubiera/-se nacido 14. no estaría 15. no podría contaros

43. Letras y sonidos

Página 252

1 1. **qu**eso 2. paella 3. tortilla 4. **ch**urros 5. pollo, **ch**uleta 6. **ch**irimoyas 7. alca**ch**ofas, **ch**orizo

Página 254

2 a) **r**isa escribir **R**oma **r**osa alrededor
rincón **r**oto **r**atón Sara familiar
recibir calor sie**rr**a **r**aro aparcar caro
revolución sub**r**ayar toro
b) cosa **c**ielo cola velo**c**idad cono**c**es
prácti**c**o feli**c**es casco acusar costa **c**errar
cuscús crema casa ence**r**rar canción **c**írculo
con**c**iencia oscuro claro **c**ien
c) guerra **g**itano antiguo lengua **g**esto
gente ceguera guapo gris diri**g**ir a**g**enda
tra**g**edia **g**eneroso gas gato guitarra
gorro á**g**il gracioso ciru**g**ía gustar
d) yo ayer haya hay **y** ya rey re**y**es
jerse**y** playa le**y** leyes ho**y** trayendo

Página 255

3 *¿g o j?* masa**j**e extran**j**ero ener**g**ía frá**g**il
pá**g**ina mensa**j**e tra**j**e corre**g**imos ló**g**ico
má**g**ico **g**igante vie**j**o **j**irafa gara**j**e
ur**g**ente reco**g**emos
¿b o v? fa**b**uloso **v**ino cam**b**iamos
ru**b**io **v**erde o**b**tener **v**er ha**b**itación
posi**b**le mó**v**il a**b**razo **b**om**b**a ha**b**lar
botella **v**itamina **v**oca**b**ulario **b**oca hier**b**a
vaso **v**i**v**o **v**uelo sam**b**a o**b**jeti**v**o ca**b**allo
¿ll o y? **ll**ueve **y**o **y**a **ll**evas a**y**er
llamar pla**y**a **ll**eno estre**ll**a **ll**egamos
llorar **y**egua **y**oga le**y**endo be**ll**a ba**y**a

4 1. **z**afiro 2. **z**oológi**c**o 3. **c**abe**z**a 4. **z**ar 5. **c**írculo 6. **c**iega 7. **c**ero 8. **c**apital 9. **c**ir**c**o

5 ~~Okupación~~ **Ocupación** de ~~kasas~~ **casas** vacías
No ~~kalles~~ **calles** y sal a la ~~kalle~~ **calle**
Escuela pública
Te ~~kiero~~ **quiero** con ~~lokura~~ **locura**
Abajo la ~~krisis~~ **crisis**
Libertad para Carlos
Coches, no. ~~Bicikletas~~ **Bicicletas**, sí.

Página 256

6 1. sueños 2. contraseña 3. años, pequeño 4. daño 5. bañamos, bañeras 6. enseña, caribeño 7. España, año

7 1. jirafa 2. perro 3. goma 4. cuatro 5. zumo 6. queso 7. ella 8. río 9. champú 10. caro 11. cena 12. ayer

44. Acentuación

Página 258

1 gustan árbol pájaro llévamelo menú calor cadáver mejor coñac abril kilómetro examen carácter además ángel hotel imbécil ojalá agenda haz dáselos palabra dormir dormid sin camisa llámalo fin velocidad sáltatela subir suben descontrol descontrolados tómala callad callado rayo doctor tranquilidad goma sal botella bébetelos primo escribir alegre inteligente papel papeles salud conductor conductora

2 1. camión 2. jardín, árbol 3. túnel 4. móvil 5. discusión, excursión 6. sofá, televisión 7. difícil

3 1. escribídnosla 2. secarlo 3. cántala 4. pónselo 5. míramelo 6. hazlos 7. devolvérmela 8. preparadlo 9. resolviéndolo 10. solucionarla 11. pintándonoslas 12. levantarlas 13. dilo 14. házselos 15. díselo

Página 259

4 1. normalmente 2. últimamente 3. seguramente 4. únicamente 5. tontamente

5 Puer-ta via-je sua-vi-dad e-rais pa-e-lla (no es diptongo) lí-ne-a (no es diptongo) sau-na diez pa-ís (dos sílabas) le-ón (no es diptongo) cuí-da-la (tres sílabas) ca-í-da (tres sílabas) Ruiz ra-íz (dos sílabas) sa-béis con-táis seis nue-ve vein-ti-séis in-fier-no fe-o (no es diptongo) reu-ní-a-mos (cuatro sílabas) de-vol-véis soy bú-ho (dos sílabas) Ra-úl (dos sílabas) clien-te fiel con-fiá-ba-mos si-guién-do-los cruel dien-te sue-ño huir i-bais jer-séis vais pro-hí-bo (tres sílabas) re-ís-teis (tres sílabas) si-guien-tes te-ó-ri-co (no es diptongo), fe-í-si-mo (cuatro sílabas) cien i-gual sies-ta dú-o (dos sílabas) ví-a (dos sílabas) hue-vo guion (también guión) in-ge-nuo sa-bí-a (tres sílabas, imperfecto de 'saber') sa-bia (femenino de 'sabio') sin-tien-do pie ries-go lue-go fui-mos que-réis hay

Página 260

6 *Carta de Luisito*:

Querida Susana: El otro día en casa de tu madre, cuando ella tomaba el **té** y **tú** buscabas un juego, te miré a los ojos y, buf, fue genial. Para **mí** eres la chica más estupenda que he visto en mi vida. No **sé**, eres fantástica... ¿Vienes este domingo a patinar conmigo? Tengo unos patines nuevos. Aquellos que te gustaban tanto se rompieron. Si quieres venir, me mandas un mensaje. Pon solo una palabra: **sí**. Y entonces yo estaré muy contento porque no pasaré la horrible tarde del domingo solo. Luis

Diario de Susana:

Querido diario: Hace muchos días que no te escribo. El domingo pasado salí con Luis y, bueno, fue un poco rollo. **Él** no habló casi nada y, como yo hablo tanto, no **sé** qué pensar... ¿Se aburrió? ¿Se divirtió? No **sé**... Me escuchó, eso **sí**, pero no **sé** si me escuchó con ganas (yo a veces no escucho mucho si algo no me interesa mucho). Ah, Luis tiene unos patines nuevos... Me gustan mucho más estos que los otros que tenía antes... Estos son mucho más chulos... Pero yo a aquellos les tenía cariño... Y el final fue horrible... Sobre todo cuando **él** me dijo: "Susana, **tú** a **mí** me gustas mucho. Y yo, ¿yo te gusto a ti?". Y yo le dije: "¿**Tú** a **mí**?". Y entonces me puse muy nerviosa, tomé mis patines y me fui... Si le gusto, volverá... ¿Verdad que **sí**?

Índice temático